언어의 교차로

북한어 바라보기

저 자 약 력

┃허 철 구

　국립국어원 연구원을 거쳐 현재 창원대학교 국어국문학과 교수
로 재직하고 있다. 우리말 문법을 공부하고 가르치면서 말이 아름
다운 따뜻한 세상을 꿈꾸고 있다. 지은 책으로는『우리말 규범의
이해』,『국어에 답 있다』,『단어와 어휘부』(공저), 중학교『국어』및
『생활국어』(공저) 등이 있다.

언어의 교차로_ 북한어 바라보기

초 판 인 쇄	2022년 07월 13일
초 판 발 행	2022년 07월 20일

저　　　자	허철구
감　　　수	김경희
발 　행 　인	윤석현
발 　행 　처	박문사
책 임 편 집	최인노
등 록 번 호	제2009-11호

우 편 주 소	서울시 도봉구 우이천로 353
대 표 전 화	02) 992 / 3253
전　　　송	02) 991 / 1285
홈 페 이 지	http://jncbms.co.kr
전 자 우 편	bakmunsa@hanmail.net

ⓒ 허철구 2022 Printed in KOREA.

ISBN 979-11-92365-19-0　93700　　　　　　　정가 32,000원

언어의 교차로

북한어 바라보기

허철구 저

박문사

머리말

저자가 북한어를 공부한 경력은 일천하다. 그런 저자가 이 책을 쓰게 된 동기는 지인의 권유 한마디였다. 몇 년 전 저자는 국립국어원의 북한 어 관련 연구 사업에 참여했는데, 당시 함께 작업했던 이준환 교수가 지 나가는 말로 저자의 집필 부분을 따로 책으로 내보면 어떻겠는가 제안 하였다. 그저 인사였겠지만 어느 순간 스스로 이를 진지하게 여겨 부족 한 역량에도 결국 집필에 나서게 되었다.

새로 자료를 모으고 작업을 진행해 가면서 북한어 정보가 넘쳐나는 요즘 꼭 새 책을 보탤 필요가 있을까 하는 의구심을 떨치기 어려웠다. 그래도 이 책으로 한 명의 독자라도 더 북한어에 대한 관심을 갖게 된 다면 나름대로 의미가 있지 않을까 하는 마음으로 작업을 이어나갔다.

이 책은 북한어의 글, 영상 자료 등을 바탕으로 북한어의 개념, 표 기, 발음, 어휘, 표현, 문장, 언어 예절 등 전반적인 모습을 조망한 것이 다. 그 과정에서 북한어 화자가 아닌 저자로서는 무엇이 소개할 만한 언어 자료인지 판단하기가 쉽지 않았다. 겨우 이런저런 자료를 모아 본다고 해도 거의 무한대에 이르는 언어에 비하면 해변의 모래알 하나에도 미치지 못한다. 그래서 우선『금수강산』이라는 특정 잡지를 선택하여 5년치를 집중적으로 읽으면서 북한어의 호흡을 느끼고 이를 바탕으로 소개할 만한 보편적인 예들을 선별해 보고자 하였다.

이 잡지는 어쩔 수 없이 선전용 자료지만 일단 대중을 독자로 한다는 점, 정치, 경제, 사회, 문화 등 다양한 주제를 다룬다는 점, 그래서 북한 사람들의 생활상도 비교적 잘 나타난다는 점 등에서 선택하였다. 여기에 북한 문학, 영화, 드라마, 신문 등 북한 대중들이 접하는 언어 자료를 보조적으로 활용하였다. 그 과정에서 기존의 많은 연구서들이 큰 도움이 되었음은 물론이다.

이 책은 북한어에 대한 우리 사회의 관심이 높아지기를 바라는 마음을 담고 있다. 그래서 무엇보다도 대중이 보다 쉽게 접근할 수 있도록 하는 데 주안점을 두었다. 어느 정도 학술적 내용을 담으면서도 과도한 내용은 주석으로 처리하였다. 따라서 독자는 본문만 읽어도 아무런 문제가 없을 것이다. 학술서라면 일일이 밝혀야 할 예문의 출전도 독서의 편의를 고려하여 대부분 생략하였다.

그래도 북한어를 흥미롭게 소개하는 것은 쉽지 않았다. 초고의 딱딱한 내용을 몇 번씩 고쳐 쓰기도 하면서 읽기 좋은 책을 지향했지만 어쩔 수 없는 벽은 남았다. 이에 대해서는 독자들의 인내심을 기대할 뿐이다.

근래 통일에 대한 국민의 의식 조사 결과를 보면 통일에 무관심한 비율이 점차 높아지고 있다. 그만큼 북한은 우리의 관심사 밖으로 밀려나고 있는 것이다. 그러나 어쩔 수 없이 북한 그리고 북한어는 우리

6

에게 숙명과도 같은 존재이다. 여전히 관심을 기울일 필요가 있고, 그래야만 하며, 또 그러기를 바라는 마음이다.

이 책이 나오기까지 많은 분들의 도움이 있었다. 북한어 연구 사업을 함께 했던 선생님들, 자료 열람에 도움을 주신 북한대학원 도서관 관계자, 이런저런 귀한 자료를 제공해 주신 최경봉 교수, 남경완 교수, 또 성균관대 박사 과정의 이예찬 선생께 감사드린다. 무엇보다도 일일이 원고를 읽어 가며 북한어의 실체를 일러 주신 북한이탈주민인 김경희 통일전담교육사께 감사드린다. 김 선생님의 열성적인 조언 덕분에 애초의 원고가 지니고 있던 부족점을 많이 덜 수 있었다. 책명 하나에까지 의견을 보태 주고 응원해 준 가족에게도 고마운 마음을 전한다. 부족한 글임에도 책의 의미를 긍정적으로 보아 주어 흔쾌히 출판을 허락해 주신 박문사 출판사의 윤석현 대표께 진심으로 감사드린다.

2022년 4월
저자 씀

일러두기

1. 이 책의 북한어 예문의 표기, 띄어쓰기 등은 신문, 잡지, 인터넷 기사 등 원자료의 그것을 그대로 따랐다.

2. 북한어 원문을 확인할 수 없는 경우에는 남한에서 재출간된 2차 자료를 이용하였다. 대부분 문학 작품인데 이 자료들의 경우 띄어쓰기를 비롯한 일부 표기를 남한어에 맞추어 수정한 경우가 많다. 이 경우 일부 예는 '○○ 동무'를 '○○동무'로 붙여 쓰는 등 북한 표기법에 따라 조정하였다.

3. 김일성 일가를 가리키는 말은 '최고 지도자 일가'를 기본으로 하면서 상황에 따라 '김씨 일가', '김씨 부자' 등을 함께 사용하였다.

4. '수령님, 장군님' 등 이념적으로 민감한 표현들이 있지만 북한어 자료를 그대로 보인다는 의미에서 그냥 두었다. 이 책의 다양한 예는 언어자료 그 자체로만 의미를 지닌다.

5. 이 책의 제11장은『남북 언어예절 비교 연구』(이대성 외 3인, 2013, 국립국어원)의 북한어 예문을 다수 활용하였다. 가급적 그 출처를 밝혔으나 경우에 따라 생략하기도 하였다.

6. 북한어 인용례 출전은 독서의 편의를 위하여 대부분 생략하였다. 다만 밝힐 필요가 있다고 판단되는 경우에는 선택적으로 제시하였다.

7. 책명은『조선말대사전』처럼 겹낫표로, 규정명 등은「조선어 철자법」처럼 홑낫표로 표시하되 독서의 편의를 위하여 생략하기도 하였다. 소설, 영화 등 작품명은 <그들의 운명>처럼 홑화살괄호로 표시하였다.

8. 일부 자료명은 편의상 약어로 표시한다. 연월일은 아래 예시와 같이 제시한다.

금수: 금수강산	길림: 길림시절의 김일성주석
녀사: 김정숙녀사에 대한 추억	로동: 로동신문
선군: 선군-김정일정치	선대: 조선말대사전
언생: 언어생활론	우례: 우리 말 례절법
우생: 우리 생활과 언어	음식: 조선민족음식
조례: 조선말례절법	표준: 표준국어대사전

(예시) 금수 19. 8.:『금수강산』2019년 8월호
(예시) 로동 02. 4. 3.:『로동신문』2002년 4월 3일 기사

목차

제1장

북한어란 무엇인가

1.1. 두 개의 언어

남한과 북한은 '한국어'라는 하나의 언어를 쓴다. 오랫동안 떨어져 살아서일까, 우리는 가끔 이 당연한 사실을 잊고는 한다. 그래서 북한 어라고 하면 무언가 다르고, 희한하고, 또는 촌스러운 어떤 말이라고 생각하기도 한다. 하지만 '국어' 혹은 '한국어'라고 하든 '조선어'라 고 부르든 남북한의 언어는 하나의 언어임에 틀림없다.

그럼에도 우리는 남한어, 북한어라고도 한다. 간단히 말하자면, 남 한어는 남한에서 쓰는 말, 북한어는 북한에서 쓰는 말이다. 남한 사람, 북한 사람이라고 하는 것과 비슷하다. 어디에서 쓰는가에 따른 구분 일 뿐이지만, 길이 막히고 시간이 멈추면서 막연히 이국의 말처럼 느 끼는 데까지 이르렀다.

이 책은 남북한어는 한 언어라는 당연한 명제에서 출발한다. 휴전 선 하나 죽 그었다고 하여 갑자기 말까지 달라질 수는 없는 것이다. 그 러면서도 각자의 옷차림이나 생활 방식에서 차이가 생겨나듯 쓰는 말 에서도 차이가 생겨나고 나름대로의 특징도 갖게 되었다.

2018년 평창 동계올림픽 때 남북 아이스하키 단일팀을 만들자 가 장 먼저 부딪힌 문제는 용어였다. 당장 북한에서는 아이스하키를 '빙 상호케이'라고 한다. '하키'는 영어식이고 '호케이'는 러시아어식이 다. 패스는 '연락(련락)', 숏은 '쳐넣기', 공격하는 포워드는 '공격수', 수비하는 디펜스는 '방어수', 골대를 지키는 골리는 '문지기', 골리가 끼는 큰 장갑 골리 글러브는 '잡기장갑', 골리가 다리를 벌려 앉으며 숏을 막는 동작 버터플라이는 '나비형막기'이다. 이렇게 용어가 달라 남북 선수들은 따로 용어표를 만들어 붙여 놓고 익혀 가야만 했다.

<평창올림픽 당시 남북 하키 용어집 일부를 그대로 옮긴 표>

하키 용어집

영문	남	북	Pronounciation
PUCK	퍽	퍽	puck
SHOOT	숏	쳐넣기	chuh note kee
PASS	패스	연락	yeol lak
REBOUND	리바운드	돌입쳐넣기	dole eeb chun note kee
STICK	스틱	채	chay
DEFFENSE	디펜스	방어수	bang uh soo
FORWARD	포워드	공격수	kong kyak soo
WINGER	윙	날개수	nahl gay soo
CENTER	센터	중앙공격수	choong ang kong gyak soo
GOALIE	골리	문지기	moonjeekee

　이렇게 분단의 역사만큼 남북한어는 확실히 서로 다른 색채를 띠는 것도 사실이다. 그러나 차이는 적고 같은 점이 훨씬 많다. 그렇기에 재기발랄한 20대의 남북 선수들은 언니, 동생 하면서 즐겁게 이야기꽃을 피우곤 했던 것이다.

　다만 북한어는 단순히 북한 지역에서 쓰는 말 이상의 의미를 지니기도 한다. 남한과 북한이라는 단절된 언어 사회에서 나름대로 체계화된 언어의 모습이 있다. 맞춤법 하나만 해도 각자의 방식을 채택하고 있다. 이렇게 언어 정책이나 사회 환경 등으로 각각 독립적으로 분화하여 발달한 것이 남한어와 북한어이다.[1]

　그래서 둘 간의 차이는 특히 주목을 끈다. 이 책도 자연스럽게 글이나 영상 자료를 통해서 북한어의 특징적인 모습에 주목한다. 그러나 우리가 이 '다름'에 관심을 갖게 되는 것도 역설적으로 '같은' 언어이기 때문이다. 쌍둥이처럼 닮은 모습이라면 색깔 다른 머리핀 하나가 눈길을 끄는 법이다.

물론 한 언어라고 해도 지역에 따라 말이 다르고, 그래서 서울말, 평양말이 다를 수밖에 없다. 이 북한 지역 방언은 당연히 북한어를 이루는 한 축이기도 하다.

> 어차피 대낮에도 제대로 볼 수 없는 할마이가 내게서 눈을 떼지 못하셨다.
> "할마이, 내 이 앞에 무우 밭에 나가서 내일 먹을 무우 뒤개 뽑아오겠습두."
> "어두버서 다친다……."
> "아니. 금방 뽑아오겠습두." (탈북 수기에서)

그런데 남북한어의 다름은 단순히 방언적 차이를 넘어서는 그 무엇이다. 새삼스럽게 방언들을 남북으로 그룹화하여 언어적 차이라고 말할 까닭이 없다. 남한어와 북한어로 나뉘고 각각 새로운 특성이 가미되었다고 한다면 그것은 보다 보편적인 어떤 말을 대상으로 한 것이다. 그래서 이 책은 특히 북한에서 전체 대중의 언어생활로서 공식화하여 쓰는 말 중심으로 그 다양한 특징에 주목한다.

1.2. 북한어는 어떻게 생겨났나

남북한이 분단되기 전에는 전국적으로 같은 방송을 듣고, 같은 신문을 읽었으며, 같은 교과서로 공부했다. 그러나 분단 시기 즉 1948년을 전후하여 북한은 독자적인 언어 개혁에 착수하기 시작했다. 여기에는 국가 발전을 위한 문맹 퇴치가 핵심적인 고리가 되었고, 이를 위하여 신속하게 한자 폐지 정책을 결정, 시행하였으며, 그에 따라 조선어, 조선글의 근대화 작업이 시급한 과제로 대두되었다.

그리고 이러한 언어 정책이 시행되면서 오늘날 '북한어'라고 부르는 새로운 모습의 말이 형성되기 시작하였다. 여기에는 중요한 두 가지 변화가 있다. 하나는 맞춤법을 바꾸었다는 것이고, 또 하나는 표준으로 삼는 말이 달라졌다는 점이다.

▌ 달라진 맞춤법

북한은 정권 초기부터 언어 정책에 많은 관심을 기울였다. 특히 맞춤법은 주요 대상이었다. 여기에는 김두봉, 이극로, 홍기문, 김수경 등 해방 후 월북 학자들이 중대한 역할을 하였는데 이들로부터 새로운 표기안이 등장하기 시작했다. 조선어학회의 「한글 맞춤법 통일안」이 1933년에 만들어졌으니 10여 년 정도 된 이 시기까지는 여전히 다양한 이론들이 잔존할 만했던 것이다. 거기에다가 새 술은 새 부대에 담는다고 독자적인 규범에 대한 의욕도 없지 않았을 것이다.

김두봉은 주시경의 제자이자 상해 임시정부 요원[2]으로 독립운동에 투신하고, 이후 1942년부터 연안에서 연안파를 이끈 인물이다. 그는 귀국 후 최고인민회의 상임위원장을 역임하는 등 권력의 핵심부에서 활동하며 북한의 언어 정책을 주도하였다. 그가 이끄는 조선어문연구회[3]는 1948년에 이미 「조선어 신철자법」이라

[김두봉]

는 그들만의 새로운 철자법을 만들었고[4] 이것이 북한의 새로운 맞춤법의 출발점이 되었다. 남한에서 「한글 맞춤법 통일안」(1933)을 오랫동안 계승하다가 1988년에 이르러 「한글 맞춤법」으로 개정한 것을 생각하면 서로 상당히 다른 행보를 보인 것이다.

이 「조선어 신철자법」은 몇 가지 큰 변화를 보였다. 무엇보다 'ㄹ ㅌ ㅿ ㆆ Ⅵ l'의 신문자 6자모를 창안한 점이 특징적이지만[5] 이와 별개로 두음법칙을 반영하는 대신 한자어 본음대로 적고, 일부 어간 뒤에서 어미 '-어, -었-'을 '여, 엿'으로 적고, 사이시옷 대신 절음부라고 하는 어깨점(')을 사용하는 등 「한글 맞춤법 통일안」과 상당히 달라졌다.

> 녀성, 리발 (여성, 이발)
> 피여, 되였다 (피어, 되었다)
> 기'발, 해'볕 (깃발, 햇볕)

1954년에 과학원 직속 조선어 및 조선문학연구소[6] 이름으로 나온 「조선어 철자법」도 이 점에서 크게 다르지 않았다. 앞서의 신문자 6자모가 삭제된 점을 제외하면 규범의 이름, 주체만 달라졌을 뿐 맞춤법의 내용은 본질적으로 같은 것이었다. 그러면서도 새 규범으로 대체한 것은 앞서 신철자법을 전면적으로 실시하기에는 아직 때가 이르다고 느껴 통일안의 미비점을 보완한 수준으로 「조선어 철자법」을 공포한 결과이기도 하지만[7] 이와 더불어 정치적인 배경이 강하게 작용했다고 할 수 있다.

무엇보다도 「조선어 철자법」에서 이전의 규범인 「조선어 신철자법」을 전혀 언급하지 않는데 이는 정치적 배경을 배제하고는 이해하기

19

어렵다. 김두봉은 1949년 남북 조선로동당이 합쳐져 조선로동당이 새로 창당되면서[8] 김일성과의 권력 투쟁에서 밀려나기 시작하다가 1958년에 숙청된다.

　김두봉이 여전히 득세했던 1949년만 해도 「조선어 신철자법」이 나오고 이에 따르는 『조선어 문법』(조선어문연구회)까지 발행되며, 1950년 4월에는 철자법이 단행본으로도 출간된다. 그런데 전쟁 직전인 1950년 5월에 이미 김일성은 조선로동당 중앙위원회 정치위원회를 소집, 해당 문법서 및 6자모의 문제점을 적극적으로 피력했다고 한다.[9] 이러한 대립 상황에서 결국 정전 직후인 1954년 초 조선어 및 조선문학연구소는 조선어철자법작성위원회를 구성하고 그해 새 철자법인 「조선어 철자법」을 제정 공포하였다. 이는 김두봉이 권력 다툼에서 최종적으로 패배했음을 의미한다.

　한국전쟁 중 패전 책임 등을 이유로 그가 이끌던 연안파가 이미 숙청 대상이었다는 배경에서 본다면 1954년은 김두봉이 실질적으로 실각한 시기였고[10] 결국 그가 주도했던 「조선어 신철자법」의 개발자 이름을 지우는 의미도 담은 것이 「조선어 철자법」이었다고 할 수 있다. 이후의 일이지만 숙청 후 그의 업적, 특히 6자모에 대하여 맹렬한 비판이 일어났던[11] 점도 같은 맥락에서 이해할 수 있다.

　실제로 북한은 그들의 공식적인 표기법사에서 「조선어 신철자법」은 인정하지 않고 있다. 김두봉은 오직 비판의 대상으로 추락하였는데, 이를테면 김일성은 1·3교시에서 "어떤 사람들은 문자개혁을 곧 하자"고 하였다면서 조목조목 이를 비판하고, 5·14교시에서 "지난날에 어떤자는 공명심에 사로잡혀 글자개혁을 당장하자"고 하였다면서 다시 한번 강하게 비판한다. 당연히 언어학자들도 마찬가지여서 "개인공명에 사로잡힌 어떤 반당종파분자는 자기의 지위를 악용하여 아

20

무런 과학성도 없는 《6자모설》을 퍼뜨리면서…"[12]처럼 극단적인 비판의 날을 세운다. 다시 말해 김두봉은 실질적으로 북한 표기법의 토대를 세웠으면서도 역사의 기술에서는 그 이름조차 명시적으로 언급되지 않는[13] 일종의 '기록 말살형'에 처해졌던 것이다.

이후 1966년에 『조선말규범집』이 새로 나오면서 오늘날 북한의 맞춤법의 기본 모습이 완성된다. 이때에 이르러 절음부(')가 폐지되었다. 물론 남한처럼 사이시옷도 쓰지 않는다. 결국 현재까지 '녀성, 리발', '기발, 해별', '피여, 되였다'와 같은 그들만의 표기가 이어지고 있다. 이 가운데 특히 '녀성, 리발'처럼 한자 본음대로 적기로 한 것은 그 발음도 [녀성, 리발]로 변하여 결과적으로 말소리에서도 남한어와 달라졌다. 그래서 지금은 북한어 하면 가장 먼저 떠오르는 예가 되었다. 이『조선말규범집』(1966)은 이후 일부 수정 보완을 거치면서 『조선말규범집』(1988), 『조선말규범집』(2010)으로 이어지고 있다.

▌문화어의 탄생

또 하나의 변화는 1960년대 들어 표준어 대신 '문화어'라는 그들만의 규범어를 정하여 쓰기 시작했다는 점이다. 표준어는 일제 강점기이던 1930년대에 서울말을 기준으로 만들어져서[14] 분단 이후까지도 계속 쓰였는데, 북한은 1960년대 중반 평양말을 기준으로 그들만의 표준어라고 할 '문화어'를 새로 만든 것이다.

이 문화어는 60년대 초부터 본격적으로 등장한 김일성의 주체사상에 따라 탄생한 것이다. 주체사상은 사람이 중심이 되는 철학으로서, 이에 따르면 사람은 주체로서 앞에 놓인 환경을 개조할 수 있는 존재이다.

> 사람 중심의 철학은 사람만을 전면에 내세우는 것이 아니라 사람
> 과의 관계에서 고찰하는 철학이며 사람을 세계의 중심에 놓는 철학
> 이 아니고 사람의 립장에서 세계를 대하는 철학이며 사람을 세계의
> 창조자로 보는 철학이 아니고 사람이 세계의 지배자, 개조자라는 견
> 지에서 세계를 고찰하는 철학이다. (『김일성 저작집』35)

언어는 환경의 일부니까 당연히 변화의 대상이 된다. 이로써 새로
운 규범어를 만들면서 나름대로 철학적 근거까지 제시한 것이다. 다
만 입에 붙어 익숙한 언어의 특성을 고려하여 한꺼번에 확 바꾸는 방
식 대신 누에가 뽕잎을 갉아먹는 '섬멸전'의 방식으로 점진적이면서
지속적인 방식으로 언어를 개조해 나가기 시작한다.

주체사상은 원래 말 그대로 인간이 세계의 주체이자 중심으로서 그
존재 가치를 존중받아야 한다는 인간 중시의 철학이었으나 김일성의
통치적 목적에 따라 1인 지배체제를 위한 사상으로 변질된 것이다.[15]
다만 이런 이면적 배경을 떠나 '주체'는 말 그대로 주체적인 삶의 태
도를 지향하는 의미를 담고 있다. 북한에서 언필칭 '우리 식'이라고
하는 것이 그것이다. 『조선말대사전』(2017)에서 "인민대중이 혁명과
건설의 주인으로서 모든 문제를 자기 나라 실정에 맞게 그리고 자체
의 힘으로 풀어나가는 자주적립장과 창조적립장을 나타내는 말"이라
고 뜻풀이하는 것도 같은 맥락이다.

이는 당연히 민족주의 형태로 나타날 수밖에 없다. 그래서 북한은
늘 '우리 식'을 강조하고 문화어 제정이나 말다듬기 등 언어 정책에서
도 '민족'을 강조하고는 한다. 즉 주체사상은 마르크스주의에 민족주
의가 결합하여 변용된 것인데 이것이 언어 정책에서도 이론적 배경이
되는 것이다.

공산주의는 원래 단일한 국가 공동체를 지향한다. 그러자면 언어도 하나여야 한다. 그런데 당장 전 세계를 공산화할 수도 없고 언어도 하나의 국제어로 바꿀 수 없으니까 스탈린은 공산화 완성 이전에는 각 민족어가 인정된다고 선언할 수밖에 없었다. 이러한 공산주의 언어 이론은 북한에서 민족, 민족어를 내세우는 국가 정책의 이론적 배경이 될 수 있었다.[16] 즉 사람이 언어를 개조할 수 있다, 현재의 공산주의에서는 민족어가 인정된다, 우리는 우리의 민족어를 발전시켜야 한다, 이와 같은 논리가 문화어가 탄생한 이론적 배경인 셈이다.

이런 맥락에서 김일성은 언어 정책에 중대한 영향을 미친 두 번의 교시를 발표한다. 1964년 1월 3일의 "조선어를 발전시키기 위한 몇 가지 문제", 1966년 5월 14일의 "조선어의 민족적 특성을 옳게 살려나갈데 대하여"가 그것인데 흔히 1·3 교시, 5·14 교시라고 부른다. 특히 두 번째 교시인 5·14 교시에서 북한의 규범어인 '문화어'가 처음으로 제안되었다.

> 우리 말을 발전시키기 위하여서는 터를 잘 닦아야 합니다. 우리는 우리 혁명의 참모부가 있고 정치, 경제, 문화, 군사의 모든 방면에 걸치는 우리 혁명의 전반적전략과 전술이 세워지는 **혁명의 수도이며 요람지인 평양을 중심지로 하고 평양말을 기준으로 하여 언어의 민족적특성을 보존하고 발전시켜나가도록 하여야 하겠습니다.** 그런데 《표준어》라는 말은 다른 말로 바꾸어야 하겠습니다. 《표준어》라고 하면 마치도 서울말을 표준하는것으로 그릇되게 리해될수 있으므로 그대로 쓸 필요가 없습니다. 사회주의를 건설하고있는 우리가 혁명의 수도인 평양말을 기준으로 하여 발전시킨 우리 말을 《표준어》라고 하는것보다 다른 이름으로 부르는것이 옳습니다. **《문화어》란 말도 그리 좋은것은 못되지만 그**

래도 그렇게 고쳐쓰는것이 낫습니다. (5·14 교시)

김일성의 이 5·14 교시를 기점으로 남한은 서울말을 기준으로 하는 '표준어', 북한은 평양말을 기준으로 하는 '문화어'로 나뉘게 되었다.[17]

북한은 문화어 제정을 통해 서울말이 아닌 평양말을 표준으로 삼음으로써 자신들의 정체성을 분명히 하고 보다 문명화된 사회로 나아가고자 한다. '문화어'라는 명칭부터 그렇다. 김일성의 교시에 앞서 김정일은 1963년 10월 25일 김일성종합대학 학생들을 대상으로 "언어생활에서 문화성을 높이자"라는 제목의 담화를 하는데[18] '문화성' 있게 말을 하고 글을 써야 사회에 고상한 도덕적 기풍을 세워나갈 수 있다고 강조하듯이 문화어는 곧 고상하고 세련된 문화를 지향하는 의미인 것이다.

그런데 이 문화어에는 서울말도 상당히 들어 있다. 예를 들어 평양말 '아바니, 오마니'가 아니라 서울말인 '아버지, 어머니'가 문화어이다. 이미 굳어져 쓰이는 표준어를 갑자기 없애기 어려웠기 때문이다.

물론 이것이 서울말을 포용하는 정책은 아니다. 서울말은 평양말과 대립각을 이루는 존재일 수밖에 없고 문화어는 원칙적으로 평양말을 기조로 하는 새로운 말인 것이다. 결과적으로 맞춤법에 더하여 이러한 규범어의 차이로 남북한어의 경계는 더 뚜렷해지게 되었다.

이쯤에서 북한 언어 정책의 출발점에 관하여 한 가지 덧붙이고자 한다. 북한은 일본어에서 벗어나 조선어를 부활시키는 일련의 정책을 초기부터 상당히 빠르게 진행한다. 이와 관련하여 임경화(2016)의 연구에서는 1920년대 중반에서 1930년대 중반의 약 10년에 걸쳐 연해

주 고려인 사회에서 있었던 '붉은 한글운동'의 경험이 영향을 미쳤을 가능성을 언급한다. 이는 당시 소비에트연방의 소수민족 우대정책에 힘입어 고려인 사회에서 일어난 민족어 발전 운동이다.[19]

이 소련의 정책에서 민족적 형식으로 가장 중요한 것은 언어였고 그것은 곧 소수민족의 언어 내셔널리즘을 인정하는 것이었다. 이런 배경에서 당시 고려인 사회는 문맹 퇴치를 기치로 내걸고 당 기관지 성격의 고려어 신문『선봉』에서 한자 폐지[20], 가로쓰기 등에 나선다. 이 신문은 무엇보다도 두음법칙에 있어서 '로력자, 력사, 녀자' 등의 표기를 채택하는데 이는 이후 북한의 언어 정책 방향과 같다는 점에서 특히 주목된다.

이처럼 고려인 사회의 '붉은 한글운동'은 이후 북한의 초기 언어 개혁 정책과 많이 닮아 있는데 이 점에서 임경화의 연구는 그 연결고리의 가능성을 언급했던 것이다.[21] 만일 그렇다면 북한어의 형성 배경은 좀 더 그 근원을 거슬러 올라갈 수 있을 것이다.

1.3. 이질화인가 다양화인가

남한어, 북한어는 별개의 언어 사회에서 쓰이고, 따라서 어떤 식으로든 다른 점이 있게 된다. 실제로 북한어에서는 '역사'를 '력사'라고 쓰고 '주스'를 '단물'이라고 한다. 이런 차이 때문에 흔히 우리말이 이질화되었다고 한다. 그래서 그 차이를 '극복'하고 동질성을 '회복'해야 한다는 견해가 적지 않았다.

그런데 남북한 언어를 두고 이질화라고 단정짓기에는 망설여진다. 일단 여러 차례 지적되어 왔듯이 남북한 화자의 의사소통에 큰 어려움이 없는 상황에서 언어가 이질화되었다고 말하기는 어렵다. 의사소통에 별다른 장애가 없다면 이질성보다는 오히려 동질성이 훨씬 큰 자리를 차지하고 있는 것이다.[22]

유독 남한어, 북한어의 관계에 대하여 '이질화'라고 하는 것도 균형을 잃은 처사이다. 한 언어권인 우리 사회 내에서도 지역이 달라지고 세대가 달라지면 말도 달라진다. 타 지역의 방언을 이해하기 어렵고, 10대들이 쓰는 '핵노잼, 최애, 행쇼' 등의 말을 기성 세대가 알기 어렵다. 꽤 오래전 KBS '세대공감 올드&뉴'라는 프로그램에서 청소년들은 '너스레, 주전부리, 터울'과 같은 기성 세대의 익숙한 말을 잘 모르기도 했다. 그런데 이를 두고 이질화라고 하지는 않는다.

기본적으로 이질화는 부정적 뉘앙스를 담은 표현이다. 그래서 그와 짝을 이루어 흔히 동질성 회복을 주장하고는 한다. 단일 민족, 단일한 언어이므로 그 모습을 하나로 보존해 가야 한다는 당위적 사고가 그 바탕에 있는 것이다. 그러나 한 사회 내 지역, 계층, 집단 간 언어 차이는 당연시하면서도[23] 남북한어에 대해서만 동질성을 강조하는 것은 모순이다. 분단의 현실에 따른 상실감에서 본다면 자연스러운 감정일 수는 있다. 그러나 언어는 지역이나 계층에 따라서 다양한 모습을 보이는 것이므로 남북한어의 서로 다른 모습도 그 자체로 보편적인 현상으로 받아들여야 한다.

이 점에서 남북한어의 현주소는 '다양화'라고 볼 수도 있을 것이다. 의사소통에 장애가 심각하다면 이질화라고 하겠지만 지금 남북한어는 그렇지도 않고 또 쉽게 그 정도 상황에 갈 수 있는 것도 아니다. 그렇다면 남북한어의 차이는 이질화라는 부정적 의미로서가 아니라 우리말이 더 다양하고 풍부해지는 현상으로 이해할 수도 있게 된다.

26

　우리는 이 물음에 대한 답을 남겨 두고자 한다. 이 책을 진행하면서 북한어를 구체적으로 알아보고 그와 함께 우리가 쓰는 말도 돌아보는 기회를 가질 것이다. 그런 후에 책 말미에서 독자들과 함께 이 물음에 대한 답을 다시 생각해 보기로 한다.

1 북한어에 대한 일반적인 개념은 분단 이후 휴전선 북쪽 지역에서 두루 쓰는 말이라는 것이다. 엄밀하게 보면 이 기준에서 남한어, 북한어는 분단과 동시에 성립했다고도 할 수 있다. 다만 오늘날 남한어, 북한어로 나누는 것이 자연스럽게 받아들여지는 이유는 그동안 여러 가지 변화와 특성이 더해져 독자적인 언어 체계를 형성했다고 보기 때문일 것이다. 한편 정유남(2021)은 북한어의 개념을 지역어 등 언어 내적 요인은 배제하고 분단 이후 언어정책 등 언어 외적 요인에 따라 생겨난 언어로 국한하기도 한다. 이에 따르면 북한 지역의 방언은 북한어가 아니지만 다듬은 말 '달린옷'이나 호칭어로서 '동무' 등은 남한어와 다른 '북한어'가 된다. 우리 책의 북한어는 기존의 관점과 마찬가지로 방언을 포함하여 북한에서 쓰는 말 전체를 아우르는 넓은 개념이다. 다만 그 북한어에는 정치적, 사회적, 문화적 요인에 따라 남한어와 달라진 다양한 특성이 있기에 자연스럽게 주된 관심은 그 북한어 특유의 언어 현상에 두고 있다.

2 1924년 임시정부 의정원 의원으로 선출되었고, 이후 임시정부 내 좌익 정당인 조선민족혁명당의 일원으로 활동하였다.

3 1947년 2월 김일성종합대학 안에 설립된 조선어와 조선 문자에 대한 연구 기관. 조선어학회의 맞춤법이나 문법에서 벗어나 나름의 어문 정책을 시행하기 위하여 창설하였다. 새로운 철자법, 문법에 관한 정책안을 만드는 게 당면 과제였는데 김두봉은 당시 김일성대학 총장으로서 그 책임을 수행하였다.

4 그 이전의 짧은 기간 동안에는 조선어학회의 「한글 맞춤법 통일안」을 기준으로 하였다. 김용진의 『한글맞춤법통일안 해설』(1947. 7. 10.)은 그 대표적인 예로서 통일안의 수정안(1946)을 반영하여 책자로 평양에서 간행된 것이다(고영근 1993ㄱ/ㄴ 참조).

5 이는 김두봉이 창안하였는데, 그 모양과 이름은 다음과 같다[표는 전수태(2005: 75) 인용]. 참고로, 이 글자의 폰트는 『북한 및 재외교민의 철자법 집성』(고영근 편, 2000, 역락)의 편찬 과정에서 역락 출판사에서 만든 것이다. 이 책도 인터넷 사이트에서 이를 캡처하여 사용하였다.

문자	교체의 성질로 본 이름	발음	발음상으로 본 이름
ᇛ	려을 또는 죽는 ㄹ	(려으)	르 (r)
ㅌ	띠을	(띠을)	트 (l)
ㅿ	싀을	(리을)	스 (з)
ㆆ	히을	(히으)	호 (ʔ)
Y	Y훙	(Y읗)	Y(w) 반모음 ㅜ
1	이	(l)	1(j) 반모음 ㅣ

이 신문자는 넓게는 한자 철폐와 문자 개혁을 대비하는 것으로서 특히 로마자 등 다른 음소문자처럼 '풀어서 가로쓰기'를 위한 목적이 있었고, 더 좁게는 불규칙 용언의 교체형을 일정하게 적는 데 목적이 있었다. 예를 들어, '걷다'는 '걷다~걸어'('ㄷ' 불규칙), '놀다'는 '놀다~노니'('ㄹ' 불규칙), '낫다'는 '낫다~나아'('ㅅ'

불규칙), '곱다'는 '곱다~고와'('ㅂ' 불규칙), '누르다'는 '누르다~눌러'('르' 불규칙) 등처럼 불규칙 활용을 하는데, 통일안의 표기는 그 변하는 대로 '걷다, 걸어'[步]처럼 어간의 모습을 '걷, 걸'로 다르게 적는 방식이다. 신철자법은 이를 규칙 활용인 '걷다, 걷어'[收], '먹다, 먹어' 등처럼 항상 같은 모습으로 적고자 하였다. 그래서 각각을 '놓다, 놓ㅂ니다, 놓니'(놓다, 놉니다, 노니), '낳다, 낳을, 낳아'(낫다, 나을, 나아), '겄다, 겄으니, 겄어'(걷다, 걸으니, 걸어), '곱ᅟᅳ다, 곱면, 곱아'(곱다, 고우면, 고와), '누ᅟᅳ다, 누ᅟᅥ, 누ᅟᅴ다'(누르다, 눌러, 눌리다) 등처럼 신문자를 이용하여 어간을 일정하게 적었던 것이다. 또 '가지-'는 '-어'와 결합하여 '가져'로 줄어들 수 있는데, 이러한 용언의 어간 말 'ㅣ'는 '가지다, 가지어' 등처럼 'ᅵ'로 적었다. 기본적으로 이는 말의 본모습을 밝혀 적는 표의주의(형태주의) 원칙을 엄격하게 적용하는 태도이다. 이러한 태도에서는 '로동, 락원, 녀성' 등처럼 실제 발음과 상관없이 한자어의 본모습(老로, 樂락, 女녀)을 일정하게 밝혀 적게 되는 것이다. 이론상으로 상당히 정연한 논리를 갖춘 표기법으로 당시 리극로(이극로), 김수경 등 언어학자들로부터 지지를 받기도 했었지만 내적, 외적 논란 끝에 실질적으로 실용화되지는 못한 채 이후 「조선어 철자법」(1954)에서 폐기되었다.

6 1952년 12월 과학원의 설립과 함께 조선어문연구회가 개편된 조직이다.

7 고영근(1993ㄴ) 참조. 전수태(2005:21)도 당시 문자 개혁 준비가 계속 진행되던 시기라는 점을 들어 이러한 견해를 지지하고 있다.

8 김두봉이 1946년에 창당한 조선신민당은 같은 해 북조선공산당과 합쳐져 북조선로동당으로 합당되었으며, 북조선로동당은 다시 1949년 남조선로동당과 합당하여 조선로동당으로 개편된다. 이때를 기점으로 김두봉은 권력 서열에서 밀려나기 시작하여 결국 1958년 3월 6일 조선로동당 제1차 대표자회의 결의로 당에서 제명당하였다.

9 구체적 날짜는 5월 23일이다. 이에 대해서는 강영국(2000) 참조.

10 김일성이 소련파, 중국파 등 모든 파벌을 숙청하고 실질적인 1인 지배 체계를 수립하는 시기는 1958년이다. 그러나 이러한 숙청은 이미 한국전쟁의 교착 시기부터 소련파, 남로당파에 대하여 이루어졌다(선우현 2000:46-47 참조). 김두봉, 최창익 등의 연안파도 한국전쟁 동안 패전 책임의 대상이 되었고(와다 하루키 1999 참조) 이후 김일성의 개인숭배 비판 등 빨치산파에 도전하였다가 실패한 1956년의 종파사건을 계기로 결정적으로 실권하고 1958년 3월 최종적으로 숙청되었다.

11 김두봉이 완전히 실각한 1958년 곧바로 리극로(이극로), 박상준, 류렬(류열), 정렬모(정열모), 김병제 등이 다양한 토론과 논설을 통하여 6자모설을 비판한다. 김두봉과 교분이 두터웠던 리극로는 원래 신철자법을 지지하는 보고 발표도 한 바 있으나 이 시기에 정치적 이데올로기에 휩쓸려 비판자로 돌아섰다. 이에 대한 구체적 내용은 고영근(1993ㄴ) 참조.

12 최정후·박재수(1999) 196쪽.

13 "반당반혁명종파분자 김두봉은 공명심에 사로잡혀…"(강영국 2000)처럼 이름이 언급되기도 한다. 다만 거의 대부분 저작물에서는 김두봉의 이름을 명시하지

않는다.

14 표준어의 개념이 처음 도입된 것은 조선총독부의 「보통학교용 언문철자법」 (1912)이다. 이 규정에 "경성말을 표준으로 함"과 같이 표준어의 개념이 처음 등 장한다. 이는 당시 일본의 표준어 개념을 적용한 것이라고 할 수 있다. 표준어라는 용어가 본격적으로 정립되고 구체적인 내용이 등장한 것은 조선어학회의 「한글 맞춤법 통일안」(1933) 및 「사정한 조선어 표준말 모음」(1936)부터이다.

15 주체사상이 형성과 정립을 이론적으로 주도한 인물은 구소련 모스크바 국립대학 의 유학에서 귀국한 황장엽이다. 이 철학은 전후 시기 어려운 상황에서 사회 건설 논리로서의 기능이 강했는데 당시 북한은 스탈린의 죽음 및 격하 운동, 김일성 지 배 체제의 강화 필요성 등의 상황에서 소련과 결별하고 독자적 정체성을 내세울 필요가 있었다. 그래서 애초에 마르크스주의에 기초하였던 이 철학은 조선이라는 나라에 맞게 '자주성'과 '창조성'이 강조되는 것으로 변용되었다. 즉 스탈린주의 에 민족주의를 더한 형태로 나아간 것이다. 지금까지도 북한에서 '사람 중심의 철 학'이라고 내세우듯이 원래 이 주체사상은 인간 중심 철학이었다. 인간은 모든 것 의 주인이자 자주적인 존재이므로 자기 운명을 자주적, 창조적으로 개척해 나가 는 존재라는 것이 근본 사상이다. 그러나 이 인간 중심의 사상은 70년대를 전후하 여 '수령 절대주의'의 통치 이념으로 변질된다. 이로써 본래의 인간, 인민을 중시 하는 의미는 거의 사라져 버리고 1인 절대주의를 뒷받침하는 지배 이데올로기로 변질되어 간 것이다. 선우현(2000) 등 참조.

16 김두봉 등 '일부 세력'이 주장하는 문자 개혁론을 비판하면서 김일성은 "우리는 공산주의자들입니다. 우리는 자기의 말과 글을 발전시키는데서 세계인민들의 언 어발전의 공통적인 방향을 고려하여야 합니다. 물론 언어발전을 세계공통적인 방 향에 접근시킨다고 하여 너무 빨리 우리 언어의 민족적인 특성을 버려도 안됩니 다. 온 세계가 다 공산주의로 되려면 아마 상당한 시일이 걸릴것입니다. 그러므로 일정한 시기까지는 민족적인것을 살려야 합니다. 민족적인것만 보고 세계공통적 인것을 보지 않는다는것도 잘못이며 반대로 세계공통적인것만 보고 민족적인것 을 보지 않는것도 잘못입니다."(1964. 1. 3. 교시)라고 언급한다.

17 이 시기를 북한어의 실질적인 성립 시기로 보기도 한다. 김민수(1997)은 북한어를 이념적 배경에 따라 아래와 같이 세 시기로 나누면서 주체사상이 문화어 성립에 영향을 미친 제2기를 북한어의 실질적 개념의 시기로 본다.
  · 제1기: 1945-1963(맑스레닌주의)
  · 제2기: 1964-1983(김일성의 주체사상)
  · 제3기: 1984-현재(김정일의 주체사상 계승)

18 『문화어학습』 1995년 제4호에 담화 전문 수록.

19 이는 1937년 고려인 강제이주 때까지 이어졌다.

20 이 정책은 1928년 리괄의 '한자폐지'와 계봉우의 '한자제한'의 논쟁으로 치열하 게 전개되었다. 임경화(2016) 참조.

21 특히 한자 폐지는 붉은 한글운동에서 오랜 논쟁이 이어졌던 문제인데 북한에서는

매우 단기간에 실시되었다. 임경화(2016)는 이에 대하여 앞서 고려인 사회의 실험이 영향을 미친 것으로 보고 있다.

22 남기심(2002)는 의사소통을 기준으로 할 때 남북한 언어는 이질화되었다고 보기 어렵다고 하였고, 문영호(2002)도 우리말의 문법적 체계와 문장 구조, 기본 어휘 구성 등에 비추어 민족어의 이질화까지 이르지 않았다고 하였다. 그 외 이질화에 대한 심층적 논의로 이길재(2014)를 참조할 수 있다.

23 표준어는 공통의 의사소통이라는 제한적 목적을 위하여 인위적으로 제정하는 것이다. 그것이 모든 언어생활에 적용되는 것은 아니며 지역, 세대에 따른 언어적 차이는 당연히 존중된다.

제2장

닮은 듯 다른 규범의 세계

2.1. 남북한 어문 규범의 갈림길

한 언어의 화자들이 통일된 글과 말로써 원활하게 의사소통할 수 있도록 정한 약속을 '어문 규범'이라고 한다. 맞춤법, 표준어에 관한 규정은 그 대표적인 예이다.

남북한 분단 이전에는 당연히 하나의 규범을 사용하였다. 그 근대적 규범의 시초는 「국문연구의정안」(1909)이라고 할 수 있다. 대한제국 시절 고종은 국문 개혁을 명하였고 이에 따라 설치된 국문연구소에서 체계적인 새 표기법이라 할 국문연구의정안을 내놓았던 것이다. 그러나 국가의 명운이 위태롭던 시기라 결국 시행되지는 못하였다. 이후 일제 강점기에 조선총독부에 의한 맞춤법을 사용하다가[1] 1933년 조선어학회에서 「한글 맞춤법 통일안」을 제정, 발표하였고, 이어 1936년에는 표준어 예를 보이는 「사정한 조선어 표준말 모음」을 발표하였다.

> 한글 맞춤법 통일안(1933)
> 사정한 조선어 표준말 모음(1936)

조선어학회에서 이와 같이 맞춤법을 정하고 표준어를 정한 것은 근대 국가에 걸맞게 어문을 정비하는 그 자체에도 의의가 있었지만 최종적으로 『큰사전』(1947~1957 발행)을 편찬하는 데 목적이 있었다. 그것은 조선어학회 사건과 한국전쟁 등을 거치며 원고를 분실하고 되찾고 숨기는 등 매우 험난한 과정이었다. 영화 <말모이>는 일제 말기의 사전 편찬 상황을 흥

[영화 '말모이' 포스터]

미룹게 보여 주고 있다.[2]

또 외래어를 한글로 어떻게 적을지, 우리말을 로마자로는 어떻게 적을지는 당시에도 중요한 문제였다. 그래서 그에 관한 규범 역시 당대에 있었다.

외래어 표기법 통일안(1940)

조선어음 라마자 표기법(1940)

이와 같이 3, 40년대에 이미 우리말은 주요 규범을 갖추고 있었다. 당연히 이는 전 국민이 쓰는 공통된 규범이었다. 그러나 남북 분단 이후 북한도 독자적인 규범 정비에 나서고, 남한도 「한글 맞춤법 통일안」을 계승하면서도 새로운 규범으로 발전시켜 나갔다.

<분단 이후 남북한의 어문 규범>

규정	남한	북한
맞춤법	1988년 한글 맞춤법[3] **2017년 한글 맞춤법**	1948년 조선어 신철자법 1954년 조선어 철자법 1966년 조선말규범집 1988년 조선말규범집 2000년 조선말 띄여쓰기규범[4] 2003년 띄여쓰기규정 **2010년 조선말규범집**
표준어	1988년 표준어 규정 **2017년 표준어 규정**	

36

외래어 표기	1948년 들온말 적는 법 1958년 로마자의 한글화 표기 법 **1986년 외래어 표기법**	1956년 조선어외래어표기법[5] 1969년 외국말적기법 1982년 외국말적기법[6] **2001년 외국말적기법**
로마자 표기	1948년 한글을 로오마 자로 적는 법 1959년 한글의 로마자 표기법 1984년 국어의 로마자 표기법 **2000년 국어의 로마자 표기법**	1956년 외국 자모에 의한 조선 어 표기법 **1992년 조선어의 라틴문자 표 기법**

이와 같이 남북한은 분단 이후 각각 어문 규범을 독자적으로 발전시켜 나간다.[7] 위 표에서 보듯이 우선 맞춤법의 차이는 꽤 이른 시기부터 시작되었다. 남한에서 통일안(1933)을 오랫동안 계승하다가 1988년에 이르러서야 새로운 맞춤법을 만든 것과 달리 북한은 1948년의 「조선어 신철자법」에서 보듯이 분단 후 거의 곧바로 새 맞춤법 만들기에 돌입하였던 것이다. 특히 1949년에 한자 사용을 폐지하는데[8] 이 점에서도 한글의 맞춤법을 정립하는 것은 무척 중요한 정책 사안이었다.

앞에서 언급했듯이 이 1948년 규범은 북한에서 철저히 무시되고 공식적으로는 1954년의 「조선어 철자법」이 새로운 철자법 역사의 효시로 인정된다. 북한은 새 맞춤법을 보급, 정착시키기 위하여 1956년에 『조선어 철자법 사전』, 『조선어 소사전』을 펴내는 등 다양한 노력을 기울이는데, 위 표에서 보듯이 이후 여러 차례 규정을 정비하면서 오늘에 이르고 있다. 현재 남북한은 각각 「한글 맞춤법」(2017), 『조선말규범집』(2010)을 사용하고 있는데[9] 분단 직후 달라진 차이가 거의 그대로 이어지고 있다.

북한의 문화어는 남한의 「표준어 규정」과 같은 별도의 규범이 없

다. 어떤 말이 문화어인지는 국어사전에서 정한다. 북한은 문화어 성
립과 함께 『현대조선말사전』(1968), 『조선문화어사전』(1973), 『조선
말사전』(2004/2010) 등을 편찬하였고[10] 가장 대표적으로 『조선말대
사전』(1992/2006/2017)[11]을 통하여 문화어의 전모를 제시하고 있다.

그러나 문화어의 발음은 『조선말규범집』(2010) 내 「문화어발음법」
이라는 규정에서 그 내용을 규정하고 있다. 여기에서 자음, 모음, 소리
의 동화 등 다양한 경우의 발음법을 정하여 제시한다. 이 장에서는 우
선 북한어 맞춤법에 관한 내용을 살펴보도록 한다.

2.2. 맞춤법, 무엇이 같고 다른가

2.2.1. 남북한 맞춤법 규정

남북한의 한글 표기법은 크게 고유어 및 한자어의 표기와 외래어의
표기로 나누어 볼 수 있다. 남한의 경우 고유어 및 한자어의 표기는
「한글 맞춤법」(1988/2017)에서 규정하고 외래어 표기는 「외래어 표
기법」(1986)에서 규정하고 있다. 앞에서 보았듯이 북한은 『조선말규
범집』(2010)에서 고유어 및 한자어의 표기를 규정하고 「외국말적기
법」(2001)에서 외래어 표기를 규정한다. 따라서 고유어 및 한자어의
표기는 두 언어의 「한글 맞춤법」과 『조선말규범집』를 바탕으로 비교
할 수 있다.

물론 다양한 표기 실태를 단순히 규범만으로 다 이해할 수는 없다.
규범 밖의 영역에서 어떤 표기의 관습 등도 있기 때문이다. 이를테면
북한어는 종종 "3천리, 5장6부, 4촌오빠, 4촌누이, 2중적"처럼 단어의

일부를 아라비아숫자로 적기도 한다든가('사촌오빠' 등 한글 표기가 일반적이다), "음악CD, 3D제작기술, NBA(전국롱구협회)" 등처럼 로마자를 그대로 노출하여 적는 예도 꽤 있다는 점은 주목할 만한 특징일 것이다. 근래 코로나 바이러스 명칭도 그렇다.

세계보건기구가 α(알파), β(베타), γ(감마), δ(델타)로 명명한 변이비루스들은 전염력이 강하고 치사률이 높은것으로 알려져있다. 그 중에서도 δ변이비루스가 다른 변이비루스들에 비해 전염력이 매우 강한것으로 하여 지배적인 악성비루스로

[마스크를 쓰고 있는 북한 어린이들. 금수 20. 9.]

지목되고있다. 현재 α변이비루스는 193개, β변이비루스는 141개, γ변이비루스는 91개, δ변이비루스는 170개 나라와 지역에서 퍼지고있다. (로동 21. 9. 4.)

다만 표기의 특징은 대부분 규범에서 비롯되기에 그 내용을 중점적으로 살펴볼 필요가 있다. 먼저 이 절에서는 남북한 맞춤법의 특징을 알아본다. 남북 모두 맞춤법 규정이 있지만 체계는 좀 다르다.

남한	북한
한글 맞춤법(2017)	조선말규범집(2010)
제1장 총칙	**맞춤법**
제2장 자모	총칙
제3장 소리에 관한 것	제1장 조선어자모의 차례와 그 이름
제4장 형태에 관한 것	제2장 형태부의 적기
제5장 띄어쓰기	제3장 말줄기와 토의 적기
제6장 그 밖의 것	제4장 합친말의 적기
<부록> 문장 부호	제5장 앞붙이와 말뿌리의 적기
	제6장 말뿌리와 뒤붙이(또는 일부 토) 의 적기
	제7장 한자말의 적기
	띄여쓰기규정
	총칙
	제1항~제6항
	문장부호법
	총칙
	제1항~제19항
	문화어발음법
	총칙
	제1장~제10장
	조선글의 쓰기

　　기본적으로 단어의 표기, 띄어쓰기, 문장 부호 등을 규정하는 점에서는 같지만 그 구성 체계는 뚜렷한 차이를 보인다. 남한은 「한글 맞춤법」(2017)이라는 한 규범 안에 표기법, 띄어쓰기, 문장 부호 등이 모두 포괄되어 있는 데 반해, 북한은 『조선말규범집』(2010) 안에 「맞춤법」, 「띄여쓰기규정」, 「문장부호법」, 「문화어발음법」 등 별도의 규범으로 독립되어 있는 것이다. 이에 더하여 「조선글의 쓰기」를 두어 가

로 쓰는 법, 내리쓰는 법을 간략히 규정하는 점이 특징적이기도 하다.[12]

이와 같이 『조선말규범집』은 주로 맞춤법 관련 내용이지만 위 표에서 보듯이 「문화어발음법」도 포함되어 있다. 남한은 표준어에 관한 「표준어 규정」이 따로 있어서 표준어 사정 원칙(제1부)과 표준 발음법(제2부)을 규정한다. 그런데 북한은 문화어 사정에 관한 규범은 따로 없고 그 발음에 대해서만 『조선말규범집』 안에 「문화어발음법」을 두어 규정하고 있는 것이다. 어쨌든 이름도 다르고 체제도 다르지만 남북한은 각자의 규범으로 맞춤법을 정하여 사용하고 있다.

2.2.2. 남북한 맞춤법의 모습

남북한의 맞춤법은 얼마나 같고 또 얼마나 다른 것일까. 흔히 '노인'과 '로인'과 같은 차이점을 떠올리다 보니 '서로 다른 맞춤법'이라는 막연한 인식을 갖기 쉽다. 그러나 원래 하나의 맞춤법을 사용했음을 생각하면 이는 과도한 추론일 수도 있다. 그 구체적인 모습을 들여다보자.

가. 맞춤법의 원리와 자모

▍맞춤법의 원리는 같다

'구르믈 버서난 달처럼'. 이 드라마 제목은 소리 나는 대로 쓴 경우이다. 표기 원리로는 이를 표음주의라고 한다. 한글 창제 당시에는 이런 방식으로 적었으니 이 사극 제목처럼 예스러운 분위기를 살리는 데 제격이다. 그러나 20세기에 들어와 한글 맞춤법 통일안(1933)부터는 단어의 본모습을 밝혀 '구름을 벗어난 달처럼'으로 적고 있다.

‘꽃’은 ‘꽃이[꼬치], 꽃도[꼳또], 꽃만[꼰만]’처럼 ‘꼳, 꼳, 꼰’으로 소리나지만 그 본모습은 ‘꽃’이다. 그 이전까지는 대체로 소리나는 대로 적었지만 통일안부터는 본모습을 밝혀서 적는 것으로 바뀌었다.[13]

[본모습을 밝혀 적는 표의주의 원리를 가르치는 북한 교실의 수업 모습. 금수 19. 7.]

언제 어디서든 ‘꽃’으로 적는 것이 뜻을 파악하는 데 훨씬 도움이 되기 때문이다. 이러한 표기 원리를 표의주의 또는 형태주의라고 한다.

남북한은 모두 이 표의주의 원리를 그대로 이어받아 우리말을 적고 있다. 즉 똑같이 ‘구름을 벗어난 달처럼’이라고 적는 것이다. 더 나아가 ‘먹이, 웃음, 같이’처럼 현대국어에서 분석될 수 있는 것은 본모습대로 적고, ‘나머지, 마감, 마중, 쓰레기, 거름, 드리다, 너무, 자주’ 등 분석하기 어려운 예들은 소리 나는 대로 적는 것도 같다.[14] 이미 통일안 때 정한 원리를 그대로 이어받은 것이다. 물론 형태를 분석할지 말지 생각이 다르기도 하고, 그 본모습을 달리 파악하는 경우도 있어 일부 단어의 표기가 다르기도 하지만 기본 원리에서는 같다.

▌ 자모의 이름과 차례가 다르다

“낫 놓고 기윽 자라”. 이는 “낫 놓고 기역 자도 모른다”의 북한 속담이다. 북한어에서는 기역을 ‘기윽’이라고 한다.

이와 같이 남북한은 ‘ㄱ, ㄴ, ㄷ…’ 등 자음 글자의 이름이 같지 않다. 남한이 ‘기역, 니은, 디귿…’처럼 전통적 이름을 사용하는 것과 달리, 북한은 ‘기윽, 니은, 디읃…’처럼 ‘ㅣ ㅡ’가 규칙적으로 반복되는 이름을 사용한다. 여기에 더하여 '그, 느, 드…'의 간소화된 이름도 사용한다.[15] 다만 자음 글자의 차례는 남북한 모두 같다.

북한의 자음 글자 이름과 차례
ㄱ(기윽/그) ㄴ(니은/느) ㄷ(디읃/드) ㄹ(리을/르) ㅁ(미음/므)
ㅂ(비읍/브) ㅅ(시읏/스) ㅇ(이응/응) ㅈ(지읒/즈) ㅊ(치읓/츠)
ㅋ(키읔/크) ㅌ(티읕/트) ㅍ(피읖/프) ㅎ(히읗/흐) ㄲ(된기윽/끄)
ㄸ(된디읃/뜨) ㅃ(된비읍/쁘) ㅆ(된시읏/쓰) ㅉ(된지읒/쯔)

위에서 보듯이 'ㄲ, ㄸ, ㅃ, ㅆ, ㅉ'의 이름도 다르다. 남한은 '쌍기역, 쌍디귿, 쌍비읍…'으로 부르는데 반해 북한은 '된기윽, 된디읃, 된비읍…'으로 부른다.[16] 그 별칭은 '끄, 뜨, 쁘, 쓰, 쯔'이다.

모음 글자 역시 공통점과 차이점을 지닌다. 우선 기본 모음자 10개의 이름과 차례는 같다. 그러나 두 개 이상의 글자를 어울려 적는 경우에는 그 순서가 다르다.

남북한 모음 글자 이름과 차례	
공통	ㅏ(아) ㅑ(야) ㅓ(어) ㅕ(여) ㅗ(오) ㅛ(요) ㅜ(우) ㅠ(유) ㅡ(으) ㅣ(이)
남한	ㅐ(애) ㅒ(얘) ㅔ(에) ㅖ(예) ㅘ(와) ㅙ(왜) ㅚ(외) ㅝ(워) ㅞ(웨) ㅟ(위) ㅢ(의)
북한	ㅐ(애) ㅒ(얘) ㅔ(에) ㅖ(예) ㅚ(외) ㅟ(위) ㅢ(의) ㅘ(와) ㅝ(워) ㅙ(왜) ㅞ(웨)

이렇게 모음 글자의 순서가 다르기 때문에 사전에서의 표제어 배열 순서도 다르다. 여기에다가 자음 글자를 배열하는 순서도 차이가 있

다. 그래서 남북한 화자가 상대방 사전을 이용하려고 한다면 꽤 어려움을 겪을 수도 있다.

▌'아기'는 '호랑이' 뒤에 있다

북한 사전에서 '아기'를 찾아보자. 'ㅅ'과 'ㅈ' 항 사이 어디쯤 있을거라 열심히 찾아보아야 헛수고다. 'ㅇ'으로 시작하는 말은 사전의 저맨뒤쪽에 놓여 있다. 남북한의 국어사전은 각각 다음과 같은 순서로표제어를 올린다.

남북한 자모의 사전 배열 순서	
남한	자음: ㄱ ㄲ ㄴ ㄷ ㄸ ㄹ ㅁ ㅂ ㅃ ㅅ ㅆ ㅇ ㅈ ㅉ ㅊ ㅋ ㅌ ㅍ ㅎ 모음: ㅏ ㅐ ㅑ ㅒ ㅓ ㅔ ㅕ ㅖ ㅗ ㅘ ㅙ ㅚ ㅛ ㅜ ㅝ ㅞ ㅟ ㅠ ㅡ ㅢ ㅣ
북한	자음: ㄱ ㄴ ㄷ ㄹ ㅁ ㅂ ㅅ (ㅇ) ㅈ ㅊ ㅋ ㅌ ㅍ ㅎ ㄲ ㄸ ㅃ ㅆ ㅉ 모음: ㅏ ㅑ ㅓ ㅕ ㅗ ㅛ ㅜ ㅠ ㅡ ㅣ ㅐ ㅒ ㅔ ㅖ ㅚ ㅟ ㅢ ㅘ ㅝ ㅙ ㅞ

'아기'의 예처럼 북한 사전의 자모 배열에서 가장 특이한 것은 'ㅇ'이다. '아기, 울다, 이름' 등 초성에 오는 'ㅇ'은 자음 글자로 보지 않기때문에 'ㄱ, ㄴ … ㅎ, ㄲ, ㄸ, ㅃ, ㅆ, ㅉ'의 자음 항목이 모두 끝난 다음에 배열한다. 따라서 '아기'는 '호랑이'보다도 뒤에 있고 '짜다'보다도 뒤에 있다. 그러나 '강, 동산, 종이' 등처럼 받침에 오는 'ㅇ'은 자음으로 인정하여 'ㅅ' 다음에 배열한다.

'ㄲ, ㄸ, ㅃ, ㅆ, ㅉ' 등 된소리 글자의 순서도 다르다. 남한은 이를 'ㄱ+ㄱ, ㄷ+ㄷ…'처럼 두 글자를 합쳐 적은 것으로 본다. 그래서 'ㄱ' 다음에 'ㄲ'을 배열하고 'ㄷ' 다음에 'ㄸ'을 배열한다. 그러나 북한은 이들을 별개의 글자로 보기 때문에 각각 'ㄱ, ㄷ' 뒤가 아니라 'ㄱ…ㅎ'의 배열이 모두 끝난 다음에 배열한다. 그래서 '꼬리'는 남한 사전에서 꽤 앞에 놓이지만 북한 사전에서는 한참 뒤에 있다.

남한	북한
가게	가게
까맣다	비옷
배	배
비옷	호랑이
이모	까맣다
호랑이	이모

모음 글자 배열도 특이하다. 북한은 'ㅏ, ㅑ, ㅓ, ㅕ, ㅗ, ㅛ, ㅜ, ㅠ, ㅡ, ㅣ' 배열이 모두 끝난 다음 'ㅐ, ㅒ…' 등의 단어가 놓인다. '애비'를 찾겠다고 'ㅏ'와 'ㅑ' 사이 어디쯤을 열심히 뒤져보아야 아무 소용이 없다. '애비'는 '이름'보다도 뒤에서 찾아야 한다. 이 역시 남한에서 'ㅐ, ㅒ…' 등을 'ㅏ+ㅣ, ㅑ+ㅣ…'처럼 둘 이상의 글자를 합쳐 적은 것으로 보는 것과 달리 북한은 별개의 글자로 보아 'ㅏ…ㅣ'의 배열이 모두 끝난 다음에 배열하기 때문이다.

이와 같이 남북한의 자모의 배열 순서는 같지 않다. 남한이 글자의 모양을 중시한다면 북한은 소리를 중시하는 측면이 있다.[17] 결과적으로 북한 사전에서 단어를 찾으려면 몇 번의 시행착오를 거치게 된다. 물론 요즘은 대부분 인터넷 사전을 이용하니까 실제 종이사전을 뒤적이는 수고를 할 일은 거의 없지만 그래도 이 사전의 자모 배열 순서를 한번쯤 눈여겨 보아 두면 좋을 것이다.

나. 두음법칙의 표기

▌'노동당'인가 '로동당'인가

1946년 8월 조선신민당과 북조선공산당[18]이 합당하여 탄생한 새로운 당 이름을 '노동당'으로 할 것인지 '로동당'으로 할 것인지를 놓고 논쟁이 붙었다. 그 결론은 북조선로동당 즉 '로동당'이었듯이 이 시기부터 북한어는 한자어 어두의 ㄹ, ㄴ 음을 적는 법에서 남한어와 전혀 다른 길을 걷기 시작한다.

> 운전수는 뻐스에 올라섰다.
> "저…미안합니다. 뻐스가 고장나서 고쳐야겠습니다."
> 그러자 뻐스 안은 술렁거렸다.
> "얼마나 걸려야 하우?"
> "시간 좀 걸릴 것 같은데 다음 차를 **리용**해…"
> "허 참, 한심하군. 시간이 바쁜데…"
> "동무, 차를 잘 정비해 가지고 다녀야지 이게 뭐요?"
> 운전수는 한마디도 대꾸하지 못하고 얼굴이 뻘개서 서 있었다.
> 무중 뒤쪽에서 "기계라는 거야 뜻밖에 고장날 수도 있지요." 하고 동정하듯 말하자 "아, 그렇지 않구요, **리해**해야죠." 이렇게 **녀인**의 목소리가 맞장구를 쳤다.

소설 <희열>(정현철)의 한 구절이다. 이 글의 '리용, 리해, 녀인'은 남한어에서 '이용, 이해, 여인'으로 적는다. 즉 남한어는 'ㄹ, ㄴ' 음을 지닌 한자어가 단어 첫머리에 올 때 두음법칙에 따라 소리가 변한 대로 적는 반면[19] 북한어는 본음대로 적는 것을 원칙으로 한다. 아래는 이를 규정한 「맞춤법」 제25항이다.

> 제25항. 한자말은 소리마디마다 해당 한자음대로 적는것을 원칙
> 으로 한다.
> 례: 국가, 녀자, 뇨소, 당, 락원, 로동, 례외, 천리마, 풍모

이는 남북한 표기의 가장 큰 차이점이 되었다. 남한의 '여자, 연령, 익명'은 북한에서 '녀자, 년령, 닉명'으로 적고, '양심, 역사, 예절, 요리, 유행, 이해, 낙원, 내일, 노인, 녹음'은 '량심, 력사, 례절, 료리, 류행, 리해, 락원, 래일, 로인, 록음'으로 적는다. 널리 알려진 사실이지만 몇 예를 보자.

> **녀자**는 약해도 어머니 되는데는 강하다. (북한 속담)
> **래일**은 해가 서쪽에서 뜨려나보다. (북한 속담)
> 국수에서 기본은 **랭면**이며 그가운데서도 가장 이름난것이 평양 **랭면**이다.
> **리순신**은 앞장에서 나가면서 엄하게 명령을 내렸다.

그런데 'ㄹ, ㄴ'을 본음대로 적는 것이 아주 새로운 방식은 아니다. 「한글 맞춤법 통일안」(1933) 이전에 조선총독부에서 주도한 언문 철자법 시대에는 특히 한자어의 경우 본음에 따라 'ㄹ, ㄴ'으로 적었다.[20] 사실 한자 본음이 '(늙을) 로, (계집) 녀'라는 상식에서 '로인, 녀자'처럼 적고자 하는 심리는 충분히 공감되는 면이 있다.[21] 어떤 면에서 어두의 음운 현상이라는 특수성을 고려하여 '노인, 여자'로 적기로 한 통일안이 오히려 혁명적인 발상이라고 할 것이다.

어쨌든 북한은 거의 정권 시작기부터 이 표기법
을 채택했다. 이러한 언어 정책은 월북 국어학자인
김수경이 이론적으로 주도하였다. 그는 1947년 네
차례에 걸쳐 로동신문(6. 6, 7, 8, 10.)에 게재한 논
문[22]을 통해 「한글 맞춤법 통일안」이 이 경우 형태
주의 원칙을 지키지 못했다고 하면서 조선어학회
의 표기법 원리를 비판한다.

[김수경]

그 근거는 네 가지다. 첫째, 통일안의 이 규정은 표음주의 편향에 흘
렀다. 완전한 표음주의는 있을 수 없고, 따라서 표음주의 편향은 잘못
이며, 철자법은 고정성을 가졌기 때문에 아무리 표음적이라도 결국은
언어에 맞지 않게 되고, 표음주의 철자법도 발음은 반드시 따로 배워
야 한다는 것, 결론은 표음주의는 올바른 방식이 아니라는 것이다.[23]
쉽게 설명한다면, '꽃이, 꽃도, 꽃만'처럼 소리와 상관없이 '꽃'을 고
정하여 적듯이 한자어도 고정하여 적어야 하는데, '노인, 여성'의 경
우는 어두에서 변한 소리에 따라 적어 표음주의로 흘렀다는 것이다.
어떤 표기법이든 발음은 따로 배워야 하므로 그 표기는 '로인, 녀성'
처럼 '로, 녀'로 고정하는 게 좋다는 주장이다.

둘째, 통일안의 규정은 비체계적이다. 표음주의에 따라 '부로(父
老), 노인(老人)'처럼 '로, 노'로 달리 적는다면, '극락, 급류' 등도 일관
되게 소리나는 대로 '긍낙, 금뉴'로 적어야 할 텐데 실제로는 그러지
않는다. 이 점에서 통일안의 규정은 비체계적이며, 겉으로 표음주의
를 표방하면서도 실지로는 표음주의를 배반하고 있다는 것이다. 결론
적으로 같은 한자는 언제나 같은 음으로써 표기해야 한다는 것이다.

셋째, 한자음 이외의 외래어 표기법과 모순된다. 조선어학회에서
제정한 「외래어 표기법 통일안」은 외래어의 경우 '레-닌', '뉴-튼'처

럼 어두에 ㄹ, ㄴ 표기를 그대로 표기하는데, 한자음 표기에서는 이를 허용하지 않아 서로 모순된다는 것이다.

넷째, 언어음의 발전을 예견하지 못하고 있다. 세계 대다수의 민족이 이 'ㄹ, ㄴ'을 어두에서 발음하는 것과 마찬가지로 조선 사람들도 얼마든지 발음할 수 있으므로 언어의 발전을 위해서 이 음을 발음하도록 해야 한다는 것이다.

이것이 김수경의 대략적인 논거이고 이에 따라 북한어의 가장 큰 특징이라 할 '로인, 녀성' 등의 표기가 탄생한 것이다. 물론 단순히 학문적인 논리에서, 더욱이 한 학자의 신문 게재 논문 몇 편만을 근거로 이런 변혁적인 정책을 추진하였다고 보기는 어려울 것이다. 당연히 정연한 언어 이론이 바탕이 되었겠지만 새로운 정권 수립에 따른 선명하고도 차별적 정책의 필요성도 또 다른 배경이 아니었을까 싶다.

어쨌든 북한은 이렇게 시작된 ㄹ, ㄴ의 표기를 정책적으로 밀고 나간다. 이미 1948년 「조선어 신철자법」부터 이 새로운 원칙을 적용하기 시작하였으며[24] 전쟁의 혼란기 이후 1954년 「조선어 철자법」에서 보다 본격적인 정책으로 전개되기 시작하였다.

▌ 예외도 있다

이 북한의 '로인, 녀성'의 표기법은 그 발음도 바꾸는 것을 목표로 한다. 그렇지만 모든 것을 그렇게 적고 발음하기에는 어려움이 있다. 그래서 '나팔, 유리' 등 일부 단어는 예외가 되었다.

'나사, 노, 요기, 익사, 영악하다' 등도 같은 예들이다. 또 단어 첫머리가 아닌 데서도 '오뉴월'처럼 본음 'ㄹ'을 'ㄴ'으로 적거나 '허락, 의령, 회령'처럼 본음 'ㄴ'을 'ㄹ'로 적기도 한다. 참고로 곤란, 한라산은 본음에 따라 '곤난, 한나산'으로 적는데[25] 발음은 남한과 마찬가지로

[골란, 할라산]으로 한다.

앞에 든 '나팔, 나사' 등 예외적 단어들은 한자어에서 기원한 것이
지만 음이 변한 단어들이다. 그래서 사전은 한자어에서 멀어졌다고
보아 그 한자를 주지 않는 것을 원칙으로 한다. '궁냥, 나사, 영악하다'
등은 한자를 표시하지 않은 예들인데[26] 이처럼 한자 어원을 표시하지
않는 것은 그 기원이 한자어라는 데 연연하지 않고 변한 음을 현실로
받아들이겠다는 뜻이다.

그런데 어떤 말이 '여전히' 한자어인지 아닌지 판단이 다를 수 있
다. 따라서 이전에는 예외로 처리하였던 말이 한자어로 부활하면서 표
기가 달라지기도 한다. 대표적인 예가 '록두'이다. 조선말대사전(1992,
2006)까지는 '녹두'가 규범이었는데 조선말대사전(2017)에 와서는
'록두'가 규범이 되었다.

남색도 조선말대사전(1992, 2006)까지는 '남색'이라고 하다가 역
시 조선말대사전(2017)에 와서 '람색'으로 바뀌었다. 즉 한자어로 받
아들여 '藍'의 본음에 따라 적은 것이다. 상상이지만 북한의 인공기를
'람홍색기'라고도 하는데 그에 대한 고려도 있지 않았을까 싶다.[27] 어
쨌든 2017년 사전에서 이러한 변화가 있다는 것은 그만큼 이 두음의
표기에 대하여 여전히 고민하고 있다는 뜻으로 볼 수 있다.

이처럼 고민을 거듭하면서도 북한은 이론적 타당성과 더불어 그 장
점을 강조하면서 'ㄹ, ㄴ'의 표기를 일관되게 밀고 나간다. 장점이라
고 한다면, 예를 들어 '임(任)'과 '림(林)' 등 성씨, '노력(努力)'과 '로
력(勞力)' 등 이전에 표기상 구별되지 않던 많은 말들을 구별해 적을
수 있다는 것이다. 한 예를 보자.

우리의 현대화는 철저히 우리의 로력과 기술로 생산설비들을 개

발하고 새로 만들어내는것이다.

북한어에서 '로력'은 노동력의 의미이다. 따라서 이 예문은 열심히 '노력'하여 생산설비를 만들어낸다는 게 아니라 자신들의 노동력으로 만들어낸다는 뜻이다. '노력' 한 가지로만 적으면 이런 경우 의미 전달에 혼란이 생길 수 있다. 예를 들어 우리는 북한의 '로력영웅'을 한글 맞춤법에 따라 '노력영웅'으로 적는데, 그러다 보니 남한 화자들로서는 무언가 큰 노력을 한 사람에게 주는 상으로 오해하기도 하는 것이다.

'연습, 련습'도 비슷한 예이다. 우리는 이 단어들을 '연습' 하나로 적지만 '연습 경기, 야구 연습장'이라고 할 때 '연습'과 '연습 문제, 영어 연습장'이라고 할 때 '연습'은 서로 다른 말이다. 앞의 것은 실지로 하듯이 익힌다는 뜻의 '연습(演習)'이고, 뒤의 것은 되풀이하여 익힌다는 뜻의 '연습(練習)'이다. 이를 북한어에서는 각각 '연습, 련습'으로 나누어 적는 것이다. 그래서 실전처럼 하는 군사 훈련은 '연습', 무용 동작을 되풀이하여 익히는 것은 '련습'이 된다.

> 이란군이 이스파한주에서 대규모군사**연습**을 진행하였다.
> 땀을 흘리며 무용**련습**을 하는 아이들…

이 단어들을 이처럼 구별하여 적는 것이 장점일 수 있다. 그러나 한편으로 이것을 구별하는 것이 대중들에게 어렵다는 문제도 있다. "피 타는 로력"이라고 잘못 쓴 예[28]처럼 '노력'과 '로력', 나아가 '연습'과 '련습'을 제대로 구별해 쓰지 못하는 경우도 많은 것이다.

▌어떻게 발음할 것인가

북한의 이 '로인, 녀성'의 표기 정책 앞에는 또 다른 과제가 놓여 있었다. '로동당'으로 적기로 한 것은 그 발음도 [로동당]으로 한다는 것이었듯이 갑자기 말하는 습관을 바꾼다는 게 쉽지 않은 일이었던 것이다.

즉 정책 방향은 두음 'ㄹ, ㄴ' 발음을 하는 것으로 잡았으나[29] 현실에서는 꼭 그렇게 발음하지 않았다. 김수경은 이를 실제로 발음하고 있다고 했지만[30] 적어도 'ㄹ'은 당시 평양을 비롯한 북한어의 일반적인 발음은 아니었다. 'ㄴ'은 평안도 방언에서 '닉다(익다), 너자(녀자), 너름(여름)'[31]처럼 여전히 남아 있었지만 'ㄹ'은 이미 '낭심(량심), 넝감(령감), 노리(료리)'처럼 대부분 'ㄴ'으로 바뀌었던 것이다.[32](괄호 안은 현재 문화어)

아마 김수경이 '발음하고 있다'고 한 것도 일부 예를 두고 한 말일 것이며, 대부분 예는 그렇게 발음하지 않았기에 "되도록이면 문자 그대로 발음하게 되기를 바란다"라는 희망 사항을 덧붙였을 것이다.[33] 또 'ㄴ'도 전혀 문제가 없지는 않았다. '너자' 등처럼 'ㄴ'이 남아 있기도 했지만 표준어의 영향으로 '여자' 등도 현실 발음이었기 때문이다.

이런 배경에서 'ㄹ, ㄴ'의 발음과 관련하여 북한의 언어 정책은 상당 기간 혼란을 겪어 왔다. 해당 정책을 본격적으로 추진하던 시기인 5, 60년대가 특히 그러하였다. 일단 이 시기에 이미 문자대로 발음하는 경향이 생겨나기 시작하였다. 그리고 이런 경향을 두고 받아들이는 태도에서 차이를 보이기 시작한 것이다.

즉 기본적인 정책은 'ㄹ, ㄴ' 발음을 원칙으로 하는 것이었지만 이에 대한 반대 의견도 적지 않아서, 일례로 과학원 언어 문학 연구소의 『조선어 문법 1』(1961)은 특히 'ㄹ'의 경우 '려행, 료리, 락원, 로동'을

[여행, 요리, 낙원, 노동]으로 발음해야 한다고 하면서 [려행, 료리, 락원, 로동]처럼 문자대로 발음하는 경향을 비판한다.

『우리 생활과 언어』(1963)도 두음법칙이 적용된 발음을 표준 발음이라고 하였다. 즉 '리발, 라렬'은 [이발, 나열]이 올바른 발음이며 [리발, 니발, 라렬, 나녈] 등은 잘못된 발음이라고 한 것이다. 대국민용 언어 교육서라고 할 이 책 역시 사회과학원 언어연구소에서 낸 공식적인 자료이다. 그만큼 문자대로 발음한다는 원칙에 대하여 반대 의견도 적지 않았던 것이다.

그럼에도 『조선말규범집』(1966)은 'ㄹ, ㄴ'으로 적고 발음한다는 원칙을 다시 한번 확인하면서[34] 일관된 방향으로 나아간다. 일종의 발음 '교정'에 나선 것이다. 그리하여 북한은 당시 대중 사이에 나타난 '새로운' 발음 경향을 토대로 문자대로 발음하는 정책을 일관되게 밀고 나간다. 여기에 지속적인 학교 교육 등을 통하여 점차적으로 ㄹ, ㄴ의 발음은 상당히 보편적인 단계에 접어들게 되었다.

그래도 갑자기 대중이 문자대로 발음하는 것은 쉽지 않다. 그래서 현실음은 여전히 문제일 수밖에 없고, 이에 『조선말화술』(1966)은 두음법칙의 발음이 '허용'된다고 하여 [로인, 노인], [녀성, 여성]의 두 가지 발음 모두 인정하기도 한다. 말이 '허용'이지 [노인, 여성]의 현실 발음이 그만큼 강력했음을 짐작할 수 있다.

『조선말화술』(1975)도 'ㄹ, ㄴ' 발음이 원칙이라고 하면서도 '래일, 랭장고, 로인, 량강도, 례절, 료리, 령감' 등 이미 익숙한 단어들을 [내일, 냉장꼬, 노인, 양강도, 예절, 요리, 영감]으로 발음하는 것도 허용한다고 하였다. 그럴 만큼 입에 붙은 말소리를 하루 아침에 버리기 어려웠던 것이다.

오늘날에도 마찬가지다. 방송 뉴스에서조차 '역사, 영도자, 여맹, 여성' 등으로 발음하기도 하고 그 비율도 약 10% 내외에 이른다고 하며[35] 지역적으로도 어두 'ㄹ' 발음이 주로 평양 중심으로 나타날 뿐 다른 지역에서는 나타나지 않는다고도 한다.[36] 실제로 북한 드라마 등에서 화자에 따라 어두의 'ㄹ, ㄴ'을 발음하지 않는 경우는 쉽게 볼 수 있다.

이 점에서 아직 갈길이 멀다고도 하겠지만 그래도 북한어에서 'ㄹ, ㄴ'의 발음이 매우 보편화된 것도 사실이다. 지금의 수준만 놓고 보아도 외래어처럼 'ㄹ, ㄴ'의 발음으로 발전해 나갈 것이라는 김수경의 예측은 어느 정도 맞았다고 할 수 있다.

북한의 언어 정책은 어느 정도 가시적인 성과를 거두었다는 점에서 성공으로 평가된다.[37] 다만 표기는 말소리를 반영하는 데 그쳐야지 거꾸로 표기에 맞추어 말소리를 바꾸어서는 안 된다는 비판도 가능하다. 즉 '노인, 로인' 어느 것으로 적든 현실음 [노인]을 나타내는 시각적 부호일 뿐인데 북한은 '로인'의 표기에 맞추어 발음도 [로인]으로 바꾸고자 한 것이다. 「한글 맞춤법 통일안」, 「한글 맞춤법」은 '노인, 여자'처럼 언어 현실을 충실히 반영할 뿐 발음을 바꾼다는 생각은 하지 않는데, 이 관점에서 보면 북한의 표기 정책은 주객이 전도되었다고 비판받을 수 있다. 어쨌든 북한어에서 이 '성공'의 결과는 문자대로 발음하는 경향을 촉발하였고, 이후에 보듯이 도미노처럼 비어두의 ㄹ, ㄴ 발음에도 영향을 끼쳐 새로운 발음 국면으로 접어들게 되었다.

다. 비어두의 'ㄹ' 표기

▌'비률'로 적고 [비율]로 말한다

'로인'은 단어 첫머리의 문제지만 다른 경우는 어떨까. 어두가 아닌 자리에서는 당연히 남북 모두 '오락, 천리, 음료'처럼 본음대로 적는다.

그런데 '렬, 률'은 좀 다르다. 우리를 기준으로 하면 한자어 '렬, 률'은 특이하게 모음이나 'ㄴ' 받침 뒤에서 [열, 율]로 발음된다. 그래서 한글 맞춤법은 이 경우 소리나는 대로 '대열, 비율, 선열, 운율' 등처럼 '열, 율'로 적는다.

그런데 북한어는 이 경우도 '대렬, 비률, 선렬, 운률'처럼 본음대로 적는다.

> 누군가 **대렬** 속에서 선창을 떼였다.
> 열수천명의 구경군들이 **라렬**하고 서있었다.
> **선률**을 위주로 하는 우리 음악의 우수성과 매력을 살려야 한다고…
> 이때 소금과 물을 1대 3**비률**로 타서 독에 가득히 붓는다.

문제는 발음인데, 일단 모음 뒤에 '렬, 률'이 오는 '대렬, 비률' 등은 [대열, 비율]로 발음한다. 문자 그대로 [대렬, 비률]로 발음하는 것은 아무래도 이상하기 때문이다. 그래서 『조선말화술』(1966)에서는 어쩔 수 없이 [대열, 비율]의 발음도 '허용'된다고 하였는데[38] 그러다가 『조선말대사전』(1992)부터는 아예 [대열, 비율]로만 발음한다고 규정하였다.

매우 드물지만 문자대로 발음하는 예도 목격된다. 드라마 <따뜻한 우리 집>(제2부)에서 배우가 "규률성[규률썽]과…", "규률적으로[규

55

률쩌그로]…"와 같이 말하기도 하는데 문자대로 발음한다는 대원칙의 영향이라고 할 수 있다. 사실 일반 대중이 규범을 정확히 알기 어렵다. 그래서 배우가 잘못된 지식에서 대본을 문자 그대로 읽었을 수도 있다. 어쨌든 이러한 발음이 일반적이지는 않기에 결국 현실음을 규범으로 삼은 것이다. 결과적으로 이 경우는 문자대로 발음하는 것을 포기하고 [대열, 비율]처럼 현실음대로 발음하게 되었다.

▌ 다시 그 발음은?

그러면 자음 뒤에 'ㄹ'이 오는 경우는 어떨까. 다음 세 가지 경우가 문제가 된다.

> ① 선렬, 선률
> ② 권리, 천리마, 순리, 발전량
> ③ 음료, 정리

①은 'ㄴ' 뒤에 '렬, 률'이 오는 경우이고, ②는 'ㄴ' 뒤에 그 외 'ㄹ'이 오는 경우, ③은 'ㅁ, ㅇ' 뒤에 'ㄹ'이 오는 경우이다. 이 'ㄴ, ㅁ, ㅇ' 뒤에 오는 'ㄹ'은 어떻게 발음할까. '로인, 력사'처럼 이 경우도 문자대로 발음할 것인가, 아니면 '대렬, 비률'처럼 예외적인 발음으로 할 것인가. 북한도 여기에서 오락가락하는 태도를 보인다.

『조선말규범집』(1966, 1988)은 'ㄹ'은 모든 모음 앞에서 [ㄹ]로 발음하는 것을 원칙으로 한다고 선언한다. 그 한 예로서 규범집(1988)은 '용광로'를 제시하는데 이는 곧 [용광로]로 발음한다는 뜻이다. 그런데 이후의 『조선말규범집』(2010)은 이와 달리 현실음대로 발음하는 것으로 뒤집는다. 아래는 두 규범의 곳곳에서 제시하는 예들이다.

<조선말규범집(1988)>	<조선말규범집(2010)>
선렬[선렬], 순렬[순렬], 순리익[순리익], 용광로[용광로], 법령[법령], 식료품[싱료품]	선렬[선녈], 선률[선뉼], 정렬[정녈], 순리익[순니익], 발전량[발쩐냥], 법령[법녕][39], 목란[몽난][40]

『조선말규범집』(1988)의 태도에 따르면 일단 '선렬, 선률, 음료, 정리' 등은 문자 그대로 [선렬, 선률, 음료, 정리]로 발음하게 된다. 그런데 대중들은 현실적으로 [선녈, 선뉼, 음뇨, 정니]라고 발음하는 경우가 많다. 이런 현실음이 있는 상황에서[41] 무조건 문자대로 발음하라고 하기는 어렵다. 그래서 결국 『조선말규범집』(2010)은 현실음을 선택하여 [선녈, 선뉼, 음뇨, 정니]로 발음한다고 규정한 것이다.

그런데 사전을 비롯하여 여기저기서 밝히듯이 이미 대중 사이에는 [음료]처럼 문자대로 발음하는 새로운 경향이 생겼다. 이 역시 고려할 수밖에 없는 상황이 된 것이다. 그래서 현재는 이 둘을 절충하는 태도를 취하고 있다.

> 울림소리 《ㅁ, ㄴ, ㅇ》의 뒤에서 《ㄹ》이 그대로 발음되거나 《ㄴ》처럼 발음되기도 하는 경우는 구태여 밝혀 적지 않았다. [조선말대사전 (2017) <일러두기>]

즉 『조선말대사전』(2017)에서 '선렬, 선률, 음료, 정리' 등은 발음 정보가 없다. 이것은 문자대로 [선렬, 선률, 음료, 정리]로 발음할 수도 있고, [선녈, 선뉼, 음뇨, 정니]로 발음할 수도 있다는 뜻이 된다. 다소 어정쩡하게 얼버무린 느낌이지만 그만큼 고민도 크다는 뜻일 것이다.

그런데 '법령, 식료품, 목란' 등은 사전에서도 [범령, 싱료품, 몽란]으로 분명히 그 발음을 밝힌다. 이들은 받침이 애초 'ㅁ, ㅇ'이 아니라 'ㅂ, ㄱ'이기 때문에 실제 발음을 표시할 수밖에 없기 때문일 텐데, 문제는 이 경우 'ㄹ'을 문자대로 발음한다고 한 점이다.[42]

다만 이것도 대표적인 선택안이 제시된 것일 뿐 실제로는 [범녕, 싱뇨품, 몽난] 등도 현실적으로 존재하고 또 허용된다고 보아야 할 것이다. 앞서 '음료, 정리' 등이 두 가지 발음이 모두 허용된다면 이 역시 그럴 수밖에 없기 때문이다. 즉 북한의 국화 '목란'은 [몽란]일 수도 있고 [몽난]일 수도 있는 것이다.

이 책을 쓰는 동안 북한의 국어 교사였던 김경희 선생으로부터 북한어에 대한 많은 조언을 받았다. 그런데 김 선생은 '선렬, 진렬, 선률, 환률' 등 '렬, 률'이 결합한 말은 [선녈, 선뉼] 등으로 발음하는 반면, '명랑, 경례, 목란, 압록강, 보급로' 등의 'ㄹ'은 또렷이 [ㄹ]로 발음하는 특징을 보여 주었다. 그러면서 또 '법령, 급류, 합리적, 식료품' 등 일부 단어는 [범녕, 금뉴, 함니적, 싱뇨품]처럼 [ㄴ]으로 발음하기도 하였다.[43] 나아가 본인은 이렇게 발음하면서도 북한 사람들은 [범령, 금류, 함리적, 싱료품] 등 'ㄹ'로 많이 발음한다고 한다. 이렇듯이 북한어에서 'ㄹ'의 발음은 [ㄴ], [ㄹ]의 변동기에 놓여 있는데 그러면서도 문자 그대로 발음하는 경향이 점차 뚜렷해져 가고 있는 것이다.

'권리, 선로, 천리마' 등 'ㄴㄹ'의 예들은 꽤 다른 양상을 보인다. 일단 이 단어들은 대부분 [궐리, 설로, 철리마]처럼 'ㄹㄹ'로 발음하고 또 그것이 올바른 발음이다. 그만큼 굳어진 발음이기 때문일 것이다.

그러나 이 경우도 문자대로 발음한다는 원칙을 완전히 포기하지는

58

않는다. '순리, 순록, 순량하다, 편력' 등 일부 단어들은 [순리, 순록, 순량하다, 편력]처럼 'ㄴㄹ'로 발음하도록 하는 것이다.

> 같은 말소리조건에서도 오늘날 실제 언어생활에서 적은대로 발음 하는것이 사회적규범으로 되여가고있는것은 그것을 바른 발음으로 인정하고 따로 발음표시를 하지 않았다. **순량하다** [형] **순리** [명] [조선 말대사전(1992) <일러두기>][44]

즉 이 단어들은『조선말대사전』(1992, 2017)에서 발음 표시를 하지 않는데 이는 [순리]처럼 문자대로 발음한다는 뜻이다. 이에 따라 '발 전량, 생산력, 생산로동, 병진로선' 등도 그 표기대로 'ㄴㄴ'이 아니라 'ㄴㄹ'로 발음한다.

그래도 이것은 좀 비현실적인 조치로 보인다. 대부분 'ㄹㄹ'로 발음 하면서 일부 단어들은 'ㄴㄹ'로 발음한다는 것이 무언가 불균형하다 는 느낌이 드는 것이다.[45] '천리(千里)'는 [철리], '천리(天理)'는 [천 리]로 발음하는 것이 현실적일까. 김 선생도 '순량하다, 전량, 편력, 순 록, 현령(벼슬명)' 등을 어김없이 'ㄹㄹ'로 발음하였다. 이 예들은 북 한 사전에서 'ㄴㄹ'로 발음한다고 규정한 단어들인 것이다.

물론 '발전량, 생산력, 등산로' 등 우리가 'ㄴㄴ'으로 발음하는 예는 [발쩐량] 등처럼 'ㄴㄹ'로 발음하는 것이 꽤 보편적이다. 그러나 보통 'ㄹㄹ'로 발음하는 예들의 경우 일부 단어들만 'ㄴㄹ'로 발음한다는 게 아무래도 부자연스러워 보인다. 물론 화자에 따라서 이렇게 발음 하기도 하겠지만 그래도 보편적인 발음은 'ㄹㄹ'이 아닐까. '순리, 순 록, 순량하다, 편력' 등 일부 단어의 'ㄴㄹ' 발음은 문자대로 발음한다 는 원칙을 과도하게 적용한 결과가 아닐까 싶다.

이렇게 정도의 차이는 있지만 어쨌든 북한어는 '르'을 문자대로 발음하는 경향을 뚜렷이 보여 준다. 그것은 '로동' 등 어두의 '르'이 촉발한 것으로서, 그로부터 '르'을 문자대로 발음한다는 인식이 생겼고, 그러한 인식은 '음료, 목란, 등산로' 등 비어두로까지 번져나가 새로운 발음 경향이 되어 가고 있다.

도저히 [르] 발음을 유도하기 어려운 경우는 아예 '궁냥, 장농, 영낙 없다'처럼 'ㄴ'으로 표기해 버린다. 그렇게까지 하면서 북한은 '르'을 문자대로 발음한다는 것을 원칙화하고 있다. 앞으로 그 발음이 어떻게 나아갈지 알 수 없지만 앞에서 본 '혼란'의 상황처럼 현재는 그 과도기의 한가운데에 있다고 할 수 있다.

라. 된소리 적기

▌나붓기는 기발

남한의 '아리따운' 처녀는 북한에 가면 '아릿다운' 처녀로 바뀐다. 태극기는 '나부끼고' 인공기는 '나붓긴다'. 아래는 북한어의 예이다.

길가에서 **아릿다운** 한 처녀를 보게 되었다.
기관청사마다에는 공화국기발이 게양되여 서느러운 바람에 천천히 **나붓겼다.**
숨박곡질에 정신이 팔렸던 동네 애녀석들도…
그 **우습강스러운** 표정에 현심은 소리내여 웃었다.

위에서 보듯이 아리땁다, 나부끼다, 숨바꼭질, 우스꽝스럽다를 북한어에서는 '아릿답다, 나붓기다, 숨박곡질, 우습강스럽다'로 적는다.

모두 된소리로 나는 말이지만 단어의 분석 태도에 따라서 표기가 달라진 예들이다.

'눈섭, 손벽'도 마찬가지다. 이 말의 옛말은 '눈섭(눈+섭), 손벽(손+벽)'인데, 남한어는 '섭, 벽'이 오늘날 더 이상 존재하는 말이 아니라고 보아 소리대로 '눈썹, 손뼉'으로 적는다. 그러나 북한어는 '눈섭, 손벽'으로 적는다. 발음은 [눈썹, 손뼉]이지만 '섭, 벽'의 본모습을 밝혀 적는 것인데 아마 '눈+ㅅ+섭, 손+ㅅ+벽'으로 분석해서일 것이다.

> 제 **눈섭**은 보지 못한다. (북한 속담)
> **손벽**도 마주쳐야 소리가 난다. (북한 속담)

'널찍하다, 널따랗다'를 '널직하다, 넓다랗다'로 적는 것도 주목할 만하다. 남북한 모두 [널-]로 소리나면 '널-'로 적고 [넙-]으로 소리나면 '넓-'으로 적는다.[46] 북한어에서 이 두 단어의 발음은 남한어와 달리 '널직하다'는 [널지카다], '넓다랗다'는 [넙따라타], 즉 [널-]과 [넙-]으로 서로 다르다. 이에 따라 각각 '널-, 넓-'으로 달리 적는 것이다.

> **널직한** 부엌, **넓다란** 홀

이렇게 형태소가 결합한 단어의 표기는 맞춤법의 큰 과제이다. 『큰사전』은 '아리땁다, 나부끼다, 우습강스럽다, 숨바꼭질'의 표기를 채택하였지만 이후 '우습강스럽다'는 '우스꽝스럽다'로 바뀌었다. 또 이전에 흔히 '아릿답다, 나붓기다, 숨박곡질'로 적기도 했다는 점을 생각하면 어떤 면에서 표기는 선택의 문제이기도 하다. 이런 표기법

정도는 양측이 논의하고 합의하는 통로가 있었으면 좋지 않았을까.
서로 대화의 문을 닫아걸었던 남북의 역사를 생각하면 부질없는 가정
이긴 하지만 말이다.

▌잠간, 날자가 맞아요?

된소리와 관련되는 표기 예를 더 보자. "잠간, 날짜가 맞아요?"를
북한어 식으로 적는다면 "잠간, 날자가 맞아요?"가 된다. '날짜, 잠깐'
을 북한어에서는 '날자, 잠간'으로 적는 것이다.

> 바로 그 **날자**에 꼭 도착해야 해.
> 어느날 그가 **잠간** 잠이 들었는데…

다만 그 발음은 [날짜, 잠깐]이다. 북한어에서 이를 예사소리로 적
는 이유는 '날자'의 '자'는 한자어 '字'와, '잠간'은 한자어 '暫間'과 직
접적으로 관련짓기 때문이다.[47]

▌지꿎은 장난

앞의 예들은 남한어에서 된소리로 적는 예이지만 반대의 경우도 있
다. 예를 들어 '짓궂다, 안간힘, 늘상'은 북한어에서 '지꿎다, 안깐힘, 늘
쌍'이라고 적는다. 남한어는 '짓+궂다, 안+ㅅ+간힘, 늘+상'[48]으로 분석
하는 반면 북한어는 분석할 수 없는 한 단위로 보기 때문이다.

> 현옥은 그와 부딪치지 않으려고 **안깐힘**을 쓰지 않으면 안되였다.
> 60풍상의 **지꿎은** 장난도...
> 기후가 매우 따뜻하여 **늘쌍** 꽃이 피고…

▌씨원한 강바람

'쪼각, 찝다, 쎄다, 씨원하다' 등은 남한어와 달리 북한어에서 된소리로 적는 예이다. 물론 '조각, 집다, 세다, 시원하다'로도 적는다.[49] 남한어에서 이 '쪼각' 등은 표준 발음도 아니고 올바른 표기도 아니지만 북한어는 규범으로 인정한다. 그래서 "콕 찝어서"는 남한어에서는 잘못이지만 북한어에서는 올바른 표기가 된다.

> 하늘이 열**쪼각**이 나더라도. (북한 속담)
> 정옥은 그 시들어가는 귤**쪼각**을 외면하고 싶었다.
> 그러나 딱히 어디라고 **찝을**수는 없었다.
> 그는 연순이 거름 파내는데 와서도 새서방이 **쎄게** 잘났다고 떠들어
> 올렸다.
> 불이 **씨원치** 못하다.

참고로 위 예의 '줏는다'는 남한어에서 표준어로 인정되지 않지만 북한어에서는 '줍다, 줏다' 모두 문화어로 인정된다.

▌철천지 원쑤

북한어에서 '원수'와 '원쑤'는 하늘과 땅 차이이다. '원수'에게는 권세가 주어지지만 '원쑤'에게는 칼이 주어진다. 발음은 둘 다 [원쑤]이지만 적기는 '원수, 원쑤'로 구별한다. '원수'는 "김정일 대원수님께서는…"처럼 최고 지도자에게 쓰는 표현이다. 그런데 원한 진 상대방을 가리키는 말 '원수'와 같아지는 것을 피하여 후자는 "아버지의 원쑤를 갚으라고…"처럼 '원쑤'로 달리 적도록 한 것이다.

북한에서 '김정은 원쑤님'이라고 썼다가는 큰 벌을 피하지 못할 것

이다. 다행히 미리 그 실수를 발견했다면 "큰일 날 **뻔**"했다고 가슴을 쓸어내렸을 것이다. 이 '큰일 날 뻔'의 의존명사 '뻔'도 북한어에서는 '번'으로 적는다. 원형이 '번'인데 관형사형어미 '-ㄹ' 때문에 된소리가 난 것으로 보는 것이다.

> 조금 일찍 갔더라면 만날**번**도 했다.
> 나는 앞으로 나가다가 또다시 넘어질**번**하였습니다.

▌갈가 말가

비슷한 예를 어미에서도 볼 수 있다. 예를 들어 "갈까 말까"는 북한어에서 "갈가 말가"로 적는다. 앞의 "큰일날번"과 마찬가지로 관형사형어미 '-ㄹ' 때문에 '가'가 된소리로 난다고 보기 때문이다.

우리도 대부분 예는 예사소리로 적는다. 예를 들어 '-ㄹ게, -ㄹ걸' 등은 된소리가 나지만 "갈게, 아닐걸"처럼 예사소리로 적는 것이다. 다만 '갈까 말까'의 예처럼 의문형의 '-ㄹ까, -ㄹ꼬, -ㄹ쏘냐' 세 가지는 예외적으로 된소리로 적는데, 북한어는 이 경우도 '-ㄹ가, -ㄹ고, -ㄹ소냐'로 적어 우리와 달라진 것이다.[50]

> 우리 일을 알면 동무네 언니랑 아저씨가 가만히 **있을가**?
> 아니나 **다를가** 예보장치가 움직이기 시작했다.
> 그럼 얼마나 **좋을고**.
> 이 바쁜 농사철에 어찌 일손을 **놓을소냐**.

조사의 예로서, 자격을 나타내는 '로서'를 "자식으로써 도리를…" 처럼 '로써'로 잘못 쓰는 예를 흔히 볼 수 있다. 흔히 된소리로 발음하는 데 이끌린 것인데 이 조사는 남북한 모두 '로서'이다.

그런데 이것을 '로써'로 잘못 쓰기도 하는 것은 북한 사람들도 마찬가지이다. 한 예로 『조선민족음식』이라는 책은 '로서'라고 썼다가, '로써'라고 썼다가 하는 등 일관성이 없는데, "남새국으로서는, 냉이로 끓인 국으로서, 건강에 좋은 식품의 하나로서, 명절음료로서, 고유한 조선말로서" 등처럼 '로서'로 쓰기도 하다가, "닭고기를 넣어 끓인 것으로써, 음식재료로써는, 김치국물을 해붓고 익힌 김치로써, 누구나 즐겨먹는 밥반찬으로써" 등처럼 '로써'로 쓰기도 한다. 평양냉면을 소개하는 불과 일곱 문장의 글에서조차 "평양랭면은 예로부터 평양의 자랑으로서…", "국물을 부어 만것으로써…"처럼 '로서, 로써'가 혼용되고 있다. 정식으로 출판하는 책에서도 이럴 정도라면 일반 대중들의 혼란은 쉽게 짐작할 만하다.

마. 형태 분석의 차이

▌옳바른 행동
북한어에서 '돌'은 '돌, 돐'로 구분하여 적는다.

> 조선로동당창건 일흔**돐**.
> 할아버지 생신 70**돐**.
> 아기 첫**돌**.

북한은 두세 살까지 생일은 '첫돌, 두 돌'처럼 '돌'로 쓰고[51] 그 외 생일이나 주기 등의 의미로는 '돐'로 표기한다. 그래서 위 예처럼 "아기 첫돌"과 "창건 일흔돐"로 구별하여 쓴다. 물론 '돐'의 경우 "창건 일흔돐을[돌슬]…"처럼 발음한다.

'돌, 돐'은 분단 전부터 구별하여 적던 것으로 우리도 오랫동안 이렇게 구별하여 썼다.[52] 그런데 '돐이…'를 [돌시]가 아닌 [도리]로 발음하는 등 '돐'이라는 말은 거의 사라져갔다. 그래서 1988년 「표준어규정」에서 '돌' 하나로 통일한 것이다.

북한어는 [돌시, 돌슬]처럼 발음하듯이 '돐'은 여전히 살아 있는 말이다. 그래서 과거의 표기를 유지한다. 그래도 북한 사람들도 어려운 것은 마찬가지여서 '첫돌'인지 '첫돐'인지 서로 다투기도 한다. 이 '돌, 돐'의 구별이 얼마나 지속될지도 관심거리이다.

'옳바르다'는 이와는 조금 다른 경우인데 단어의 본모습을 달리 보는 데서 온 차이이다. '올바르다'는 '올이 바르다'에서 온 말이고 남한에서는 그에 따라 적는다. 그런데 북한은 이를 '옳고 바르다'로 생각하여 '옳바르다'로 적는다.

그렇게 험한판에 어떻게 **옳바르게** 살수 있어요?

'넋두리'도 북한어에서는 '넉두리'로 적는다. 남한어는 '넋'과 관련지어 형태를 밝혀 적지만 북한어는 그렇지 않은 것이다. 아래와 같이 '한갓'을 '한갖'으로 적거나, 반대로 '벚꽃'을 '벗꽃'으로 적는 것도 이채롭다.

넉두리하지 말라!
자기의 생각이 **한갖** 로파심에 지나지 않는다는 것을…
해마다 **벗꽃**이 만발하듯이…

▌목을 추기고

목을 축이는 것도 북한어는 '추기다'로 적는다. 수건을 물에 적셨다면 "물에 추긴 수건"이 된다. 남한어는 '축-+-이-'로 분석하여 적지만 북한어는 분석하지 않는 것이다.

> 목마른 사람에게 물소리만 듣고 목을 **추기라** 한다. (북한 속담)

이와 반대로 통조림은 '통졸임'으로 적는다. 남한어에서 '졸이다'와 '조리다'는 구별하여 적는 말인데[53] 북한어는 '졸이다' 한 가지로 쓴다. 그래서 남한어의 '조림'은 북한어에서 '장졸임, 닭졸임, 남새졸임, 사탕졸임, 병졸임, 통졸임'처럼 '졸임'으로 적는다. 남한어와 달리 '졸-+-이-+-ㅁ'으로 분석하는 것이다.

▌일찌기 부모를 여의고

'일찌기, 더우기'는 눈에 띄는 표기 차이의 예이다.

> 아침 **일찌기** 일어나 보라고 말하고는…
> **더우기** 내가 잠깐 호강을 한탓으로…

남한어는 이를 '일찍이, 더욱이'로 적는다. '일찍, 더욱'에 '-이'가 결합한 말로 보아 본모습을 밝혀 적는 것이다. 그런데 북한어는 소리 나는 대로 적는다. '일찌기, 더우기'가 본말이고 '일찍, 더욱'은 그것이 줄어든 말이라고 보기 때문이다.[54] 빈도가 높지 않은 말이지만 '꼬박이'도 북한어에서는 "한밤을 꼬바기 세우고"처럼 '꼬바기'로 적는다. 이것이 본말이고 '꼬박'은 그것이 줄어든 말이라고 보는 것이다.

67

'거부기, 외토리'도 비슷하다. 남한은 '거북, 외톨'에 '-이'가 결합한 것으로 보기에 '거북이, 외톨이'로 적지만, 북한은 '거부기, 외토리'가 본말이고 '거북, 외톨'은 그 준말이라고 본다.[55]

> 그런 **거부기**걸음으로 느릿느릿 걸어서야…
> 그리하여 **외토리**가 된 남편은 한탄과 슬픔속에 모대기며 한밤을 지새웠다.

반대의 예도 있다. 남한어의 '살포시'는 북한어에서 본모습을 밝혀 '살폿이'로 적는다. 큰말은 '살풋이'이다.

> 어린애는 어머니 품에서 **살폿이** 잠이 들었다.
> 웃을 때마다 잔잔한 미소가 **살풋이** 어리는 자그마한 입술…

남한어는 '살폿, 살풋'이 더 이상 쓰이지 않는다고 보아 '살포시, 살푸시'로 적지만, 북한어는 사전에 '살폿'은 없어도 '살풋'은 올라 있듯이[56] 그 형태를 밝혀 '살폿이, 살풋이'로 적는 것이다. 단어의 소멸 여부가 표기 차이를 가져온 예이다.[57]

바. 모음의 표기

▍페로 숨 쉬기

발음, 특히 모음의 발음은 계속 변한다. 한글은 발음을 상당히 정확히 옮기는 글자이다 보니 이러한 변화에 어떻게 대처할지가 큰 문젯거리다. 그 태도에 따라 남북한 표기 차이가 생기기도 하는데 대표적인 예가 한자어 '폐'이다.

이를테면 남한어의 폐지, 개폐, 은폐는 북한어에서 '페지, 개페, 은페'로 적는다. 폐를 끼치는 것도 '페'를 끼친다고 하고, 임금도 "페하!"라고 부르며, 허파 즉 폐도 당연히 '페'로 적는다. 남한 사람은 '폐'로 숨을 쉬지만 북한 사람은 '페'로 숨을 쉬는 것이다.

> 정전협정을 **페기**하고, 다리힘과 **페활량**을 키워주어, 나라는 **페허**가 되었으며, **페부**로 절감하였다네, 인민들에게 **페**를 끼치는, 타락적이고 **퇴페적**인 유습, **은페**된 활동기지, 침식을 **전페**하고…

여기에는 설명이 좀 필요하다. '계, 례, 메, 폐, 혜'는 글자대로 발음하는 일이 드물고 흔히 [게, 레, 메, 페, 헤]로 발음한다.[58] 그런데 그 발음 규정이 남북간에 달라서 남한의 경우 '례'는 [례]로만 발음하고 나머지는 [계, 메, 폐, 혜], [게, 메, 페, 헤] 모두 인정한다. 그런데 북한은 '계, 례, 혜'를 [게, 레, 헤] 한 가지로만 규정하고 '메, 폐'는 아예 '메, 페'로 적는 방식을 취한다. 그래서 '련메[59], 페지'와 같이 적는다. 이와 같이 북한에서 단모음 발음만 인정함으로써 일부 표기가 달라지게 되었고, 그 결과 남북간에 '폐'와 '페'의 눈에 띄는 차이가 생겼다.

북한어에서 이 '메, 페'로 적는 논리에서 본다면 나머지도 '게, 레, 헤'로 적는 게 맞다. 그러나 이는 무척 부담스러웠을 것이다. 사실 이 단모음 발음은 꽤 오래되었고, 실제로 20세기 중반까지도 '게산, 게시다, 경례, 은헤' 등으로 적는 사례가 드물지 않았지만[60] 이미 정착된 '계산, 계시다, 경례, 은혜'와 같은 표기를 바꾸는 것은 내키지 않았을 것이다. 사용자 입장에서 눈에 익은 표기를 자주 바꾸는 것은 불편하기 때문이다. '메, 페'와 달리 '계, 례, 혜'는 그 표기를 유지한 데는 이런 배경이 있지 않았나 싶다.

▌구두 한컬레

고유어로서 컬레도 "구두 한컬레"처럼 '컬레'로 적고 닐리리도 '닐리리'로 적는다. 단모음화된 것을 인정하는 것이다. 다만 하늬바람은 "하늬바람에 엿장사 골내듯"[61]처럼 남한어와 마찬가지로 '하늬바람'으로 적는다. 이 외에 의붓어머니, 의붓아버지 등을 '이붓어머니, 이붓아버지' 즉 '이붓-'으로 적는 것도 눈에 띈다.

너의 엄마는 **이붓엄마**지?

비계도 단모음으로 적는 예로서 "비계덩이, 비계살" 등처럼 '비계'로 적는다. 한 형태소로 된 고유어이기 때문에 다른 단어 눈치볼 것 없이 그 발음에 따라 정하는 것이다. 원래 '비게, 비계'도 혼용되던 것이고 『큰사전』도 특별히 '비게'를 '비계'의 비표준어로 올려놓을 정도로 일상적인 표기이기도 하였다. 이것이 남북한에서 '비계'와 '비게'로 달라진 것이다.

이와 달리 휴게실은 북한어에서 '휴계실'로 적는다. '憩'(쉴 게)의 본음을 북한어에서는 '계'로 보기 때문이다. '휴계실'은 우리 맞춤법 익히기에서 단골 메뉴로 등장하는 예인데 이렇게 남북한 표기가 달라 통일 후 더 혼란스러운 예가 될지도 모르겠다. 참고로 '揭'(들 게)는 북한에서도 '게'로 보고 '게시판, 게양' 등으로 적는다.

▌땅 짚고 헤염 치기

북한어에서 헤엄은 '헤염'으로 적는다. 20세기 전반기만 해도 '헤염’이 우세한 표기이기도 했는데 오늘날 남북한의 표기에서 ‘헤엄’과 ‘헤염’으로 갈라진 것이다.

> 땅 짚고 **헤염** 치기. (북한 속담)

‘드디어, 도리어’도 북한어는 ‘드디여, 도리여’의 이중모음으로 적는다.

> **드디여** 밖에서 승용차 멎는 소리가 들려왔다.
> 그래 고구려가 **도리여** 우리를 병합하겠다는 말이 아닌가?

이런 차이 하나도 얼핏 크게 느껴질지도 모른다. 그러나 요즘 우리 사회에서 유행하는 ‘드뎌’도 언젠가 정식 표현이 될 날이 올 수도 있듯이 변화 속의 자연스러운 다양성으로 이해할 수도 있을 것이다.

▌ 북한의 아나운서 리춘히

이러한 발음의 변화 속에서도 남북한 모두 표기의 관습을 중시하는 것은 같다. 그래서 ‘희’도 그 발음은 [히]이지만 남북한 모두 전통에 따라 ‘희’로 적는다.

다만 이미 3, 40년대에 그 발음에 이끌린 ‘히망’과 같은 표기가 없지 않았고, 인명도 ‘영히’와 같이 적는 사례도 적잖이 있었다. 북한도 당연히 ‘희망, 영희’라고 적지만 인명의 경우는 이러한 관습을 어느 정도 용인하기도 한다.

가정에서 아이의 이름을 ‘히’로 적으면 그대로 주민증에 등록될 수 있고, 그래서 종종 그러한 이름 표기를 볼 수 있다. 한 전설담에서 "류장자의 셋째딸 영히를 사랑하게 되였다"와 같이 '영히'라고 적거나, 한 기사문에서 "리광히과장"처럼 '광히'라고 적는 것이 그런 예이다.

[북한 영화 <홍길동>의 자막.
'김명히'와 '박춘희'의 표기가
대조된다.]

그래도 이것은 조부모 세대나 통용되던 꽤 지난 문화로 인식된다고 한다. 정식 표기는 당연히 '희'이고 대부분 그렇게 받아들인다. 남한에서도 유명한 조선중앙TV의 아나운서 이름은 "조선중앙방송위원회 방송원 리춘히"에서 보듯이 '리춘히'이다. 그런데 김 선생은 학창 시절부터 '리춘희'로 알고 있었고 친구들도 마찬가지였다고 한다. 우리 사회에서도 그랬듯이 '히'로 적는 관습이 젊은 세대로 올수록 거의 사라지고 있는 것이다.

[방송원 리춘히]

▌현대화이라는 관점

"양어설비의 현대화이라는 관점"처럼 모음으로 끝나는 말 뒤에서도 '이다'의 어간의 밝혀 적는 것도 주목할 만하다. 남한어에서는 '현대화라는'처럼 이 경우 '이'가 생략되는 것이 자연스럽다.

바로 그들의 **목표이라고** 한다.
문명국의 상징의 **하나이라고** 하시면서…

고국은 참으로 아름다운 **나라이라는**것을 알게 될것이다.

물론 북한도 "결과라고, 계기라고, 승리라는" 등처럼 생략되는 것이 훨씬 일반적이지만 위 예들처럼 종종 생략되지 않기도 한다. 그래서 북한 사전은 '이라고' 등에 대하여 모음으로 끝난 체언에서는 '이'가 생략되는 일이 적지 않다고 하는데, 바꾸어 말하면 이것은 생략되지 않기도 한다는 의미이다. 이는 남한 사전에서 '라고'는 받침 없는 말 뒤에, '이라고'는 받침 있는 말 뒤에 붙는다고 분명히 구분하는 것과 다른 점이다.

이 '목표이라고, 하나이라고'와 같은 쓰임은 주로 글말에서 보이는 용법인데 "승리이라고, 높이이라는"처럼 'ㅣ' 모음으로 끝난 말 뒤에서 나타나기도 한다. 글쓰기 차원이기는 하지만 독특한 느낌을 주는 용법이다.

사. 어간+어미 적기

▌봄이 되여 꽃이 피였어요

북한어에서 어미를 달리 적는 예는 특히 눈에 띈다. 앞서 "갈가 말가"와 같은 예를 잠깐 보았지만 여기에서 좀 더 본격적으로 알아보도록 하자. 가장 대표적인 예는 '-어', '-었-'을 어간에 따라 달리 적는 것이다.

남한의 맞춤법에서는 '하-'와 결합할 때만 '하여, 하였다'처럼 '여, 였'으로 적고, 그 외는 모두 '어, 었'으로 적는다. 그러나 북한어는 '하-'뿐만 아니라, 'ㅣ, ㅐ, ㅔ, ㅚ, ㅟ, ㅢ'로 끝난 어간 뒤에서 '여, 였'으로 적는다.[62] 예를 들어 '되어, 되었다'는 북한어에서는 '되여, 되였다'로 적는 것이다. 자주 등장하는 말이어서 다양한 예를 보인다.

> 노란 개나리꽃들이 송이송이 활짝 **피여**…
> 그렇게 크고 깊은 강은 **아니였다**.
> 계단을 **오르시였고**…
> 사람은 원래 서로 돕기 위해 **태여난거야**, 허허.
> 그 순간 샤르따는 가슴이 **설레였다**.
> 금시 눈물이 가랑가랑 **괴여올랐다**.
> 자기가 학생이 **되여**…
> 북과 남사이에 대화와 협상도 적지 않게 **진행되였고**…
> 이때 그 청년이 **뛰여왔다**.
> 그 처녀는 인민대학습당에서 **사귀였다**.
> 한석봉의 붓끝에서도 마지막자가 **씌여졌다**.

　이와 같이 '여, 였'의 표기도 특징적이지만, 그와 더불어 '어리여, 바치였다, 잠기였다, 오르시였고' 등 본말이 활발히 쓰이는 점도 눈에 띈다. 남한어도 그런 면이 없지 않지만 북한어는 특히 '어려, 바쳤다…' 등 준말보다 본말을 더 격식 있는 표현으로 인식하는 게 아닐까 싶다. 그래서 초등학교 교과서도 '하시였습니다, 물으시였습니다, 끌리여오다가, 버티여냈습니다' 등처럼 본말 위주로 쓰고, 특히 최고 지도자 일가에 대한 글은 '잠기시여, 일어서시여, 기쁘시여, 물으시였다, 기대시였다, 나오시였다'와 같이 거의 예외 없이 '시여, 시였'의 본말 위주로 표현한다.

▌얼굴이 벌개졌다

이게 북한어 특유의 표기라고? 이렇게 반문할지 모르겠다. 사실 한글 맞춤법에서 '얼굴이 벌개졌다'는 잘못된 표기이다. '파랗다', '하얗다' 등 'ㅎ' 받침으로 끝나는 일부 단어의 표기는 까다로워서, 어간이 양성모음으로 끝나는 '파랗다'는 '파래, 파랬다'와 같이 적고, 음성모음으로 끝나는 '퍼렇다'는 '퍼레, 퍼렜다'와 같이 적는다. 당연히 '벌겋다'도 '벌게, 벌겠다'로 적고, 앞의 예 역시 '얼굴이 벌게졌다'로 적는다.

그러나 북한어는 모두 'ㅐ' 형태로 적는다. 즉 어간이 양성, 음성모음으로 끝나는지와 관계없이 '파래, 파랬다', '퍼래, 퍼랬다'로 동일하게 적는 것이다. 당연히 얼굴이 붉어진 것도 '벌개졌다'로 적는다. 북한 사람들은 당황하면 얼굴이 '발개'지기도 하고 '벌개'지기도 하는 것이다.

'하얗다, 허옇다'도 마찬가지다. 남한어는 역시 '하얘, 하얬다', '허예, 허옜다'로 구분하여 적지만, 북한어는 '하얘, 하얬다, 하얘지다', '허얘, 허앴다, 허얘지다'처럼 'ㅐ' 한 가지로 적는다.[63] 이런 맞춤법의 차이는 꽤 복잡하게 느껴진다.

▌반가와요

골치 아픈 문법 지식이 좀 필요한 주제이다. '반갑다'는 활용할 때 '반가워, 반가웠다'처럼 어간의 'ㅂ'이 탈락한다. 이러한 단어를 'ㅂ' 불규칙용언이라고 하는데 그 남북한의 표기법이 같지 않다.

남한은 '반가워, 더러워'처럼 항상 'ㅝ'로 적는다.[64] 그러나 북한은 어간이 양성모음으로 끝나면 '반가와, 고마와, 아름다와'처럼 'ㅘ'로 적는다. 과거 우리도 이렇게 적었었는데 발음이 변한 데 따라 1988년에 '반가워, 고마워, 아름다워' 등으로 바꾼 것이다.

> 작가를 만나면 무턱대고 **반가와하는** 사람을 보게 되는것이…
> 이 땅에서 피는 꽃은 다 **아름다와야** 합니다.
> **고마와요!** 다음번에 들리면 돈을 물게요.

눈에 띄는 예는 '뵈워, 뵈웠다'이다.

> 김정일령도자를 **만나뵈웠으며**…
> 장군님을 **만나뵈운**…

'뵙다', '뵈다'는 남북한 모두 쓰이는 말이지만, 남한어에서 '뵙다'는 '뵙고, 뵙지'처럼 자음으로 시작하는 어미하고만 결합한다. 대신 '-어, -었-' 등 모음으로 시작하는 어미와 결합할 때는 '뵈다'를 선택하여 '뵈어, 뵈었다'로 표현한다.

그런데 북한어는 '뵙다'도 이 어미 '-어-, -었-' 등과 결합하여 '뵈워, 뵈웠다'로 쓰인다. '덥다'가 '더워, 더웠다'가 되는 식이다. '-은'이 결합하면 '뵈운'이 된다. 북한어에서 이 '뵈워, 뵈웠다' 등은 '뵈어, 뵈었다'보다 더 일반적으로 쓰이는 말이다. 그래서 '…뵈러 가다'도 "선생님 뵈우러 가자"처럼 말하는 것이다.

▌말하군 한다

'-고는 하다'를 북한어에서는 '-군 하다'라고 한다. 북한어도 어미 '-고'가 표준이지만 이 경우에는 '-고는'이 아니라 '-구는'이 줄어든 '-군'을 쓴다.

그는 지질기사인 아버지의 사무실에 자주 **들리군** 했다.

평양에 갈 때면 저희들은 의례히 조선혁명박물관을 **찾군** 합니다.

그는 늘 학생들에게 **말하군** 한다.

　탈북민의 수기를 보면 "땔감으로 사용하군 했었다"처럼 이 '-군 하다'의 표현을 종종 볼 수 있는데 원래 북한에서 쓰던 습관이라고 할 것이다.

▌생각치 못한 일

한글 맞춤법 문제를 한번 풀어보자.

1. 열심히 ＿＿＿ 해.	① 연구도록	② 연구토록
2. 옷차림이 ＿＿＿ 않다.	① 단정지	② 단정치
3. ＿＿＿ 못한 일.	① 생각지	② 생각치
4. 어서 ＿＿＿ 해라.	① 대답도록	② 대답토록

　정답은 1.② 2.② 3.① 4.①이다. 아마 뒤로 갈수록 오답률이 높을 것이다. 한글 맞춤법의 이 표기 원칙은 꽤 까다로운 편이다. 어간이 울림소리(모음, ㄴ, ㅁ, ㅇ, ㄹ)로 끝나면 '연구토록, 간단치, 단념케, 단정치, 개발토록'처럼 'ㅏ'만 줄어들고, 안울림소리(나머지 자음)로 끝나면 '넉넉지, 떳떳지, 섭섭지, 대답도록'처럼 '하' 전체가 줄어든다.

　그런데 북한에서 시험을 본다면 정답은 모두 ②이다. 북한어의 경우 모두 'ㅏ'만 줄어드는 게 원칙인 것이다. 즉 남한어의 '넉넉지, 떳떳지, 섭섭지, 대답도록' 등도 북한어에서는 '넉넉치, 떳떳치, 섭섭치, 대답토록'으로 적는다. '…하지, 하게, 하도록'의 준말은 '…치, 케, 토록'의 거센소리로 통일되어 있는 셈이다.

> 그러나 나는 우리 어린이들과 달리 **생각치** 않습니다.
> 눈에 광채가 도는것이 **록록치** 않아보였다.
> 그를 장원급제로 **등록케** 하고 표창하였으며…
> **이윽토록** 부벽루기둥에 한팔로 의지하고 시상을 고르던 시인은…

위에서 '이윽토록'은 시간이 꽤 지날 정도의 뜻으로 '이슥하다'의 방언 '이윽하다'가 문화어가 된 예이다. 앞의 문제를 일부 틀린 독자라면 이 북한식 표기가 매력적으로 느껴질 것이다. 사실 남한어에서도 '넉넉치, 생각치, 대답토록'과 같이 말하는 경우가 흔해서 향후 남북한 표기를 하나로 통일하는 데 비교적 어려움이 덜할 것으로 생각된다.

▌흥, 싫거던
사람들을 애먹이는 맞춤법 중 하나가 '던'과 '든'의 구별이다. "가든지 말든지"를 "가던지 말던지"라고 잘못 쓰는 경우는 흔히 볼 수 있다.
그런데 종결어미 '-거든'은 아예 남북한의 차이가 있다. 이 어미는 "아, 나도 알거든."처럼 상대방에게 어떤 사실을 잘 인식시켜 주거나 무언가 자랑삼아 말할 때 쓰이는 표현이다. 이 경우 북한어는 '-거던'이라고 한다.[65]

> 이 가방은 우리 아버지가 **사주셨거던**.

그런데 반대로 의심을 **받았거던**.

그래서 우리가 흔히 상대방 제안을 거절하며 쓰는 말 "됐거든"은 북한어로 말한다면 "됐거던"이 된다. 참고로 이 종결어미 '-거던'과 달리 가정을 나타내는 연결어미는 북한어에서도 '-거든'이다.

있다가 옥순이가 **오거든** 이걸 주시오.

▌무슨 일이예요?

계속 까다로운 맞춤법 문제이다. 다음 빈칸에 들어갈 말은 '에요'일까, '예요'일까?

저는 학생이☐☐.
아무것도 아니☐☐.

정답은 '에요'이다. 한글 맞춤법은 '이다, 아니다' 뒤에서 '-에요'가 결합하는 것으로 보며, 이에 따라 '학생이에요, 아니에요'로 표기한다.[66] 그러나 이 경우 북한어는 '-예요'로 보아 '학생이예요, 아니예요'로 적는다.

이거, 여기에 다는 이런 꽃 **말이예요**!
아니예요! 못하겠어요. 난 정말 못하겠어요.

▌너도 알다싶이…

"너도 알다시피…"처럼 남한어에서 '-다시피'로 적는 것을 북한어는 '-다싶이'로 적는다. 이를 하나의 어미로 보지 않고 '-다' 뒤에 '싶다'의 활용형이 결합했다고 보아서일 것이다. 그래서 표준국어대사전은 '-다시피'를 한 어미로 올리지만 조선말대사전은 '-다싶이'를 표제어로 올리지 않는다.

> 동무들도 **알다싶이**…
> 손로인은 우리에게 《잠간이라도 쉬여가시면 어떻습니까?》라고 **간청하다싶이** 말하였다.

아. 합성어 적기

합성어는 '꽃잎'처럼 둘 이상의 말이 합하여 만들어진 단어이다. 북한에서는 '합친말'이라고 한다. 이 경우 '끝나다, 꽃잎'처럼 각 말의 본모습을 밝혀 적는 것은 남북한이 같다. 또 '며칠, 오라버니'처럼 어원이 분명치 않거나, '좁쌀, 머리카락'처럼 'ㅂ'이나 'ㅎ' 소리가 덧나거나, '부삽, 소나무'처럼 'ㄹ' 소리가 나지 않거나, '섣달, 숟가락'처럼 끝소리 'ㄹ'이 'ㄷ'으로 나거나 하는 경우에 그 소리대로 적는 것도 마찬가지다. 즉 남북한의 맞춤법에서 합성어를 적는 기본 원리는 같다고 할 수 있다.

그러나 몇 가지 점에서 차이도 있다. 특히 사이시옷 적기는 큰 차이를 보인다.

▌한여름의 해빛
'해빛'은 곧 햇빛이다. 이와 같이 북한어는 사이시옷을 쓰지 않는다. 소설 <희열>의 한 구절이다.

80

유보도에는 낚시군들이 주런이 늘어 서 있었다. **낚시줄**을 대여섯 개 늘여놓고 지그시 앉아 있는 사람이 있는가 하면 당장 부러질 것처럼 홰친홰친하는 **낚시대**를 붙잡고 동동거리는 깜부기를 긴장하게 지켜 보는 사람도 있었다. *깜부기: 낚시찌

위 예에서 보듯이 낚싯줄, 낚싯대를 북한어에서는 '낚시줄, 낚시대'로 적는다. 마찬가지로 고깃배, 깃발, 깻잎, 냇물, 바닷가, 밧줄, 빗물, 촛불, 햇볕 등도 북한어에서는 '고기배, 기발, 깨잎, 내물, 바다가, 바줄, 비물, 초불, 해볕'으로 적고, 국수 파는 가게도 '국수집'으로 적는다.

애순아, **국수집**에 안 갈래?
한여름의 강렬한 **해빛**이 성규의 눈을 아프게 찔렀다.
톱과 도끼들을 허리에 **바줄**로 동여매고…
바다가에 떨어진 구슬을 찾는 격. (북한 속담)

다만 그 발음은 대부분 남한어와 같다. 즉 '기발[기빨], 깨잎[깬닙], 국수집[국쑤찝], 바다가[바다까], 바줄[바쭐], 해볕[해뼏]' 등으로 발음한다. 다만 일부 단어는 '나무잎[나무입], 차물[차물]'처럼 표기대로 발음한다.

"이발이 아프다"는 이가 아프다는 말이다. 즉 '이발'은 이빨인데 '이+ㅅ+발'로 분석하여 사이시옷 없이 적은 것이다. 당연히 그 발음은 [이빨]이다. 아랫니도 '아래이'로 적고 [아랜니]로 발음한다. 역시 '아래+ㅅ+이'의 사이시옷을 밝혀 적지 않은 것이다.

'윗사람'의 북한어는 무엇일까. 윗사람, 위사람, 웃사람, 우사람 등, 생각할 수 있는 후보는 여럿인데 답은 의외로 '웃사람'이다. 사이시옷

이 쓰인 예 같아서 의아스러울지 모르나 이 '웃-'은 접두사로서 사이시옷과는 무관하다.[67] 그래서 '아래이'의 짝으로 윗니도 '웃이'라고 적는다. 그 발음은 [운니]이다.

> 학생들은 **웃사람**을 정중하게 대하여야 한다.
> **웃이**와 아래이.

사실 '웃이와 아래이'를 [운니]와 [아랜니]의 발음으로 연결시키기는 쉽지 않다. 남한어에서 단어에 따라 '이, 니'로 나누어 적는 것과 달리, 북한어는 '이' 하나로 고정하여 적다 보니 결과적으로 이 예들처럼 표기와 발음이 잘 맞지 않는 경우가 나타나고는 한다. 어금니, 젖니, 송곳니 등도 북한어에서는 '어금이, 젖이, 송곳이'로 적고 [어금니, 전니, 송곤니]로 발음한다.[68]

한편 사이시옷을 적는 '예외'도 있다. '샛별, 빗바람'이 그것이다. '샛별'은 새로운 별을 뜻하는 '새별'과 구별하기 위하여, '빗바람'은 비와 바람을 뜻하는 '비바람'과 구별하기 위하여 사이시옷을 적는다.

> 새별(새로운 별) : **샛별**(금성)
> 비바람(비와 바람) : **빗바람**(비가 오면서 부는 바람)

▌ 닭알로 바위치기

달걀로 바위 치기는 북한어에서 "닭알로 바위치기"라고 한다. 달걀을 '닭알'이라고 하는 것이다. 또 '아내'는 '안해'라고 한다. 3, 40년대만 해도 전국적으로 거의 '안해'라고 쓰던 것인데 북한어에서는 여전히 유지되고 있는 셈이다.

며느리가 미우면 발뒤축이 **닭알**같다고 나무란다. (북한 속담)
출입문 밖에서 3분조장의 **안해**가 남편에게 하는 소리였다.

'달걀'은 '둙이앓' 즉 '닭의알'에서 온 말이고, '닭알'은 두 명사끼리 직접 결합한 말이다. '닭의똥'이라고도 하고 '닭똥'이라고도 하는 것과 비슷하다. 이 북한어 '닭알'은 [달갈]로 발음한다. 다만 현실적으로 [다갈]이라고도 한다. 조선어 교사가 맞춤법 강습용으로 쓴 글에서 보이는 다음과 같은 '실수'는 북한어에서도 '닥'의 발음이 꽤 보편화되었음을 보여 준다.[69]

> 《닭공장에서는 닭알이 많이 나온다.》를 발음대로 적으면《닥꽁장에서는 **다갈**이 마니 나온다.》가 되는데… (금수 19. 7.)

'아내'는 '안해'에서 왔다. '안[內]'의 옛말이 '앓'이고 여기에 '애'가 결합한 말이 '안해'이다. 이 '애'가 무엇인지는 좀 불확실하지만 부사격 조사로서 "안에(서)…"처럼 쓰이던 표현이 명사 '안해'가 되었다는 견해도 있다. 어쨌든 북한어의 '안해'는 '아내'에 비하여 좀 더 옛말의 모습을 간직하고 있는 셈이다.

자. 접두 파생어 적기

접두사가 결합한 파생어는 남북한어의 맞춤법에 큰 차이가 없다. 다만 '암-, 수-'가 결합한 말 등 일부 단어를 적는 법에는 차이가 있다.

▌닭장 속에는 암닭이…

"닭장 속에는 암탉이…"로 시작하는 동요 '동물 농장'을 북한 어린이들이 부른다면 가사를 조금 고쳐야 한다. 암탉은 북한어에서 '암닭'으로 적기 때문이다. 이처럼 '암, 수'가 결합한 말[70]을 남북한에서 좀 다르게 적는다.

남한어의 표기는 조금 복잡하다. '수-'가 결합한 말을 기준으로 볼때 아홉 단어에 한해 거센소리로 적고, 세 단어에 한해 '숫-'의 형태를 인정하며, 나머지는 모두 '수-'로 적는다.

> 수캉아지, 수캐, 수컷, 수키와, 수탉, 수탕나귀, 수톨쩌귀, 수퇘지, 수평아리 (9단어)
> 숫양, 숫염소, 숫쥐 (3단어)
> 수거미, 수고양이, 수놈, 수소, 수은행나무… (나머지)

그러나 북한어는 '수컷' 1단어만 거센소리로 적고, 나머지는 모두 본모습 그대로 밝혀 적는다. 물론 '암-'도 마찬가지로서 '암컷' 1단어만 제외하고 '암개, 암닭, 암돼지…' 등으로 적는다.

> 수컷 (1단어)
> 수강아지, 수개, 수닭, 수돼지, 수병아리, 수양, 수염소, 수거미, 수고양이, 수놈… (나머지)

그런데 그 발음은 [수캉아지, 수캐, 수탁, 수퇘지…]이다. '수돌쩌귀[수돌쩌귀]'처럼 예외도 있지만 거의 대부분 거센소리가 문화어 발음이다.[71] 아홉 단어만 거센소리를 인정하는 표준어와 달리 문화어는 대

84

부분 단어를 거센소리로 규정하는 것이다.[72] 아래 북한 속담을 한번 소리내어 읽어 보자.

> 과부집 **수고양이**같다.[73]
> 엉치 부러진 **수개**.[74]

'수양, 수염소'의 발음은 좀 모호하다. 『조선말규범집』(2010)에서 '수여우, 수양'을 [순여우, 순냥]이라고 하였는데 아마 이것이 현실음일 것이다. 다만 『조선말대사전』(2017)에서는 '수양'은 [수양]으로 제시되고 '수여우, 수염소'는 아예 표제어로 등재되어 있지 않아 명확한 것은 알기 어렵다.[75]

'수놈, 수소'의 발음은 어떨까. 표준어 발음은 [수놈, 수소]인 반면 북한의 문화어 발음은 [순놈, 수쏘]이다. 사실 남한어에서도 [순놈, 수쏘]가 훨씬 현실적인 발음이고 그래서 현 규정을 비판하는 목소리도 많다.

이렇게 '암-, 수-'의 남북한 발음은 많이 달라 보이지만 실제로는 큰 차이가 없다. 우리도 '거미'의 수컷이 무어냐고 물으면 대답에 머뭇거리게 된다. 수거미든 수커미든 그런 말을 써 본 적이 거의 없기 때문이다. 북한 사람들도 마찬가지다. 그래서 남북한 규정에서 각각 '수거미'와 '수커미'로 정했다고 해도 그저 규정일 뿐이다. 어떤 면에서 대중이 볼 때는 '상상' 속의 말일 뿐이다.

남북한 모두 '암, 수'가 결합한 말은 불안정한 느낌이다. 그러면서 규정에서 차이가 나는데 참고 삼아 그 표기와 발음을 보이면 다음과 같다.('수-'만 제시하지만 '암-'이 결합한 말도 마찬가지다.)

남한	북한	남한	북한
수컷	수컷	수거미[수거미]	수거미[수커미]
수캉아지	수강아지[수캉아지]	수개미[수개미]	수개미[수캐미]
수캐	수개[수캐]	수고양이[수고양이]	수고양이[수코양이]
수키와	수기와[수키와]	수곰[수곰]	수곰[수콤]
수탉	수닭[수탁]	수벌[수벌]	수벌[수펄]
수탕나귀	수당나귀[수탕나귀]	수범[수범]	수범[수펌]
수톨쩌귀	수돌쩌귀[수돌쩌귀]	수놈[수놈]	수놈[순놈]
수퇘지	수돼지[수퇘지]	수말[수말]	수말[순말]
수평아리	수병아리[수평아리]	수사돈[수사돈]	수사돈[수싸돈]
숫양[순녕]	수양[수양]	수쇠[수쇠]	수쇠[수쐬]
숫염소[순념소]	(사전 미등재)	수제비[수제비]	수제비[수제비]
숫쥐[순쥐]	(사전 미등재)		

▌ 햇쌀로 빚은 송편

접두사 '햇-'이 결합한 말의 표기도 남북한이 다르다. 남한은 다소 복잡하여 '햇과일, 햇밤, 햇솜' 등 '햇-'으로 적는 것을 기본으로 하면서, '햅쌀'처럼 'ㅂ' 소리가 덧나는 것은 '햅-', '해콩, 해쑥'처럼 거센소리나 된소리 앞에서는 '해-'로 적는다. 그러나 북한어는 이런 구분 없이 '햇-' 한가지로 적는다. 즉 위 예들 모두 '햇과일, 햇밤, 햇솜, 햇쌀, 햇콩, 햇쑥'으로 적는 것이다.

> 모란봉은 **햇솜**같은 하얀 안개속에 잠겨있었다.
> 송편은 일반적으로 년중에 제일 먼저 나오는 **햇쌀**로 많이 빚었다.
> 음력 10월에 수확한 **햇콩**으로 두부를 만들어가지고…

이 가운데 특히 '햅쌀, 햇쌀'의 차이가 눈에 띈다. 남북이 똑같이

'햇쌀'로 적자고 주장할 수도 있겠지만 이 말은 '찹쌀, 멥쌀, 좁쌀' 등
과 짝을 이루는 말이어서 문제가 간단치 않다. '쌀'의 옛말은 '쌀'이었
는데 오늘날 그 'ㅂ' 소리가 남은 것이 '찹쌀, 멥쌀, 좁쌀'이다. 남한에
서 '햅쌀'이라고 적는 것은 이 말들처럼 'ㅂ' 소리가 남아 있기 때문인
데, 북한에서 '찹쌀, 멥쌀, 좁쌀'이라고 하면서도 유독 이 경우는 '햇
쌀'로 적는 것은 'ㅂ' 소리 여부보다 '햇-'을 일관성 있게 적는 것을 중
시해서일 것이다.

차. 접미 파생어 적기

'곰곰이'인가, '곰곰히'인가. 가뜩이나 알쏭달쏭한데 남북 간에도
다르다. 남한은 '곰곰이'라고 하지만 북한은 "곰곰히 생각하였다"처
럼 '곰곰히'로 적는다.[76] 접미사를 적는 법은 대부분 남북한이 같지만
이렇게 차이나는 경우도 적지 않다.

▌나무군과 선녀

전래 동화 "나무꾼과 선녀"는 북한에서도 잘 알려진 이야기이다.
금강산에서 기원한 전설이니[77] 당연히 북한에서도 유명할 수밖에 없
다. 주인공이 나무꾼이기도 하다가 목동으로 바뀌기도 하지만 전체적
인 내용은 대동소이하다.

북한에서 부르는 이 전설의 제목은 "금강산 팔선녀"인데 만일 남한
식으로 제목을 붙인다면 "나무군과 선녀"가 된다. 북한어에서는 접미
사 '-꾼'을 '-군'으로 적기 때문이다. 그래서 또 다른 등장인물인 사냥
꾼도 '사냥군'이 된다.

이와 같이 남한어의 '일꾼, 나무꾼, 낚시꾼, 심부름꾼' 등은 북한어

에서 '일군, 나무군, 낚시군, 심부름군'으로 적는다. 특히 '일군'은 대부분 직장의 종사자들을 가리키는 보편적 명칭으로서 북한어에서 매우 자주 쓰이는 말이다.

> 공장의 **일군**들은 생산을 늘이는데만 신경을 쓰면서⋯
> 오늘도 **낚시군**들이 많군요.
> 그제서야 **나무군**총각은 무릎을 탁 쳤습니다.

이들은 '나무+ㅅ+군(軍)' 등에서 온 말이고 그래서 우리도 '나뭇군, 나무꾼'의 선택을 두고 고민하기도 했었다. 북한어는 '군'의 본모습을 밝혀 적는 것을 선택하였고 사이시옷을 안 쓰기에 '나무군'으로 적게 된 것이다. 그렇다고 이 단어들을 [일군, 나무군]으로 발음하는 것은 아니다. 발음은 [꾼]으로 한다.

['낚시군과 나무군'이라는 제목의 옛그림]

'–갈, –깔'도 비슷하다. 남한어에서는 '색깔, 빛깔, 맛깔'처럼 접미사 '–깔'로 적지만 북한어에서는 '색갈, 빛갈, 맛갈'처럼 '–갈'로 적는다.

> 염색천의 질과 **색갈**을 끊임없이 개선하고있다.
> 질좋고 **빛갈** 고운 생활필수품들이 골고루 다 있다.
> 푸짐하고 **맛갈스러운** 평양쟁반국수.

88

그런데 이 '갈, 깔'은 북한에서도 꽤 고민했던 것 같다. 『우리말샘』
에서는 '-갈'을 단순히 '-깔'의 북한어라고만 뜻풀이하지만 북한어에
서 모두 '-갈'로 적는 것은 아니다. '태깔, 성깔' 등은 남한어와 똑같이
'-깔'로 적는다.

태깔이 나서 더욱 아릿답다.
생긴 모양 그대로 **성깔**이 드세고 절개있게 피여난 이 땅의 숲은…

그 이유는 잘 모른다. '태갈, 성갈'로 적으면 [태갈, 성갈]로 발음될
것을 우려해서일 수도 있다. 일단 북한 사전은 '-갈'은 바탕이나 상태
의 뜻을 나타내는 말[78], '-깔'은 추상적인 성질이나 색채의 뜻을 보태
어 주는 말로 구별하고 있다.

다만 둘의 의미 차이도 뚜렷하지 않고 '-깔'이 색채의 뜻을 보탠다
고 하면서 정작 '색갈, 빛갈'은 '갈'로 표기하는 이유도 석연치 않다.
'태깔, 성깔' 등의 표기를 정당화하기 위한 임시방편적 설명일지도 모
른다는 의문까지 든다. 하여튼 그 배경은 꽤 모호하지만 '색갈, 빛갈,
맛갈' 등은 남한어와 다른 특징적인 표기가 되었다.

짜장면은 남북 불문하고 인
기 메뉴이다. 그런데 '짜장면'
의 표기는 같지만[79] '곱빼기'는
다르다. 남한어는 접미사 '-빼
기'가 결합한 말로 보지만 북
한어는 '-배기'가 결합한 것으
로 보아 '곱배기'로 적는다.

[창광거리 식당의 짜장면. 로동 18. 11. 18.]

세그릇이나 **곱배기**를 하여 《국수대감》이라는 별명을 벌었다.

이 외에 남한어에서 된소리로 적는 접미사 '-쩍다, -꿈치'는 북한어에서도 동일하게 된소리로 적는다.

의심쩍다, 게면쩍다[80], 미안쩍다
팔꿈치, 발꿈치

카. 최고 지도자 관련 표기

규범집에서 정하는 내용은 아니지만 최고 지도자 관련 표기는 유난히 특징적이다. 우선 익히 알려졌듯이 김일성 등 최고 지도자 이름은 좀 더 크고 굵은 글씨로 표기한다.

위대한 **김일성**주석과 위대한 **김정일**장군님께서 세워주신…

또 그 이름은 반드시 1행 안에서 이어지도록 적는다. 이를테면 '김일∥성주석과'처럼 두 행으로 나누어 적지 않는다. 이는 이름 자체뿐만 아니라 그 수식어, 지칭어 등에도 똑같이 적용된다. 예를 들어 '경애하는, 최고령도자, 김정은원수님을'처럼 각 어절별로 반드시 한 행 안에서 이어지게 쓴다.

기업소의 여러 곳에는∥ 어버이수령님께서 친히…
경애하는 최고령도자∥ **김정은**원수님을 모시고…

우리말의 글쓰기에서 임금
의 시호 등 존귀한 존재를 가리
키는 말은 칸을 올려 쓰거나,
행 중간에서 앞의 칸을 띄우거
나, 아예 줄을 바꾸어 쓰는 전
통이 있었다. 모두 그 대상을
존대하기 위한 글쓰기였다. 북

이 서로 다른 두 의미
가 경애하는 최고령도자
김정은원수님의 활동에서는 어
떻게 적용되는것인지.

[김정은을 가리키는 어절을 한 행에 넣기
위하여 편집상 어그러짐도 감수하고 있다.
금수 20. 7.]

한의 표기 역시 이런 전통의 영향일 수밖에 없다.

이러한 방식은 발화에도 적용되어 최고 지도자가 한 말도 진한 글
씨체로 쓴다. 아래는 그 한 예로서, 어머니인 김정숙의 말은 보통으로
쓰면서도 어린 김정은의 말은 도드라지게 쓴다. 그 아래 예는 김일성
의 일화로서 그가 쓴 글까지도 진한 글씨체로 표시하는 것이다. 인터
넷에서는 빨간색 등 색을 달리해서 적기도 한다. 이러한 글쓰기는 전
체주의 사회 체제의 특성을 잘 보여준다.

어느날엔가는 아드님과 이런 이야기를 나누신적도 있었다.
《어머님의 고향은 어딥니까?》
《회령이지.》
《고향에 한번 가보자요.》
《이다음 네가 큰 다음에 내 고향 회령에도 가고 네 고향인 백두산
에도 가보자.》
《어머님, 약속했어요.》 (녀사)

활달한 필치로 **《백두산》**, **《압록강》**이라는 단어를 칠판에 큼직하게
써놓으시고… (길림)

2.3. 외래어 적는 법

저자는 90년대 중반 하얼빈의 흑룡강 신문사를 방문한 적이 있었다. 이 자리에서 컴퓨터의 한글 표기가 화제에 올랐는데, 해당 신문사는 '컴퓨터'로 적는 반면, 이웃 신문사는 '콤퓨터'로 적는다고 했다. 이제 막 남한과 중국의 교류가 시작되던 시기여서, 남한식 표기에 호의적인 신문사와 북한식 표기를 따르는 신문사로 나뉘는 현상이 있었던 것이다. 이 작은 사례가 보여주듯이 남북한의 외래어 표기에는 다른 점이 많다.[81]

▌ 남에서 달리는 '버스', 북에서 달리는 '뻐스'

'컴퓨터', '콤퓨터'처럼 서로 다른 표기 예는 적지 않다. 대표적인 예로서 남한은 '버스', 북한은 '뻐스'로 적는다. 또 남한은 '골', 북한은 '꼴'로 적는다.

외국에서 들어온 이런 말을 적는 규범을 남한은 '외래어 표기법'이라고 하고, 북한은 '외국말 적기법'이라고 한다. 이것은 단순히 이름만 다른 게 아니다. 각각 '외래어', '외국말'이라고 하듯이 그 대상으로 삼는 말이 다르다. 외래어는 버스, 피아노, 빵처럼 외국에서 들어와 '국어에서 널리 쓰이는'(표준국어대사전) 또는 '그 나라 말로 된'(조선말대사전) 단어이다. 즉 우리말이라고 할 만한 것들이다. 그러나 외국말은 말 그대로 외국의 말이다.

남한의 '외래어 표기법'은 원칙적으로 외래어를 적는 법이고 이를 외국어에도 확대하여 적용한다. 그러다 보니 원어의 발음을 중시해서 적는 경향이 강하다. 그 결과 '꼴, 땜, 딸라'라고 말해도 '골, 댐, 달러'로 적고, 샷시, 컨셉이라고 말하면서 '새시, 콘셉트'로 적는다. 그런 예

는 무척 많은데, 아마 '샤베트'를 '셔벗'으로 적는 것은 그 극단적인
예일 것이다.

골, 댐, 달러

그런데 북한의 '외국말 적기법'은 이름 그대로 외국어를 적는 법이
다.[82] 그 총칙에서 "우리 말에 들어와 쓰이는 외래어의 적기에는 원칙
적으로 적용되지 않는다"라고 하여 외국어에 적용되는 것임을 분명히
한다.[83] 그래서 아사히신문도 '아사히신붕'처럼 일본말 그대로 적는다.
    따라서 외래어는 이 규범의 바깥에 있게 되고 그래서 실제 대중들
이 말하는 대로 적게 된다. "굳어진대로, 대중들이 발음하기 쉬운 형
태, 준대로" 등과 같은 표현처럼 대중의 언어를 그대로 인정하는 것이
다. 결과적으로 북한어의 표기는 다음과 같다.

꼴, 땜, 딸라

이와 같이 남한은 원어를 중시하고 북한은 관용을 중시하여 적는
특징이 있다.[84] 그렇다 보니 남한어에서 '속어' 정도로 취급받는 말들
이 북한어에서는 규범어인 예가 많다. '라지오'나 '센치(메터)'가 그
러하고 '도라이바'[85]나 '도람통' 등 추억의 단어들도 북한어에서는 어
엿한 규범으로 인정된다. 우리는 스웨터, 쉐타, 세타, 쎄타 중에서 '스
웨터'를 규범으로 하지만 북한은 역시 관용에 따라 '세타'로 적는다.
    물론 남북 모두 관용대로 적기도 한다. 북한 여성들도 머리 볶는 스
타일을 좋아하는데 그 헤어 스타일의 이름은 남북한 모두 '파마'이다.
잠바도 남북한 모두 '잠바'라고 하고[86], 남한의 '빤쓰, 샤쓰, 바케쓰',

북한의 '빤쯔, 샤쯔, 바께쯔'도 남북한 공히 관용을 받아들이는 예이다. 평범한 일상에서 발견하는 이런 공통성은 새삼스럽기도 하다.

이 관용을 어디까지 인정할지는 남북한 모두 어려운 문제이다. '텔레비, 테레비, 떼레비'는 북한에서도 여전히 일상적인 말이지만 의외로 '텔레비죤'으로 정하여 쓴다. 다만 우리처럼 '티브이'라고 하지는 않는다.

> **떼레비**에 소개하겠다면서…
>
> **테레비** 촬영을요? (이상 토막극 <축하합니다>)

권투 경기에서 땡 하고 울리는 공는 원래 북한어에서 '공그'라고 적었었다. gong의 일본식 외래어 ゴング에서 온 관용에 따라 적은 것이다. 한때 우리도 러닝셔츠를 '난닝구'라고 했던 것을 생각해 보면 쉽게 이해된다. 북한은 '공그'를 '공'으로 바꾸었듯이 한때 '보링그, 탕그스텐'이라고 하던 것도 '보링, 텅스텐'으로 바꾸었다. 관용과 원어를 두고 계속 고민하는 것이다.[87]

이런저런 이유로 남북한의 외래어 표기는 비슷하면서도 꽤 차이가 있다. 도량형 단위만 해도 'kg'의 경우 남한은 '킬로그램', 북한은 '키로그람'이고, 'm'도 남한은 '미터', 북한은 '메터'라고 하는 등 곳곳에서 다른 점을 볼 수 있다. 물론 이 말도 남이든 북이든 일상적으로 '메다'라고도 하니 고민은 좀 있었을 것이다.

▌어떻게 적는가

북한어의 대표적인 외래어 예를 보자. 이 가운데 일부는 '카브→굽인돌이'처럼 다듬어 쓰지만 여기에서는 일단 외래어로서의 표기를 제시해 본다.

남	북	남	북
그래프	그라프	아마추어	아마츄어
그램	그람	아파트	아빠트
다이얼	다이얄	엑기스	엑스
라디오	라지오	왈츠	왈쯔
러시아	로씨야	인터넷	인터네트
로봇	로보트	재즈	쟈즈
리본	리봉	커브	카브
마라톤	마라손	커튼	카텐
맨홀	망홀	컨디션	컨디숀
미사일	미싸일	컴퓨터	콤퓨터
미터	메터	코미디	코메디
바께쓰	바께쯔	콘크리트	콩크리트
바이러스	비루스	클립	클리프
배드민턴	바드민톤	탱크	땅크, 탕크
밸브	발브	터널	턴넬
버스	뻐스	터치	타치
보일러	보이라	테러	테로
볼링	보링	테이블	테블
비디오	비데오	테이프	테프
바이러스	비루스	텔레비전	텔레비죤
사이렌	싸이렌	토마토	도마도
사이트	싸이트	튜브	쥬브
샌들	싼달	페이지	페지
셔터	샤타	펭귄	펭긴
스케이트	스케트	프로그램	프로그람
스틱	스티크	플래카드	프랑카드
시멘트	세멘트	피겨	휘거
슈퍼마켓	슈퍼마케트	필름	필림

95

이 북한의 외래어 표기는 몇 가지 특징이 있다.

첫째, '뻐스, 아빠트, 싸이렌, 쏘파, 미싸일, 왈쯔' 등 된소리 표기가 많다.

둘째, '비루스(virus), 비데오(video), 콤퓨터(computer)' 등 모음을 원어의 문자대로 적는 표기가 많다. [æ] 소리가 나지만 '아'로 적는 '그람, 그라프, 발브, 싼달' 등도 문자대로 적은 예들이다.

셋째, '카텐, 타치, 샤타' 등 [ə], [ʌ] 모음을 주로 '아'로 적는다. 관용을 중시해서일 텐데 남한어에서 원어를 존중하여 '어'로 적는 것과 차이가 있다.

넷째, '스케트, 테프, 페지' 등 [ei] 소리는 '에'로 적는다. 케이크, 케이스, 바리케이드 등도 '케키, 케스, 바리케드'로 적는다.

다섯째, '딜렘마, 턴넬' 등 mm, nn은 자음을 중첩하여 적는다. 위 표에는 없지만 달리기 종목 또는 속옷을 가리키는 말 '러닝'도 북한어에서는 '런닝'으로 적는다.[88]

여섯째, '클리프, 인터네트, 스티크' 등 짧은 모음 다음의 [p, t, k] 소리는 '으'를 받쳐 적는다. 알파벳, 로켓, 스크랩, 포켓도 '알파베트, 로케트, 스크래프, 포케트'로 적는 등 대부분 그 규칙에 따라 예측할 수 있다.

일곱째, '쟈즈, 텔레비죤, 아마츄어' 등 'ㅈ, ㅊ' 뒤에 이중모음 표기를 한다. 그래서 부르주아는 '부르죠아', 정글은 '쟝글', 사람 이름 John은 '죤', Charles는 '챨즈'로 적는다. '단졸임'으로 다듬은 말이지만 잼을 '쨈'으로 적는 것도 마찬가지다. 다만 점퍼는 '쟘바'가 아닌 '잠바'로 적어 남한과 같게 되었다.

여덟째, '휘거, 휘날레, 후라이판' 등 [f] 소리를 'ㅎ'으로 적는 예가 꽤 있다. 음계명 파(fa)도 '화'로 적는다. 즉 8음계는 "도레미화쏠라씨도"이다.

아홉째, 그 밖에 '필림(필름)[89], 펭긴(펭귄), 플류트(플루트), 히에나(하이에나), 샤와(샤워)' 등 특히 모음에서 남한어와 다른 표기가 많다.

열째, '라지오, 다이알, 보이라, 바께쯔' 등 관용 표기를 많이 인정한다. 이는 북한 외래어 표기의 특징이라고 하였다. 그래서 위 표에서 '리봉, 망홀, 콩크리트' 등도 일본어의 흔적인데 대중의 발음 습관을 반영하여 적은 예이다.

위 표에서 '땅크, 탕크'의 경우, 전쟁 무기로서 탱크 즉 전차는 '땅크'로, 물탱크 등은 '탕크'로 구별하여 적는다.

> 요란한 **땅크**의 동음과 포탄이 작렬하는 속에…
> 가스**탕크**를 증설할 높은 목표를 내세우고…

'고뿌'와 '컵'도 이렇게 대상에 따라 구별하여 쓰는 예이다. 우리는 물, 음료수 등을 담아 먹는 잔도 컵, 우승컵도 컵이라고 한다. 그런데 북한어는 물잔 등은 '고뿌', 우승컵 등을 가리킬 때는 '컵'이라고 하여 구별한다. 물잔을 컵이라고 하지는 않는 것이다.

재미있는 것은 물잔은 '물잔'이 아니라 주로 '물고뿌'라고 하면서도, 술잔은 '술고뿌'가 아니라 주로 '술잔'이라고 한다는 점이다. 술을 한 '고뿌' 한다고 하면서도 정작 그 잔을 가리켜서는 '술고뿌'가 아니라 '술잔'이라고 하는 것이다.

아래 외래어도 눈에 띄는 말이다.

> 질좋은 **늄창**들을 더 많이 만들어…

만경대애국늄창공장에서 만든다는 이 '늄창'은 무엇일까. '늄'은 '알루미니움'의 준말로서 늄창은 곧 알루미늄창이다. 냄비는 '늄남비'가 된다. 발음이 까다로워서인지 남한어에서도 '알미늄'이 흔히 쓰이기도 하는데 북한어에서는 아예 '늄'으로 확 줄여버린 것이다.

논배미들을 누비는 뜨락또르들

트랙터가 논밭을 가는 것은 지구촌 농촌의 보편적인 정경일 것이다. 북한도 다를 바 없는데 다만 북한어에서는 트랙터가 아니라 '뜨락또르'라고 한다. 언론에서 전하는 북한 뉴스를 통해서 익숙한 말이기도 하다.

[뜨락또르 생산 모습. 금수 17. 10.]

현대화된 **뜨락또르**를 더 많이 생산하기 위한 열기로 세차게 끓어번지고 있다.

북한 외래어의 특징 중 하나는 러시아어에서 온 말이 많다는 것이다. 두 나라 간 교류가 많기 때문인데 '뜨락또르'는 그 대표적인 예이다. 또 뜨락또르 못지 않게 많이 등장하는 '불도젤'도 러시아어에서 온 말이다. 이는 불도저에 해당하는 북한 외래어이다.

'깜빠니야'도 러시아어에서 온 말이다. 우리의 '캠페인'에 해당하는 이 말은 선전, 선동의 대표적 수단이자 북한 사회에서 일상적인 말이다. 무언가 대대적으로 해야 할 일이 생기면 등장하고는 하는데, 김 선생에 따르면 8, 90년대까지만 해도 널리 쓰였지만 지금은 젊은 세대들이 잘 모른다고 할 만큼 드물어졌다고 한다. '그루빠'도 러시아어에서 온 말로서 '그룹'에 해당하는 외래어이다.

> 르완다에서 5일 교육의 질을 보장하기 위한 **깜빠니야**가 개시되었다.
> 로씨야에 갔던 공동실무**그루빠**대표단 귀국.

마이너스(-), 플러스(+)를 '미누스, 플루스'라고 하는 것도 러시아어에서 온 말로 알려져 있다. 일반적으로는 '뿔루스'라고 한다. 다만 '플루스'는 조선말대사전에서 라틴어(plus)에서 온 말이라고 하여 기존 통념과 차이를 보이기도 한다.

한때 우리도 그랬던 것처럼 고등학생 정도 되면 수식에서 이 미누스, 플루스를 쓰기도 한다. 이를테면 '2+3=5'를 "이 플루스 삼…"처럼 읽는 식이다. 물론 초등학생이라면 더하기, 덜기라고 하여 "이 더하기 삼 같기 오"라고 하고, '3-1=2'은 "삼 덜기 일 같기 이"라고 한다. 더 편하게 "이 더하기 삼은 오", "삼 덜기 일은 이"라고도 하지만.

마이실린은 '미찔린'이라고 하는데 역시 러시아어에서 온 말이다.[90] 이런 말들이 굳어져 '마이나스, 플라스' 등처럼 비규범어로 처리되기도 하고, '마이실린'처럼 아예 북한 사전에 오르지 않기도 한다. 남북한의 교류 문화의 차이를 보여주는 예들이라고 하겠다.

▌ '메히꼬'는 어느 나라?

북한의 외래어에서 특히 주목받는 것 중 하나는 국가명이다. 로동신문은 다른 나라에서 축전을 보내오면 꼭 소개하는데 그 한 기사를 보자.

중국, 로씨야, 네팔, 일본, 단마르크, 로므니아, 벨라루씨, 스위스, 체스꼬, 오스트리아, 뻬루, 에꽈도르의 정계, 사회계, 경제계의 고위 인사들과 대표들이 축전과 축하편지를 보내여왔다. (로동 21. 9. 1.)

우리와 같은 이름도 있지만 생소한 예도 많다. 대표적으로 '로씨야'는 러시아, '단마르크'는 덴마크, '로므니아'는 루마니아, '벨라루씨'는 벨라루스, '체스꼬'는 체코이다. '뻬루, 에꽈도르'처럼 된소리가 많다는 점도 눈에 띄는 특징이다. 쿠바도 '꾸바'라고 한다.

북한어에서 국명은 그 나라 말로 적는 것이 원칙이다. 그래서 한자를 빌려 적는 음차어인 '인도, 애급, 희랍, 독일, 이태리, 불란서'와 같은 이름은 사용하지 않고 '인디아, 에짚트, 그리스, 도이췰란드, 이딸리아, 프랑스'처럼 원음에 따라 적는다. 그래서 바다 이름 인도양도 '인디아양'이라고 부른다. 헝가리도 이전에는 '윁그리야'라고 했었는데 지금은 그 나라 말에 따라 '마쟈르'로 바꾸어 적고 있다. 변이 코로나 환자로 "마쟈르에서 70만 5 815명의 감염자가 등록되였다"는 보도 기사 속의 '마쟈르'는 곧 헝가리인 것이다. 대중들도 주로 이 이름으로 부른다.

이와 같이 북한어의 국명은 곧바로 알기 어려운 경우가 종종 있다. 기사문 "그가 로씨야, 뽈스카 등 여러 나라에서 발표한 론문들도…"에서 '뽈스카'도 폴란드임을 바로 알기는 어렵다. 북한 보도 기사에서

100

종종 등장하는 나라로 '흐르바쯔까'가 있는데 이는 크로아티아를 가
리킨다. 크로아티아인들이 자기 나라를 Hrvatska라고 부르는 데 따라
선택한 이름이다. 또 다른 기사문 "쯔르나고라 대통령 밀로 듀까노브
츠각하"에서 '쯔르나고라'도 짐작하기 어려운데 이는 몬테네그로를
가리킨다. 아래에서 '메히꼬, 스웨리예, 벨지끄'는 어느 나라일지 짐
작해 보자.[91]

> 이전 쏘련, 프랑스, **메히꼬** 등 교예가 발달되였다고 하는 나라들에
> 서만…
> **스웨리예** 스톡홀름 시정부 청사내서 백신 접종 준비를 하고 있는 의
> 료일군들.
> 국가주석 습근평은 **벨지끄** 국왕 필립과 상호 축전을 보내 량국 수
> 교 50주년을 경축했다.

'메히꼬'는 멕시코, '스웨
리예'는 스웨덴, '벨지끄'는
벨기에이다. 이 예에는 없지
만 '윁남'도 자주 등장하는
나라인데 익숙한 한자명 '월
남'에서 짐작할 수 있듯이
베트남을 가리킨다.

[멕시코와 북한의 축구 경기 TV 중계 장면]

'아랍추장국련방'은 특이하게 느껴질 법한데 아랍에미리트연합국
을 가리킨다. 이슬람 문화권에서 아미르(amīr)가 통치하는 국가 형태
를 에미리트(emirate)라고 하는데 우리말에서 이를 '토후국' 또는 '추
장국'으로 번역하여 사용해 왔다. 중동 건설 붐 시기이던 7, 80년대만

<남북한의 다른 국명 표기>

남	북	남	북
기니	기네	아랍에미리트연합국	아랍추장국련방
카타르	까타르	아르헨티나	아르헨띠나
나이지리아	나이제리아	아이슬란드	이슬란드[92]
네덜란드	네데를란드	에스파냐	에스빠냐
덴마크	단마르크	에콰도르	에꽈도르
도이칠란트	도이췰란드	오스트레일리아	오스트랄리아
러시아	로씨야	우즈베키스탄	우즈베끼스탄
루마니아	로므니아	이집트	에짚트
룩셈부르크	룩셈부르그	이탈리아	이딸리아
멕시코	메히꼬	체코	체스꼬
모로코	마로끄	카자흐스탄	까자흐스딴
모잠비크	모잠비끄	캄보디아	캄보쟈
몬테네그로	쯔르나고라	캐나다	카나다
미얀마	만마	케냐	케니아
방글라데시	방글라데슈	콜롬비아	꼴롬비아
베트남	윁남	콩고	꽁고
벨라루스	벨라루씨	쿠바	꾸바
벨기에	벨지끄	크로아티아	흐르바쯔까
불가리아	벌가리아	터키	뛰르끼예
세르비아	쓰르비아	파라과이	빠라과이
스웨덴	스웨리예	페루	뻬루
슬로바키아	슬로벤스꼬	폴란드	뽈스까
시리아	수리아	헝가리	마쟈르

해도 아랍 토후국, 쿠웨이트 토후국 등은 신문지상에 자주 오르내리던 이름이었고, 지금도 오만 토후국, 쿠웨이트 토후국 등이 정식 명칭이기도 하다. 북한어의 '아랍추장국'도 그런 이름의 한 유형인 셈인데 우리의 '토후국'과 달리 북한은 '추장국'을 선택한 것이다. 국명에 직

접적으로 에미리트가 들어가지 않은 나라들은 간단히 쿠웨이트, 까타르, 오만 등으로 부르는 게 보통이며, 쿠웨이트국가, 까타르국가처럼 국가를 붙이기도 하고, 오만추장국처럼 나라에 따라 추장국을 붙이기도 한다.

그 국가의 수반은 '추장'이다. "오만추장국 추장에게 축전을 보내였다", "쿠웨이트국가 추장" 등처럼 북한어에서 추장은 원시 사회의 우두머리에서 '여러 민족이나 종족으로 이루어진 일부 나라에서 그 민족과 종족 전체를 대표하는 우두머리'로 뜻이 확대된 것이다. 우리는 '국왕'이라고 부르고 북한은 '추장'이라고 부르는 데서도 남북한어의 거리감이 느껴진다.

인명에 대해서 잠깐 언급해 보자. 인명 표기에서 주목할 것은 일본인은 '이또 히로부미'처럼 원어에 따라 적으면서 중국인의 인명은 우리 한자음대로 적는다는 것이다. 예를 들어 중국의 국가 주석 시진핑은 "습근평동지의 각별한 관심"처럼 '습근평'이라고 한다. 당연히 모택동, 주은래, 등소평, 호요방, 강택민, 호금도 등 일련의 인물도 모두 우리식 한자음으로 부른다. '모택동'이라고 하지 '마오쩌둥'이라고는 잘 하지 않는 것이다.

> **강택민**동지, **호금도**동지와 여러차례에 거쳐 호상방문을 진행하시면서… (로동 21. 9. 2.)

물론 원어대로 부르기도 하지만 어디까지나 이는 '예외적'이다.

> 중국의 **쟝쩌민**주석과 로씨야의 뿌찐대통령은… (선군)

2.4. 띄어쓰기와 문장 부호

2.4.1. 띄어쓰기

남북한의 띄어쓰기에도 적지 않은 차이가 있다. 각 단어는 띄어 쓰는 것을 원칙으로 하고 조사는 그 앞말에 붙여 쓰는 기본 원칙은 같다. 그러나 북한은 '글을 읽고 리해하기 쉽게 일부 경우에는 붙여쓴다'[93]고 하여 의미 단위에 따라 붙여 쓰는 경우가 많다.

▌남한은 '아는 것'이 힘이고 북한은 '아는것'이 힘이다
언젠가 저자는 강원도 태백시의 황지못의 유래를 새긴 비문을 본 적이 있다. 그 글은 띄어쓰기에서 꽤나 자유로웠다.

전설에의하면 이못엔 원래 황씨(黃氏)성을가진 황씨가의 옛터로서 주인 황씨는 많은재산에 풍족하게 살았으나 돈에 인색하기 짝이 없는 수전노 노랭이였다. 어느봄날 황부자는 외양간에서 쇠똥을 쳐내고있었는데 옷차림이 남루한 노승이 시주를청했다. [후략]

문법도 안 맞고 띄어쓰기도 엄격한 규칙성 없이 의미 단위, 호흡 단위에 따라 하고 있다. 읽는이에 따라서는 편한 느낌을 받을 수도 있는데 북한어의 띄어쓰기는 이런 심리에 가까운 면이 있다.
김일성은 5·14교시에서 "띄여쓰기에서는 글자들을 좀 붙이는 방향으로 나가야 합니다. 가령 〈사회주의건설〉이라고 쓸 때에 〈사회주의건설〉이라고 붙여써야지 〈사회주의 건설〉이라고 띄어쓰면 독서능률이 오르지 않습니다"라고 말한다. 이것이 북한어 띄어쓰기의 방향키가 되었다

고 할 수 있어 오늘날 될 수 있는 한 붙여 쓰는 것을 큰 특징으로 한다.
　물론 기본적으로 '단어' 별로 띄어 쓰는 대원칙은 남한과 같다.

　　온갖 새들이 찾아드는 숲.
　　아, 얼마나 아름다운 마을인가!

　이 띄어쓰기는 남한어와 정확히 같다. 기본적으로 단어를 기준으로
띄어 쓰는 것이다. 그러면서도 품사가 '다른' 경우에 띄어 쓴다고 특
별한 조건을 붙이는 것이 특징적이다.[94] 즉 '온갖∨새'는 품사가 달라
서 띄어 쓴 것이다. 이것은 '사회주의건설'처럼 품사가 '같은' 경우에
는 붙여 쓰기 위한 조치이다.
　그래서 북한어의 띄어쓰기에는 또 하나의 대원칙이 있다. 즉 두 단
어 이상이라고 해도 '하나의 대상, 행동, 상태' 등을 나타내는 말들은
붙여 쓰도록 하는 것이다. 예를 들어 남한어라면 '최신형 설비', '여러
말 할 것 없이'라고 띄어 쓸 것을 북한어에서는 '최신형설비', '여러말
할것없이'로 붙여 쓴다.

　　최신형설비, 혁명적군인정신, 조선식사회주의…
　　여러말할것없이, 의심할바없는, 아니나다를가, 무엇보다먼저…

　당연히 '조선로동당, 김책공업종합대학'처럼 고유한 대상 이름도
붙여 쓰고, '동무, 선생' 등 이름 뒤의 호칭도 붙여 쓴다.

　　조선로동당, 조선민주주의인민공화국, 김책공업종합대학, 대동문
　식료품상점…

김영남군당책임비서, 리순실동사무장, 조신옥박사, 서재렬로인,
박광옥녀성…

이는 '의미' 단위로 띄어 쓰는 것인데, 그러다 보니 북한어는 한눈에도
붙여 쓰는 경향이 뚜렷하다. '70평생, 3년세월, 20명정도'처럼 수사 뒤의
단위 명사들도 붙여 쓰는데 이 역시 같은 맥락에서 이해할 수 있다.

물론 이렇게 다 붙여 쓰면 알아보기 어려운 경우도 생기게 된다. "3
대혁명붉은기쟁취운동궐기모임참가자들"이라고 하면 쉽게 이해할
수 있을까. 그래서 이런 경우 '예외적으로' 적절히 띄어 쓰도록 하고
있다. 아래는 그 예들이다.

조선로동당 평양시 중구역위원회 [마디를 이루면서 잇달리는 것]
3대혁명붉은기쟁취운동 궐기모임참가자들 [너무 길어 읽고 이해
하기 어려운 경우]
김인옥 어머니 [두 가지 뜻으로 이해될 수 있는 경우]

위의 '김인옥 어머니'는 김인옥의 어머니라는 뜻이다. 김인옥이라
는 이름을 지닌 여성이라면 '김인옥어머니'라고 붙여 쓴다. 이와 같이
띄어 쓰는 것이 오히려 예외적이라고 할 만큼 북한어는 한 의미 단위
이면 붙여 쓰는 것이 특징이다. 그래서 '가슴뜨겁다, 기쁨어리다'처럼
단어가 아닌 것도 하나로 붙여 쓴다.

그러다 보니 '먹어대다, 가고말다, 먹고싶다, 가르쳐주다' 등 본용
언과 보조용언도 하나의 단위로 붙여 쓴다. 남한어도 '먹어버리다'처
럼 붙여 쓰는 것이 허용되지만 그래도 원칙은 '먹어 버리다'처럼 띄어
쓰는 것이다. 그러나 북한어는 본용언과 보조용언을 붙여 쓰는 것이

원칙이다.

　　이리하여 고요하던 정적은 **깨여지고말았다.**
　　이 놀이는 농촌의 청소년들속에 널리 **보급되여있었다.**

　의존명사도 앞말에 붙여 쓴다. 남한어는 '읽을 수 없다, 할 만큼 했다' 등처럼 의존명사를 띄어 쓰는데, 북한어는 아래와 같이 앞말에 붙여 쓴다. 이중 '것, 때문'을 붙여 쓰는 것이 눈에 띈다. 저자도 이 책에서 '…는 것이다'라는 표현을 자주 쓰지만 북한어라면 '…는것이다'로 붙여 써야 하는 것이다.

　　아는**것**이 힘이다.
　　그중 마음에 드는**것**을 하나 고르라고…
　　힘든**줄** 모르고 일한다.
　　몸의 균형을 잡을**수** 없기때문에…
　　무엇**때문**에 묻는지 몰라…

　이렇게 북한어는 대체로 붙여 쓰는 경향이 강하다. 그러다 보니 "…을 당할것이였기때문이였다, …를 몰아내주고있기때문이다" 등처럼 '과도하게' 이어 쓰는 예도 종종 나타난다. 이것이 가독성에 유리한지 아닌지는 독자마다 판단이 다를 것이다.
　한편 '등'은 남한어와 마찬가지로 띄어 쓴다.

　　사과, 배, 복숭아 **등**.
　　배추국, 호박국 **등**을 끓일 때…

'듯하다, 체하다' 등은 까다롭다. 남한의 문법에서는 보조용언으로 보고 '가는 듯하다'처럼 앞말과 띄어 쓰는데 북한 문법학계의 해석은 좀 다르다. '듯, 체'를 각각 풀이토, 불완전명사로 보아[95] '그럴듯 하다, 모르는체 하다' 등처럼 앞말에 붙여 쓰고 용언 '하다'는 별개로 띄어 쓰는 것이다.

깎아지른듯 한 바위벽.
겉으로는 **아닌체** 하면서도…

이상의 북한어 띄어쓰기를 다음 예문을 통해 일별해 보자. 김정은의 연설문인데 실제 북한의 인쇄물을 그대로 보인다.

소년단대표동무들!

사랑하는 온 나라 전체 소년단원동무들!

나는 먼저 사회주의조국의 기쁨이고 자랑이며 희망이고 미래인 조선소년단원들의 명절 6.6절을 맞으며 전국의 소년단원동무들에게 온 나라 전체 인민들의 축복을 담아 열렬한 축하를 보냅니다.

나는 또한 우리 당과 인민의 커다란 관심과 기대속에 조선소년단 제8차대회가 성대히 열린것을 매우 기쁘게 생각하며 대회에 참가한 소년단대표동무들과 온 나라 전체 소년단원동무들에게 따뜻한 인사를 보냅니다.

그리고 소년단원들을 나라의 억센 기둥감으로 키우기 위해 힘쓰고있는 소년단지도원들과 분단지도원선생님들, 학부형들에게 인사를 드립니다.

위 예에서 '소년단원동무, 사회주의조국, 소년단지도원, 분단지도 원선생님' 등 하나의 대상을 나타내는 말은 모두 붙여 쓰고 있다. '기 대속에, 열린것을'은 의존명사, '힘쓰고있는'은 보조용언을 앞말에 붙여 쓰는 예이다.

그러면서 '조선소년단 제8차대회'는 마디를 이루며 잇달리는 것이 므로 띄어 쓰고, '온 나라, 전체 인민, 따뜻한 인사' 등은 구체적인 의미 단위가 아니고 품사가 달라지기도 하여 단어 별로 띄어 쓴 예이다. 참고 로 남한에서 '우리나라'는 한 단어로 붙여 쓰는 데 반해 북한은 '우리 나라'처럼 두 단어로 띄어 쓴다. '우리 식, 우리 집'도 띄어 쓴다.

▌수의 띄어쓰기

수를 적는 법도 특징적이다. 남한은 만 단위(만, 억, 조)로 띄어쓰는 반면, 북한은 '백, 천, 만, 억, 조' 단위로 띄어 쓴다. 예를 들어 '1,234,567,698'을 우리는 '12억 3456만 7698'로 띄어 쓴다. 그런데 북 한어는 백, 천 단위를 나누어 쓰기 때문에 이 수는 다음과 같이 적는다.

12억 3456만 7천 6백 98

또 숫자 쓰기도 꽤 다르다. 남한은 '1,000,000,000'(10억이다!), '0.00232167'처럼 아라비아숫자는 모두 붙여 쓰는 것과 달리 북한은 세 단위로 띄어 쓴다. 특히 소수는 오른쪽으로 가면서 세 단위씩 띄어 쓴다.

1 000 000 000
0. 002 321 67

99. 8%

61. 5m

그런데 띄어 쓰지 않을 때도 있다. 아래 예를 보자.

2012년부터 기업소의 수산물총생산목표가 해마다 2 012t이라고 하였
는데 흥미있습니다. 타산을 아주 잘하였습니다. (금수 20. 2.)

시작 연도와 생산 목표가 묘하게도 '2012'로 일치해서 신기하다는
이야기이다. 그런데 그 띄어쓰기가 '2012년'과 '2 012t'으로 다르다.
얼핏 오타가 아닌가 싶지만 "대상화된 단어이거나 고유명사인 경우"
에는 붙여 쓴다는 별도의 조항[96]에 따라 달리 적은 것이다.
즉 '2 012t'은 원칙에 따라 세 단위씩 띄어 쓴 것이지만 '2012년'은
대상화된 것이기에 붙여 쓴 것이다. '1211고지'는 일종의 고유명사로
보아 붙여 쓰는 예이다.[97]

4 000t, 1 500문, 10만 5 000발

2007년, 1211고지

이 수를 읽는 법도 특이하다. 수가 단위명사와 어울릴 때 북한은 가
급적 고유어로 읽으라고 한다. 예를 들어 25개는 '스물다섯개', 125메
터는 '백스물다섯메터'로 읽는 게 좋다는 식이다.[98]
실제 이것이 어느 정도 적용되기도 한다. 1주일을 '한주일'이라고
도 하고 '1t, 1g, 1W, 1초' 등도 '한톤, 한그람, 한와트, 한초'처럼 고유
어 '한'으로 말하기도 한다.

> **한W**의 전기, **한g**의 강철, **한초한초** 시간을 다투며…
> **쉰키로**짜리 비료포대쯤 한겨드랑이에 넌떡 끼고…(그들의 운명)

다만 일관되게 지켜지는 것은 아니다. 이중 '톤(t)'은 고유어와 잘 어울려 '한톤, 두톤, 여덟톤, 열다섯톤' 등 고유어가 오히려 한자어보다 일반적이다. 그러나 '그람(g), 키로(kg), 와트(W), 메터(m)' 등은 '일그람, 이그람, 삼그람'이라고 하지 '한그람, 두그람, 세그람' 같은 식으로는 별로 말하지 않는다.

김 선생에 따르면 "돼지고지 한키로만 주세요", "두키로 주세요"처럼 경우에 따라 고유어로 말할 때도 있지만 대부분의 경우 '일키로, 이키로' 등 한자어로 말한다고 한다. '톤'도 단위가 높아질수록, 이를테면 38t, 95t이라면 '삼십팔톤, 구십오톤'이 당연히 더 자연스럽다고 한다.

이렇게 수의 고유어 읽기는 관념적 지침일 뿐 현실적이지는 않다. 한자어가 익숙한데 억지로 고유어를 쓰자고 한다면 성공할 수 없다. 페널티킥을 다듬은 말 '11메터벌차기'도 '십일메터벌차기'이지 않은가. 한 드라마에서 "키가 몇이예요?"라는 질문에 '178'이라고 답하는데 역시 "백칠십팔"로 말한다.

2.4.1. 문장 부호

┃ 문장 끝에는 끝점을 찍는다

남북한 문장 부호에도 차이점이 적지 않다. 우선 이름부터 다르다.

꽃이 핀다.
9.9절

위 예에서 '.'의 이름은 그냥 '점'이다. 첫 번째처럼 문장이 끝났다는 뜻일 때는 '끝점'이라고도 한다. 무엇이든 간에 남한의 '마침표'와는 다른 이름이다. 이렇게 남북한의 문장 부호에는 이름이 같은 것도 있지만 다른 것도 꽤 있다.

<문장 부호의 이름>

문장 부호	남한	북한
.	마침표(온점)	점
:	쌍점	두점
,	쉼표(반점)	반점
?	물음표	물음표
!	느낌표	느낌표
‒	붙임표	이음표
—	줄표	풀이표
…	줄임표	줄임표*
《 》	겹화살괄호	인용표
......	드러냄표	밑점*
〈 〉	홑화살괄호	거듭인용표
○○○, ✕✕✕, □□□	숨김표 / 빠짐표	숨김표
( )	소괄호	쌍괄호
[ ]	대괄호	꺾쇠괄호
〃		같음표
~	물결표	물결표

* 부호의 모양이나 사용법에 남북한 차이가 있는 경우

이 표에서 보듯이 남북한 문장 부호의 이름은 적지 않은 차이가 있다. 물음표(?), 느낌표(!), 줄임표(…), 물결표(~) 등 공통적인 이름이 오히려 적은 편이다.

▌따옴표는 없다

앞의 표에서 눈치챘겠지만 북한어에는 따옴표가 없다. 즉 큰따옴표
(" "), 작은따옴표(' ')가 없고 대신 인용표(《 》), 거듭인용표(〈 〉)를 사
용한다. 그 용법은 남한의 큰따옴표, 작은따옴표와 거의 같은데, 이 가
운데 인용표[99]는 다음과 같이 대화를 직접 인용하거나, 책이름, 상품
명 등 다양한 표현을 드러낼 때 사용한다.

> 박동무는 《내가 이겼지.》라고 힘주어 말했다.
>
> 그를 두고 누구나 《우리 할머니》라고 부른다.
>
> 지난 6월 개학을 앞둔 전국의 학생들이 《민들레》 학습장을 공급받
> 았다.

이 인용문 안에 다른 말이나 표현을 인용할 때는 거듭인용표를 사
용한다. 아래는 홍석중의 <황진이>에서 뽑아본 예이다.

> 《너 〈만사는 새옹지마〉라는 말을 아느냐?》
>
> 《호를 〈벽계수〉라구 부르신다죠?》

이 용법은 남한어에서 작은따옴표를 사용하는 것과 같다. 즉 위 예
는 남한어라면 "너 '만사는 새옹지마'라는 말을 아느냐?"와 같이 적
는다.

그런데 남한어에서 작은따옴표는 마음속으로 한 말을 나타낼 때도
쓴다. 북한어는 어떨까. 이 경우에는 괄호 ( )를 사용한다.[100] 아래 정
창윤의 장편소설 <먼 길>의 한 장면에서 한 청년의 갈등하는 속마음
이 괄호를 통해 표현되고 있다.

청년은 종종 방울나무그늘밑의 정문쪽을 바라본다.
(돌아갈것인가?)
다시 지배인실 출입문으로 시선을 옮겨온다.
(들어갈것인가?)
복잡한 마음이였다.

이《 》, 〈 〉 부호는 남한에서도 책 이름 등에 쓴다.『 』,「 」이 대표적인 부호지만 이 화살괄호도 쓰는데 아래와 같이 책 제목과 작품 제목으로 구분하여 쓴다.

《청록집》에 조지훈의 〈승무〉가 실려 있다.

그런데 북한은 이런 구별 없이 모두《 》로 나타낸다. 앞의《민들레》학습장처럼 제품 이름, 프로그램명, 작품명 등을 모두 인용표《 》하나로 적는 것이다.

연구를 시작한지 3년만에 연구사들은《흰구름》(초판)을 개발하였으며…
지난 시기 장편소설《첫 자욱》을 비롯하여…
그는 자기가 살고있던 이 집에《먼 길》이라는 이름을 붙였다.

▌닮은 듯 다른 부호

남한에서 널리 쓰이는 가운뎃점(·)은 북한의 문장 부호에 없다. 그래서 특별한 날을 나타낼 때 남한은 '8.15'처럼 마침표도 사용하고 '8·15'처럼 가운뎃점도 쓰지만 북한은 점(.) 하나로만 나타낸다.

<남한> 8.15, 8·15
<북한> 8.15

그 외 줄임표는 북한의 경우 세 점(…)인 반면, 남한은 여섯 점(……)
이 원칙이고 세 점(…)도 허용하는 차이가 있다. 북한의 경우 이 줄임
표 사용은 특이한 데가 있다. 단어나 일부 말마디가 줄었을 때는 '…'
을 한 개만 치지만, 문장이 줄었을 때는 '… …'처럼 두 개, 단락이 줄었
을 때는 '… … …'처럼 세 개를 친다.

북한의 '밑점'(……)은 해당 글자 아래에 찍어 강조하는 부호이다.
남한은 이 경우 글자 위에 ' '을 찍거나, 아래에 밑줄 '＿'을 그어 나타
내고 그 이름은 '드러냄표'라고 부른다. 이름도, 부호 모양도 다르지
만 기능은 다르지 않다.

<북한>   <남한>
무엇보다 배움이 중요하다.   무엇보다 배움이 중요하다. /
                                무엇보다 배움이 중요하다.

북한의 경우 숨김표 '○○○, ×××, □□□' 등은 문장에서 글자로
나타낼 필요가 없을 때 쓰는 것인데, 남한의 경우 그 기본적인 기능은
비슷하면서도 '□□□'는 빠짐표로 구별하여 글자의 자리를 비워 둠
을 나타낸다. 비문에서 분명하지 않은 글자나 시험 문제에서 답을 쓸
칸을 나타내는 등의 용도로 쓰일 수 있다.

▌별표와 꽃표
문장 부호의 범위는 좀 모호해서 남북한에서 다루는 종류도 같지

는 않다. 문장 부호이든 아니든 글쓰기에서 흔히 보이는 일부 기호를
보자.

> ※ 외부 유출 금지.
> Ⅰ. 사과, Ⅱ. 배, Ⅲ. 딸기
> 서울/평양
> * 특기 사항

　중요하니까 꼭 참고하라는 표시 '※'의 이름은 무엇일까. 연상되는
형상에 따라 부르는 건 보편적인 심리인지 일본어에서는 쌀 미(米) 자
를 닮았다고 하여 '고메지루시'(米印)라고 하는데 우리 역시 '당구장
표시'라고 딱 와 닿은 이름으로 부른다. 물론 정식 이름은 아니다.

　북한어 이름은 좀 무미건조하게도 '참고표'이다. '참고부호'라고
한다. 다만 정식 명칭인데 남한에서도 일부 쓰이는 말이어서 어느 정
도 공통점이 있기도 하다. 북한의 국어 교사였던 김 선생은 수업 시간
에 "자, 참고부호 하고…"라고 자주 말했다고 한다. 한쪽 교실에서는
당구장 표시, 한쪽 교실에서는 참고부호 하라고 하면서 열성적으로
교육에 임하고 있는 것이다.

　Ⅰ, Ⅱ, Ⅲ도 우리는 흔히 '로마자' 일, 이, 삼이라고 부르면서도 정
식 명칭은 '로마숫자' 일, 이, 삼인데, 북한 역시 '로마수자'라고 한다.
'/' 역시 남한에서 '빗금', 북한에서 '빗선'이라고 하여 서로 닮은 듯
다르다.

　'*'는 남한어에서 '별표'라고 한다. 이 부호의 영어 이름은 애스터
리스크(asterisk)이고 그 어원은 별을 뜻하는 라틴어 asteriscus이다.
'별표'는 국제적인 이름인 셈이다. 이 부호는 사실 '별'이라는 이름처

럼 가지가 다섯 개인 모양이다. 그런데 보통 손으로 쓸 때는 손쉽게 여섯 개 가지로 그린다. 지금 저자 노트북도 자판에는 다섯 가지 모양인데 타이핑을 하면 화면에 여섯 가지로 찍혀 나온다. 북한의『조선말규범집』(2010)에는 가지가 여섯 개 모양인 '*'으로 제시되어 있다. 그러면 별 모양이 아니라고 생각해서인지 '꽃표'라는 다른 이름으로 부른다. 이렇게 작은 부호 이름 하나에도 남북한어의 차이가 숨어 있다.

1 조선총독부에 의한「보통학교용 언문철자법」(1912),「보통학교용 언문철자법 대요」(1921),「언문철자법」(1930)이 사용되었다.

2 실제『말모이』는『큰사전』과 별개로 조선광문회에서 1911년부터 편찬을 시작하여 미완된 우리나라 최초의 국어사전 이름이다. 주시경과 그 제자들인 김두봉, 권덕규, 이규영이 편찬자로 참여하였다.

3 「한글 맞춤법 통일안」(1933)은「한글 맞춤법 통일안(고친판)」(1937),「개정한 한글 맞춤법 통일안(새판)」(1940),「한글 맞춤법 통일안(일부 개정)」(1946),「개정한 한글 맞춤법 통일안(한글 판)」(1948),「개정한 한글 맞춤법 통일안(용어 수정판)」(1958)의 지속적 수정 보완이 있었고, 한글학회는「한글 맞춤법」(1980)을 따로 내기도 하였다.「한글 맞춤법」(1988)은 문교부에서 낸 것으로 국가의 공식적인 표기법이다.

4 원래 띄어쓰기는『조선말규범집』(1966, 1988)에 포함되어 다루어지던 것인데「조선말 띄어쓰기규범」(2000)에서 독립적으로 규정되었다. 이 규범은 토 뒤의 단어는 띄어 쓴다는 원칙을 그동안 예외적으로 붙여 썼던 본용언과 보조용언에도 일률적으로 적용하여 '남아 있다, 가고 있다, 물어 보다, 드리고 싶다' 등처럼 띄어 쓰는 쪽으로 수정한 것이 큰 특징이다. 또 단어의 범위를 좁혀 '꽃 피다, 잠 자다' 등 이전에 붙여 쓰던 것을 띄어 쓰도록 했다. 새 규정을 적용한 2002년 당시 로동신문의 띄어쓰기를 보면 "찾아 볼 수 있는", "모범을 본 받아", "다리우에서 굴러 떨어 져", "현실로 꽃 펴나고 있다", "고향으로 돌려 보낼대신" 등 지금과는 상당히 다른 모습을 보인다(졸고 2002 참조).「띄여쓰기규정」(2003)은 이 2000년 규범과 유사하면서도 '먹어대다, 가고말다, 먹고싶다, 가르쳐주다' 등처럼 본용언과 보조용언을 붙여 쓰는 것으로 바뀐 것이 큰 특징이다. '토를 가지고 이루어져 하나의 대상, 행동, 상태를 나타내는 경우'라고 다소 모호하게 표현하기는 하지만 규정에서 제시하고 있는 '먹어대다' 등의 예들, 이후『조선말대사전』(2006) 등의 다양한 표기례를 참조할 때 본용언와 보조용언을 붙여 쓰는 것으로 수정했다고 볼 수 있다. 이후 띄어쓰기는『조선말규범집』(2010)에 다시 하위 항목('띄여쓰기규정')으로 포함되었고 본용언과 보조용언도 붙여 쓰는 쪽으로 완전히 회귀하였다.

5 이 표기법을 수정 보충하여 1958년에「외래어표기법」을 내놓았다. 최정후·박재수(1979) 198쪽 참조.

6 기존의 중국어, 러시아어, 독일어, 프랑스어, 영어, 일본어, 라틴어 등 7개 언어에 몽골어, 불가리아어, 폴란드어, 노르웨이어, 이탈리아어 등 18개 언어를 추가한 표기법이다. 북한은 이 가운데 스페인어 등 많이 쓰이는 언어 7개를 따로 모아『외국말적기법 1』(1985)을 발간하기도 하였다. 또 1984년에는 기존의 표기법 중 일부를 수정하여「고친외래어표기」를 내놓기도 하였다.

7 최희수(2002)는 남북한의 언어 규범의 시기를 다음과 같이 제시하고 있다.
<북한>
제1단계: 1945-1954. 조선어 철자법 시기까지.
제2단계: 1955-1966. 문화어 규범을 위한 연구 시기.
제3단계: 1967-1980. 통일적인 문법 규범과 외래어 표기법 확립 시기.

제4단계: 1981-1995. 문화어 규범의 공고화 시기.
<남한>
제1단계: 1933-1987. 한글 맞춤법 통일안 시기.
제2단계: 1988-현재. 새로운 한글 맞춤법 시기.

8 북한의 한자 폐지는 지금까지 상당히 엄격하게 지켜지고 있다. 일례로『문화어학습』 1995년 제2호는 '조국, 모국, 고국'의 차이점을 설명하면서 '여기서 《조》는 《할아버지조》자임', '《모》는 《어머니모》자임', '《고》는 《옛고》자임'처럼 언급하면서도 한자 자체는 전혀 보이지 않는다. 그만큼 한자를 거의 쓰지 않는 것이다.

9 『조선말규범집』은 책자 형태로서 그 안에 「맞춤법」, 「문화어발음법」 등 각각의 규정이 들어 있다. 우리의 「한글 맞춤법」과 같은 기능을 하는 것은 이 규범집 내의 「맞춤법」이다.

10 북한의 과학원 언어 문학 연구소는 1956년 단권짜리 『조선어 소사전』을 출판하였으나 보다 상세한 조선어 표준어 주석 사전의 필요성에 따라 1960년부터 1962년에 걸쳐 약 18만여 올림말을 수록한 『조선말사전』(전6권)을 편찬한다. 이 사전은 이전 사전에 비하여 전문 기술 용어, 낡은 단어, 고어, 방언 등을 많이 실은 것이 특징이다. 『현대조선말사전』(1968)은 사회과학원 언어학연구소에서 김일성의 두 교시에 입각하여 문화어 규범 사전의 성격으로 편찬한 것이다. 앞서 사전들에서 불필요한 한자어, 외래어들을 빼고 '고유조선말'들을 기본으로 하여 약 5만 단어의 올림말을 수록하였다(『문화어학습』 제3호). 이후 언어학연구소는 한자어 등을 상당수 올려 약 13만 단어의 『현대조선말사전』(제2판, 1981)을 증보, 편찬하였다. 사회과학원 언어학연구소의 『조선말대사전』(1992)은 이와 같은 편찬 사업을 집대성한 의미를 지니는 것으로서, 한자어, 고어, 방언 등을 폭넓게 포함하여 약 33만 개 올림말을 수록하였다. 한편 과학백과사전출판사는 2004년, 2010년에 『조선말사전』을 편찬하였다. 이 사전은 김일성의 회고록 『세기와 더불어』 수록 어휘나 당대의 새 어휘 등을 발굴하여 올렸다는 특징이 있다. 2010년 사전의 머리말은 약 15만 3,600여 개 올림말을 수록하였다고 밝히고 있다.

11 『조선말대사전』(1992)의 1차 증보판은 3권으로 되어 있는데 2006년에 1권이 출판되고 나머지 권은 2007년에 출판되었다. 북한에서 간행 시기를 2006년으로 하는 데 따라 첫째 권을 기준으로『조선말대사전』(2006)으로 표시한다.

12 이 규정에 따르면 가로쓸 때는 왼쪽에서 오른쪽으로 쓰고, 내리쓸 때는 오른쪽에서 왼쪽으로 쓴다. 다만 가로쓰는 글과 배합하여 쓸 때는 내리쓰기도 왼쪽으로 오른쪽으로 한다. 북한 대중도 요즘의 남한처럼 내리쓰기를 할 때 왼쪽에서 오른쪽으로 쓰는 경향이 적지 않다고 하는데 이 규정은 전통에 따라 오른쪽에서 왼쪽으로 쓰도록 한 것이다.

13 이러한 표기 원칙은 대한제국 시기 「국문연구의정안」(1909)에서 제시되었고 이후 조선총독부의 「언문철자법」(1930)에서도 채택하였다. 「한글 맞춤법 통일안」(1933)은 이를 보다 본격적이며 완성된 수준으로 체계화한 것이다.

14 즉 더이상 '남+어지, 막+암, 맞+웅, 쓸+에기, 걸+음, 들+이다, 넘+우, 잦+우'와 같

이 분석되기 어렵다고 보아 각 형태를 밝혀 적지 않는다.

15 다만 'ㅇ'은 받침일 때 자음 글자의 기능을 하므로 그 이름도 '으'가 아닌 '응'으로 한다.

16 한글 맞춤법 통일안(1933) 제정 때 '쌍기역'과 '된기역'의 명칭을 두고 논쟁하다가 '쌍기역'으로 결정한 바 있는데 결과적으로 북한은 '된기역'의 방식을 선택한 셈이다. 한편 오랜 기간 남북 공동으로 추진 중인 『겨레말 큰사전』 편찬안에서는 홑자음은 북한식으로 '이으'로 하고 겹자음은 남한식으로 '쌍-'으로 하는 절충안에 합의해 놓고 있다.

17 이 점은 남한에서 '24자모'라고 하고 'ㄲ, ㄸ, ㅃ, ㅆ, ㅉ, ㅐ, ㅒ, ㅔ, ㅖ, ㅚ, ㅟ, ㅢ, ㅘ, ㅝ, ㅙ, ㅞ'는 그 자모를 겹쳐 쓴 것이라고 하는 반면, 북한은 이를 모두 포함하여 '40자모'라고 하는 차이에서도 나타난다.

18 1925년 서울에서 설립되어 이어져 오던 조선공산당과 별개로 1945년 10월에 조선공산당 북조선분국이 창설되는데 이를 1946년 4월에 개칭한 것이 북조선공산당이다. 조선신민당은 중국 연안에서 김두봉이 이끌던 조선독립동맹 계열이 광복 후 귀국하여 1946년 8월에 창당한 것이다. 두 당은 1946년 8월에 곧바로 합당하여 북조선로동당이 되었고 이후 1949년 6월에 당시 남한에 있던 남조선노동당(1946년 10월 서울 결성), 즉 남로당과 합당하여 조선로동당이 되었다. 북한은 조선로동당의 창립일을 1945년 10월 10일로 공식화하고 있다. 이날에 조선공산당 서북5도 당책임자 및 열성자 대회가 열렸는데 여기에서 김일성이 기조연설을 하였고 이를 기반으로 조선공산당 북조선분국이 창설되었다고 보기 때문이다. 『한국민족문화대백과』 등 참조.

19 「한글 맞춤법」 제10항, 제11항, 제12항.

20 「보통학교용 언문철자법 대요」(1921)에서 'ㄹ'로 시작하는 한자어의 두음법칙을 인정하지 않기로 하였고('ㄴ'은 언급되지 않았지만 실질적으로 'ㄹ'과 다를 바 없었다), 「언문철자법」(1930) 역시 한자어의 두음법칙을 인정하지 않았다. 이것이 「한글 맞춤법 통일안」(1933)에서 'ㄹ, ㄴ' 두음법칙을 표기에 반영하는 것으로 전격적으로 바뀐 것이다. 연규동(2014) 등 참조.

21 남한에서도 개인에 따라서 두음법칙을 따르지 않는 표기를 가끔 볼 수 있다. 규범과 무관하게 사회적으로 통용되던 표기의 흔적이라고 할 수 있다.

22 「朝鮮語學會『한글 맞춤법 통일안』中에서 改正할 몇가지: 其一 漢字音 表記에 있어서 頭音 ㄴ 及 ㄹ에 對하여」(조선어학회 한글맞춤법통일안 중에서 개정할 몇가지, 그 하나로서 한자음표기에서 있어서 두음 ㄴ 및 ㄹ에 대하여). 이 논문은 로동신문 1947년 6월 6일~8일 및 10일 동안 4회에 걸쳐 연재된 것이다. 해당 자료는 최경봉 敎授로부터 제공받아 구체적인 내용을 확인할 수 있었다.

23 물론 「한글 맞춤법 통일안」은 기본적으로 표의주의이다. 그럼에도 이 두음법칙 관련 규정은 '노인, 여성'처럼 소리 나는 대로 적음으로써 표음주의에 기울어져 있음을 지적한 것이다. 김수경은 통일안 내에서 이렇게 원칙이 일관되게 적용되지 않

는 모순점을 지적하는 한편, 근본적으로 표음주의는 합리적인 표기 원칙이 아님을 강조하고 있다. 다시 말해 표음주의에 따라 적는 '노인, 여성'은 잘못된 표기라는 것이다.

24 최호철(2012) 참조.

25 '곤란(困難)'의 難은 '어려운 난', '한라산(漢拏山)'의 拏는 '붙잡을 나'로서 각각 '난, 나'가 본음이다.

26 일부 예는 한자를 밝히기도 한다. 즉 아무 표시가 없는 '궁냥, 나사, 영악하다'와 달리 '요기'는 '←療飢', '익사'는 '溺死'로 한자를 밝힌다.

27 흥미로운 것은 『다듬은 말』(1986)에서 '갈색, 백색, 자색, 청색, 홍색, 흑색, 황색, 회색…' 등 다양한 색채어를 군이 '밤색, 흰색, 보라색, 푸른색, 붉은색, 검은색, 누른색, 재빛…' 등으로 다듬으면서 '람색(남색)'은 다듬지 않았다는 것이다. 오히려 '군청'의 다듬은 말로 '남색'(당시 북한어 표기)을 제시할 만큼 이는 그 자체로 받아들이는 말이었다.

28 『문화어학습』 1995년 제4호.

29 김수경(1947)은 이를테면 '라로루로래뢰'로 적고 [나노누노내뇌]로 발음한다는 규정만 만들면 된다고 하면서도 "당분간 이러한 규정을 허용하여도 좋으나 되도록이면 문자 그대로 발음하게 되기를 바란다"라고 말한다. 이 표기법이 시작 단계부터 '로인, 녀자'를 [로인, 녀자]로 발음하는 것을 염두에 두었음을 알 수 있다.

30 김수경(1947)은 [녀자], [량심] 등의 발음에 대하여 "그 음들은 실지로 발음할 수 있으며 발음하고 있으며 또한 발음시켜야 한다"고 말한다.(강조점 저자)

31 이 방언에서 '냐, 녀, 뇨, 뉴' 등은 '나, 너, 노, 누'로 단모음화한다.

32 소창진평(1944) 참조. 일본인 학자로서 한국어 방언 연구에 헌신한 소창진평(小倉進平)은 이미 40년대에 평안도 방언에서 '라, 랴, 로, 료' 등은 '나, 노'로 발음된다고 하면서 그 예로 '낭심(량심), 넝감(령감), 네성강(례성강), 논어(론어), 노리(료리), 누리(류리)' 등을 들고 있다. 다만 '리'는 '리겨방, 림진강' 등 많은 경우 원음대로 발음된다고 하였는데, 그러면서도 자세히 관찰하면 '니', '디' 같이 들린다고도 하였다. 그 이전, 이후의 자료, 조사에서도 평안도 방언을 반영한 『Corean Primer』(존 로스, 1877)에 '니별, 니자, 님시'가 나타나며, 김영배(1977, 1984)에서도 '리자'는 '니자'로 보고되고 있다. 따라서 정도 차이는 있어도 이 당시 '리'도 '니'로 바뀌었다고 할 수 있다. 이후의 한영순(1967), 한성우(2006) 등에서도 평안도 방언의 어두음 'ㄹ'은 'ㄴ'으로 바뀌었음을 한결같이 보고하고 있다.

33 그렇다면 실제 발음되지도 않는 '로동, 로인' 등의 표기를 채택하고, 그 'ㄹ' 발음을 규범화한 까닭은 무엇인지 의문이 남는다. 그 한 연구로서 안미애·홍미주·백두현(2018)은 북한에서 이러한 정책을 채택한 것은 그들 나름의 독자성을 표방하기 위한 것이라고 한다. 평안도 사람들은 자신들이 정음(正音)을 보존하고 있다는 자부심이 강하였는데 그 대표적인 예가 '던기(전기), 당개(장가)'처럼 'ㄷ' 구개음화를 실현하지 않는 것이었다. 그런데 이 발음이 규범으로 채택되지 못하였고 그 대신

으로 한자어의 '르, ㄴ'을 본음대로 적는 규정을 만들었다는 것이다. 이 주장대로
라면 정치적, 사회적 배경이 작용한 결과라고 할 것이다.

34 『조선말규범집』 내 「맞춤법」 제7장(한자어의 적기) 제26항, 「표준발음법」 제2장
(단어 첫머리의 발음) 제5항, 제6항.

35 정성희(2015), 정성희·신하영(2017) 참조. 방송 뉴스에 비하여 일상의 언어생활
은 그 비율이 더 높을 것이다.

36 이금화(2007:36)은 평양 지역어에 대하여 "다른 지역어에서는 어두에 /ㄹ/가 외래
어를 제외한 경우에는 나타나지 않으나 위의 예에서 볼 수 있듯이 이 지역어에서
는 /ㄹ/가 어두에서도 많이 나타난다"라고 하면서 '력사, 로동자, 로력, 록색, 리용,
리해' 등을 제시하고 있다. 간략히 언급된 내용이지만 이것이 맞다면 어두 'ㄹ'의
발음이 지역적으로도 상당히 편차가 크다는 점을 알 수 있다.

37 일례로 21세기 들어서 김영황(2007)은 역사적 근거 등을 바탕으로 그 점을 구체적
으로 확인, 강조한 한 사례이다.

38 [대열, 비율]의 발음도 '허용'했다는 것은 당시에 [대렬, 비률]을 규범적인 발음으
로 보았다는 것이다. 다만 이것이 규정상으로는 뚜렷하지 않다. 당시의 규정인 『조
선말규범집』(1966)의 「표준발음법」은 "《ㄹ》은 모든 모음앞에서 [ㄹ]로 발음하는
것을 원칙으로 한다"(제2장 제5항)라고 하면서 "론문, 락하산, 리론, 리, 로, 린, 라
지오, 로케트"의 예들을 제시한다. 그런데 이 2장의 제목은 '단어 첫머리의 발음'
이어서 '대렬, 비률' 등 단어 첫머리가 아닌 경우에는 해당되지 않는다. 이후 『조선
말규범집』(1988)의 「문화어발음법」은 제2장 제목을 '첫 소리 자음의 발음'으로
수정하고 제5항에도 '용광로'와 같은 예를 넣어 단어 첫머리가 아닌 경우도 분명
히 포함한다. 이전 『조선말규범집』(1966)의 「표준발음법」은 '용광로', '대렬, 비
률'처럼 단어 첫머리가 아닌 경우는 섬세하게 고려치 못했을 가능성이 있다. 그렇
다고 해도 "《ㄹ》은 모든 모음앞에서 [ㄹ]로 발음하는것을 원칙으로 한다"는 문구
그대로 해석한다면 [규률, 대렬]이 규범적인 발음일 수밖에 없다. 이런 배경에서
『조선말화술』(1975)을 비롯하여 당시 북한학계는 [대렬, 비률]을 원칙적인 발음
으로 인식하는 분위기가 있었을 것으로 생각된다. 그러면서도 결국은 현실음과
차이가 커서 [대열, 비율]을 '허용'할 수밖에 없었을 것이다.

39 『조선말규범집』(2010)은 현실음을 중시하여 "받침소리 [ㅁ, ㅇ] 뒤에서 《ㄹ》은
[ㄴ]으로 발음한다"(「문화어발음법」 제24항)라고 규정한다. 다만 모음이 'ㅑ, ㅕ,
ㅛ, ㅠ'인 경우에는 '식량[싱냥/싱량], 협력[혐녁/혐력], 식료[싱뇨/싱료], 청류벽
[청뉴벽/청류벽]'처럼 두 가지 발음을 모두 인정한다.(제24항) 따라서 '법령[범
녕]'도 [범령]으로 발음하는 것이 허용된다고 보아야 할 것이다.

40 「문화어발음법」(2010)의 제5항에 'ㄹ'을 문자대로 발음하는 예로 '용광로'가 제
시되어 있는데 이는 "받침소리 [ㅁ, ㅇ] 뒤에서 《ㄹ》은 [ㄴ]으로 발음한다"(제24
항)와 모순되는 예이다. 이는 '목란[몽난]'처럼 '용광로[용광노]'가 되어야 한다.
이전 『조선말규범집』(1988)을 미처 수정하지 않고 반복한 오류로 판단된다.

41 『조선말규범집』(1988)은 '선렬, 순렬, 순리익' 등을 적은 대로 발음한다고 하면서

"닮기현상을 인정하지 않는다"고 하였는데, 뒤집어 말하면 이는 실제로 닮기 현상이 있다는 것, 즉[선녈, 순녈, 순니익]으로 발음하는 화자들이 있다는 뜻이기도 하다.

42 이러한 '법령[범령], 목란[몽란]' 등의 발음 현상에 대하여 북한은 'ㄹ' 앞에서 'ㅂ→ㅁ, ㄱ→ㅇ' 등처럼 바뀐 것이라고 한다. 이는 남한의 학계에서 [범녕, 몽난]을 현실 발음으로 보면서 먼저 'ㄹ'이 'ㄴ'으로 바뀌고 그 'ㄴ'의 영향으로 'ㅂ→ㅁ, ㄱ→ㅇ'으로 바뀐다고 설명하는 것과 차이가 있다. 북한의 설명은 "막힘소리《ㄱ, ㄷ, ㅂ》로 나는 받침이 뒤에 오는 울림소리의 영향으로《ㅇ, ㄴ, ㅁ》로 바뀌여나는 경우"(조선말대사전 2017 일러두기)처럼 '울림소리' 앞에서 'ㅂ, ㄱ'이 'ㅁ, ㅇ'으로 바뀐다는 것이다. 물론 남한어에서도 "핫라인, 로봇랜드, 북리스트" 등을 [한라인, 로본랜드, 붕리스트]로 발음하는 화자들도 있지만 외래어라는 조건 그리고 일부 화자에 국한되는 현상이라는 차이점이 있다.

43 아직 분명치는 않지만 대체로 '리, 려, 료, 류' 등 'ㅣ' 계통의 모음들이라는 특징이 있다.

44 『조선말대사전』(2017)의 <일러두기>에는 이에 해당하는 내용이 없다. 다만 표제어 발음 정보의 내용이 『조선말대사전』(1992)와 거의 다르지 않아 동일한 원칙이 적용되었다고 볼 수 있다.

45 대체로 많이 쓰는 단어일수록 [ㄹㄹ]을 인정하고 적게 쓰는 단어일수록 [ㄴㄹ]로 하는 경향이 있는 듯하나 아직 확실하지는 않다. 만일 그렇다면 극히 저빈도의 단어에 대한 대중의 발음을 어떻게 확인할 수 있었을까 의문도 생긴다.

46 다만 북한어에서 '넓적하다, 넓적다리'는 '넙적하다, 넙적다리'로 적는다.

47 '잠깐'은 역사적으로 '暫+ㅅ+間'에서 온 말이다. 남한어에서는 그 어원적 형태를 밝혀 적을 필요가 없다고 보아 소리나는 대로 '잠깐'으로 적고 한자어로서 '잠간(暫間)'은 비표준어로 처리한다.

48 '늘상'은 '늘'의 비표준어로서 '늘+常'으로 분석되는 말이다.

49 '집다, 찝다'는 '짚어서 가리키다'의 의미로만 동의어이다. 그 외 무엇을 손으로 집는 경우 등에는 '집다'만 규범어이다.

50 남한도 원래 이 어미들을 '-ㄹ가, -ㄹ고, -ㄹ소냐'의 예사소리로 적었었는데 1957년 한글학회 총회에서 통일안을 수정 보완하면서 '-ㄹ까, -ㄹ꼬, -ㄹ쏘냐'의 된소리로 적기로 결정하였다. 그런 표기가 널리 굳어져 있기도 하였고 '-ㄹ까'로 적어야 '-나이까, -더이까, -습니까' 등과 일관성을 갖출 수 있었기 때문이다. 결과적으로 이는 남북한의 차이로 이어졌다.

51 북한에서도 보통 이렇게 말하지만 '첫돌' 외에는 그 경계가 뚜렷한 것 같지는 않다. "첫돌에도 그냥 지낸걸 생각하니 … 두돐생일만은 잊지 않도록 합시다"(현희균 <그들의 운명>)과 같은 예는 '두돐'로 표기한다.

52 흔히 보이던 '돐사진'과 같은 표기는 오랫동안 잘못 표기해 온 예이다. 그만큼 '돌'과 '돐'을 구별하는 것은 대중에게 쉽지 않은 면이 있었다.

53 표준어에서 '졸이다'와 '조리다'는 구분이 까다롭다. '졸이다'는 국, 찌개, 한약 따
위의 물을 증발시켜 단순히 분량을 적게 하는 것이고, '조리다'는 양념을 한 고기,
생선 따위를 국물에 넣고 바짝 끓여서 양념이 배어들게 하는 것이다. 후자의 경우
요리의 의미가 강하다고 할 수 있다. '졸이다'는 마음을 졸이는 것처럼 추상적 의
미로 쓰이기도 한다.

54 『조선말대사전』(2017)은 '일찍'을 '일찍기'의 준말로 풀이한다. '더욱'에 대해서
는 그러한 설명이 없는데 같은 방식으로 이해할 수 있을 것이다.

55 『조선말대사전』(2017)은 '거북'을 '거부기'의 준말이라고 풀이한다. '외톨'은 그
러한 설명 없이 '외토리'의 동의어로만 풀이하지만 같은 방식으로 이해할 수 있을
것이다.

56 『조선말대사전』(2017)은 "살풋 잠이 들었다가는…"과 같은 예문을 제시한다.

57 『표준국어대사전』에는 '살풋, 살폿'이 올라 있지 않지만 『우리말샘』에는 '살풋'
이 올라 있고 '살폿'의 쓰임도 종종 확인된다. 따라서 장차 이 말들의 규범성을 인
정하게 되면 남한어도 '일찍이'처럼 '살풋이, 살폿이'로 표기를 바꾸어야 할 것이
다. '살풋'은 "그입술에 살풋걸친 적은미소"(동아일보, 1926. 2. 9.)처럼 이전에 쓰
이던 말이다.

58 '메'는 꽤 생소하지만 '메별(袂別), 연메(連袂)' 등 적으나마 몇 단어에서 볼 수 있
다. '메(袂)'는 소매라는 뜻으로서, '메별'은 소매를 잡고 헤어질 만큼 섭섭히 헤어
짐을, '연메'는 소매가 잇닿듯이 나란히 함께 하는 것을 가리키는 말이다. 과거에
정당 따위가 분당을 선언하는 경우에 '메별 성명'이라고 하였고 줄줄이 물러나는
'줄사퇴'의 상황에 대해 '연메 사직'이라는 표현을 즐겨 쓰기도 하였다.

59 '연메(連袂)'의 북한식 표기.

60 '메(袂)'는 '메별, 연메' 등 '메'로 적은 사례는 드물고 주로 '메별, 연메'로 표기하
였다.

61 하늬바람이 부는 겨울에는 엿이 녹지 않아 값이 더 나가는데도 엿장수가 공연히
성을 낸다는 뜻으로 자기에게 유리한 조건이 이루어지는데도 도리어 못마땅하게
여기고 성을 내는 경우를 이르는 말. 남북한 공통의 속담이다.

62 글자 모양이 모두 'ㅣ'로 끝나는 공통점이 있다. 역사적으로 이들은 'ㅣ' 소리가 나
던 것들이다.

63 '보얗다, 부옇다'도 '보얘, 보얬다', '부얘, 부얬다' 한 가지로 적는다. 그런데 같은
방식으로 '보얘지다, 부얘지다'라고 적어야 할 텐데 『조선말대사전』(2006, 2017)
은 '보얘지다, 부예지다'로 올리고 있다. 이 '부예지다'의 표기는 이해하기 어렵다.

64 단 '곱다, 돕다' 등 1음절 어간은 예외적으로 '고와, 도와'처럼 'ㅘ'로 적는다.

65 엄밀히 말하면 이는 표준어, 문화어의 문제이기는 하지만, '-던, -든'은 워낙 혼란
이 많고 흔히 맞춤법 문제로 생각하기에 여기에서 제시한다.

66 '저, 어제'처럼 모음으로 끝나는 말 뒤에서는 '저예요, 어제예요'처럼 '예요'가 되

는데, 이는 '저+이에요, 어제+이에요'가 줄어든 것이다.

67 남한어에서도 이는 접두사로서, '웃옷, 웃통, 웃풍' 등에 나타난다.

68 '어금이, 젖이, 송곳이'에 사이시옷이 개재된 것은 아니다. 'ㄴ' 소리가 나는 것은 '이'의 옛말이 '니'였기 때문이다. 한글 맞춤법에서 이 단어들을 '어금니, 젖니, 송곳니'처럼 '니'로 표기하는 것도 이러한 근거에서라고 할 수 있다. 북한도 이를 형태론적으로 사이시옷이 개재되었다고는 하지 않으며 사이소리현상(문화어발음법 1988), 소리끼우기현상(문화어발음법 2010)이라고 하여 발음 현상으로만 기술한다. 그러나 '아래이'[아랜니]는 '아래+ㅅ+이'처럼 사이시옷이 개재된 단어로 보아야 한다.

69 남한어에서도 '닭이, 닭을'은 [달기, 달글]이 표준 발음이지만 흔히 [다기, 다글]이라고 발음한다. '닭' 대신 '닥'이 기본형으로 바뀌어 가는 것이다. 이러한 남북한어의 공통적인 변화는 '꽃, 햇빛(해빛), 무릎, 동녘' 등에서도 볼 수 있다. 북한어 역시 [꼬시, 해삐시, 무르비, 동녀게] 등으로 발음하는 경우가 많아 '꼿, (해)빗, 무릅, 동녁'으로 기본형이 바뀌어 가는 것이다.

70 남한에서는 '암탉, 수탉' 등을 접두사 '암-, 수-'가 결합한 파생어로 본다. 반면에 북한은 '암닭, 수닭' 등을 명사 '암, 수'가 결합한 합친말(합성어)로 본다. 이 책에서는 남한의 분류 기준에 따라 파생어 영역에서 다루었다.

71 원래 『조선말대사전』(1992)까지만 해도 표기도 거센소리로 하였다. 즉 '수컷, 수캐, 수탉, 수퇘지, 수평아리…' 등으로 적었는데 『조선말대사전』(2006, 2017)에서 '수컷'을 제외한 나머지 모두를 '수개, 수닭, 수돼지, 수병아리…'로 바꾸어 적은 것이다. 당연히 '암-'도 마찬가지여서 '암컷' 하나만 남기고 나머지는 '암개, 암닭, 암돼지, 암병아리…'로 바꾸어 적었다. 이러한 조치는 『조선말대사전』(2006) 이전에 이미 취해져 「조선말 띄여쓰기규범」(2000)의 자료-2에서 '수(암)코양이→수(암)고양이, 수(암)탉→수(암)닭' 등 표기를 바로잡은 20개 단어를 제시하고 있기도 하다. 이것은 단어의 본모습대로 적는 원칙에 따른 것이다. 발음과 좀 차이가 생기더라도 본모습을 밝혀 적는 것을 중시하는 것이다. 그래도 결과적으로 '수닭, 암닭'으로 적고 [수탁, 암탁]으로 발음하는 것은 한글의 본질에서 너무 벗어난 느낌이다.

72 'ㄱ, ㄷ, ㅂ, ㅈ'으로 시작하는 단어인 경우이다. 『조선말규범집』(2010)의 「문화어발음법」(제26항)은 '암, 수' 뒤에 결합하는 말의 첫소리가 'ㄱ, ㄷ, ㅂ, ㅈ'인 경우에는 [ㅋ, ㅌ, ㅍ, ㅊ]로 발음한다고 규정한다. 다만 'ㅈ'의 경우는 해당 조항에서도 실제 예를 제시하지 않고 『조선말대사전』(2017)도 '수쥐'가 등재되어 있지 않아 규범적 발음이 무엇인지 알기 어렵다. 다만 같은 사전에서 '수제비'(제비의 수컷)는 [수제비]로 제시되어 있어 'ㅈ'의 경우 발음 규정이 잘 반영되지 않는 모습을 보인다.

73 공연한 일에 수선을 피워 남을 의심받게 하는 경우를 가리키는 북한 속담.

74 권력을 잃어 보잘것없이 된 존재를 이르는 북한 속담.

75 「표준어 규정」은 '숫양, 숫염소'와 달리 'ㅇ여우'에 대한 언급은 없다. 이 단어는 『표준국어대사전』에도 등재되어 있지 않다. 규정을 엄격히 해석하면 이는 '수여

우[수여우]'일 수밖에 없는데 상당히 비체계적으로 느껴진다. 한편 단모음 단어가 결합한 '수은행나무'는 남북 모두 [수은행나무]이다. '수오리'는 남북한 모두 사전에 없는데 남한은 규정에 비추어 볼 때 [수오리]이겠으나 북한은 「문화어발음법」 (2010)에서 [순오리→수도리]로 규정되어 있어 차이를 보인다. 다만 『조선말대사전』 (2006, 2017)에 등재되어 있지 않아 사전의 정확한 입장은 무엇인지 알기 어렵다.

76 '수북이, 끔찍이'는 남한과 같게 적는다. '-이, -히'의 적기는 남북 화자 모두 어려움을 겪는다.

77 금강산 구룡대 일대에 있는 상팔담(上八潭)을 가리킨다. 이 8개의 못 즉 팔담은 구룡동의 윗골에 있어 상팔담이라고 하여 묘향산의 만폭동에 있는 팔담과 구별한다. 북한에서는 나무꾼과 선녀 전설의 기원지로 알려져 있다.

78 '젓갈'도 이 접미사 '-갈'이 결합한 것으로 풀이하는데 남한어에서 '젓갈'을 '-깔' 과 무관한 것으로 보는 입장과 차이가 있다.

79 다만 남한어는 '자장면, 짜장면' 모두 표준어인 데 반해 북한어는 '짜장면'만 인정한다.

80 '계면쩍다'('겸연쩍다'가 변한 말)의 문화어이다. '겸연쩍다'는 북한어에서 비규범어이다.

81 외래어 적기는 항상 결정하기 어려운 문제였다. 발음도 생소한 남의 말이다 보니 사람마다 받아들이는 법도 다양하다. 근대 초기에 '유럽'을 적은 예를 보면 '유롭고, 유로바, 유로부, 유롭, 유롭바, 유로파, 유롭파' 등 다채롭기 이를 데 없었다. 분단 전, 또 그 이후 남한에서 정책적으로 시행한 규범도 「외래어 표기법 통일안」 (1940), 「들온말 적는 법」(1948), 「로마자의 한글화 표기법」(1958), 「외래어 표기법」(1986) 등 변천을 거듭해 왔듯이 항상 다양한 주장이 펼쳐지는 논쟁의 장이기도 하다. 특히 [f]처럼 국어에 없는 소리는 더욱 그러한데, film을 '휠름'으로 적을지, '필름'으로 적을지도 고민하고 심지어 「들온말 적는 법」(1948)에서는 '앨름' 으로 적기도 하였다.

82 이 표기법은 특히 고유명사 등 외국의 말을 그 나라 말대로 적는 데 주 목적이 있다.

83 「외국말 적기법」의 원칙은 다음과 같다. 1) <외국말 적기법>은 다른 나라 말의 단어 특히 고유명사를 그 나라 말의 발음대로 적는 데 적용한다. 2) <외국말 적기법>은 외국말단어를 적는데서 조선말의 말소리 특성을 존중하며 되도록 지금의 조선말 글자체계를 따른다. 3) <외국말 적기법>은 우리 말에 들어와 쓰이는 외래어의 적기에는 원칙적으로 적용되지 않는다.

84 물론 남한도 관용에 따라 적기도 하지만 그 예는 '라디오, 카메라, 바나나, 껌, 빨치산' 등 일부에 그친다. 외래어 표기법이 관용 표기 중심으로 가야 한다는 주장에 대해서는 김선철(2008) 참조.

85 이 말은 남북한 모두 '나사돌리개'로 다듬는다.

86 남한의 경우 '점퍼'도 인정한다.

87 이와 같이 북한의 외래어 표기는 조금씩 수정되기도 한다. 또다른 예로 요구르트 (yogurt)는 『조선말대사전』(1992)에서 '요그르트'였지만 『조선말대사전』(2017)에서는 '요구르트'로 바뀌었다.

88 속옷을 가리킬 때는 '런닝' 외에 '런닝그'라고도 한다. "웃옷을 벗고 런닝그바람으로 목도채를 메였고…"(정창윤 <먼 길>).

89 『조선말대사전』(2017)은 '필림'을 영어가 아니라 러시아어 'фильм'에서 온 말로 본다.

90 믹서를 '미끼샤'라고 하는 것도 흔히 러시아어에서 온 말로 알려져 있다. 다만 『조선말대사전』(2017)은 영어(mixer)에서 온 말로 어원을 표시하고 있다. 다만 이 사전 정보와 달리 러시아어 миксер의 영향을 받은 말이 아닌가 싶기도 하다. 요리용 믹서를 뜻하기는 하지만 대략 '미크셰르' 정도의 발음이어서 상관 관계가 커 보인다.

91 각각 북한 잡지 '금수강산'(2018 5월호), '연변일보'('21. 10. 26.), 중국 '인민넷'(人民网, 인터넷 인민일보) 한국어판(21. 3. 2.)의 기사인데 국명은 북한에서 쓰는 것과 같아서 예로 제시하였다.

92 Iceland의 북한어 국명이다. 조선말대사전(2017)은 그 원어를 Island로 잘못 제시하고 있다.

93 「띄여쓰기규정」(2010) 총칙.

94 북한은 "토뒤의 단어나 품사가 서로 다른 단어는 띄여쓴다"[조선말규범집(2010), 띄여쓰기규정 제1항]라고 규정한다. 즉 '새들이∨찾아드는∨숲'은 토(조사와 어미) 뒤에 오는 말을 띄어 쓴 것이고, '온갖∨새', '얼마나∨아름다운'은 품사가 달라 띄어 쓴 예이다. 물론 '찾아드는∨숲', '아름다운∨마을' 등처럼 이것이 복합적으로 작용할 수도 있다.

95 '-듯'은 "퍼붓듯 내리는 비"처럼 어간에 결합하는 '풀이토' 즉 어미로 본다. 반면에 '-체'는 "들은체도 안했다"처럼 불완전명사 즉 의존명사로 본다. 모두 앞말에 붙여 쓰는 말이다.

96 『조선말규범집』(2010) 「띄여쓰기규정」 제4항 [붙임].

97 대체로 차례를 나타내는 서수사는 대상화나 고유명사를 나타낼 때가 많다. 그래서 양수사는 띄어 쓰고 서수사는 붙여 쓴다고도 한다. 다만 아주 정확한 기술은 아니어서 '3000t급'처럼 양수사이지만 대상화라는 점에서 붙여 쓰는 예도 있다.

98 『조선말화술』(1975) 65-67쪽 등. 다만 항상 그런 것은 아니고 분, 초, %, 점수 등은 한자어로 읽는다고 기술한다. 예를 들어 15분, 21초, 11%, 5점 등은 '십오분, 이십일초, 십일프로, 오점'으로 읽는다.

99 인용표는 동의어로 '옮김표, 인용부, 인용부호' 등이 있다. 김경희 선생은 '말씀표'라고 한다고 하는데 대중 사이에 통용되는 이름으로 보인다. 『조선말대사전』에는 수록되어 있지 않은 이름이다.

100 이 문장 부호의 정식 북한어 명칭은 쌍괄호이지만 통상 '소괄호'라고도 한다.

제3장

멀고도 가까운 북한어 어휘

남북 이산가족 만남에서 남녘 아들이 북녘의 어머니께 "어머니 그동안 어찌 지내셨어요?"라고 인사하자 어머니가 "나는 일없다"라고 답해서 아들이 당황했다는 일화가 있다.[1] 남한에서 '일없다'는 남의 호의를 필요없다고 거절하는 부정적 의미니까 그럴 만하다. 그러나 북한에서는 가벼운 사양이나 '괜찮다' 정도의 완곡한 표현이다.

> 여: 아니, 어데 다치지 않았습니까?
> 남: **일없습니다.**

많이 알려지지는 않았지만 북한어에서 당나귀를 '하늘소'라고 부른다고 하면 무척 신기하게 반응하기도 한다. 하늘을 보며 우는 소라는 뜻에서 붙인 이름이다. 물론 당나귀라고도 한다.[2]

[잡지 '금수강산'에 실린 유머. 금수 19. 5.]

이렇게 북한어에 대해서 아무래도 가장 관심이 가는 분야는 어휘이다. 이전에는 이런 예 하나하나가 신기하게 여겨져 왔지만 근래에는 각종 북한 뉴스, 북한 출신인들의 방송, 유투브 영상 등을 통하여 많은 어휘가 알려지면서 북한어는 점점 더 가까워지고 있다.

그래도 남북 간에 서로 생소한 말들은 매우 많다. 『겨레말 큰사전』

편찬을 위해 남북한에서 각각 조사한 결과 기존의 『표준국어대사전』
(1999), 『조선말대사전』(1992)에 실려 있지 않은 어휘만 해도 각각
130,000여 개, 59,000여 개에 이른다고 한다.[3] 기존에 누락한 것도 많
겠지만 그 사이 끊임없이 새로운 어휘들이 생겨난 것이다.

　우리가 쓰는 '길고양이, 대리운전, 유기견, 재택근무, 컵라면, 히트
곡' 등을 북한 사람이 알기 어렵고, 또 북한어 '뭉치구름, 비행기배, 콩
나물서방, 통빨래'[4] 등은 우리가 알 수 없다. 남북 모두 뭉게구름이라
고 하면서도 북한어는 따로 뭉치구름, 더미구름이라고도 하는 것처럼
남북한어에는 자꾸 새말이 쌓여간다. 이 3장부터 8장에 걸쳐 글이나
영화 등 자료를 중심으로 북한어 어휘의 모습을 살펴보고자 한다.

3.1. 북한어 어휘의 색채

　북한어에는 당연히 이런저런 생소한 어휘들이 있다. 북한 사람들이
볼 때 남한어에도 그러한 말들이 부지기수여서 '팩폭, 갑분싸, 최애,
얼짱' 이런 말들은 먼 우주에서 온 말처럼 여겨질 것이다. 이러한 차이
는 오랫동안 떨어져 살았으니 당연한 결과이다.

　그러나 그 생소함이 저 멀리 별나라처럼 그들만의 별난 세계는 아
니다. 그저 언어의 자연스러운 변화 과정일 뿐이고 여기에 각자 삶에
따른 특징이 가미된 것이다. 북한 어휘의 다양한 속성을 <영근 이삭>
(변창률)이라는 소설의 한 장면을 통해 일별해 보자.[5]

"저렇게 물 한 방울 새지 않으니까 집 세간살이 하는 걸 좀 보라요. 아래웃방, 부엌 할 것 없이 번쩍번쩍하게 꾸려놓고, **랭동기, 색텔레비죤, 록음기**, 재봉기, 없는 게 없어요. 뜨락엔 어미돼지 두 마리가 낳은 새끼돼지만도 스무 마리가 넘지, 젖 짜는 염소만두 세 마리, 토끼, 닭, 오리, **게사니**, 칠면조가 한 마당 우글우글하지……."

"그 집 텃밭농사는 어떻구요. 겨울엔 **박막**을 씌워서 **부루**, 쑥갓, 배추를 키우고 봄엔 감자를 심었다가 하지 무렵엔 고추를 옮기구 고추 가을을 하고 나선 마늘을 심구, 이런 식으로 손바닥만 한 땅도 거저 놀리는 법이 없어요. 그러니 옆 사람들이 하는 일이 눈에 찰 리 있겠어요. 그런 **이악쟁이**가 **비판**을 순순히 받아들일 게 뭐예요?"

협동농장의 농장원들끼리 한 동료를 두고 일종의 '뒷담화'를 하는 장면이다.[6] 우리가 대화에 끼어 있다고 해도 말을 이해하는 데 별 어려움이 없을 것이다.

[드라마 <우렁이 소동>에서 협동농장의 분조장이 농장원들에게 과업을 지시하는 장면]

그러면서도 조금씩 특이한 표현은 있다. 냉장고를 '랭동기', 컬러텔레비전을 '색텔레비죤'이라고 하는 점, '록음기'처럼 표기가 다른 점 등은 북한어 나름의 특징이라고 할 것이다. 이런 말도 그 뜻을 쉽게 짐작할 수 있다.

'게사니, 부루'는 좀 알기 어렵다. 북한은 각 지역의 방언을 문화어로 많이 올렸는데 '게사니'는 거위, '부루'는 상추 대신 쓰이는 문화어이다. 사실 북한 지역에서 익히 쓰이는 방언을 그들의 규범어로 삼는 일은 자연스러운 일이다. 그러면서도 표준어의 영향은 여전히 크다.

방언이던 '정지'도 문화어로 올렸지만 위에서 보듯이 '부엌'이 여전히 일반적이며, '고추'도 평안도 방언 '고초' 대신 표준어가 자리 잡은 예이다. 한때 표준어를 공유했던 사실이 남북 간에 상당한 공통성을 유지하게 해 주는 것이다.

그러면서 말의 체계 속에서 변화도 겪는다. '정지'는 오히려 북한어에서 거실을 뜻하는 말로 사용된다고 한다. 김 선생이 드는 예로 "정지 텔레비 옆에 안경 가져와"라고 하면 아파트 거실의 장면을 상상하면 된다. 원래 정지는 부엌과 방 사이가 벽이 없이 트인 집 구조에서 부뚜막과 방바닥이 한데 잇달린 곳이다. 주로 함경도 지방에서 볼 수 있는 전통 가옥 구조이다. 이것이 오늘날 현대화된 아파트의 거실을 가리키는 말로 의미가 변한 것이다.

'박막'은 또 다른 면에서 북한어 특유의 표현이다. 비닐하우스의 비닐막과 같이 추위 따위를 막기 위해 씌우는 막이다. 비닐로 만든 것은 '비닐박막'이 된다. 농수산업 등 현장을 자주 소개하는 북한 뉴스에서 심심찮게 대할 수 있는 말이기도 하다.

'이악쟁이'는 무엇일까. 어떤 일에 끈덕지거나 자기 이익을 위하여 아득바득 애쓰는 태도를 '이악하다'라고 한다. 남한어에서는 생소하다 할 만큼 쓰임이 적어진 반면 북한어는 여전히 활발하게 쓰이는 말이다. 그러면서도 '이악쟁이'와 같이 북한어 특유의 새말도 쓰인다. 위 뒷담화의 대상처럼 야무지고 악착같은 사람에게 딱 들어맞는 말이다.

'비판'은 북한의 사회적 특징이 반영된 말이다. 북한은 직장 등 집단 활동에서 부족한 부분을 자기 스스로 또는 서로의 '비판'을 통해 잘잘못을 따져 반성하고 문제점을 개선해 나가도록 한다. '자아비판'이라는 말이 널리 알려졌듯이 이 말은 북한어에서 특유의 사회적 의미를 지니는 말이 되었다.

이와 같이 북한어는 사회 체제의 특성, 북한 특유의 방언, 새말 만들기, 맞춤법, 사용 빈도의 차이 등으로 특징적인 어휘를 지니고 있다. 그러나 그 어휘의 낯섦은 역설적으로 남북한이 한 언어를 사용하기 때문에 생겨나는 감정이기도 하다.

3.2. 경계의 어휘들

북한어 가운데는 북한에서 생겨나 북한에서만 쓰는 말도 있지만 알고 보면 남한에서 쓰는 말과 연결되어 있는 말도 많다.

▌장마당은 북한에만 있을까

드라마 <사랑의 불시착> 때문인지 북한의 '장마당'은 꽤 유명해진 말이다. 그러나 이것이 북한에서만 쓰는 말도 아니며 또 북한어에 '시장'이란 말이 없는 것도 아니다.[7] "장마당의 조약돌 닳듯"이라는 속담도 있듯이[8] 우리말에서 장마당은 오래전부터 쓰이던 말이다. 다만 우리가 일반적으로 '시장'이라고 하다 보니 기억 속에서 사라져 버린 것이다. 그래서 어떤 말이 생소하다고 하여 저 너머의 말로 딱 선을 그을 수는 없다.

'바쁘다'가 북한어에서 힘들다는 의미로도 쓰이듯이 새로운 의미가 더해지기도 하고, '건느다'처럼 말소리가 좀 달라지기도 하며, '똬리, 또바리, 따바리, 따발, 따배기' 등 다양한 어휘의 띠로 이어져 있기도 한다.

선호하는 말의 차이도 그렇다. 사람마다 그러하듯 남북한도 즐겨 쓰는 단어가 있다. 남한어에서는 흔히 "예쁜 아가씨"처럼 '예쁘다'를 즐겨 쓰고 북한어는 "곱게 생긴 안내원처녀"처럼 '곱다'를 즐겨 사용한다. 물론 "예쁜 처녀"라고도 많이 하지만 '곱다'를 활발히 쓰는 것은 확실히 남한과 다른 점이다. 남한은 '도둑'을 즐겨 쓰지만 북한은 '도적'도 활발히 쓴다. 그래서 한쪽은 "바늘 도둑이 소도둑 된다"라고 하고 다른쪽은 "바늘도적이 소도적된다"라고 한다. 맛난 반찬도 남한에서는 '밥도둑'이라고 하지만 북한에서는 '밥도적'이라고 한다.

남한어는 흔히 생선이라고 하지만 북한어는 흔히 '물고기'라고 한다. 그래서 '물고기 상점'에서 생선을 사고 '물고기료리', '물고기반찬'을 조리해 먹는다. '생선'도 잘 쓰는 말이지만[9] '물고기'가 그만큼 활발히 쓰이는 것이다.

한강에는 강변이 있지만 대동강에는 '강반'도 있다. 대동강변뿐만 아니라 대동강반이라고도 하는 것이다. 강반은 남한 화자들에게 좀 생소한 말이긴 하지만 북한어에서는 "대동강반에서 들놀이를 하던 일도 떠오릅니다"처럼 일상적인 말이다.

이렇게 비슷한 맥락에서 우리가 쓰는 말과 다르니 뭔가 이질적으로 느껴질 수는 있다. 그러나 단지 선택이 다를 뿐 모두 남북한에 걸쳐 연결되어 있는 말들이다.

▌동무들의 학습방조

물론 이어져 있는 말이라고 해도 때로는 이해하기 어렵다.

동무들의 학습방조…

'방조(幇助)'라고 하면 남한어 화자는 방조죄부터 떠올리지만, 북한어에서 이 말은 단순히 곁에서 도와준다는 뜻이다. 즉 "다른 사람의 방조를 받아가며" 스케이트 기술을 배우고, "동지들의 방조속에" 다시 힘을 얻는다고 하듯이, 북한어에서 '방조'는 남한어와 달리 주로 긍정적 의미로 쓰인다. 이런 경우는 남북의 말이 좀 더 멀어진 느낌도 들지만 그래도 역시 하나로 연결되어 있는 말이다.

그러므로 우리가 들어보지 못했다거나 사전에 '북한어'라고 명기되어 있다고 해서 그들만의 언어로 단정지을 필요는 없다. 북한어에 좀 관심 있는 독자라면 북한을 소개하는 방송 프로그램에서 아래와 같은 말들을 만난 경험이 있을 것이다.

> **신심**에 넘쳐…
> **드팀없는** 신조
> **선차적**인 힘을 넣고…
> **거연히** 일떠서다
> 노력이 **안받침**되어야…
> 엄중한 **후과**
> 놀라운 속도로 **전변**되고…
> **은정**넘친 사랑

나름 저자가 '엄선'한 것으로서 북한어에서 흔히 등장하는 말들이다. 그러면서도 남한어에서는 보기 어려워 특히 '북한어'다운 말로 느껴지는 예들이다.

'신심'은 굳은 믿음으로 "이길수 있다고 신심에 넘쳐 대답하였다"처럼 굳센 의지 따위를 표현하는 데 즐겨 쓰이는 말이다. "신심과 락관속에 맞이하는 새해"처럼 '락관'과 짝을 이루어 잘 나타나기도 한

다. '드팀'은 틈이 생겨 어긋난 것으로[10] '드팀없다'는 조금도 흔들림
이 없다는 뜻이다. 주로 신념 따위를 강조하는 데 즐겨 사용된다.

> 과학이 없으면 미래도 없다는 **드팀없는** 의지를 지니시고…
> **드팀없는** 혁명신조.

'선차적'은 우선적이라는 뜻으로서 "예방사업에 선차적힘을 돌리
는"처럼 무언가에 역점을 두는 경우에 잘 쓰인다. '일떠서다'는 특히
북한어를 대표하는 말이다. "조국땅에 일떠선 수많은 기념비적건축
물들"처럼 건축물 따위가 땅위에 솟아나는 것을 이르는 비유적 표현
으로 많이 쓰이고, "사회주의가 거연히 일떠설수 있었으며"처럼 이념
등 보다 추상적인 경우에도 잘 쓰인다. 그만큼 자주 쓰이고 의미도 넓
다. 그 꾸미는 말 '거연히' 역시 크고 웅장한 모습을 나타내기 위해 즐
겨 쓰이는 말이다.

'안받침'은 쉽게 짐작된다. 마음만 있다고 되는 게 아니라 "현대적
과학기술이 안받침되여야" 성공할 수 있는 것처럼 뒷받침과 같은 뜻
이다.[11] 과일나무 도감을 만들면서 "과일사진만이 아니라 꽃과 잎까
지 찍어서 자료로 안받침한다면" 더 좋을 것이고, 바둑도 타고난 재능
에 더하여 "노력이 안받침되여야" 바둑명수가 될 수 있다.

결과 중에는 좋은 것도 있고 나쁜 것도 있다. '후과'는 이 가운데 부
정적인 결과를 가리키는 말이다. "세계평화에 엄중한 후과를 가져다
주게 되리라"나 "혁명과 건설을 망쳐먹는 후과를 가져오게 된다"처
럼 꽤나 위협적인 어투에서 자주 볼 수 있는 말이기도 하다. 물론 이렇
게 무시무시한 일에만 쓰이는 것은 아니다. 큰물 즉 홍수 피해도 '후
과'이고, 개인 플레이를 하여 팀의 조직력을 해친다면 이 역시 "학교

가 우승하는데 후과를 미친” 것이라고 말한다.

'전변'은 형세 따위가 바뀐다는 뜻이다. 북한어에서 생산 시설, 농촌 등 생활 환경 등이 새로운 모습을 갖추었을 때 “놀라운 전변”이라고 하거나 “문화농촌으로 전변”했다고 하는 등 자주 쓰이는 말이다. 방언에서 승격한 말로 '때벗이'라고도 하는데 어쨌든 이런 말들은 체제 선전과 깊은 관계를 지닌다. 낡은 시설을 '개건'하고, 새 건물이 '일떠서고', 새로운 모습으로 '전변'하는 것은 국가 발전을 선전하는 데 딱 들어맞는 것이다.

> 우리 식 현대화의 본보기공장으로 **전변된** 모습…
> 그 나날 그들의 생활에서는 놀라운 **전변**이 이룩되었다.

'은정'은 은혜로 사랑하는 마음이라는 뜻이다. 그런데 이 말은 거의 최고 지도자에 대해서만 쓰인다. 그래서 한 노학자가 “은정어린 일흔 번째 생일상을 받아안았다”라고 하면 이 생일상은 김정은이 보내준 것이다. 북한어에서는 “은정어린 말씀”, “은정넘친 사랑”, “원수님의 사랑과 은정”처럼 최고 지도자의 행위에 대하여 상투적인 선전 표현으로 쓰이는데, 실질적으로 인간인 김씨 일가 외에 쓰이는 대상은 “조선로동당의 은정”, “나라의 은정”처럼 당과 국가뿐이다. 그래서 북한 사람들에게는 일종의 정치 용어로 인식되기도 한다.

조금 길어졌지만 지금 소개한 이 말들은 다분히 '북한어다운' 말들이다. 북한어에서 쉽게 볼 수 있고, 특히 북한 사회 특유의 체제 선전성까지 느껴져 더욱 그러하다. 그런데 이들은 우리『표준국어대사전』에도 버젓이 올라 있는 말이다. 단지 잘 쓰이지 않아 생소하게 느껴질 뿐이다.

그러다 보니 오해도 생긴다. '망패질'은 흔히 돌팔매질의 북한어라
고 한다.[12] 그런데 사실 돌팔매질의 동의어가 아니라 줄팔매질의 동의
어이다. 줄팔매질은 줄을 이용하여 돌을 멀리 날려보내는 행위이고
'망패'는 그런 도구의 하나이다. 이 '줄팔매질'이나 '망패'는 남한의
국어사전에도 올라 있지만 잊혀가는 말이다 보니 '망패질'까지 잘못
이해하게 된 것이다.

<남한어에도 있는 북한어>

사용 예	뜻
온밤 뜬눈으로 세웠을테지.	하룻밤 내내
가정살림을 **깐지게** 해나가는 주부마냥 공장살림을 꾸려나갔다.	빈틈없고 야무지게
이렇게 말씀하시는 녀사의 음성은 **퍼그나** 젖어있었다.	퍽
그때마다 적들은 **무리죽음**을 당하였다.	떼죽음
스키주로의 정점까지 **아아하게** 뻗어올라간 삭도에 몸을 실었다.	험하고 우뚝하게
뚝하고 말 한번 안하는 세대주가…	무뚝뚝하고
태권도인들의 정든 집이자 **활무대**인 태권도전당…	활동 무대
매개 나라와 민족이 가지고있는 한결같은 소망…	각
칠색송어가 **욱실거리는** 어미못에서 눈길을 떼지 못하는…	여럿이 모여 들끓는
생리학, 조직학, 생화학 등의 학문을 **직심스레** 연구하였다.	굳은 마음과 태도로
새해의 첫날은 어느 가정에나 **환희롭고** 즐겁다.	매우 기쁘고
그의 말이 믿어지지 않는듯 눈을 **슴벅거리며** 물었다.	끔벅거리며
한생에 다시 없을 청춘시절을 가장 값높이 빛내이자.	한평생/일생

어쨌든 우리 사전에도 실려 있는 말이라고 생각하면 멀고 단절된 것 같은 이 말들이 조금은 더 가깝게 느껴진다. 대부분 남북한어의 거리는 이와 같다. 언어사회가 나뉘면서 어휘에 많은 변화가 생겼지만 적잖은 경우 말소리가 좀 달라졌거나, 뜻이 좀 더해졌거나, 서로 즐겨 쓰는 정도가 다르거나, 그래서 어떤 말은 잊어버리게 된 정도인 것이다. 이 경계에 서 있는 말들은 북한어가 낯설고 멀기만 한 말이 아니라는 것을 새삼 일깨워 준다.

3.3. 우리가 잊은 말들

이렇게 경계에 서 있는 말들은 잊힐 가능성이 높다. 이미 앞에서 든 어휘들은 대부분 남한어에서 거의 사라진 말이라고도 할 수 있다.

간단한 문제 하나 보자. 다음 세 단어는 한 단어로 대체될 수 있는데 무엇일까?

1. 점심도 **거르고** 일한다.
2. 책장을 한 장씩 **넘기며** 읽어 나갔다.
3. 영어로 된 설명서를 우리말로 **번역해** 보았다.

답은 '번지다'이다. 이 말이 생소하다면 그만큼 남북한어의 거리가 생겨났다는 뜻이다. 북한어는 "돋보기까지 찾아 끼고 [중략] 잡지의 매 페지들을 하나하나 번져나가기 시작하였다"(금수 16. 2.)처럼 이 말이 활발히 쓰이는데 남한어는 그렇지 않다.[13]

수라장으로 만들어놓은 방…

'아수라장'은 북한어에서 흔히 '수라장'이라고도 한다. 역시 새삼스러운 것이 아니라 남한어에도 있는 말이다. 단지 잘 쓰이지 않으면서 잊힌 말이 된 것이다.

뜻하지 않게 이런 경험을 일상에서 하기도 한다. 저자 학과의 한 대학원생 이야기다. 중국 조선족 학생인 그는 얼마 전 아기가 아파서 약국에 약을 사러 갔다고 한다. "약을 푼푼이 주세요"라고 했더니 약사가 "푼푼이요? 어디에서 오셨어요?"라고 되묻더란다. 그 경험담을 들려주면서 그는 자신이 자란 흑룡강성에서는 '많이, 넉넉히'라는 뜻으로 늘 쓰던 말인데 여기에서는 안 쓰냐고 재차 물어본다. 저자나 한국인 학생들이나 모두 들어본 적이 없는 말이기에 그 자리에서 국어사전을 찾아보았더니 '푼푼히'가 딱 올라 있었다.[14] 사전에는 있되, 그 약사처럼 모두에게 잊히고 사라져 가는 말이 된 것이다.

족발도 북한어에서 '발쪽'이라고 한다지만 이 차이도 따라가다 보면 하나로 만나는 말이다. 발쪽은 소, 돼지, 닭 등 각질로 둘러싸인 짐승의 다리 부분을 가리키는 말이다. 이 가운데 돼지발을 특별히 '족발'이라고 한다. 남북 모두 마찬가지다. 그런데 북한어에서는 요리 이름으로도 '돼지발쪽, 닭발쪽'처럼 '발쪽'을 흔히 쓰는 데 반해 우리는 그 말을 잊게 되었고, 그 결과 족발과 발쪽이라는 차이 아닌 차이로 이어졌다.

한 탈북 수기에서는 "사람이 못먹는 이밥을 아궁이 먹는다", "저녁은 국수로 에었습니다"라고 하는데 이 '이밥, 에우다'도 그런 말이다. '이밥'은 쌀밥을 뜻하는 말로 저자도 유년기 때 흔히 쓰던 말이며 끼니를 때운다는 뜻의 '에우다'도 남한 사전에 여전히 있는 말이다. 또 북한어에서 씩씩하게 걷는 모양을 "가슴을 쑥 내밀고 활개짓을 하며

씨엉씨엉 걸어갔다"[15]처럼 '씨엉씨엉'이라고 잘 표현하는데 이 역시 남한어에 있는 말로서 저자도 어릴 적 익히 듣던 말이기도 하다.

이렇게 남한에서는 잊혀 가는 말이 어디에선가 살아 숨쉬고 있다. 앞 절에서 본 많은 어휘가 그렇고, 탐구심 많은 위 학생의 '푼푼히'가 그러하다. 우리는 이런 말을 북한의 생활 언어 곳곳에서 발견할 수 있다.

▌숨을 갑자르며

아마 이런 말 중에서도 '갑자르다'는 무언가 북한어처럼 느껴지는 대표적인 말 가운데 하나일 것이다. 아래는 <그들의 운명>(현희균)의 한 구절이다.

> 그는 굴벽에 기대앉아 숨을 **갑자르며** 공포에 떨었다.

주인공이 불이 난 탄광 속에서 괴로워하는 모습이다. 이 '갑자르다'는 말을 하거나 숨을 쉬기 어려워 끙끙거리는 모습을 뜻한다. 이 소설만 해도 "숨이 더욱 갑잘라져", "말소리를 갑잘랐다", "끙끙 갑자르기만 하던", "숨소리를 갑자르며"처럼 빈번히 등장하듯 북한어에서 잘 쓰이는 말 가운데 하나이다. 그래서 '북한어다운' 말이라고 생각할지 모르나 역시 남한의 사전에도 올라 있는 말이다. 잘 쓰지 않을 뿐이다.

이왕 나온 김에 해당 작품에서 그런 말들을 좀 더 골라 보았다.

> 실없이 **점직한** 생각이 들었다.
> 그는 **걸싸게** 호미로 땅을 찍었다.
> 갑자기 **엇서는** 말투로 불쑥 말을 바꾸었다.
> 머리칼들이 솔처럼 **꽛꽛해**졌다.

유호림이 **푸접**없이 툭 물었다.
그래 몸은 **추셨는가요**?

이 작품에는 북한 지역의 방언에서 온 문화어가 많이 등장하는데 그래서 이 '점직하다, 걸싸다, 엇서다, 꽛꽛하다, 푸접, 추서다' 등도 그런 말처럼 느껴지기도 한다. 그러나 이 말들도 모두 표준어이다. 각각 부끄럽고 미안하다, 매우 날쌔다, 맞서다, 거칠고 단단하다, 붙임성, 추스리다 정도의 의미를 갖는 말들이다. 저자도 아는 말이 거의 없는데 김 선생은 이 모두 북한에서 일상적으로 쓰던 말이라고 한다. 한 언어지만 분단을 겪으면서 우리가 잊어 버린 말들이 생각보다 꽤 많을지 모른다.

▌거 달래가 정말 생신한데

'생신하다'도 남한어에서 그 쓰임을 거의 잊은 북한어 특유의 말이다. 생기 있고 새롭다는 뜻의 말이다. 일단 북한어도 "활발하고 생신한 기운"처럼 이 의미로 쓰인다.

그런데 이 사전적 의미만으로는 포함하기 어려운 용법도 있다. 아래는 대체로 '신선하다'라는 뜻에 해당하는 예이다. 즉 신선한 달래, 신선한 물고기인 것이다.

거 달래가 정말 **생신한데** 당장 김치부터 담그자꾸나.
생신한 물고기를 넣고…

아무리 맛있는 음식이라도 먹기 싫을 수 있다. 그럴 때 우리는 '도리머리'를 젓고는 한다. 머리를 좌우로 흔드는 것, 곧 '아니요'라는 뜻이다.

사이다나 단물같은것은 **도리머리**를 해도 랭동기에 넣었던 시원한 식혜만은 늘 맛있게 들군 합니다.

사이다, 주스는 싫다고 해도 시원한 식혜는 잘 먹는다는 이야기이다. 아기의 재롱 '도리도리'에서 그 뜻을 짐작할 수 있는 이 '도리머리'는 남한어에서 거의 잊힌 말이다. 그런데 북한어에서는 위 예, 그리고 "우리가 내비친 말에 그는 도리머리를 저었다" 같은 예에서 보듯이 여전히 일상적으로 쓰이고 있다.

▌방불히 안겨오고

북한의 한 잡지 기사는 꽃을 거의 실물처럼 그린다는 한 어린이를 소개하고 있다. 그 기사문을 조금 바꾸어 본 것인데 빈칸에 어떤 말이 들어갈지 생각해 보자.

꽃을 □□□ 그려내어 사람들을 놀래웠다.

아마 대부분 '똑같이'를 떠올리지 않았을까. 그런데 북한어에서는 이 경우 주로 '방불히'라고 한다. '거의 비슷하게'의 뜻이다. 어떤 모습이 "눈앞에 방불히 안겨" 오고, 미래의 화가 어린이는 "아동영화에서

[여섯 살 어린이가 '방불히' 그린 그림]

본것을 방불히 화판우에 옮겨놓고" 있으며, 그의 그림은 "재미나는 유치원생활과 꽃 등을 방불히 그린것으로 하여" 실물을 보는 듯한 것

이다. 이 말도 남한어에 있으나 잊혀 가는 말이다. '방불하다'는 알아도 '방불히'는 낯선 말이 되었다.

▌ 뭇고 망라되고

친목계처럼 계는 요즘도 남아 있는 문화인데 그것을 결성한다는 뜻의 말이 묘하다. 어릴 적 저자가 익히 들은 바로는 "계를 묻어"라고 하였고 근래의 인터넷 등에서도 "제가 계를 묻어 놓은 것이 있어"처럼 '묻다'로 오해되고는 한다. 아예 그 말조차 흐릿해져 이제는 "우리, 계하자"처럼 주로 '하다'라고만 한다.

'뭇다'는 계를 뭇다, 사돈을 뭇다 등 여럿이 조직을 이루거나 관계를 맺는 것이다. 남한어에서는 점점 사라져가고 있지만 북한어에서는 매우 보편적으로 쓰여 "연구조를 뭇고", "짝을 뭇고", "결사대를 뭇고", "작업반을 뭇고"는 한다.[16]

> 중요계기때마다 여러분은 축하단과 예술단 등을 **뭇고** 조국을 찾았으며…
> 제1중학교 학생들로 **무어진** 답사행군대를 이끄시고…

이와 같이 '뭇다'는 매우 일상적인 말인데 이렇게 어떤 조직을 꾸리면 그에 속하는 구성원이 있게 된다. 이러한 의미로 흔히 쓰이는 말이 '망라되다'이다. '망라되다'는 그물에 걸리듯이 모두 포함된다는 의미인데 북한어는 어떤 조직에 구성원으로 참여한다는 의미로 많이 쓰인다. 남한어라면 '소속되다' 정도로 표현될 자리에서 "소조에 망라된 이 학생들", "대학 연구진에 망라되여" 등처럼 이 '망라되다'를 흔히 쓰는 것이다. '뭇다'든 '망라되다'든 하나로 모이는 것인데 오히려 그 언어는 남북으로 갈라져 간다.

▌살림살이가 펴이면

"살림이 피면…"처럼 살림이나 형편이 나아지는 것을 흔히 '피다'라고 한다. 꽃이 피듯이 살림살이가 피어난다는 뜻일 것이다.

그런데 이와 별개로 원래 쓰던 말은 '펴이다'이다. '펴다'의 피동형으로서 주름진 살림이 반듯하게 펴진다는 것이다. 그 준말은 '폐다'이다. 흔히 "살림이 폈다"처럼 말한다. 이쯤 되면 다음 북한어의 짧은 문장을 이해할 수 있게 된다.

　　　　나라 살림살이가 펴이면…

우리는 이 '펴이다'를 거의 볼 수 없게 되었는데 북한어에서는 흔히 쓰는 말이다. 물론 이 말은 "氣象이 아주 훨씬 펴일대로 폐어서"(조선 1925. 8. 28.)처럼 오래전부터 쓰던 것인데 점점 그 쓰임이 줄어 "서울시의 재정 형편은 날이 갈수록 피어가고"(조선 1958. 11. 29.)처럼 '피다'가 그 자리를 대신하게 되었다. 그 사라진 말을 우리는 북한어에서 발견하고 있는 것이다.

▌각이한 신발들

'서로 다르다'라고 하면 될 것 같은데도 북한어는 "각이한 용도와 효능", "각이한 나이"처럼 '각이하다'를 자주 쓴다. 사전에는 올라 있어도 우리는 잘 안 쓰는 말이다. 북한에서도 일상적인 대화에서는 거의 쓰지 않는다고 한다. 다만 글말에서는 빈번히 등장하는 말이어서 소개하지 않을 수 없다.

부동산의 수요정도는 … 시기별로 **각이하므로** 그 거래가격도 **각이하게**
정해질수 있다.
물론 사람마다 대답은 **각이할**것입니다.

부동산의 수요가 같지 않고 따라서 가격도 다를 수 있으며, 사람마
다 대답이 같을 수 없다는 것, 이것이 '각이하다'의 기본적인 의미이
다. 그런데 같지 않다는 것은 곧 다양하다는 의미가 될 수 있다. 아래
의 '각이한'은 '다양한'으로 표현하면 딱 맞는 느낌이다.

3각형, 6각형, 원형의 **각이한** 연필들을 하나하나 번갈아 쥐여가며…
사람들의 취미와 기호에 맞는 **각이한** 신발들을 더 많이 만들어내는
것이…

▎와닥닥 해제끼고

남한에서 일을 '후다닥' 해치운다면, 북한은 '와닥닥' 해제낀다.
'와닥닥'은 일을 매우 빠르게 해치우는 모양새를 가리키는 말이다. 이
렇게 부사 하나도 색다르다.

"신발이 꽝꽝 쏟아진다"라고 하면 무슨 뜻일까. 신발이 꽝꽝 소리
내며 쏟아질 리는 없으니 이는 그 기세처럼 신발이 많이 생산된다는
뜻이다. "생산을 꽝꽝 내밀고", "꽝꽝 생산해내고" 등처럼 생산 현장
을 실감나게 묘사하는 데 자주 활용된다.

이 '와닥닥, 꽝꽝'도 모두 남한어이기도 하다. 한때 쓰이던 말이 점
점 그 용법을 잃어버리고 오늘날 북한어에만 남아 있는 것이다. 뛰어
나다는 뜻을 지닌 '비상히'도 그렇다. 남한어에서 20세기 전반기까지
만 해도 활발히 쓰이던 이 부사는 현재 거의 쓰이지 않지만 북한어는

여전히 활발한 쓰임을 보여준다.

조국의 모습은 아침과 저녁이 다르게 **비상히** 놀라운 속도로 전변되
고있다.
메아리음향사에서 생산되는 음향기재들은 … 그 질이 **비상히** 높아
지고있으며…

▌**사람들로 흥성이니 마음도 흥그럽다**

상점 등 어떤 장소에 사람들이 많이 모이면 대체로 흥겨운 분위기
를 만들어낸다. '흥성이다'는 그럴 때 딱 어울리는 말이다. 남한어에
도 있지만 일상적인 쓰임을 보기 어려운 반면 북한어에서는 "손님들
로 흥성이고", "이 음료점은 늘 사람들로 흥성인다"처럼 즐겨 쓰인다.
우리 학예회처럼 북한 어린이들의 솜씨자랑 자리도 "자식들의 모습
을 보기 위해서 온 부모들이 있어 무용실은 더욱 흥성이였다"처럼 이
말이 잘 어울린다.

'흥'에서 비롯된 말이듯이 이 '흥성이는' 분위기에는 '흥그럽다'가
짝을 이루는 말이다. 흥이 나서 마음이 들뜨는 것인데 역시 남한어보
다는 "흥그러운 노래소리", "마음마저 흥그러워졌다" 등 북한어에서
활발히 쓰인다. 전형적인 체제 선전성 글이지만 다음 예에서 그 말뜻
을 한번 느껴 볼 수 있다.

인민들의 기쁨과 행복의 웃음이 매일과 같이 울려퍼지는 릉라도
와 문수물놀이장의 아름다운 풍경은 볼수록 마음마저 **흥그럽게** 하여
준다.

▌ 시원하고 쩡한 맛

가을산을 등산하다가 맑은 샘물을 마셨을 때 느낌, 무어라 표현할까. "아, 시원하다", "쥑이네", "속이 뻥 뚫리네" 등등 사람마다 다양할 것이다. '쩡하다'도 그중 하나이다.

그 말뜻은 정신이 번쩍 들 정도로 자극이 심하다는 것이다.[17] 아래 여성의 미모를 묘사하는 표현에서 '쩡'의 뜻을 엿볼 수도 있다.

크고 시원하여 보는 사람의 가슴이 **쩡–** 열리도록 하는 눈. (먼 길)

이 '쩡하다'는 특히 음식 맛과 관련하여 빈번히 쓰여 평양냉면은 "시원하고 감칠맛이 있고 쩡한" 맛이며, 김치 역시 "시원하고 쩡한" 맛을 지니고, 깍두기는 네모난 형태와 붉은 색깔의 '눈맛'과 더불어 "달고 시원하고 쩡한" '입맛'을 지닌 것이 매력이라고 말한다.

이렇게 우리 고유의 음식맛 맞춤형인 이 말도 남한 사전에 있는 말이다. 표준국어대사전은 그 용례로 "시원한 것이, 입 안이 쩡하고. 평양냉면 말이다"라고 소설가 이호철의 작품 예를 들고, 또 선우휘의 작품 예도 하나 들고 있는데, 두 작가 모두 함경도, 평안도 출신이니 역시 북에서 남으로 이어진 말이라고 하겠다. 그 음식의 맛, 그리고 말이 공감대를 이룰 때 남북의 거리도 좀 더 좁혀질 수 있을 것이다.

위에서 든 이런저런 '북한어'는 확실히 남한의 화자로서는 낯선 말들이다. 하지만 이 말들은 분단 이전에 함께 쓰던 말이고, 그래서 북한의 유별난 말도 아니다. 다만 우리가 잘 쓰지 않게 되면서 '북한어다운' 말로 비칠 뿐 실은 우리가 잊은 말들인 것이다.

저자는 오래전에 <혼불>의 작가 최명희 선생의 강연을 들을 기회가 있었다. 선생은 <혼불>을 쓰면서 등장인물인 '강실'의 모습을 그려낼 말이 마땅치 않아서 무작정 사전을 찾고 또 찾았다고 한다. 마음속에 애련하고 안개처럼 자욱하고 그리운 그런 모습… 그러다가 발견한 말이 '아리잠직하다'였다는 것이다.[18] 인터넷 사전도 없던 시절 두꺼운 종이 사전을 일일이 뒤지는 것이 보통 노고가 아니었을 것이다. 또 그렇게 힘들여 찾은 단어가 너무나 소중해서 오히려 딱 한 번밖에 쓸 수 없었다고 한다.

그런데 우리는 이 단어를 나라 밖에서 만나기도 한다. 중국 조선족의 『바다가의 여름밤』이라는 이름의 한 초급중학교 교과서에 작자 미상의 <양산>이라는 작품이 실려 있다. 신국판 정도 크기의 작은 책 3페이지 남짓한 아주 짧은 작품이다.

비 오는 날 버스 유리창이 깨져 한 맹인 부부가 비바람을 맞게 되었고, 표 판매원 처녀가 '꽃양산'을 펴서 막고, 그러다 힘에 부쳐 하니까 한 중년 아저씨가 이어받아 막고, 그가 내리자 이어서, 이어서 새 사람이 릴레이식으로 막아가면서 체온에 따뜻해진 양산대처럼 버스 안에 따스함이 퍼져갔다는 것이다. 다음 장면에서 이 '소녀식단발머리를 한' 판매원 처녀의 모습을 상상해 보자.

《여러분 미안해요. 이 유린 진작 바꿔넣어야 했을건데, 우리가 등한해서…》
처녀가 부드럽고 잔잔한 목소리로 여기까지 말하였을 때 불시에 휘몰아치는 광풍이 **아리잠직한** 처녀를 반발작이나 뒤로 밀쳐버렸다.

상상할 수 있듯이 '아리잠직하다'는 어린 티가 있고 연약해 보이면서 얌전한 데가 있는 모습을 뜻한다. 작가가 고된 수고를 들여 찾아야 할 만큼 우리 안에서 잊혀 가는 말이 저 멀리 중국 조선족의 언어에서 초급중학생도 익히 알 정도로 쓰이고 있는 것은 반가운 일이다. 함께 나누어 쓰는 우리말이라는 우산을 어느 한쪽에서 깁고 있는 것이다.

그러므로 북한어, 나아가 중국 조선어에서 만나는 이런 말들은 '낯섦'을 넘어 '반가움'으로 대하게 된다. 시원한 냉면 맛을 표현해 낼 말로 '시원하다' 외에 '쩡하다'가 더 있다면 그만큼 말맛이 더해질 수 있고, 어여쁜 처녀의 모습을 묘사하는 '아리잠직하다'가 널리 퍼진다면 작가의 노고도 한결 빛나게 된다.

1 「낙지와 오징어」(이영종 기자, 국방일보 2013. 9. 26.)

2 김 선생은 '당나귀'가 일반적이며 오히려 '하늘소'는 다른 동물을 가리켰다는 다소 어렴풋한 기억을 지니고 있기도 했다. 다만 『조선말대사전』(2017)은 하늘소와 당나귀를 동의어로 처리하며 '하늘소'를 주 기술 항목으로 하여 "하늘소 귀치레하듯" 등 10여 개의 모든 속담도 하늘소로 기술한다. 한편 우리가 아는 곤충 하늘소는 '돌드레'라고 한다. 돌도 들 정도로 힘이 센 곤충이라는 것인데 방언에서 올라온 문화어이다(리기만 2002). 그러면서 그 동의어로서 '하늘소'도 문화어이다. 즉 북한어에서 하늘소는 동물이기도 하고, 곤충이기도 한 것이다.

3 이길재(2014) 참조.

4 이길재(2014) 인용례 중 김 선생이 익히 안다는 말을 선별하여 제시하였다. '뭉치구름'은 솜더미처럼 뭉실뭉실한 구름 곧 뭉게구름, '비행기배'는 물위를 약간 스치듯 가는 미래의 배, '콩나물서방'은 살이 빠져 빼빼 여윈 남자, '통빨래'는 솜옷 등을 뜯지 않고 그대로 하는 빨래, 또는 옷을 입은 채 물에 들어가 땀이나 흙탕 따위를 없애는 것을 뜻한다.

5 원문을 볼 수 없어 띄어쓰기 등 표기는 편의상 남한의 2차 출판본에 따랐다.

6 '협동농장'은 공동의 노동으로 생산하는 북한 특유의 농장 체계이다. '만경대협동농장, 청산리협동농장' 등 각 지역에 있다.

7 '장마당'과 '시장'은 북한어에서 모두 활발히 쓰인다. 다만 '장마당'을 좀 더 편하게 쓰는 면이 있다고 한다. 오일장처럼 임시적인 장이라면 장마당이 더 어울리는 느낌이라고 할 만할 것이다.

8 사람의 성미가 빼질빼질하고 바라진 경우를 비유적으로 이르는 말.

9 특히 노인층일수록 그렇다고 한다.

10 '드팀'은 '드티다'에서 나온 말이다. 그런데 이 동사는 ①틈이 생기다 ②예정이 어그러져 연기되다라는 두 가지 뜻이 있다. '드팀'은 이 가운데 ①과 관련되는 의미이다. ②의 뜻으로는 "인민앞에 선포한 시간을 순간도 드틸수없다는 결사의 각오"(금수 16. 2.)와 같은 용례를 볼 수 있다.

11 『표준국어대사전』에서 '안에서 지지하고 도와줌'이라고 되어 있지만 뒤에서 지지하고 도와준다는 '뒷받침'과 그 차이가 뚜렷하지 않다. 실제 남한어에서는 '안받침'을 거의 쓰지도 않는다. 북한어는 '뒤받침'보다는 '안받침'을 즐겨 쓴다.

12 『우리말샘』도 '돌팔매질'의 평북 방언이라고 풀이하고 있다.

13 북한어는 "감기가 폐염으로 번진다"처럼 병이 전이되거나, "훌륭하게 번지다"처럼 성장하면서 모습이 달라지는 의미까지 더해지고 있다.

14 '푼푼하다'도 있어 북한어에서 "푼푼한 너비를 가진 중간 소형기중기보우에 겨우 올라섰다"(송재환 <보통날>)와 같은 예를 볼 수 있다.

15 로영길 <발파소리>.

16 특히 '뭇다'에는 여러 조각을 잇대어 물건을 만든다는 의미도 있는데 남북한 모두 "배를 뭇다", "배를 무어" 등처럼 주로 '배'를 만드는 일을 가리킨다. 배 만드는 작업을 남한어에서는 '배뭇기'라고 하고 북한어에서는 '배무이'라고 하지만 결국 같은 말이다.

17 바위가 '쩡하고' 갈라진다고 할 때 '쩡하다'는 갈라지는 소리가 난다는 뜻의 동사이다.

18 최명희 선생은 좋은 우리말을 찾기 위하여 두꺼운 국어사전의 'ㄱ'항부터 'ㅎ'항까지 하나씩 넘겨 보는 습관이 있었다고 한다. 이러한 작가의 노력으로 <혼불>은 모국어의 보고와 같은 작품으로 평가받는다.

제4장

다듬은 말로 보는 북한어

7, 80년대만 해도 티브이 코미디 프로그램에서 북한 사회를 풍자하는 소재가 자주 등장하고는 했다. 저자가 기억하기로는 '타입'이라는 말을 섞어 쓴 '동무'의 잘못을 몰아붙이는 장면도 있었다. 우스갯이야 기라고 하겠으나 그만큼 외래어를 금기시하는 당시 북한의 사회 분위기를 묘사하는 것이기도 했다.

지금까지도 북한어는 외래어를 꽤 경계하는 만큼 이 코미디는 크게 사실에서 벗어난 것은 아닌 셈이다. 우리 사회도 어느덧 '다마네기, 쓰리, 벤또' 같은 일본말이 사라진 걸 보면 비슷한 경향이 있었음을 알 수 있다. 이러한 정책을 우리는 '국어 순화', 북한에서는 '말다듬기'로 불러 왔는데, 이로부터 남북한 어휘는 꽤 다채로운 모습을 띠게 되었다.

4.1. 온 인민의 언어 운동 '말다듬기'

오늘날 북한어에 큰 영향을 미친 언어 정책으로서 '말다듬기' 사업이 있다. 북한은 어휘 정리 사업의 하나로 이른 시기부터 한자어, 외래어 등을 고유어 등으로 바꾸는 말다듬기 사업을 전국민적으로 펼쳐 나간다.[1]

북한은 이미 1949년부터 한자 사용을 전면적으로 폐지하였다.[2] 그러다 보니 실생활에서 '식사를 먹는다', '두통이 아프다', '막연한 친구', '전과목에 전통하기 위하여'라고 하는[3] 등 한자어에 대한 이해도가 낮아져 좀 더 쉬운 고유어 쓰기가 필요한 면이 있었던 것이다.

그래서 김일성은 1·3교시에서 '상전'이라고 하면 한자를 모르는 젊은이들은 주인이라는 뜻으로 알지 뽕밭인 줄은 모를 거라면서 한자어

'상전, 석교, 십구세' 대신 '뽕밭, 돌다리, 열아홉살'로 우리말을 써야
한다고 강조하고, 비슷한 이야기를 5·14교시에서도 반복한다.

> 고유어와 한자말이 뜻이 꼭같을 때에는 고유어를 쓰고 한자말을
> 쓰지 말도록 하며 사전에서도 그런 한자말은 빼야 합니다. 례를 들어
> 《상전》, 《석교》 같은 한자말은 버리고 《뽕밭》, 《돌다리》라는 우리
> 말을 써야 합니다. (5·14교시)

이는 남한이라고 하여 크게 다르지 않다. 전통적으로 국어 순화의
기치 아래 어려운 한자어, 외래어 등을 순화하는 작업을 수행하여 왔
는데 근래에는 '우리말 다듬기', '다듬은 말'이라는 용어가 통용되고
도 있다. 명칭이 닮았듯이 '물길(배수로), 먹는약(내복약), 키나무(교
목), 맞단추(호크), 병견딜성(내병성), 찾아보기(색인)' 등처럼 남북한
이 같은 말로 다듬기도 한다.[4] 물론 '노견'을 남한에서는 '갓길', 북한
에서는 '길섶'으로 다듬었듯이 차이 나는 말이 더 많기는 하다.

주시경 선생이 '한글'이라는 이름을 만든 것을 국어 순화의 효시로
보기도 하는데[5] 북한 역시 주시경 선생을 높이 평가한다. 김일성은
1966년 5월 14일 언어학자들과 만난 자리에서 『주시경 유고집』을 살
펴보면서 선생의 노력을 높이 평가하기도 했다.[6] 북한은 무엇보다도
주시경 선생이 고유어 살리기에 애쓴 점을 강조하여 평가한다.

이런 만큼 말다듬기는 당연히 고유어를 중시하는 방식으로 진행된
다. 말다듬기 정책은 다음과 같은 원칙에 의해 이루어졌다.

> 1) 한자말은 고유어로 바꾼다. 예┃ 뽕밭(←상전)
> 2) 이미 우리말로 굳어진 한자말은 그냥 둔다. 예┃ 학교

3) 고유어와 뜻이 다른 한자말은 그냥 둔다. 예 심장(염통)

4) 고유어가 없으면 방언에서 찾아 쓴다. 예 게사니(←거위)

5) 새말은 고유어로 만들어 쓴다. 예 붉은바위(←적암)

6) 외래어를 정리한다. 예 시험(←에끄자멘)

7) 과학기술 용어는 그냥 둔다. 예 뜨락또르

8) 국제적으로 통용되는 것은 그냥 쓴다. 예 올림픽

앞의 다섯 개는 한자어, 뒤의 세 개는 외래어에 관한 것이니 대략적으로 말다듬기는 한자어, 외래어를 고유어로 바꾸는 정책이다. 그 몇 가지 특징을 보자.

첫째, 첫 번째 원칙으로 내세웠듯이 특히 한자어는 주 타깃이었다. 이를테면 일광욕은 '해빛쪼이기', 체급은 '몸무게급', 보도는 '걸음길'로 바꾸는 식이다. 이 다듬은 말들은 실생활에서 보편적인 말이 되었는데 이처럼 한자어 없애기는 꽤 성과를 거두기도 한다. 그러면서 때로는 우유를 '소젖'이라고 하는 등 과도하게 바꾸기도 한다.

다만 한자어라고 해서 무조건 바꾸는 것은 아니다. 김일성은 5·14 교시에서 평양은 우리의 '심장'이라고 해야지 '염통'이라고 할 수는 없다고 하면서 한자어라고 무조건 바꾸려고 해서는 안 된다고 말한다. 꼭 그 때문만은 아니지만 어려운 한자어를 쓸 때도 많다. 이른바 '4자구'만 해도 그렇다. 주로 정치적 선전용이지만 '군민일치, 자력갱생, 이민위천(以民爲天), 이신작칙(以身作則)' 등 네 글자로 된 한자어를 즐겨 쓰는 것이다. 어떤 말은 북한 사회의 특징도 느껴진다. 농업에 관한 언급이 많은 북한어에서 채소밭을 '포전'이라고 하는 것도 일상적이고, '개건'도 자주 사용하는 말이다. 일종의 리모델링이라고 할 수 있는데, 건물, 마을 등을 새롭게 변화 발전시키는 것이 강조되면서 '개건'은 체제 선전성 색채까지 느껴지는 말이 되었다.[7]

둘째, 말다듬기의 또 다른 특징은 방언이 부상하였다는 점이다. 이전에 서울말 중심의 표준어에서 밀려나 있던 북한 각 지역의 방언들이 말다듬기를 통해서 대폭 문화어로 편입된다. 위에서 든 '게사니'(강원), '눅다'(평안), '남새'(함경) 등은 대표적인 예이다. 이 가운데 특히 '남새'는 표준어이기도 하지만('눅다'도 표준어이다) 남한어에서 거의 안 쓰이는 반면, 북한어에서는 '남새상점, 남새국' 등처럼 '채소'를 밀어내고 매우 보편적인 말이 되었다.

셋째, 외래어는 말다듬기 대상이면서 꽤 절제하면서 다듬는다. 텔레비전 채널을 '통로'라고 하고, 원피스는 '달린옷'이라고 하듯이 기본적으로 외래어는 말다듬기의 대상이다. 그러나 '뜨락또르, 콤퓨터, 프로그람' 등 과학기술 용어나 '올림픽, 뻐스, 가스, 메터, 호텔' 등 국제적으로 통용되는 것까지 억지로 바꾸려고 하지는 않는다. '에야호스'를 '공기호스', '에야졸'은 '공기졸'이라고 하듯이 일부 외래어만 바꾸는 데서 이 두 가지 태도의 공존을 볼 수 있기도 하다.[8]

이런저런 경로로 외래어는 계속 유입될 수밖에 없는데 '손가방(핸드백), 랭풍기(에어컨), 단물(주스), 운전대(핸들)'처럼 다듬어 쓰는 예도 많지만 '넥타이, 햄버거, 쌘드위치, 커피, 카

[드라마 <축하합니다> 장면 중 북한의 '택시']

160

페인, 햄, 콜라겐, 요트, 콜레스테롤, 마스크, 잉크, 오토바이, 택시, 슈퍼 마케트' 등 외래어도 점차적으로 활발히 쓰이고 있다. 북한 사람들도 다를 바 없어서 아무래도 새로운 문명, 새로운 외래어에 관심이 높을 수밖에 없는 것이다.

이는 주스, 채널, 원피스를 '단물, 통로, 달린옷'으로 바꾼 것과 비교하

['보통강' 오토바이 광고 사진]

면 꽤 유연해진 모습이다. 햄버거만 해도 '고기겹빵'이 로동신문에서 쓰이기도 했고,[9] 여전히 사전에 올라 있으며, 북한 주민들도 아는 말이라고 하지만, 2016년 한 잡지의 예 "맛이 괜찮은 햄버거를 비롯하여"(금수 16. 12.)처럼 '햄버거'도 받아들이고 있는 게 현실이다.[10] 다만 해당 잡지의 또 다른 사례로서 에어쇼를 '비행술보여주기'라고 하듯이[11] 아주 일상적인 외래어가 아니라면 가급적 다듬어 쓰려는 기조는 여전하다.

넷째, 전문 용어를 많이 다듬는다. 북한은 말다듬기 결과를 총정리한 『다듬은 말』(1986)이라는 책자를 펴내는데 기본적으로 이는 학술 용어를 다듬은 책이다.[12] 그만큼 전문 용어를 많이 다듬는데 이는 말다듬기 출발기부터 핵심적인 대상이었다. 대중이 일상생활이나 작업 현장 등에서 접하는 어려운 전문 용어를 시급히 개선할 필요가 있었기 때문이다.

그 결과물로서 이 책에서 다듬어 현재 사전에 올린 예를 본다면, 일조율은 '해비침률', 원적외선은 '먼적외선', 이명은 '귀울이', 화서는

'꽃차례', 소처럼 풀을 먹는 가축 즉 초식가축은 '풀먹는집짐승'으로 쉽게 다듬어 쓴다. 이 말들은 이런저런 글에서 실제 쓰이는 등 어느 정도 성공한 예들인데, 아무래도 전문 용어이다 보니 풀먹는집짐승 외에는 대중들에게는 생소한 편이기도 하다. 귀울이는 보통 '귀울림'이라고 한다고 한다.

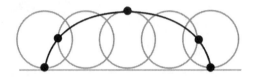

'사이클로이드 곡선'이라는 게 있다. 공을 아래로 굴렸을 때 시작점과 도착점의 거리를 가장 빠른 속도로 내려오는 곡선을 가리킨다. 이 사이클로이드 곡선은 둥근 원에 한 점을 찍고 평면에 굴렸을 때 그 점이 만들어내는 곡선이다. 마치 굴렁쇠가 굴러가는 모양 같아서 북한어에서는 '굴렁선'이라고 한다. 딱 머릿속에 들어오는 이 말에서 학술 용어 다듬기의 일면을 볼 수 있다.

이 북한의 말다듬기 정책은 초기에 상당히 대대적으로 이루어졌다. 80년대 중반까지 약 5만 개 단어를 다듬었고 그 결과를 집대성한 『다듬은 말』(1986)에 수록된 어휘만 해도 약 25,000여 개에 이를 정도였다.
그리고 현재도 진행중이다. 전면적인 말다듬기 정책의 시간은 지났다고 해도 언어생활에서 고유어 등 쉬운 말로 쓰려는 흐름은 여전히 확인할 수 있기 때문이다.[13] 앞에서 언급했듯이 햄버거나 커피처럼 그대로 받아들이는 예도 있지만 한편으로는 다듬어 쓰는 시도도 지속적으로 이루어진다. 해전은 '바다싸움', 컴퓨터 시뮬레이션은 '콤퓨터 모의'라고 한다. 핸드폰은 "그 선생 손전화 번호라도 어케 좀…"처럼 '손전화(기)'라고 하고,[14] 핸드폰 전원이 다 되면 "이제 축전지까지 다 나가니"처럼 배터리가 아니라 축전지라고 하듯이 이는 언어 생활 곳곳에서 보이는 현상이다.

['손전화기'로 원격수업을 받는 학생들. 금수 18. 10. 표지 사진]

다만 자동차의 경우 "빠떼리가 나갔네"처럼 분야에 따라 외래어를 그대로 쓰기도 하고, '산꽃'보다는 '생화', '수자식'보다는 '디지털'이 일반적이듯 여전히 성공하지 못하기도 한다. 핸드폰의 문자 메시지는 '손전화통보문'이라고 하지만 대중은 잘 알지 못하고 우리와 마찬가지로 그냥 '문자'라고 한다.

그러나 앞의 바다싸움이니, 손전화처럼 완전히 정착한 예도 적지 않고, 아직 대중화된 말은 아니지만 다크 호스는 '검은 말', 바이오리듬은 '생물시계주기', 태블릿 피시는 '손접촉식콤퓨터', 스마트 텔레비전은 '지능텔레비죤'이라고 하듯이 말다듬기는 끊임없이 시도된다. 글로벌은 "영국왕실협회의 《지구적인 도전 연구기금》(Global Challenge Research Fund)"처럼 '지구적'으로 표현하며, '그랑프리' 대회는 "그랜드상륙상경기대회"처럼 '그랜드상' 대회,[15] 기네스북은 '기니스기록집'이라고 하는 것도 어떡하든 외래어를 우리말로 다듬어 쓰려는 모습이다.

이처럼 북한의 말다듬기 정책은 그들만의 방식으로 이루어져 왔다.

긍정적이든 부정적이든 이러한 말다듬기가 북한어의 눈에 띄는 특징
이 된 것은 분명하다.

4.2. 이상과 현실 사이

다듬은 말은 가상의 언어이다. 언어생활에서 자연스럽게 생겨난 게
아니라 인위적으로 만들어낸 말일 뿐이다. 그렇기에 어쩔 수 없이 드
는 의문들이 있다.

말다듬기는 무엇을 지향하는 것일까. 또 그렇게 만들어낸 많은 말
들이 실제로 얼마나 쓰일까. 그 말이 정착하도록 어떤 노력을 하는 것
일까.

▌ 우리말 쓰기

말다듬기는 본질적으로 우리말 쓰기이다. 앞에서 '애기젖가루'처
럼 한자어를 다듬은 예를 다수 보았듯이 이는 결국 고유어로 바꾸는
작업이기도 한다. 계란도 그리 어렵지 않은 말인 듯한데 꼭 '닭알'로
몰아간다. 그래서 계란빵도 '닭알빵'이라고 한다.

> 구운 만두와 **닭알빵**, 맥주 10병을 들고 공장실험실을 방문했던것
> 이다. (먼 길)

이렇듯 뭐니뭐니 해도 말다듬기에서는 고유어 쓰기가 강조된다. 북
한의 기사문도 사람 이름 옆에 나이를 밝히는데 "김광현(37살), 동승
일(64살)로인" 등처럼 꼭 몇 '살'이라고 한다. 특히 김일성이 1·3교시

에서 '십구세'가 아니라 '열아홉살'이라고 할 것을 지시한 탓인지 한자어 '세' 대신 고유어 '살'을 쓰는 것이다.

우리나라는 삼면이 바다인데 북한에서는 꼭 '세면'이 바다라고 하고, 안압은 '눈압'으로 다듬는다. 단어의 일부라도 고유어로 바꾸어 쓰는 것이다.[16] 북한어에서 빈번히 쓰이는 말 '새형'도 그렇다. 신형보다는 "새형의 뜨락또르, 새형의 무궤도전차"처럼 신제품을 선전할 때마다 어김없이 '새형'이라고 한다. 신기록이라고도 하지만 "공화국새기록"처럼 '새기록'이라는 말도 즐겨 쓴다.[17]

이러한 고유어 쓰기는 상품명이 대표적이다. 북한어에서 상품명은 거의 일관되게 고유어, 또는 아주 일상적인 한자어로 짓는다. 화장품으로는 '봄향기', '은하수', '금강산' 상표가 유명하고, 학용품으로는 '소나무' 책가방, '민들레' 학습장, '해바라기' 학용품이 대표적이다. 텔레비전 이름도 '소나무'이며, 근래 개발된 한 컴퓨터 프로그램 이름도 '흰구름'이다.

이 우리말 쓰기는 이념적으로 '민족주의'가 기본적인 배경이다. 김일성이 5·14교시에서 "언어는 민족문제와 관련"된다고 하는 것이나, "남조선에서 쓰고있는 말에는 한자

[학습장을 받는 북한 어린이들. 금수 17. 2.]

말과 일본말, 영어를 빼버리면 우리 말은 《을》, 《를》과 같은 토만 남는 형편"이라고 꽤 과장되게 비판하는 것은 그 점을 잘 보여주는 실례이다.[18] 남한어를 가리켜 '잡탕말'이니, '혼혈어'니 하고 비하하는 것도 같은 맥락이다.

▌ 쉬운 말 쓰기

그러면서 현실적으로는 '인민'을 위해, 사회의 발전을 위해 쉬운 말을 쓰자는 생각도 또 다른 배경이다. 즉 실용적 목적이다.

북한은 정권 초기부터 문맹 퇴치와 더불어 공산주의 사상 교육이 필요했고, 그러자면 대중이 이해할 수 있는 쉬운 말을 써야 했다. 이른바 '인민성', '통속성'이 있는 말이다. 그래서 김일성은 "대중이 알아들을수 있는 말로 이야기하며 대중이 원하는 글을 써야" 한다거나[19] "선전원들은 반드시 군중이 알기 쉬운 말로 선전하여야"[20] 한다면서 쉬운 말 쓰기를 반복적으로 강조한다.

어머니가 맏아들에게 하는 말과 막내아들에게 하는 말이 다르듯이 대중이 알아들을 수 있는 쉬운 말로 교양 사업을 해야 한다는 것이다.[21] 그리고 이 쉬운 말 쓰기는 과학, 기술의 발전과도 직결된다고 보았다. 그래서 학술 용어집인 『다듬은 말』(1986)도 "나라의 과학기술 발전과 언어생활의 현실적요구로부터 출발하여…"라고 그 출판 목적을 밝힌다.

실제 『다듬은 말』에서 대상으로 삼은 말을 보면 '긴결, 다조보리, 리환, 목리, 아상, 안검, 양사, 요면경, 중사, 첨모형, 해결…' 등 매우 어렵다고 할 말이 부지기수이다. 이런 말이 현장에서 쓰이는 것은 큰 문제라고 느껴 '잇기, 여러줄보리, 병걸리기, 나무결, 싹모양, 눈까풀, 빛쪼이기, 오목거울, 무거운모래, 고깔모양, 떼고달기…'처럼 쉬운 말로 다듬은 것이다.

이렇게 쉬운 말로 다듬어 쓰는 것은 확실히 의사소통에 도움이 된다. 다만 고유어라고 해서 익숙한 한자어보다 꼭 쉬운 건 아니라서 그 적정선을 찾기는 쉽지 않다. 더욱이 지나치게 민족주의에 사로잡혀 어렵지도 않은 말을 억지로 고유어로 바꾸려고 한다면 대중의 공감을 얻기도 어렵다.

그래서 굳이 우유를 '소젖'이라고 할 필요가 있는지 의문이 드는 것이다. 어차피 두유는 '콩우유'라고 하지 않는가. 수영을 꼭 '헤염'으로 바꾸어야 하는지도 의문이다. 나름 성공 사례라고 해도 한자어라는 데 집착한 과도 교정이 아닌가 싶은 것이다. 실제로 대중은 그냥 우유라고 하고 수영이라고 한다. 분유를 '애기젖가루'로 다듬었지만 역시 대중은 그냥 '우유가루'라고 하듯이 우유는 기초 어휘 수준이다. 그러므로 아무리 우유 가공 공장을 '소젖가공직장'이라고 해도 일상의 말에서 '소젖'이 '우유'를 대신하기는 어렵다. 단순히 한자어라서 바꾸는지, 쉬운 의사소통을 위해서인지 그 중심을 잡는 것이 북한 학계 내에서도 꽤 어려운 문제일 것이다.

▌언어를 움직이는 손

아무리 말을 잘 다듬어도 실제 쓰여야 한다. 그래서 북한은 다듬은 말이 잘 정착될 수 있도록 정책적으로 개입한다. 대중의 선택을 유도하는 것이다.

『다듬은 말』(1986)의 머리글은 김일성의 교시로 시작한다.

말을 얼마씩 계획적으로 고치고는 모든 사람들이 반드시 그것을

쓰도록 하여야 합니다. 그러자면 말들을 잘 다듬어 파악있는 용어를
내보내야 합니다. (강조점 저자)

북한 사회의 특성상 "반드시 그것을 쓰도록 하여야" 한다는 김일성
의 말은 사실상 그 자체로 정책이다. 그래서 이 '교시'를 받아 해당 머
리글은 "모든 부문, 모든 단위들에서는 이번에 내보내는 다듬은 말을
집필활동과 교육사업, 국가문건들과 언어생활에 반드시 받아들여쓰
도록 할것이다"라고 강하게 말한다. 적어도 신문, 방송, 문학작품, 교
과서, 공문서 등 공식적인 언어생활에서는 다듬은 말을 써야 하는 '의
무'가 주어지는 것이다.[22]
　　이것이 대중적 운동으로 나아가는 한 모습을 보자.『문화어학습』
(1994년 제1호)에 실린 한 학생 글이다.

　　연구실운영의 날이였다.
　　학습동무들이 연구실로 향해가고있는데 한 동무가 옆동무에게
《남철동무, 카바를 가지고 완?》하고 묻는것이였다.
　　나는 그 말을 듣는 순간을 놓치지 않고《롱이동무, 카바가 뭐야, 덧
양말이지. 그만큼 문화어를 쓰라고 했는데 리해하기 힘든 외래어를
쓰면서…》
　　《야! 이거 소조원동무한테 또 걸렸는데…》하더니 얼굴이 벌개지
는것이였다.

정책 홍보성 글이긴 하지만 말다듬기 교육이 적극적으로 이루어지
는 학교 현장의 한 모습이라고 할 수 있다.[23] 이런 배경에서 보면 말다
듬기가 현재까지 지속되는 현상이 이해된다.

이것이 톱다운 방식이라면 대중의 참여를 진작하는 것은 보텀업 방식이다. 그래서 새말 만들기부터 신문의 지상토론을 통해 대중의 의견을 받았는데[24], 예를 들어 '소방차'를 대신할 말로 '불끄는차, 불끌차, 불차' 중 무엇이 좋은지를 놓고 의견을 주고받는 식이다.[25] 현재 그 어느것도 아닌 '소방차'가 그대로 쓰이고 있지만 이런 토론 자체가 실제 보급에 적잖은 도움이 되었을 것이다.

1968년에 창간된 잡지 『문화어학습』은 그 첨병 역할을 하였다.[26] 이 잡지는 창간호부터 다듬어진 농학 용어, 새로 고친 사과 이름 등을 소개하는 등 다듬은 말 홍보, 보급에 적극 나섰던 것이다. 구체적으로 말다듬기에 관한 다양한 기사문과 함께 '말다듬기수첩' 난을 두어[27] 다양한 분야의 다듬은 말을 소개하기도 하였다. 여기에 독자들의 참여와 의견이 이어지면서 자연스럽게 보급이 이루어졌다.

잡지 2호에 실린 한 독자 의견을 보자.

우리들이 학습반을 하고있을 때 보고계시던 어머니가 《크레용》을 보시더니 《색갈이름도 힘들게 썼구나》 하시면서 아래와 같이 고쳤으면 좋다고 하시기에 적어보냅니다.

적색 – 빨간색 또는 붉은색으로

흑색 – 검은색 또는 까만색으로(동생의것은 《먹색》으로 써있습니다.)

백색 – 흰색

[중략]

이렇게 고쳐쓰면 좋겠다고 생각합니다.

평양시 장경인민학교 3학년 리순히

이 어린이의 의견 때문은 아니겠지만 이후 『다듬은 말』(1986)에서는 백색은 '흰색'으로, 청색은 '푸른색'으로 하는 등 다양한 색깔 이름

을 다듬어 제시한다.

다듬은 말 쓰기는 사전을 통해서도 시행된다. 즉 『조선말대사전』에서 다듬은 말을 규범화하는 것이다. 사전에 다듬은 말이 오르게 되면 원래 말이 갈 길은 세 가지다. 사전에서 사라지거나, 다듬은 말로 바꿔 쓸 말로 제시되거나, 다듬은 말의 동의어로서 함께 쓸 말로 제시되거나 한다.

> 계란빵 (미등재)
> 색인(索引) [명] ⇒찾아보기.
> 드리블(dribble) [명] =몰기.

이는 사전의 처리 예인데, '계란빵'은 아예 올리지 않고 '닭알빵'만 제시하며, '색인'은 '찾아보기'로 바꾸어 쓰도록 안내하며, '드리블'은 '몰기'와 함께 쓰는 말로 제시하고 있다. 다듬은 말, 원래 말에 대하여 일종의 '규범화'를 하는 방식이다.[28] 김일성이 제시한 정책이 있는 한 이러한 태도는 당연하다.

이처럼 일단 다듬은 말로 공인되면 그 말은 상당한 지위를 차지하게 된다. 실제 언어 현장에서 온도 차는 있겠지만, 다양한 글, 방송에 다듬은 말들이 다수 등장하는 이유이다. 그러한 과정을 통해서 대중은 다듬은 말에 조금씩 친숙해져 간다.

▌대중의 선택

다듬은 말의 운명은 대중이 쥐고 있다. 아무리 사전에 올라 있고 신문, 방송에 등장한다고 해도 대중이 안 쓰면 그만이다. 그렇다면 북한의 대중은 다듬은 말을 얼마나 받아들이는 것일까.

사실 북한의 말다듬기 정책 특성상 우리로서는 그 답을 분명히 알기가 어렵다. 사전에 오르고, 소설에 쓰이고, 잡지나 신문에 등장한다고 해도 그것이 언어의 실제를 반영한다고 확신할 수 없기 때문이다. 예를 들어 저자가 이용한 잡지 『금수강산』에는 '땅생김'이 반복적으로 등장한다. 이것만으로 보면 정착한 말이라고 하겠는데, 김 선생은 '지형'이 여전히 일반적인 말이지 '땅생김'은 잘 모르는 말이라고 한다.

이렇게 다듬은 말의 실체를 알려면 북한어 화자의 증언이 중요하다. 한 예를 보자.

옷상점의 불밝은 유리장안엔 한 소년이 댕기달린 해군모에 줄간 해군샤쯔를 입고 서있다. 그옆엔 입술이 빨간 한 처녀가 바다빛깔의 **달린옷**을 입고 가볍게 서있다. [중략] 댕기달린 해군모에 흰줄이 간 해군샤쯔를 입고 서있는 소년과 바다빛갈의 **원피스**를 입은 처녀에게 눈을 주고있었지만 실제로 눈앞에서 움직이는건 양빈이와 그의 안해 리순의 얼굴이였다. (먼 길)

이 정창윤의 소설은 1983년에 출간된 것인데 한 맥락의 글에서 '달린옷'과 '원피스'가 동시에 나타나는 모습이 특이하다. 무엇이 실제 언어에 가까운 것일까. 이 작품에서 몇 차례 더 등장하기로는 모두 '달린옷'이고 사전도 그게 옳다고 했으니 '달린옷'이 현실의 말일까. 아니면 그것은 정책적으로 쓰는 말일 뿐 이렇게 불쑥 등장하는 '원피스'가 오히려 살아 있는 말일까.

김 선생은 '달린옷'이라고 한다. 이 말은 "달린옷 사러 왔어요"처럼 일상적으로 흔히 쓰는 말이라는 것이다. '원피스'도 아주 안 쓰이는 건 아니나 일상적이지는 않다고 한다.

이와 같이 말다듬기는 대중의 선택이 무엇인지 확인해야 한다. 얼핏 위 결과로 볼 때 투피스도 '나뉜옷'이 정착된 말일 듯한데 어느 경우든 대중은 잘 안 쓴다고 한다.[29]

그러면 대중이 선택한 말들에는 어떤 것이 있을까. 아래는 『다듬은 말』(1986)의 예로서 북한 사람들의 언어생활에 정착한 말들이다.

가축-집짐승	베레모-둥글모자	원피스-달린옷
계란-닭알	복식호흡-배숨	유방대-가슴띠
골절-뼈부러지기	비스케트-과자	조제-약짓기
쾌도-걸그림	샨데리야-장식등	주방용품-부엌세간
구좌-돈자리	수면제-잠약	착유-젖짜기
나프킨-앞수건	슈크림-크림빵	처가-가시집
노크-손기척	스카트-양복치마	초지-풀판
다이야몬드겜-별꼬니	식용유-먹는기름	촌극-토막극
덴뿌라-기름튀기	실어증-말잃기증	카텐-창가림
도레스-나리옷	양계-닭치기	캬라멜-기름사탕
돌연변이-갑작변이	에프론-앞치마	평영-가슴헤염
드라마-극	엑스트라-군중역	해초-바다나물
드롭프스-알사탕	운석-별찌돌	회전문-도는문

이들은 이후에도 살아남아 『조선말대사전』(1992)에 수록되고 현재까지 실제로 쓰인다. 이 가운데 '복식호흡, 운석' 등 원래의 말들은 생소하다고 할 만큼 다듬은 말이 완전히 자리 잡은 것이다. 그러면서도 '가축, 계란, 골절, 노크, 덴뿌라, 식용유, 유방대, 조제, 주방용품, 카텐, 캬라멜, 회전문' 정도는 여전히 함께 쓰인다고 한다. 카

텐보다는 주로 '커튼'이라고 한다고 하니 조금씩 말이 달라지기는
하지만.

그래도 이 다듬은 말들은 상당한 경쟁력을 지니고 대중 속에 살아
있는 말이 되었다. 식용유를 다듬은 '먹는기름'도 단어답지 않다고 여
길지 모르나 "이 상점에 있는 먹는기름들가운데서…"와 같은 기사문
처럼 대중 속에 정착하여 쓰이는 말이다.

'창가림'도 마찬가지다. 이 말은 원래 '창문보'로 다듬었던 것인데
'창가림'으로 정착되었다. 대신 '창문보'는 '문보'와 거의 같은 뜻으
로 주로 출입문에 다는 것을 가리킨다고 한다.[30] 어쨌든 '창가림'은
'카텐'과 비교해서 상당한 경쟁력을 지니고 있는 것이다.

'기름사탕'도 그렇다. 이 말도 8, 90년대까지만 해도 '캬라멜'이 많
이 쓰였는데 2000년대 이후 '기름사탕'이 일반적인 말이 되었다고 한
다. 앞의 소설 <먼 길>에서 "보은은 손가방을 열더니 그속에서 반쯤
남아있는 기름사탕봉지를 꺼내였다" 같은 예를 볼 수 있다. 외래어를
밀어내고 다듬은 말이 정착해 가는 좋은 보기라고 할 만하다.

또 북한 드라마를 시청한 경험이 있는 독자라면 텔레비전 드라마를
'텔레비죤극'이라고 하는 것을 익히 보았을 것이다. 촌극을 다듬은 말
'토막극'도 마찬가지다. 북한은 공중도덕 지키기, 효도하기 등 '사회
주의 도덕기풍'을 높이기 위한 10분 내외의 짧은 홍보용 극을 방영하
는데 그 프로그램 이름은 '텔레비죤 토막극'이다.

이는 『다듬은 말』(1986)의 예이지만 그와 별개로 말다듬기는 이루
어져 왔고 그 결과로 또 이런저런 말들이 자리 잡기도 하였다. 아래는
그 대표적 예들이다.

각선미−다리매(다리미)	빙과−얼음과자	젤리−단묵
네트타치−그물다치기[31]	양계장−닭공장	카스테라−단설기
대장−굵은밸	어로−물고기잡이	패스−련락
도나트−가락지빵	출입문−나들문[32]	피뢰침−벼락침

적은 예만 보였지만 이 가운데 '가락지빵, 단묵, 련락' 등은 우리에게도 잘 알려져 있을 정도로 대표적인 말이다. "옆에 앉은 한 손님이 들쭉단묵을 내놓고 하나씩 권하는것이였다"(로동 20. 11. 19.)와 같은 신문기사의 예처럼 이 말들은 거의 정착하였다.

물론 이 경우도 원래 말이 같이 쓰이기도 한다. 예를 들어 '나들문'이라고 하면서도 '출입문'도 여전히 쓰인다. 또 '벼락침'은 일상에서 쓰는 말, '피뢰침'은 교과서에 쓰이는 공식적인 말로 구별되기도 한다. '굵은밸'과 함께 '대장'도 함께 쓰인다. '소장'도 '가는밸'과 함께 쓰인다. 다만 이 굵은밸, 가는밸은 음식(순대)으로서의 명칭이고 신체기관을 가리켜서 쓰이지는 않는다. 그 경우에는 대장, 소장이라고만 한다.

그래도 '각선미'와 같은 말은 사라졌다. 이 말의 다듬은 말은 원래 '다리매'이고 현재 사전에도 그렇게 올라 있는데 실제 쓰이는 말은 '다리미'이다. '몸매' 등의 '매'보다는 '각선미'의 '미'가 더 쉽게 다가와서일지 모른다. 어쨌든 '다리미'는 소학교 교과서에도 나오는 말이라는데 신기하게도 정작 사전에는 올라 있지 않다.

이런 예들은 대중이 선택한 말들이다. 즉 말다듬기의 성공 사례인 것이다. 그러나 당연히 탄생한 새말들이 모두 온전히 살아남은 것도 아니고 오히려 대부분은 정착하지 못하였다. 『다듬은 말』(1986)에 등

장했던 '약짓는곳(조제실), 발미역(족욕), 빨래집(세탁소)' 등 대다수
는 그대로 사라졌다. '읽은느낌(독후감), 동점다시(듀스), 우로 도는공
(드라이브)' 등 그 조어법이 대중에게 어필하기 어려웠던 점도 한 원
인이었을 것이다.[33]

초고부터 10여 년에 걸쳐 여러 번의 출판을 거쳐 최종판으로 내보
낸 『다듬은 말』이 이럴 정도이다. 이 책에 실린 수많은 말들은 『조선
말대사전』(1992)에서 버려졌다. 이런 말들은 우리가 잘 알지도 못하
니 따로 말할 것도 없다.

그러나 여전히 사전에 올라 있고, 실제 언어 자료에서 확인되는 것
이라고 해도 실제로 정착했다고 하기 어려운 예들도 많다. 아래는 그
동안 말다듬기의 성공 사례처럼 종종 언급되기도 하였고 글 자료에서
확인되기도 하는 예들이다.

가발 – 덧머리	랭수욕 – 찬물미역	서식지 – 살이터
경작지 – 부침땅	메뉴 – 차림표	실내화 – 방신
계절풍 – 철바람	발코니 – 내민대	유보도 – 거님길

그러나 이 말들은 제대로 정착했다고 하기 어렵다. 물론 "제가 이번
설명절 음식**차림표**를 짜보았는데…"(금수 18. 2.), "좁은 서식지에서
먹을것을 찾지 못한 코끼리들은 **부침땅**에 마구 뛰여들고있다"(로동
21. 8. 28.)처럼 실제 쓰이기도 하지만 대중들로서는 그리 익숙한 말
이 아닌 것이다.

여전히 '가발, 경작지, 계절풍, 랭수욕, 서식지, 실내화, 유보도'가
흔히 쓰이는 말이며, '메뉴'는 큰 식당에서 잘 쓰는 말이며 그게 아니
면 오히려 '음식표'라 한다고 한다. '발코니(내민대)'는 그리 보편화

된 개념이 아니라서 무어라 단정하기도 어렵다.

이처럼 어느 정도 알려졌고 또 실제 예를 목격할 수 있는 경우라고 해도 반드시 대중의 선택을 받은 말이라고 할 수 없다. 어떤 단어들은 여전히 경쟁 중이기도 해서 정착한 말이라고 해도 앞으로 어떤 변화가 일어날지 예측할 수도 없다. 그래서 북한의 말다듬기 정책의 결과물은 쉽게 말하기 어렵다.

다음 절에서 우리는 다듬은 말의 구체적인 사례들을 볼 것인데 이와 같은 한계를 염두에 둘 필요는 있다. 사전을 비롯하여 글, 방송, 영상 등에 나타나는 다듬은 말을 제한적으로 이해할 수밖에 없는 것이다. 다만 100% 현실 언어의 수준은 아니더라도 어느 정도는 북한의 언어 현실을 보여 준다고 할 수 있을 것이다.

4.3. 다듬은 말을 찾아서

이제 말다듬기의 구체적인 모습을 보자. 북한에서도 말다듬기는 성공과 실패의 과정이다. 당연히 실패의 예가 훨씬 많지만 운 좋게 성공한 예도 있다. 몇 가지 주요 예를 통해서 그 다채로운 모습을 보자.

▍ '손기척'의 탄생

'손기척'은 '노크'를 다듬은 말이다. 앞에서도 언급했듯이 말다듬기 사업을 한창 펼치던 시절, 북한은 인민들을 상대로 의견 조사를 실시하고는 했다. 그 한 예로 '노크'에 대하여 '손똑똑, 손기척…' 등 여러 가지 의견이 전국에서 날아들었고, 그중 '손기척'으로 결정하였던 것이다.

반드시 **손기척**을 하고 문을 열고 들어와서 인사를 한후⋯ (문화어
학습 1995년 제3호)

이렇게 '손기척'이 상징하듯이 북한의 다듬은 말은 적잖은 경우 대
중의 의견을 모아 만들어졌다. 그럴수록 대중으로부터 선택받기가 쉽
기 때문일 것이다.

물론 항상 새로운 말만 만드는 건 아니다. 이미 앞에서 보았듯이 당
연히 '닭알(계란), 빨래(세탁), 뽕밭(상전), 부엌(주방), 조카딸(질녀),
무게(중량)' 등 원래 있던 말도 대안이 된다.[34] 레코드의 다듬은 말 '소
리판'도 이미 2, 30년대 전국적으로 널리 쓰던 말을 되살려 쓴 것이고
모자이크를 다듬은 '쪽무이'도 이전부터 쓰이던 말이다. 이런 말은 상
대적으로 대중이 선택하기가 더 쉽다. 그래서 레코드는 거의 쓰지 않
는 말이 되었으며 일반적으로 소리판이라고 한다. 쪽무이는 '쪽무늬'
라고도 한다는데 어떤 말이든 다듬은 말이 자리 잡은 셈이다.

▌'얼음보숭이'의 운명

'얼음보숭이'는 말다듬기가 겪은 굴곡의 대표적인 말이다. 지금도
인터넷 블로그에서 이를 북한어로 소개하기도 할 만큼 다듬은 말 세
계의 유명 인사이다. 이는 '아이스크림'을 다듬은 말로서 지금은 북한
어에서 사라진 말이다. '보숭이'는 고물 즉 인절미 등의 겉에 묻히는
가루이다.[35]

이 '얼음보숭이'이라는 말은 김정일이 만들었다고 하는데[36] 사실
여부를 떠나 그럴 만큼 북한에서 다듬은 말의 대표 주자로 내세웠
던 예이다. 남한에서 이 말은 그 재미있는 조어 때문에 화제가 되었고,
1992년『조선말대사전』에서 사라진 사실에 다시 화제가 되었다. 100년

전에도 우리말에서 쓰이던 '아이스크림'을 대체하기가 쉽지 않았던 것이다.

이렇게 말다듬기에서 새말 만들기는 많은 경우 성공하지 못한다. 원래 말은 워낙 익숙하고 새말은 생소하기 때문이다. 광복 전 사례만 보더라도 '번개기별(전보), 때알이(시계), 넘보라살(자외선)' 등 적지 않은 예가 있고, 오늘날 국립국어원의 말다듬기 사례만 보더라도 '참살이(웰빙), 늘찬배달(퀵서비스), 눈길덧신(아이젠)' 등 나름 잘 만들었다고 평가되는 말조차 정착에 어려움을 겪고 있거나 그럴 가망이 적어 보인다.

그러다 보니 새말에 대한 거부감도 강할 수 있는데 1984년부터 집권한 김정일은 이러한 문제를 직접적으로 지적하기도 하였다.

> 영화의 자막에 나오는 <나오는 사람들>이라고 쓴 것은 뜻이 맞지 않으므로 <배역>이라고 하여야 하겠습니다. 지금 말다듬기를 한다고 하면서 이미 굳어진 말까지 쓸데없이 풀어쓰다보니 오히려 뜻이 모호하고 어색한 것이 적지 않습니다. [중략] **말을 다듬어 쓴다고 하여 망탕 고쳐서는 안됩니다.**[37]

'망탕'은 '함부로'의 뜻이니, 말을 함부로 고치지 말라는 뜻이다. '배역'을 '나오는 사람들'이라고 풀어 쓰는 식의 지나친 말다듬기에 불만을 표시한 것이다.

『조선말대사전』(1992)은 이런 문제를 상당히 고민했을 것이다. 『다듬은 말』(1986)은 순전히 '안'이고 사전은 실제 쓰이는 말을 올리는 곳이다. 아무리 다듬은 말을 중시한다고 해도 모두 올릴 수는 없고 적절치 못한 말은 제외할 수밖에 없다. '얼음보숭이'는 그 대표적인

사례로서 보급에 실패하였
고 그 결과 '아이스크림'이
부활하였다.

[MBC 통일전망대 「북한이 궁금해」 19. 8. 3.
방송 화면 캡체]

그러면서 사카린을 넣어
만든 딱딱한 하드바라고 할
'얼음과자'와 같은 말이 쓰
이기도 하고, 우유를 넣어
만든 부드러운 아이스크림
인 '에스키모'라는 말이 널리 쓰이기도 한다. 얼음보숭이를 대신한다
고 할 다양한 말들인 셈이다. 김정일이 만들었다는 '얼음보숭이'가 다
시 김정일 시대에 폐기된 것은 말다듬기의 아이러니처럼 느껴진다.

▎닭공장은 어떤 곳?

다듬은 말은 좀 더 섬세하
게 이해할 필요도 있다. 위
에서 제시한 것처럼 양계장
을 다듬은 '닭공장'은 말다
듬기의 대표적 예로 자주 언
급된다. 그런데 생각해 보
면 좀 이상하다. '양계장'과

[조선중앙TV 김정은 2019 신년사 방송 중
'닭공장' 사진(SBS 뉴스)]

'공장'이 같은 급일 수는 없는 것이다.

사실 '닭공장'은 양계장을 다듬은 말이라기보다는 공업화를 구현
한 새로운 유형의 양계 시설이라고 하는 게 정확하다. 김일성이 과거
외국 방문에서 공업형의 양계 시설을 보고 이를 본따 새로운 방식을
시작한 것으로 알려져 있다. 북한 사전도 두 단어를 각각 올리고 구별

한다.

공장은 대단위로 무언가 생산하는 곳이다. 그래서 닭을 기르는 닭공장이 있다면, 돼지공장, 게사니공장도 있다. 밥공장, 빵공장, 국수공장도 마찬가지다. 각 가정에서는 여기에서 생산한 밥이나 국, 반찬, 빵 따위를 식료상점에서 사서 아침, 저녁 준비를 간단히 할 수 있다.

원피스도 '달린옷'으로 다듬었다고 하면 서양식 옷만 떠올리기 쉽다. 그러나 이 달린옷이 현대식 양장만 의미하는 것은 아니다. 전통식 옷을 포함하여 단순히 내리닫이로 된 옷을 가리키는 것이다. 그래서 오른쪽 그림처럼 우리의 옛날 옷도 '달린옷'이라고 부른다. 물론 아래위로 나뉜 옷은 '나뉜옷'이다.

[옛 평양 지역의 '달린옷차림'. 『평양의 민속』]

'바삭과자'는 비스켓을 다듬은 말로 알려지기도 하였으나 '전병'을 다듬은 말이다. 평양어린이과자공장에서 은하수 상표를 걸고 "비스케트, 겹과자, 꽃과자, 바삭과자, 카스테라, 생과자 등 과자류"[38]를 생산한다고 할 때 비스케트와 바삭과자가 나란히 보이듯이 둘은 구별되는 과자인 것이다.[39]

"푸른색기와를 얹은 아담한 살림집"이라고 하면 이른바 '주택'이 연상될 것이다. 그래서 흔히 북한어의 '살림집'은 주택을 다듬은 말이라고 한다. 말 자체로는 정확한 설명이지만 아담한 단층집만 연상했다가는 '고층살림집, 다층살림집, 묶음식살림집, 5층살림집, 70층초고층살림집'과 같은 말을 만나면 이해 불능 상태에 빠지고 만다. 묶음식살림집은 우리식으로 말하면 주상복합 아파트인데 그래서 때로는 '살림집'이 아파트를 가리킨다고도 한다. 그러나 이것도 정확한 설명이 아니다.

혼란의 원인은 우리 언어 습관에 있다. 국어사전에서 '주택'은 두 가지 뜻이 있다.

① 사람이 들어가 살 수 있게 지은 건물.
② 한 채씩 따로 지은 집.

첫 번째 뜻은 넓은 의미로서 주거용으로 지은 집을 가리키고, 두 번째 뜻은 좁은 의미로서 '단독 주택'을 가리킨다. 북한어에서 '주택'을 '살림집'으로 다듬었다는 것은 이 첫 번째 뜻에서이다. 그래서 단층집이나 아파트나 모두 살림집이라고 하는 것이다. 그런 것을 우리는 '주택' 하면 흔히 두 번째 뜻으로 생각하기 때문에 혼란이 생기는 것이다.

오해하기 쉬운 예로 '가두녀성'도 있다. 북한어를 소개하는 한 인터넷 블로그에 '가정주부-가두녀성'으로 제시되어 있는데, 그렇듯이 이 말은 '가정주부'를 다듬은 말로 알려지기도 하였다. 이런 자료를 접하면 대체로 '북한에서는 가정주부라는 말을 안 쓰고 가두녀성이라고 하는구나'라고 생각하게 된다. 그러나 둘은 구별되는 말이다. '가두녀성'은 일종의 전업주부로서 직장에 나가지 않고 가내반에서 일하는 여성을 가리킨다. '가내반'은 공장 등에서 재료를 가져다 마을에서 물건을 만드는 조직이고 '가두'는 직장과 상대되는 말로서 살림집들이 모여 있는 지구를 말한다.

직장에 나가든 않든 한 가정의 주부는 '가정주부'이다. '가정부인'이라고도 한다. 따라서 가두녀성은 다듬은 말도 아니고 가정주부의 한 특별한 유형일 뿐이다.

흔히 저녁시간은 **가정주부**들에게 있어서 제일 바쁜 시간이라고 한다. 안해는 **가정부인**이지만 집에 편안히 있을수 없다고 하면서···

▌살결물

북한어가 잘 알려진 분야 중 하나는 화장품 이름이다. 아름다움을 추구하는 마음은 남북한이 다를 게 없고, 그래서 북한도 화장품 개발에 많은 공을 들인다. 화장품 이름은 남한어에서 외래어가 많이 쓰이는 대표적인 분야인데 북한어는 어떨까. 아래 말을 한번 짝지어 보자.

· 살결물   · 헤어 스프레이
· 머리고착제   · 파운데이션
· 분크림   · 로션

[북한의 '물크림'과 '살결물'. 금수 20. 4.]

아마 크게 어렵지는 않았을 것이다. 로션은 '살결물'이라고 한다. 북한 여성들도 미백에 관심이 많아서 '미백살결물'도 인기 있는 상품이다. 흔히 스킨로션으로 대표되는 액체 형태의 크림은 '물크림'이라고 하고 파운데이션은 '분크림'이라고 한다.[40] 립스틱은 '입술연지'라고 하는데 이미 20세기 초에도 쓰던 말이니 낯설지 않고 '영양크림'은 남북한 모두 쓰는 말이다.

아이섀도를 가리키는 말은 재밌다. 눈등에 바르는 분이라고 하여 '눈등분'이라고 한다. 김 선생은 여성이지만 아이섀도든 눈등분이든 북한에 있을 때 자신은 쓰지 않던 말이라고 한

다. 그래도 젊은 층은 '아이라인'이나 '마스카라'와 같은 말도 쓴다고
하니 유행에 따라 화장품 용어도 조금씩 변화하지 않을까 싶다.

'머리고착제'는 생소하기는 하지만 헤어 스프레이임을 바로 알 수
있는 말이다. '머리칼고착제'라고도 한다. '된머리기름'은 남한에서
는 유행이 꽤 지났다고 할 수 있는데 머리에 바르는 진득진득한 기름
즉 포마드를 가리킨다. 북한의 대중들은 간단히 '머리기름'이라고 부
른다고 한다. 헤어 드라이어는 좀 재미없게도 '건발기'라고 한다. 이
렇게 북한 여성이나 남성들이 미에 관심을 갖는 것은 남한과 다를 바
없는데 그 말은 빛깔을 달리하고 있다.

▍'샴푸'로 감고 '린스'로 헹군다

당연히 외래어라고 해서 무조건 바꾸어 쓰는 것은 아니다. '샴푸'나
'린스'는 그 일례이다. 한 중등학원의 모습을 보자. 한창 용모에 신경
을 쓰는 사춘기 아이들의 모습이다.

> 탈의실에서는 원아들이 옷장의 매칸마다에서 수영복, 물안경, 모자,
> 세면수건과 빗이 담겨진 비닐바구니를 꺼내들고 옷을 갈아입기도 하
> 고 **샴푸, 린스**며 살결물과 물크림, 머리고착제가 있는 거울앞에서 저마
> 다 자기 모습을 보며 붐비고있었다. (금수 16. 10.)

이 샴푸, 린스가 얼마나 보편적인 생활 문화인지는 별문제지만 어
쨌든 굳이 이 말을 바꾸려고 하지는 않는 것이다. 그래서 '몸샴푸'라
는 말도 있다. 우리도 '보디샴푸'라는 말을 쓰기도 했는데 '몸샴푸'는
그 일부를 고유어로 다듬은 셈이다.

물론 그냥 '물비누'가 가장 흔히 쓰는 말이듯이 몸샴푸도 아직 보편

적인 말은 아니다. 그러나 실제 잡지 등
에서 쓰기 시작하였다는 것은 말다듬기
의 필요성을 느끼지 않았다는 뜻일 것이
다. 북한 사람들도 외래어에 대하여 무
언가 세련되게 느끼고 막연히 선망하기
도 한다. 앞서 말했듯이 북한의 젊은 여
성들은 '아이라인'이나 '마스카라'를 그
대로 쓴다. 당연히 잡지사의 기자도 "이

[북한의 '옷물비누'에 쓰인
제품명 '옷린스'. 금수 17. 03.]

곳에서는 녀성들이 많이 찾는 아이라인이나 마스카라, 입술연지와 분
크림을 비롯한 다종다양한 분장용화장품들을 생산하고있었다"처럼
화장품 공장 견학기를 쓴다. 이런 예, 그리고 '샴푸, 린스'와 같은 예를
대하면 미래의 북한 젊은이들이 이끌어가는 언어문화는 어떤 것일까
궁금해진다.

▌일본말 다듬기

오늘날 주변에서 '다마네기, 쓰리, 벤토' 같은 말들이 사라지고 '양
파, 소매치기, 도시락'이 자리 잡은 데서 국어 순화의 효과를 크게 실
감하게 된다. '만땅' 대신 이제 모두 '가득'이라고 하는구나, 하고 새
삼 느끼고, 가끔 '유도리, 뗑깡, 나가리'와 같은 말이 들리면 유난히 귀
에 각인되는 느낌도 저자만의 유별난 습성은 아닐 것이다.

광복 후 국어 순화의 첫 결과물 『우리말 도로 찾기』(1948)는 '遠足
エンソク'를 '소풍'이라고 바꾸는 등 일본말을 정리하는 것이었다. 그
렇듯이 일본말은 우리 사회에서 알레르기적 요소였고 늘 순화의 주요
대상이었다. 70년대 정부에서 만든 '국어 순화 세칙'(1976)이라고 하
는 지침만 해도 "일본말의 찌꺼기, 어려운 한자어, 무분별하게 들어온

외국어"처럼 그 대상으로 일본말을 가장 앞자리에 내세우고, 이러한
기조에서 『일본어투 생활 용어 순화집』(1995, 1997)을 펴내는 등 비
교적 근래까지 일본말 순화에 집중해 왔다.

　북한도 다를 바 없다. 김일성은 두 교시에서 고쳐야 할 일본식 말들
이 많다고 하면서[41] 실제 행동에 나설 것을 적극 주문한다. '우와기, 즈
봉, 오차, 오봉' 등 일상 용어를 지적하기도 하고, 사과 이름, 벼 이름
등까지 언급하면서 반드시 고쳐 쓰도록 지시하는 것이다.

　　우리는 벼이름도 다 우리 말로 고쳐야 합니다.
　　지금 어떤 동무들은 사과나 벼 같은것은 이때까지 부르던 이름에
　버릇되였기때문에 그것을 다른 이름으로 고치기 힘들다고 하는데 주
　저하지 말고 대담하게 고쳐야 합니다. 그런것조차 일본말이름을 그
　대로 두고 앞으로 후대들에게 무엇이라고 설명하겠습니까? 지금 남
　조선에서 일본식한자말들을 모두 그대로 쓰고있는 형편에서 우리까
　지 가만히 있으면 우리 말은 정말 없어지고말것입니다. 우리는 일본
　식한자말들을 대담하게 고쳐야 합니다. (5·14교시)

　김일성의 이 '교시'는 그대로 북한의 언어 정책이 될 수밖에 없다.
그래서 북한은 즉시 일본말을 찾아 고치기에 나서고, 그 결과 '국광,
홍옥' 등 일본식 사과 이름을 '북청, 황주' 등 해당 품종이 잘 자라는
지명을 따서 새 이름으로 고치는 것이다. 아래에서 '구월'은 그 품종
이 9월에 잘 익는다고 하여 붙인 이름이다.[42]

　북청(국광), **황주**(홍옥), **송화**(축), **덕성**(인도), **허천**(데리샤스), **구월**(욱)

오늘날 덴뿌라는 '기름튀기', 요깡은 '단묵', 다꾸앙은 '(겨)절임무
우', 모찌떡은 '떡', 앙꼬는 '팥소', 벤또는 '곽밥', 게라지는 '교정지'
로 자리 잡는 등 문화어에서 일본말이 드물게 된 데는 이러한 정책적
배경이 있었던 것이다. 필기구 '샤프'는 일본식 영어라고 할 대표적
예인데 이 역시 '수지연필'로 다듬어 쓴다. 합성수지로 만든 연필이라
는 것으로 쉽게 말해 플라스틱 연필이다.[43] 이것이 지금은 보편적인
말이 되었다.

그러면서도 어쩔 수 없이 일본말이 남아 있기도 한 것은 남한과 다
를 바 없다. 일본에 대한 적개심이 남다른 북한이지만 '고뿌'[44] 등 일
부 단어는 여전히 널리 쓰이기도 하는 것이다. 2장에서도 소개했던
'고뿌'는 우리 사회에서도 완전히 사라지지 않았지만 특히 북한어에
서는 '술 한 고뿌' 외에도 '숭늉 한 고뿌, 물고뿌, 커피고뿌' 등 다양하
면서도 일상적으로 쓰인다.

집에 가야 부인도 없어서 고적하겠는데 한**고뿌** 하기요.
한**고뿌**의 숭늉을 놓고…
소장동지, 이거 물이라도 한**고뿌** 드십시오.

우리도 여학생들이 '구리쁘'로 앞머리를 감지만 북한의 여학생들
도 '구리쁘'로 머리를 감는다. 헤어롤이나 클립보다는 이 일본식 외래
어가 오늘날 남북 여학생들 사이에서 살아 있는 말이 되었다.
역시 일본식 외래어인 '간데라, 곤로, 바께쯔, 후라이판, 샤타, 샤쯔,
런닝그, 조끼(<jug)' 등도 마찬가지다. 여전히 북한어에서 "째진 런닝
그를 입은 날씬한 고수머리청년이였는데"(먼 길)처럼 우리의 '난닝

구'에 해당하는 말을 볼 수 있고 같은 작품 속 친구 간 대화에서도 그
런 말들을 볼 수 있다.

> 《이런 땐 맥주나 몇**조끼** 있었으면 좋겠네.》
> 《한**조끼**만 있어도 목추김이야 되지.》
> 《동무야 언제나 한**조끼** 한**조끼** 하면서 한**바께쯔** 마시지.》

7, 80년대까지만 해도 우리 가정에서 흔히 볼 수 있었던 '곤로' 역
시 그 말이 여전히 쓰인다. 다만 재래식의 곤로뿐만 아니라 현대식의
가스레인지도 '가스곤로'라고 한다. 이를테면 한 토막극에서 어머니
는 가스레인지를 켜놓고 식료상점에 가면서 딸아이에게 "곤로불을
잘 봐야 한다"라고 당부하는 것이다. 그렇듯이 석유, 전기, 가스 등을
이용하여 음식물을 끓이는 부엌세간을 두루두루 곤로라고 부른다.

사실 남한도 '바께쓰, 후라이팬, 샤타, 샤시, 미싱, 마후라' 등 일본
어식 외래어는 여전히 쓰이고, '간지, 오타쿠', 나아가 그로부터 '덕
후'와 같이 비교적 최근의 말로 변형, 확대되기도 한다. 남이든 북이
든 규범을 넘어서면 "여름이면 구루마를 끌고"(탈북 수기)처럼 여전
히 쓰이는 일본말의 흔적은 당연히 더 넓어진다.

이렇게 정도 차이는 있어도 남북한어에 일본어가 혼재되어 있는 양
상은 같은데 수용의 정책에서는 결이 좀 달라 보인다. 즉 남한은 일본
식 외래어의 경우 기본적으로 원어 중심의 말로 바꾸려고 하지만 북
한은 그대로 수용하는 경향이 있다. '후라이판'만 해도 '팬→판'으로
바꾸긴 해도 '후라이'는 여전히 일본식 말이어서 남한의 '프라이팬'
과 대조된다. 외래어를 받아들이는 데서 대중의 관용을 중시한 결과
일 것이다.

일본식 한자어도 그렇다. 흔히 일본식 발음대로 당가, 당까라고도 하던 '담가'는 남한어에서 '들것'으로 대체된 지 오래지만 북한어에서는 지금도 널리 쓰인다.

담가에 실려오거나 지팽이를 짚고오는 환자들… (금수 19. 2.)

김일성은 "일본식한자말들을 대담하게 고쳐야"(5·14교시) 한다고 하였는데 의외로 이 '담가'처럼 여전히 쓰이기도 한다. 대표적인 예로서 북한 청년들이 동원되어 건설한 대규모 댐 이름이 '백두산 영웅청년1호발전소언제'이듯이 '언제'가 즐겨 쓰인다. '땜'보다도 더 많이 쓸 정도로 '언제'는 북한에서 일반적인 말이다. 또 평양의 대표적인 승마장인 '미림승마구락부'처럼 클럽의 일본식 음역어 '구

[북한의 팔향댐 홍보 책자]

락부'를 여전히 쓰며 케이블카도 여전히 '삭도'라고[45] 부른다. 땅콩을 가리키는 말 '락화생'도 여전히 활발히 쓰인다. 우리는 땅콩은 알아도 낙화생은 잘 모르지만 북한은 그 반대이다. 오히려 땅콩이 생소한 말인 것이다.

남북이 모두 애쓰지만 똑같이 성공하지 못한 예도 있다. '대합실'이다. 남한은 이 일본식 한자어를 '맞이방'으로 다듬었고[46] 북한은 '기다림칸'으로 다듬었다. 남한도 기차역에서 그 다듬은 말로 안내 방송을 하고 글 자료를 보면 북한도 그 말을 쓰고 있다. 다음은 <먼 길>에

나타난 버스 정류장의 장면들이다.

> 이제는 정거장**기다림칸**에 있는 의자에 가앉아서…
> **기다림칸** 한쪽 바람벽밑에 서서 차시간표를 올려다보고 서있는 그
> 사람은…

그러나 남한이나 북한이나 대중은 여전히 '대합실'이라고 한다. 어쩌면 이 말은 쉽게 바뀌지 않을지 모른다.

주목할 예 하나는 '축전'이다. 남한에서는 일본식 한자어라 하여 '축제'를 '축전'으로 바꾸고자 하였지만 여전히 '축제'가 쓰인다. 그런데 북한은 "4월의 봄축전" 등처럼 '축전'이 보편적으로 쓰인다. 남북이 엇갈리고 있어 흥미롭기도 하다. 그러나 북한에서 '축제'도 많이 쓰는 말이어서 크게 다르지는 않다.

사실 외래적인 요소는 어쩔 수 없는 면이 있다. 90년대 중반 저자가 중국을 잠시 방문했을 때 그곳 동포 관계자 가족을 만날 일이 있었다. 분명히 남편이라고 들었는데 자꾸 "우리 애인이…"와 같이 말하기에 꽤 당황했던 기억이 있다. 알고 보니 중국어에서 '애인'은 배우자를 가리키는 말 가운데 하나이고 이것이 중국 조선어에 들어온 것이다.

북한어도 당연히 중국어의 영향을 받는다. 그래서 일찍이 김일성은 1·3교시에서 '공작, 공인계급' 등 중국말의 문제를 지적하였고 이는 '사업, 로동계급'으로 바뀌기도 하였다. 그러나 억지로 다 막을 수는 없다. 북한어에서 화장실을 가리키는 '위생실'은 중국어에서 들어온 말이다. 헬리콥터를 '직승기'라고 하는 것이나 볼펜을 '원주필'이라고 하는 것도 마찬가지다. 만두를 '교즈'라고도 하는데 이 역시 중국어

'조즈'[餃子]에서 온 말로 '교(餃)'만 우리식 한자음으로 읽은 것이다.

립스틱을 '구홍(口紅)'이라고 하는 것도 눈에 띈다.[47] 일본어로는 원어 그대로 '구찌베니'라고 하는 게 일반적이니 아마 중국어를 통해 들어온 것으로 생각된다. 김 선생한테 '립스틱, 구홍, 구찌베니, 입술 연지' 중 실제로 무엇을 쓰는가 물으니 '구홍, 입술연지' 두 가지를 든다. 다소 놀라운 것은 '구홍'은 오히려 젊은 세대에서 많이 쓴다는 것이다. 문화 교류에 따른 언어 유입은 막을 수 없는 일인 듯하다.

이렇게 보면 북한어에서 쓰이는 일본어도 좀 더 관용적인 시각으로 볼 필요는 있을 것이다. 더군다나 우리말에 남아 있는 일본말에 대해 남북의 관점도 좀 다를 수 있고 남한에서 쓰이는 말에도 북한에서 보기에 '의외의' 말이 있을 수도 있다. 그럼에도 어쩔 수 없이 위의 말들이 과거의 얼룩처럼 보이기도 한다.

▌'곽밥'과 '도시락'

영화 <풍경>의 한 장면이다. 기차 여행길에 나선 모자의 대화에서 '곽밥'은 무엇일까.

> "엄마, 우리 먹을것두 가지고 가나요?"
> "언제 도중식사 생각을 하게 됐니? 이제 가다가 엄마가 **곽밥** 사줄게."

워낙 잘 알려진 말이지만 북한에서 도시락을 '곽밥'이라고 한다. 곽에 담은 밥이라는 뜻이다. 그 용기 자체는 '밥곽'이라고 한다.

도시락이나 곽밥이나 모두 일제 강점기 이후 널리 쓰이던 '벤또'를 대신한 말이다. '도시락'은 원래 밥을 담는 용기를 가리키는 말로서

190

고리버들이나 대오리로 엮어 만들었다. 대중들은 거의 안 쓰는 말이 되었지만 북한어에서 '도시락'은 이 전통적인 용기를 가리키는 말일 뿐이다.

남한어는 이 전통적 의미에다가 오늘날처럼 그 밥 자체 그리고 알루미늄이나 플라스틱으로 된 현대식 용기도 가리키는 의미가 더해진 것이다.

광복 후 문교부에서『우리말 도로 찾기』(1948)를 낼 때 '도시락'은 '벤또'를 대신할 말로 소환되었다. 당시에도 단순히 용기를 가리키는 '도시락'이 적절한 대체어인지 고민이 있었는데 '찬합, 신선로, 쟁

[도시락. 한국민족문화대백과.]

반'처럼 그릇 이름이 음식 이름이 될 수도 있다고 하여 결국 '도시락'을 채택하였다. 그러나 북한은 다른 길을 걸어서 '곽밥, 밥곽'이라는 새말을 만들어낸 것이다.

그런데 이러한 말다듬기의 결과로 남한에서 '벤또'는 사라진 말이 되었지만 북한은 그렇지 못하다. 김 선생에 따르면 '곽밥'은 위 영화 속 모자의 대화처럼 주로 기차 식당에서 파는 것을 가리킨다. 과거에 우리도 흔히 보던 것처럼 보통 얇은 나무판으로 만든 용기에 밥을 담은 것이라고 한다. 그런데 직장이나 소풍 갈 때 싸가는 것은 여전히 '벤또'라고 많이 부른다. 아직 곽밥이 벤또를 완전히 밀어내지는 못한 셈이다.

▌물에뛰여들기 선수

다음은 한 선수의 경기 모습을 묘사한 것이다. 무슨 종목일까.

고정판에서 솟구쳐오르는 나어린 처녀. 순간 허공에서 그의 난도 높은 정확한 동작이 아름답게 펼쳐졌고 선수의 몸과 물면사이의 각도, 자세의 정확성을 비롯하여 매 동작들이 유감없이 발휘되었다.

이 나어린 처녀는 '물에뛰여들기' 즉 다이빙 선수이다. '다이빙' 정도는 그냥 쓸 것 같은데 대중은 잘 안 쓰는 말이란다. 일상적으로 흔히 '물에뛰여내리기'라고 한다고 한다.

이와 같이 북한의 스포츠 용어는 특히 말다듬기의 대표적 분야이다. '스포츠'라는 말부터 쓰지 않고 '체육'이라고 한다. 선수들 간 팀워크를 '집단정신'이라고 하는 건 새로운 느낌인데, 축구 등 구기에서 패스를 '련락'이라고 하는 것은 널리 알려진 말이다. 옐로 카드는 '노란딱지'이고 레드 카드는 '빨간딱지'이다.

탁구 기술로 포핸드는 '바로치기', 백핸드는 '외로치기', 푸시는 '밀어치기'라고 한다. 다른 종목에도 해당하는 것이지만 서브는 '쳐넣기'라고 한다. '력기' 즉 역도에서 세부 종목으로 인상은 '끌어올리기'라고 하고 용상은 '추켜올리기'라고 한다. 레슬링은 선 자세로 허리위로만 공격하는 그레코로만형과 그런 제한이 없는 자유형 종목으로 나뉘는데 각각 '선레스링', '앉은레스링'이라고 한다. 이 모든 용어의 짝이 딱딱 들어맞는 느낌이랄까.

이 책의 도입부도 남북 아이스하키 용어 이야기로 시작했지만 스포츠 용어는 늘 북한어 화제의 중심에 서 있다. 국제적으로 통용되는 용어는 많이 받아들이는 쪽으로 분위기가 바뀌어 가고도 있지만[48] 그래도 축구의 코너킥을 '구석차기', 농구의 백보드를 '롱구판'이라고 하듯이 쉽게 다듬어 쓰는 것은 분명한 특징이다. 두 가지 사례를 통해 그

다듬은 말의 세계를 느껴 보자.

장면1.

감독: 정희동무의 위치는 지금 3선에 채 못 미쳐 있소. 그런데 상대방 방어수들이 바투 뒤쫓고 동무의 주변엔 우리 선수들이 없소. 이때 동무의 결심은?

선수1: 대담하게 **중장거리차넣기**를 하겠습니다.

감독: 음. 복희동무. 이때 동무의 결심은?

선수2: 그 공이 상대방 방어수나 **문지기**에게 막히는 경우를 생각해서 **빨리 문전돌입**을 하겠습니다.

감독: 음. 연화동무. 상대방 공격수가 공을 몰고 우리 문전으로 돌입하고 있소. 이렇게, 이렇게. 동무의 결심은?

선수3: 불의의 공격수 앞에 바투 막아서서 그로 하여금 우리 **문대**에 대한 **차넣기** 각도를 맞추지 못하도록 하겠습니다. (<우리 녀자 축구팀> 5부)

장면2.

두팀선수들은 체격과 공다루기기술이 서로 비슷하였는데 그들은 방어를 돌파하기 위한 공격기술과 공격을 막아내기 위한 방어기술을 다양하게 적용하였다. 선수들은 **련락, 잡기, 넣기, 몰기, 몸빼기, 급출발, 급정**

지, 방향바꾸어달리기, 돌기 등으로 공격을 하는가 하면 공격자의 위치와

활동에 따라서 취하게 되는 방어자세와 **공가로채기** 등의 방어기술로
서로 대항하였다. [중략] 거기에다가 《이겨라, 이겨라.》, 《슛, 야-》
하는 열정적인 응원은 서로 공을 **빼앗고 빼앗기며** 경기가 거의나 동
점으로 올라가게 하였다. (금수 16. 2.)

장면1은 제3회 청소년세계선수권대회에서 우승한 북한 여자 축구
팀의 이야기를 다룬 드라마의 한 장면이다. 감독이 선수들과 전술 회
의를 하고 있는데[49] 슛은 '차넣기', 골키퍼는 '문지기', 골대는 '문대',
문전 대시는 '문전돌입'이라고 하는 등 다듬은 말이 일상적으로 쓰이
고 있다. 장면2는 한 직장의 농구 경기 장면인데 역시 다듬은 말들이
다양하게 쓰이고 있다.

이처럼 북한의 스포츠 분야에서 우리말이 상당히 많이 쓰인다. 스
포츠 용어 다듬기는 '구석차기(코너킥), 문지기(골키퍼)'처럼 남한어
에서도 있었고 근래에도 없지 않다. 그러나 대체로 실패로 끝났다. 아
마 위 축구의 전술 회의, 농구 경기 장면들을 남한에서 쓰는 말로 표현
한다면 사뭇 다른 느낌일 것이다.

당연히 북한도 '슛', '골', '뽈'처럼 외래어도 쓰지만 전반적인 흐름
은 분명하다. 가능하면 우리말로 다듬는 것이다. 응원 구호 '이겨라,
이겨라'도 남한 사회에 잘 알려진 말이기도 하다.

스포츠가 지니는 국제성을 생각하면 웬만하면 그냥 쓸 만도 한데
다이빙을 '물에뛰여들기'로 하듯이 꽤 과하다 할 만큼 다듬기도 한다.
이 말은 특히 너무 설명적이고 길어서 높은 점수를 주기 어려워 보이
는데도 대중 사이에 정착하였으니 말다듬기는 참 오묘한 분야라는 생
각도 든다. 크로스컨트리를 '산야횡단달리기'라고 하는데 이 말의 미
래는 어떨지 궁금하기도 하다.

▌'머리아픔'의 두 모습

북한도 '의사선생님'이라고 부르듯이 의학 용어는 남한어와 비슷한 데가 많다. 전문 분야도 분단 전 공유하던 용어에 기반을 두니까 당연한 일이다. '고혈압, 관절염, 뇌출혈, 좌골신경통, 다발성신경염, 안면신경마비, 백내장, 록내장' 등 대부분 용어는 남한어와 다르지 않고 '스텐트, 류마치스' 등 외래어 용어도 많이 사용한다. '페동맥전색증, 승모판협착증'과 같은 어려운 한자어도 많이 쓰인다.

그렇지만 의학 용어도 말다듬기의 예외는 아니다. 『다듬은 말』에서도 주요 대상으로 삼은 분야이기도 하다. 약 20년이나 된 방송 자료지만 "머리빗기는 고혈압과 동맥경화, 잠못들기, 신경쇠약, 신경성머리아픔 등에도 치료효과가 있습니다"[50]처럼 쉽게 말한다. 두통, 불면증을 '머리아픔, 잠못들기'로 다듬은 것이다. '잠못들기'는 현재 '불면증'에 밀려 사전에서도 사라졌지만 '머리아픔'은 여전히 남아 있다. 대중은 흔히 '머리통증'이라고 하지만 그래도 '두통'은 잘 쓰지 않는다는 점에서 성공이라고 할 수 있을 것이다.

이런 예는 곳곳에서 볼 수 있다. 혈관은 '피줄', 앞서 보았듯이 안압은 '눈압', 안질도 '눈질병', 심혈관도 '심장피줄'이라고 한다. 이들은 대중 속에 정착하여 쓰이고 있으니 성공 사례라 꼽을 만하다. 물론 적지 않은 경우 실패하기도 한다. 편두통은 '쪽머리아픔'으로 다듬었다고 해도 그리 대중적이지는 못하다고 한다. 사전에도 '편두통'이 동의어로 여전히 올라 있다는 것은 이것이 더 현실적인 단어이기 때문일 것이다.

남한도 의학 용어는 관심사다. 의학 드라마에서 용어 풀이 자막이 빠지지 않고 중등 국어 교과서에서 전문어의 예로서 꼭 등장하는 것이 '코마'니, '바이털 사인'이니 하는 의학 용어이다. 사실 북한 의사들도 그들끼리는 영어 용어를 쓴다. 다만 환자에게는 머리통증, 관절염, 심장피줄 등 알아들을 수 있는 말을 쓰는 것인데 이 점에서 의학 용어 다듬기는 결국 대중을 위한 것이다.

우리도 환자가 알아듣는 말로 쓰자는 주장이 오랫동안 있어 왔다. 이 과정에서 쉬운 말들이 제안되기도 하였으나 전문 용어의 특성상 그리 성공적이지는 못했다. 저자의 학창 시절 생물 과목에서 '연골'과 '물렁뼈'가 함께 사용되었던 기억이 있는데 '물렁뼈'는 오늘날 거의 사라졌다. 단지 사전에 흔적처럼 남아 있을 뿐이다.

사실 '갑상샘'이 정식 용어인 '갑상선'은 방패 모양이라는 뜻의 '갑상(甲狀)', 샘이라는 뜻의 '선(腺)'이 어렵다고 하여 '방패샘'으로 다듬었다. 그러나 여전히 일반적인 말은 '갑상선'인 것 같다. 학창 시절 저자가 연골과 물렁뼈가 같은 말인 줄 몰라 난감했던 것처럼 이런 복수의 용어는 혼란을 주기도 한다. 『우리말샘』의 '방패샘 과다증'의 뜻풀이를 보면 "방패샘에서 갑상샘 호르몬이 과도하게 분비되며…"와 같이 되어 있어서 마치 '방패샘'과 '갑상샘'이 다른 것이라는 착각을 하게 만들기도 한다.[51] 용어가 뒤섞여 혼란을 주는 것이다.

이러한 말다듬기의 시도와 실패, 이는 남북 모두 일상적인 일이다. 늑막염은 남북 모두 '가슴막염'이라고 다듬었지만 북한에서는 이미 조선말대사전(1992)에서 폐기하였고 남한도 표준국어대사전에 올라 있기는 하지만 실생활에서 거의 사용되지 않는다. 건망증도 남북한 모두 '잊음증'으로 다듬었지만 실제로는 거의 쓰이지 않는다. 모두 '건망증'이 일상적인 용어이며 북한의 경우 "벌써 건망이 왔어"처럼 '건망'도 흔히 쓰이는 말이다.

그러면서도 남북 모두 의학 용어는 여전히 관심거리이다. 조용히 지나간 일이지만 비교적 근래 청와대 국민청원에 '치매'를 '인지저하증'으로 바꾸어 달라는 청원이 있었다. '치매'는 동양 삼국이 모두 쓰기는 하지만 어리석다는 뜻이니 공정하지 못한 말이기 때문이다.

북한 역시 '바람이 지났다'라고 표현하는 이 질병을 가리켜 '치매'라고 하면서도 새말을 모색하기도 한다. 다만 아직 혼란스러워서 사전에서는 '바보'로 제시하지만 이 역시 공정성에서는 문제가 있고 전통적인 말 '로망(노망)'은 대중들도 욕하는 말로 여긴다고 하니 후보 자격이 없다. 결국 병증으로는 '치매증'이라고도 하고 특히 노인의 경우 '로인치매'라고 사전에 올린다. 그런데 근래의 잡지 등에서 '로인성지둔증'이라는 말이 등장하고 있다.

> 1970년대초에 한 학자는 늄이 조기로인성지둔과 관련된다고 하였으며 1980년대에는 **로인성지둔증**때 변성된 뇌신경섬유에 늄에 침착되여있다는것을, 1982년에는 진전마비환자의 신경원에서 늄함량이 건강한 사람보다 3배나 높다는것을 알게 되였다. (금수 16. 10.)

'지둔증'은 중국어에서 온 한자어이지만 치매를 다듬어 쓰고자 한 생각은 분명하다. 일본에서는 '인지증'이라고 한다. 이렇게 남북 나아가 인근 국가들에서 다각도로 변화를 시도하고 있는 이 말의 미래도 궁금해진다.

▌손말로 말하고 점글자로 읽는다

북한어에서도 소수자를 배려하는 말을 볼 수 있다. 예를 들어 우리의 보육원을 북한어에서는 '육아원', '애육원'(유치원 나이의 아동 대

상)이라고 한다. 애육원이 사랑으로
키운다는 뜻인 것처럼 적어도 이런 용
어 자체에서 배려의 마음을 느낄 수
있다. 우리가 '고아원'을 보다 정치적
으로 올바른 언어 '보육원'으로 바꾸
어 쓰는 것과 같은 맥락이다.

　　장애인은 '장애자'라고 한다. 남한
에서도 쓰던 말이다. 남한어에서 '시
각 장애인, 청각 장애인'이라고 하듯
이, 북한어도 '시각장애자, 청각장애

[평양육아원과 평양애육원의 모습.
조선 19. 2. 및 로동 21. 9. 1.]

자', 또는 '시력장애자, 청력장애자'라고 한다. 사소한 차이는 있지만
소수자에 대한 관심이 정립되어 가는 모습을 보인다는 점에서는 남북
이 다를 바 없다.

　　다만 이 소수자를 위한 용어는 온도 차이가 느껴진다. 남한어에서
는 차별적 용어라고 하여 지금은 거의 쓰이지 않는 '벙어리'만 해도
사전에서 "벙어리에게서는 기본교제수단으로 된다"라고 하고 '소경'
도 역시 북한 사전에서 "소경이 손가락끝으로 만져서…"라고 하듯이
일상적으로 쓰는 말이다. 더 보편적으로는 '맹인'이 쓰이는데[52] '맹인
용콤퓨터'라는 말도 그러하고, 아래 장애인 올림픽에 관한 기사문도
그렇다.

　　맹인륙상선수 김철웅은 중국의 베이징에서 진행된 제4차 중국공개
륙상선수권대회 2016년 국제장애자올림픽위원회 그랜드상륙상경
기대회 **맹인**륙상 5 000m종목에서 금메달을 쟁취하였다. (금수 19. 8.)

그러면서도 '청력장애자, 시력장애자'라고도 하니 소수자에 대한 언어적 배려가 여전히 작동하는 것이 느껴진다. 특히 이 말다듬기는 쉬운 말 차원에서도 이루어진다. 기본적으로 북한도 '수화'라고 하고 '점자'라고 한다. 그러면서도 한편으로는 "친절한 손말대화를 통해…"처럼 '손말'이라고 하고[53] "건반에는 점글자가 표시되여있었고…"처럼 '점글자'라고도 한다. 무언가 쉬운 말로 바꾸려는 노력인 것이다. 아직은 여물지 않은 말이라고 해도 '손말'로 말하고 '점글자'로 읽는 데서 북한의 말다듬기뿐만 아니라 사회의 일면을 엿볼 수 있기도 하다.

북한은 범국가적으로 말다듬기를 추진하였다. 여기에서 많은 새말이 탄생하고 또 사라졌다. 어쩌면 아래의 한 단어에서 이 말다듬기의 본질을 느낄 수 있지 않을까 싶다.

바람방울

이 북한어의 정체는 '풍경'이다. 처마 끝에 매달려 푸른 하늘을 배경으로 맑은 소리를 내는 이 방울을 '바람방울'이라는 아름다운 이름으로 다듬어 쓴다.[54] 원래 말이 한자어라는 것이 다듬은 이유이고, 그 만든 말이 이해하기 쉬운 고유어라는 점에서 말다듬기의 본질을 보여주고, 나아가 새말이 제대로 정착하지 못했다는 점에서 말다듬기의 보편적 현실을 잘 보여주기도 한다. 그러면서도 한 가지 덧붙이고 싶은 것은 성패를 떠나 이런 말들이 "바람이 조금만 불어도 아름다운 소리를 내여 주위를 더욱 경쾌하게 하여줍니다"라는 설명처럼 우리말을 빛낸다는 점이다.

　말다듬기의 공과에 대한 의견은 백인백색으로 다를 것이다. 다만 얼마나 많은 말이 정착되고 사라졌는지 하는 결과만 평가 기준이 되어서는 곤란하지 않을까. 그보다는 거기에 담긴 언어문화를 주목할 필요가 있다. 사라지고 말지도 모르지만 '바람방울'은 우리말을 갈고 닦는 한 지표가 될 수 있다. 과도한 예일 수도 있겠지만 어쨌든 몽유도원도를 북한식으로 '꿈에 본 동산'이라고 하면 이해하기에는 쉽다.

　북한 사람들이 꼽는 남한어의 가장 큰 특징은 외래어를 너무 많이 쓴다는 것이다. 그들의 언어문화에서 보면 눈에 띌 수밖에 없는 특징일 것이다. 근래 출판 문화의 하나로 '오디오북'이 등장하였는데 어쩌면 북한어에 가면 '소리책'이 되지 않을까 싶기도 하다. 남북한의 언어문화를 곱씹어볼 때가 되었다.

1 1964년에 시작된 어휘 정리는 당 중앙위원회 정치위원회 결정서와 내각결정 채택을 거쳐 전 당직 전 국가적 사업으로 추진되었다. 김민수(1995ㄱ) 참조.

2 북한은 1949년 3월 한자를 폐지하고 모든 출판물과 국가 공문서들에서 한자 사용을 완전 금지하는 결정적인 조치를 취한다(전혜정 1987). 이와 별개로 한자 교육은 1953부터 실시하였고 특히 김일성은 1·3교시, 5·14교시에서 그 필요성을 분명히 언급하기도 하였다. 북한의 한자 교육은 김민수(1999), 국립국어원(1999) 등 참조. 같은 시기의 논저이면서도 북한의 교육용 한자 수가 전자에서는 3,000자, 후자에서는 1,020자로 다르게 제시되어 있으나 상당수의 한자 교육이 이루어지고 있음은 알 수 있다.

3 홍연숙(1973),『문화어학습』1995년 제4호 등 참조.

4 이는 국어의 자연스러운 쓰임에 따른 당연한 결과이기도 하다. '집짐승(가축), 달력(칼렌다)'처럼 기존의 말을 활용하는 경우까지 포함하면 남북한이 같은 말로 다듬는 예는 적지 않다.

5 한국교열기자회(1982) 참조.

6 5·14교시를 한 자리이다. 이 자리에서 김일성은 주시경의 가로쓰기에 대해서 관심을 보이기도 하였다(『문화어학습』1997년 제4호 참조).『주시경 유고집』은 1957년 북한에서 낸 책이다.

7 그리 일상적이지는 않아도 "경치를 부감하면서", "전국을 진감시키고", "꽃바구니를 진정하고" 등 '부감, 진감, 진정' 등 쉽지 않은 한자어도 심심찮게 쓰이는 말들이다. 각각 높은 곳에서 내려다보다, 울리어 흔들다, 드리다는 뜻인데, 흔히는 "경치를 감상하면서", "꽃바구니를 증정하고"라고 하면서도 이렇게 '부감하다, 진정하다'로도 종종 표현한다.

8 에어졸 헤어 스프레이를 '공기졸형머리칼고착제'라고 한다.

9 "교직원, 학생들에게 매일 차례지는 영양가 높은 고기겹빵을 받아 안고 감격에 눈시울을 적시던 김일성종합대학 학생들도…"(로동신문, 2002. 1. 4.). 이 예는 전수태(2002ㄴ:40)에서 재인용하였다.

10 물론 아직은 일상화된 문화가 아니어서 용어의 보편성은 단정하기 어렵다. 그 정착 양상은 좀 더 시간을 갖고 지켜보아야 할 일로 생각된다.

11 『조선말대사전』(2017)에 수록된 단어는 아니다. 잡지 등에서 이렇게 다듬은 말이 지속적으로 등장하는 것인데 이는 말다듬기가 여전히 진행 중임을 보여주는 것이기도 하다.

12 이 책은 1.학술용어와 일반어, 2.동식물이름, 3.벼, 과일 이름, 4.광물, 암석 및 고생물 이름의 4개 장으로 구성되어 있으며, 그중 1장이 전체의 95% 가까이 차지하며 그 대부분도 기계, 생물, 의학, 림학, 축산, 문예, 체육 등 학술용어들이다.

13 다만 대상 어휘에 대하여 어떤 정책 결정 과정을 거치는지는 불확실하다.

14 토막극 <열성독자>. [손쩐화]로 발음한다.

15 이를테면 육상 그랑프리는 '그랜드상륙상경기대회'처럼 표현한다.

16 이 말들은 성공한 예이다. 이와 달리 수면은 '물면'이라고도 하는데 이 경우는 '수면'이 여전히 일반적으로 쓰인다.

17 물론 항상 그런 건 아니어서 근래의 변이 코로나 바이러스는 '신형코로나비루스'라고 부른다.

18 이는 김일성의 1·3교시, 5·14교시에서 일관하여 흐르는 기조이다. 예를 들어 1·3 교시에서도 김일성은 "언어는 민족을 특징짓는 공통성가운데서 가장 중요한것의 하나"라고 하면서 남한과 다른 방향으로 문자 개혁에 나섰던 김두봉에 대하여 언어 문제를 민족 문제에 결부시키지 않았다고 비판한다.

19 1948. 5. 24. 연설 "문화인들은 문화전선의 투사로 되여야 한다". 『문화어학습』 창간호(1968) 3쪽 재록.

20 1946. 5. 30. 연설 "민주조선건설에서의 청년들의 임무", 『문화어학습』 창간호(1968) 3쪽 재록.

21 "청년일군들에게 주신 그이의 강령적교시"(로동신문, 1968. 8. 15.), 『문화어학습』 3호(1968) 2-3쪽 재록.

22 현실적으로 이것이 쉽지만은 않을 것이다. 아래 예처럼 북한의 한 백과사전의 경우 다듬은 말이 거의 반영되지 않기도 한다. "락엽성 교목이다. 높이는 20m 안팎이고 가지에는 한 쌍씩 쌍지는 큰 가시가 있다. 잎은 호생(互生)하고 9~19개의 소엽(小葉)으로 된 우상복엽(羽狀複葉)이다. 소엽은 란형(卵形)이거나 타원형이며 엽연(葉緣)은 전연(全緣)이거나 웃부분에 잔 톱니가 있다. 5~6월경 엽액(葉腋)에 총상화서(總狀花序)를 이루고 백색의 향기로운 접형화(蝶形花)가 많이 핀다."[『조선향토대백과』(2003) '아카시아나무' 항목] 우리 백과사전에서도 낯설지 않은 말들이지만 '우상복엽' 등 대단히 어려운 용어들로 점철되어 있다. 그런데 그 대부분은 북한에서 이미 '깃겹잎(우상복엽), 쪽잎(소엽), 어기나기(호생), 알모양(란형), 잎변두리(엽연), 잎가장자리(전연), 잎아귀(엽액), 송이꽃차례(총상화서), 나비모양(접형)" 등으로 다듬은 것인데 실제 이 사전에는 적용되지 않고 있는 것이다. 사전을 수정할 시간이 부족했는지, 아니면 집필자가 소홀했는지, 다듬은 말을 거부한 것인지 정확한 이유는 모르겠지만 어쨌든 다듬은 말을 출판물에 전면적으로 적용하는 것이 쉽지 않은 과제임을 시사하기도 한다.

23 김경희 선생에 따르면 실제 이러한 교육을 많이 하지는 않는다고 한다. 어느 정도 시대적 차이가 반영된 것일 수도 있다.

24 이 방식도 김일성이 5·14교시에서 제안한 것이다. 그런 만큼 이 지상토론은 매우 활발히 이루어져, 문영호(2002)에 따르면 1966년 하반년에만 166회, 이후 1976 년에 이르러 1,430여 회에 달했으며, 지속적으로 참여한 신문도 14종이었다고 한다. 민현식(2002)도 10여 년간 1,500여 건의 지상토론이 있었다고 언급한다.

25 『문화어학습』 1968년 3호(48쪽).

26 『문화어학습』은 언어생활 분야의 대중잡지(어학대중통속잡지)이다. 1958년에 『말과 글』이라는 이름으로 창간되어 일시 중단되었다가 1968년부터 『문화어학

습」으로 속간되었다. 1968년 2월 22일 조선로동당 중앙위원회 비서국 회의에서
그해 발행할 신문, 잡지, 도서 등을 검토하면서 김일성이 그 필요성을 제기하였고
이에 따라 불과 3개월 후에 창간호가 발행되었다. 분기별로 발행하였으며 내용에
서는 기본적으로『말과 글』과 같은 계통이면서 김일성의 1·3교시, 5·14교시의 언
어 이론을 구현하는 것으로 편집 방향을 잡았다고 하며, 구체적으로 김일성, 김정
일의 언어 관련 교시, 고유어, 새로 다듬어진 문화어 살려 쓰기, 띄어쓰기, 발음법
등 문법 지식을 그 내용으로 하고 있다. 1998년 1호부터『조선어문』과 통합되었
다. 이 잡지의 이름 '문화어학습'도 김일성이 지어주었다고 한다[본사기자(1998)
등 참조]. 구체적인 내용은 창간호의「《문화어학습》첫호를 내면서」, 그리고 합본
발행되기 시작한『조선어문』(1998. 1호)의 특집 "《문화어학습》창간 30돐에 즈음
하여"의 여러 글을 참조할 수 있다.

27 창간호에서는 각 기사문에서 다듬은 말을 소개하다가 2호부터 '말다듬기수첩' 난
을 따로 마련하여 다듬은 말을 소개하였다.

28 이는 남한도 비슷한 면이 있어 현재『표준국어대사전』은 순화어를 올리고 있다.
또 표준어, 비표준어를 밝혀 규범성을 제시하는 것도 같은 맥락이다. 즉 비표준어
는 표준어로 가라는 안내를 하고, 더 이전에는 조선어학회의『큰사전』도 비표준어
에 일일이 '〔' 표시를 달았다. (예)『표준』백말(白-) [명] →백마.『큰사전』
〔개고리 [이] =개구리.

29 이쯤 되면 원피스를 '외동옷', 투피스를 '동강옷'이라고도 한다(월간 민족21,
2004, 235쪽)는 것은 거의 무의미한 이야기가 된다.

30 사전상으로 '창문보'는 '창가림'과 동의어이다. 다만 김경희 선생은 출입문에 다
는 '문보'와 같은 뜻이라고 한다. '문보'는 사전상으로 문에 다는 천이기도 하고
'창가림'의 뜻이기도 한데 역시 김 선생은 문에 다는 천으로 이해하였다. 이 말은
"해볕이 들지 않도록 문가림보를 내리웠다"(먼 길)처럼 아직 사전에도 오르지 않
은 새말로까지 확장되고 있는데 이 경우 창가림에 가까운 뜻으로 여겨진다. 이렇
게 보면 '창가림, 창문보, 문보' 등의 의미가 다소 불명확해 보이는데 그 자체로 의
미가 겹치기도 하고 지역이나 화자에 따른 차이가 있을 가능성도 있어 보인다.

31 '다치다'는 "손끝 하나 다치지 못한다"에서처럼 건드리다는 뜻이다. 북한어에서
는 좀 더 활발하게 쓰여 "다치면 팽팽한 고무공처럼 튀어오를것 같은 탄력"(먼 길)
등 다수의 예를 볼 수 있다.

32 『다듬은 말』(1986)에 '출입문-나들문'은 없으나 기계 용어로 '출입문정-나들문
꼭대기'가 있다.

33 이런 점에서 '팔두머리살(이두박근), 그림버티개(이젤), 두알성(이란성)' 등 현재
사전에는 올라 있는 말이라도 실제 쓰임이 어느 정도일지는 의문스럽기도 하다.

34 이러한 수법을 '바꿔쓰기'라고 한다(문영호 1968).

35 이 점에서 왜 '크림'에 '보숭이'를 대응시켰는지 의문이 제기되기도 한다.

36 박상훈·리근영·고신숙(1986:38) 참조.

37 최정후(1990:61) 참조.

38 조정순 외(1990) 인용.

39 '겹과자'는 두 개의 판 가운데 소를 바르고 맞붙여 만든 과자이다. '꽃과자'는 여러 가지 색깔이나 무늬를 놓아 곱게 만든 과자이다.

40 오직 기름만으로 만든 크림은 '기름크림'이다.

41 "지금 남조선멋쟁이들은 영어와 일본말을 망탕 섞어쓰면서 우리 말을 못쓰게 만들고있습니다"(1·3교시)와 같이 김일성은 교시 곳곳에서 일본말 쓰기에 대한 부정적 인식을 표명한다.

42 리창선(1968), 「새로 고친 사과이름을 놓고」, 『문화어학습』 창간호, 34쪽.

43 『다듬은 말』(1986)에서 '뽐프식샤프'를 '누름(식)샤프'로 다듬을 때까지만 해도 '샤프'는 용인되는 말이었다고 할 수 있다. 『조선말사전(학생용)』(1994)에도 '샤프연필/샤프펜슬'이 등재되어 있다(양명희 2002:29). 그것이 이후 『조선말대사전』(2006, 2017)에 와서 '수지연필'로 바뀌었다.

44 네덜란드어 'kop'에서 일본으로 들어와 전해진 말이다.

45 '삭도'는 1910년대부터 용례가 보이는 단어로 일제 강점기 때 일본어에서 들어온 말이다. 이한섭 외 (2012) 참조.

46 국어문화운동본부(회장 남영신)가 국립국어연구원과 공동으로 수행한 '철도청 국어 개선 사업'(1999년)에서 처음 제안한 말이다. 이 말은 철도청의 공식 용어로 채택되어 적어도 기차역의 안내 방송 등에서는 보편화되었다.

47 이 말은 『다듬은 말』(1986)에서 '입술연지'로 다듬은 것이나 『조선말대사전』(2017)에는 '입술연지'와 함께 규범어로서 등재되어 있다.

48 예를 들어 축구, 권투, 농구, 배구 등 체육 분야 용어로서 '레퍼리(주심), 코너키크(구석차기), 옵사이드(공격어김), 프리키크(벌차기), 꼴키퍼(문지기), 복스(시작), 케이오(완전넘어지기), 다블파울(서로반칙), 쌍프볼(심판공), 써클(중앙선), 네트타치(그물다치기), 네트오버(그물넘기), 토스(생기기, 튀기기)' 등을 국제 공용어로서 그냥 쓴다고 선언한다[조선말 띄어쓰기규범(2000) 부록]. '레스링, 바드민톤, 마라손, 골프, 스키, 스케트, 스퀴시' 등 종목명도 마찬가지 예들이다. 그러면서도 '활쏘기(양궁), 예술체조(리듬체조), 탄력망(트램펄린)' 등 다듬어 쓰는 예도 여전히 많다.

49 북한은 국가대표팀을 '종합팀'이라고 하며, 감독은 '총감독', 우리의 코치는 '감독'이라고 한다.

50 북한의 조선중앙TV 뉴스를 인용한 KBS 북한리포트 2001. 3. 15. 방송.

51 이 사전에 의외로 '방패샘'이 올라 있지 않은데 같은 뜻의 다른 말은 결국 대중의 혼란으로 이어질 수밖에 없을 것이다.

52 『다듬은 말』(1986)에서 제시하는 말은 '소경'인데 실제로 받아들여지지는 않고 있다.

53 『다듬은 말』(1986)에서 제시된 말인데 『조선말대사전』(2017)에서는 오히려 '손짓말, 손짓어, 손짓언어'가 제시되고 있다. 다만 근래의 쓰임에서는 '손말'이 주로 보인다.

54 <풍경>이라는 제목의 영화에서 아이가 "엄마, 나 저 방울 달라요"라고 떼쓰듯이 북한에서는 종보다는 방울로 인식하는 것으로 보인다.

제5장

지역에서 찾은 말들

KBS 통일전망대의 「북한말 한마디」 코너에서 '께끈하다'가 무슨 뜻일까요라고 물으니, 깨끗하다, 피곤하다, 개운하다, 까칠하다 등 온갖 답이 나온다. 이는 더럽다는 뜻의 북한어이다. "가쯘한 이발"이 가지런한 이빨이라는 것도 짐작하기 쉽지 않다. 이 말들은 함경도 등 지역의 방언을 문화어로 올린 예들이다.

'별꼬니'는 다이아몬드 게임이다. 흔히 '별꼰니'라고도 한다는데 이 말 역시 '고누'의 방언인 '꼬니'를 이용하여 별 모양 놀이판에서 하는 고누라는 식의 새말을 만든 것이다.

['별꼬니' 놀이를 하는 모습]

이렇게 북한은 말다듬기 사업을 하면서 많은 방언을 문화어로 삼았다. 문화어를 구축하는 과정에서 각 지역의 말을 대폭적으로 받아들인 것이다.[1] 대표적인 예가 '강냉이'이다. '옥수수'는 사라지고 '강냉이'가 그 자리를 대신한 것이다. '게사니'도 대표적인 말로서 문화어로 승격하여 '거위'를 대신하였다.

한 가지 말해 둘 것은 이것이 곧 방언을 아끼고 지키는 정책은 아니라는 점이다. 문화어 정책의 본질은 사투리 안 쓰기 정책이다. 김정일이 사투리로 대화하는 학생들의 잘못을 직접 지적하기도 하듯이 사투리 대신 평양말을 중심으로 한 공통어를 쓰자는 것이 문화어 정책의 기본 방향이다.[2]

『문화어학습』(1994년 제2호)에 '왜 소동을 피웠는가?'라는 제목의 짧은 이야기가 실려 있다. 따뜻한 봄철, 학생들이 산으로 나무 뜨는 작업을 가게 되었다. 그 전날 학습반장동무는 조원들에게 삽, 각지, 새끼, 가마니 등을 준비해 오라고 역할을 분담시켰다. 그런데 다음날

'각지'는 안 가져오고 갈퀴만 가져와서 한바탕이 소동이 일어났다는 것이다.

문화어에서 이 말은 갈퀴를 뜻한다. 그런데 함경도 방언에서는 괭이를 가리킨다. 함흥에서 전학온 반장은 괭이를 가져오라는 뜻으로 '각지'를 가져오라고 한 것인데 다른 아이들은 갈퀴로 알아들은 것이다. 요점은 반장이 사투리를 안 쓰고 문화어로 '괭이'라고 했으면 소동이 나지 않았을 거라는 것이다.

지어낸 이야기인지 모르겠으나 이 짧은 이야기는 문화어 정책의 방향을 잘 보여준다. 1963년 김정일이 언어생활에서 문화성을 높이자면서 사투리를 쓰지 않도록 해야 한다고 하였듯이 그 정책의 방향은 각 지역마다 다른 말을 하나의 공통어로 통일시키겠다는 것이다.

그래서 북한은 다양한 방식으로 사투리 대신 문화어 쓰기를 지속적으로 홍보해 왔다. 따라서 정책적으로 많은 방언 어휘를 문화어로 올린 것은 어디까지나 '문화어'를 위한 것이지 '방언'에 초점이 있는 것은 아니다.

그렇긴 해도 방언을 문화어로 올린다는 자체가 방언의 가치를 중시하는 것이기도 하다. 특히 대중이 널리 쓰는 말을 문화어로 삼음으로써 민족성과 주체성을 발양시킬 수 있는[3] 장점도 있다. 그래서 김정일은 아래와 같이 말하기도 한다.[4]

> 우리 나라의 여러 지방에서 쓰이는 방언에는 표준말과 맞지 않는 비문화적인 요소도 있지만 표준적인 말에는 없는 고유한 우리 말 어휘도 있으며 우리 민족어의 고유성과 합법칙적인 발전과정을 보여주는 언어자료도 있습니다.

방언에도 좋은 말이 많으니 잘 찾아 쓰자는 것이다. 사실 문화어 정책에서 서울말이 아닌 평양말을 표준으로 삼는 순간 그들 지역에서 새로운 말들을 선정해야 한다. 이미 표준어가 상당히 보급되어 있던 60년대 북한 사회는 그 과정에서 그들 지역어를 새삼 돌아보게 되었을 것이다. 그리고 북한 각 지역의 말들이 문화어로 선발되기 시작한다.[5]

'게사니(거위), 망돌(맷돌), 까박(말트집), 자짠지(장아찌), 강보리밥(꽁보리밥)'이 문화어가 되고 오늘날 대중 속에 정착하게 된 것은 이런 흐름에서 볼 때 자연스러운 결과이다. 물론 '개체없다(채신없다), 무리(우박), 점도록(오래도록)' 등 적지 않은 말들이 제대로 정착못하기도 한 것은 별개의 문제이다.

이 장에서 이 방언 올리기에서 등장한 말들을 보고자 한다. 이 말들은 북한 지역의 방언에서 온 말이다 보니 남한 화자들로서는 앞의 다듬은 말만큼이나 낯선 세계로 들어서는 느낌일 것이다.

5.1. 방언에서 고른 문화어

다음 짧은 한 문장에서 낯선 두 단어 '망'과 '농마'를 볼 수 있다.

> 묵은 메밀, 록두, 도토리, 강냉이 등을 **망**에 갈아서 걸어낸 **농마**를 끓여서 식힌 음식이다.

'망'은 무엇일까. 무언가 걸러내는 망이라고 생각해서는 이 문장의 의미가 통하지 않는다. 이는 맷돌이다. 맷돌에서 '매'는 곡식 가는 기구인데 이에 해당하는 북한 지역의 방언이 '망'이다. 이 말이 문화어에 더해졌다.

그래서 북한에서는 매돌, 매돌질이라고 하면서도 '망돌, 망돌질, 망질'이라고도 한다.[6] "록두는 물에 불구었다가 껍질을 벗기고 물망질한다"라고 하면 물과 함께 가는 맷돌질이라는 것을 짐작할 수 있을 것이다. '농마'도 방언이 승격된 예로서 녹말을 가리킨다. 북한에서 유명한 국수가 농마국수인데 감자 등의 녹말을 눌러 만든 국수이다.

아래에서 '지지개'도 북한 지역의 말이 문화어가 된 것이다.

> 잠에서 깬 옥영이는 코를 벌름거리더니 《아유 큰일났네, 지지개!》
> 하며 정신없이 부엌으로 뛰여나가려 했다. 나는 옥영이를 붙들었다.
> 《지지개는 내가 꺼내놓았다.》
> 순간 그의 얼굴은 근심과 걱정, 미안함으로 울상이 되였다.
> 《다 탔나요?》
> 《일없다.》 (리희경 <한 녀성의 수기>)

'지지개'는 곧 찌개이다.[7] 어린 딸이 어머니가 올 시간에 맞추어 찌개를 불 위에 올려놓았다가 그만 잠이 든 것이다. 지지개를 두고 모녀의 정이 느껴지는 장면이다.

'답새기다'도 방언에서 올라온 말로서 생소한 말이다. "범을 답새기였다"라고 하면 남한 화자로서는 도대체 범을 어떻게 했다는 것인지 쉽게 짐작하기 어렵다. 이것은 용감하게도 호랑이를 때렸다는 뜻이다. '답새기다' 또는 '답새다'는 이 예처럼 물리적으로 때리거나 "적들을 한바탕 답새기였다"처럼 전쟁터에서 적을 맹렬하게 공격하는 의미로 자주 쓰인다. 꽤 부정적 어감이어서 일상 대화에서는 많이 안 쓰이고 글말에서 종종 볼 수 있는 말이기도 하다.

우리는 이런 예들을 더 볼 것이다. 그에 앞서 한 가지 오해하지 말아야 할 점은 그 예만 북한어라고 생각하는 것이다. 이를테면 찌개를 '지지개'라고 한다고 하면 '남한은 찌개, 북한은 지지개'처럼 단순화하는 것이다. 그러나 북한 사람들도 대부분 '찌개'라고 한다. 지지개라고 하면 오히려 모를 수도 있는 것이다.

앞서 KBS에서 '께끈하다'를 물어 보았지만 북한 사람이라고 하여 이 말을 다 아는 것도 아니다. '가쯘한 이발'도 '가지런한 이발'이라고 하는 게 일반적이다. 김 선생에게 북한의 장편소설 <그들의 운명>에 등장하는 아래 예들을 물어 보았더니 '눈꼬치'를 제외하고 모조리 '안 쓰는' 말이라고 한다. 괄호 속 말이 흔히 쓰는 말이라는 것이다.

> 가슴이 자꾸만 **활랑거렸다**. [몹시 두근거렸다]
> 목갈린 소리로 **다우쳐** 물었다. [다그쳐]
> 집안팎이 잠들어버린 **재밤중**에 감쪽같이 대문을 열고 사라지고말가? [한밤중]
> **허줄한** 작업복이 별스레 후줄근해보이고… [초라한]
> 한줄로 **주런이** 앉아… [나란히]
> 더 **바쟬것**도 없었다. [머뭇거릴][8]
> **눈꼬치**라도 떨어질것처럼 찌뿌듯이 흐린 음산한 날에… [성글게 내리는 눈 조각]
> 웃층의 많은 굴들에 **내굴**이 찬 뒤에야 화재를 알아차렸다. [연기]

소설에도 등장하는 말이니 북한에서 '안 쓴다'는 것은 지나친 말이겠지만 그만큼 보편적이지는 않은 것이다. 사실 방언에서 문화어가

213

된 말들은 '내굴(연기), 주런이(나란히), 상기(아직), 가마치(누룽지), 고매끼(대님), 숨을내기(숨박곡질)' 등처럼 기존의 표준어와의 대결에서 대체로 열세를 면치 못한다.

고깃국을 북한어에서 '고기마룩'이라고 한다는 것도 꽤 유명한 예이지만 현실적으로는 '마룩'이 아니라 그냥 '국물'이라고 한다. '고매끼'는 말할 것도 없고 '대님'도 잘 안 쓰고 그저 '발목끈'이라고 한다니 어느 정도 개인차를 고려한다고 해도 방언이 메이저리그에 진입하는 것이 쉽지 않다고 할 수 있다. 원래 일부 지역에 국한되어 쓰던 말이니 이는 당연한 일이기도 하다. 그래도 이들은 문화어인 만큼 언제든 북한어에서 만날 수 있는 말이기도 하다.

▌인차 편지를 하여라

다음 예들의 뜻을 짐작해 보자.

그곳에 가면 **인차** 편지를 하여라.
약을 **망탕** 쓰지 말아야 한다.
도끼를 **우정** 물속에 빠뜨렸습니다.

이 '인차, 망탕, 우정'은 방언에서 승격하여 널리 쓰이는 대표적인 부사들이다.[9] '북한어다운' 부사 3종 세트라 할 만하다. '인차'는 곧, '망탕'은 함부로, '우정'은 일부러의 뜻이다. 빨리 오라는 독촉에 '인차' 간다고 대답을 하며, 임신했을 때는 약을 '망탕' 써서는 안 되고, 마음씨 고약한 부자는 금도끼, 은도끼를 얻으려고 자기 쇠도끼를 '우정' 연못에 빠뜨리는 것이다. '망탕'은 표준어이기도 하지만 잘 쓰이지는 않아 북한어 특유의 말로 인식되는 말이다. 『큰사전』에도 오르

214

지 않았었다.

'인차'와 비슷한 말로 '인츰'도 있다. "학생들도 인츰 보였다", "이 회사의 약들은 먹은후 인츰 반응이 나타나는데" 등 활발히 쓰이는데 구어체라는 특징이 있다.[10] 이 두 말은 그래서 쉽게 뒤섞여 쓰이기도 한다. 한 드라마에서 기차를 타려는 처녀한테 철도원처럼 보이는 중년 남성이 고장난 수도꼭지를 좀 눌러 달라면서 아래와 같이 말한다.

> 내 **인차** 갔다올테니 이걸 좀 누르고 있으라구, 응. 내 **인츰** 갔다 오지. (마음씨 고운 길손들)

그래도 이런 말들은 한계도 있다. '우정'이니 '인차, 인츰'이니 하는 말들이 그리 많이 쓰이지는 않는다는 것이다. '일부러'나 '곧, 금방' 등이 우리에게 자연스럽듯이 북한 사람들도 마찬가지인 것이다.

아래 말들은 더욱 그렇다. 북한어 연구서에서 종종 언급되던 것이기는 하지만 김 선생은 '단꺼번에' 정도 외에는 알기는 해도 많이 쓰이는 말은 아니라고 한다. 어쨌든 이들은 언젠가 만날 수 있는 말들이기에 문학 작품에서 한번 용례를 골라 보았다.[11]

> 서상벌의 사래긴 밭들에는 어느새 나물캐는 녀자들이 **한벌** 덮이였었다.
>
> 할머니는 어쩔바를 몰라 **연송** 혀를 찼다.
>
> 아이들은 온갖것을 **단꺼번에** 묻기 시작했다.
>
> 세상으로부터 **허양** 버림을 받고 나떨어진것 같았다.

'한벌'은 어떤 공간에 사람 등이 가득히 찬 모양을 뜻하고 '연송'은 연방이라는 뜻의 말이다. '단꺼번에'은 단번에 몽땅, 즉 한꺼번에라는 뜻이다. '허양'은 여러 가지 뜻이 있는데 위 예에서는 '맥없이 그냥' 정도의 뜻이라고 할 수 있다. 그 외 "허양 몸을 날리다"라고 하면 '거침없이 그냥' 몸을 날렸다는 뜻이고, "한 달의 절반은 허양 달아나다"라고 하면 '남는 것 없이 깡그리'라는 뜻이다. 다양한 뜻이 있는 만큼 북한어에서 종종 쓰이는 말이다. 아래 예는 '곧바로 손쉽게'라는 뜻으로 쓰인 예이다.

> 아저씨, 우리 32명은 아저씨와 바줄당기기를 하였는데 아저씨 혼자서도 우리 32명을 **허양** 물리치고 단연 이기였습니다. 그래서 아저씨를 아주 존경합니다. (한 녀성의 수기)

어쩔 수 없이 남한 화자들에게는 생소한 말들일 수밖에 없다. 각 지역어에서 문화어가 된 이런 말들은 북한어를 넘어서 우리말의 또 다른 세계를 보여 준다.

▌그쯘히 갖추어놓고

'그쯘하다'는 매우 자주 등장하는 말이다. 보통 '그쯘히'라는 부사로 잘 쓰인다.

> 방들마다에는 쏘파, 침대, 책장, 책상, 의자를 비롯한 가구와 비품들이 **그쯘히** 갖추어져있었다.
> 교육설비들이 **그쯘히** 갖추어진 교실들…
> 우리의 손으로 만든 첨단설비들을 **그쯘하게** 갖추어놓았는데…

216

바로 짐작했겠지만 여기에 쓰인 '그쯘히, 그쯘하게'는 '빠짐없이' 정도의 뜻이다. 물론 '충분히 갖추다'라고도 하지만 특히 '그쯘히 갖추다'는 북한어에서 즐겨 쓰는 표현이다.

▌ 외할미 술도 눅어야 사먹는다

이는 북한 속담이다. '눅다'는 값이 싸다는 뜻으로 '싸다'와 함께 북한어에서 널리 쓰이는 말이다. 이 속담은 외할머니처럼 아무리 가까운 사이라도 비싸면 안 산다는 것이다. 그리고 보면 경제 심리는 여기나 저기나 다를 바 없다. 이 말은 "눅은 데 패가한다"[12]는 속담처럼 남한 사전에도 있기는 하지만 실제 쓰임은 거의 없다. 그러기에 이 '눅다'는 북한

[창광상점의 한 모습. 금수 16. 3.]

이나 중국 동포 사회에서 쓰이는 특유의 어휘로 인식되고는 한다.

> **눅은** 값으로 군고구마를 사서 맛보며…
> 20여개의 매장들에 질좋고 **값눅은** 600여가지 국내산상품들을 가득 쌓아놓고…

속담은 남북한 간에 조금씩 다르기도 한데, 특히 이렇게 방언에 기인하는 경우가 꽤 있다. "번개불에 콩 닦아먹겠다"도 그런 예이다. '닦다'는 '볶다'의 동의어로서 방언에서 승격한 말이다. '닦은깨'는 곧 볶은 깨이다.

▌ 모대기는 밤

한 여의사가 홍역 치료제를 개발하겠다고 나섰다. 그러나 연구는

계속 실패하고 자식들은 집안일에 소홀한 어머니에게 불만을 토로하
니 잠을 이루기도 어려운 심정이다.

그날밤 그는 온밤 **모대기였다.**

'모대기다'의 뜻을 이 여의사의 처지를 통해서 어느 정도 짐작할 수
있을 것이다. 번민 따위로 몸을 이리저리 뒤틀며 괴로워하는 모습을
가리킨다. 일상생활에서 그리 많이는 안 쓰인다고 하는데 글에서는
자주 볼 수 있는 말이기도 하다.

유사한 의미의 단어로 '윈심'이 있다. 혼자 속으로 마음 졸이는 것
을 말한다. 농장원은 좋은 품종을 얻기 위하여 '윈심'을 쓰고, 가정주
부들은 좋은 김장 재료를 구하기 위해 '윈심'을 쓰고는 한다.

가정주부들이 김치를 담글 배추와 무우, 고추가루, 마늘과 같은 음
식감들을 제일 좋은것으로 준비하기 위해 적지 않은 **윈심**을 쓰군 합
니다.

▌ 노래소리에 귀를 강구고

이러한 방언 어휘들은 생소하지만 문맥을 통해 눈치껏 짐작할 수
있기도 하다. 아래 두 말의 뜻을 한번 추측해 보자.

그제서야 그는 록음기에서 울려나오는 은은한 노래소리에 귀를 **강
구었다.**

낡은 작업질서를 **마스고** 비약하는 시대에 알맞는 새로운 작업방
식이…

218

짐작한 대로(?) 귀를 '강구다'는 귀를 기울인다는 뜻이다. '기울이다'만큼 일상적인 말이다. 두 번째는 낡은 작업 방식을 혁신하여 새로운 방식을 도입한다는 것으로 '마스다'는 부수다 또는 깨다는 의미이다. "모조리 마사지고"처럼 '마사지다'도 잘 쓰이는 말인데 물론 부서지다는 의미이다. 단 '부수다'나 '부서지다'가 더 일반적으로 쓰이기는 한다.

'기울이다, 부수다'가 있는데 굳이 이 말들까지 문화어로 올릴 필요가 있나 싶지만 각 지역어가 소외되지 않고 우리말을 풍요롭게 하는 장점도 있을 것이다. 우리도 복수 표준어로서 지역어를 많이 올리자는 의견들이 있는데 귀를 '강구어' 볼 만한 일이다.

▌왜서인지

김정은은 연설할 때 "왜서인지 류례없이 간고했던 이해에 맞는 당창건절은…"처럼 '왜서'를 곧잘 사용한다. 『우리말샘』은 이 '왜서'를 '왜 그래서'가 줄어든 북한어라고 소개한다. 위 김정은의 말도 "왜 그래서인지…"로 바꾸어 보아도 크게 어색하지 않다.

그런데 『조선말대사전』(1992)에서는 '왜 그래서'의 준말이라고 하였다가, 『조선말대사전』(2006, 2017)에서는 '왜'의 동의어라고 한다. 즉 '왜서인지'는 '왜인지'로 바꿀 수 있는 말이 된다. 북한 사전의 이 미묘하지만 새로운 뜻풀이에 기대면 '왜서'는 방언이 승격한 말로 볼 수 있다. 남한에서도 강원도 등 지역에 따라 '왜서'라고 하는데 이 북한어 '왜서'도 같은 맥락에서 이해할 수 있을 것이다.

특이하게도 김 선생은 이 말을 '정치 용어'라고 표현한다. 대중의 일상보다는 정치인들의 연설 등에서 많이 보는 말이라는 뜻일 것이다. 아마 정치적 말하기의 관습적 표현일 수도 있고 그래서 김정은의 연설에서 곧잘 등장하는 것일지도 모른다.

　방언에서 문화어가 된 말은 특히 우리에게 생소할 수밖에 없다. 물론 우리말이니까 문맥을 통해서 짐작할 수도 있고, '도루메기(도루묵)'처럼 음상이 비슷하면 짐작할 수도 있지만, '오그랑죽'처럼 설명 없이는 알기 어려운 것도 많다. 동지 팥죽에 넣는 새알심을 북한어에서 새알심이라고도 하지만 '오그랑이'라고도 한다. 그 오그랑이를 넣고 끓인 팥죽이 오그랑죽이다. 또 모양이 동그랗다고 해서 새알심을 '동그랭이'라고도 하는데, 역시 그걸 넣어 끓였다고 해서 '동그래죽' 또는 '동그랑죽'이라고 한다. 주로 감자가 많이 나는 함경도, 양강도 지방의 겨울 음식이다. 경기도 방언에서도 동그래미죽이라고 하니 남북한 모두 통하는 말이지만, 대부분 남한어 화자에게 낯설고 북한 주민들도 처음에는 다른 고장의 이 말들이 꽤나 생소했을 것이다. 그러면서 남한에서 '옹심이'가 보편화되어 가듯이 점점 익숙한 말이 되었을 것이다.

　우리도 그런 심정으로 북한어들을 익혀나갈 수밖에 없다. 문제풀이 하나 해 보면서 이 절을 마치기로 한다. 아래 예문의 단어 뜻을 짐작해 보자. 방언에서 올라온 문화어지만 북한 사람들이 익히 아는 말로 골랐다.

1. 이건 헤여지기 **아수해서** 그러는 거야.
   ① 미안해서　　　　　　　② 서운해서

2. **사품치며** 흐르는 강물에 나는 제일 먼저 첨벙 들어…
   ① 세차게 흐르다　　　　② 가볍게 일렁이다

3. 의자를 밀치는 **아츠러운** 소리…
   ① 날카롭고 듣기 싫은　　② 낮게 들리는

4. 교재들마다에는 그의 땀배인 노력과 열정이 **슴배여**있었다.
   ① 스며들여 배어　　　　② 숨어

5. 그늘아래에 사람들이 모여 벅적 **고아대고**있었다.
   ① 큰 소리로 떠들고　　　② 어울려 놀고

6. 우릉은 순간이나마 설레이던 마음을 **눅잦히고** 무술터로 돌아갔다.
   ① 감추고　　　　　　　② 누그러뜨리고

7. 심사자들은 탁우에 놓인 사과, 복숭아, **추리**를 비롯한 올과일들을 맛보았다.
   ① 자두　　　　　　　　② 딸기

8. 비내리는 산속에서 **줴기밥**을 먹어야 할 때도 있었다.
   ① 식은 밥　　　　　　　② 주먹밥

　　1. ② '아수하다'는 서운한 느낌이다. 『우리말샘』은 이 말을 북한어로 딱 규정해 놓고 있지만 사실 분단 전 이미 전국적으로 쓰이던 말이기도 하다.[13]

　　2. ① 18살 소년이 두만강에 뛰어드는 모습을 묘사한 탈북 수기의 한 구절이다. '사품치다'는 강물 따위가 세차게 흐르는 것을 뜻한다. "장마비에 한껏 불어난 강물이 급류를 이루어 사품치며 흘러가고있었다"와 같은 예에서 그 뜻을 쉬이 짐작할 수 있다.

　　3. ① '아츠럽다'는 신경을 몹시 자극하는 날카롭고 듣기 싫은 소리

의 느낌이다. 뭔가 바닥에 강하게 긁혀 신경에 거슬리는 소리가 날 때를 떠올리면 된다.

4. ① '슴배다'는 조금씩 스며들어 안으로 배다는 뜻이다. 이 예문처럼 노력 따위가 깃들어 있다는 뜻으로 종종 쓰이는 말이다. '슴배이다'라고도 하는데 이 예문의 '슴배여'는 그중 어느 말인지는 알 수 없다. 북한어의 표기법상 둘은 동일하게 적히기 때문이다.

5. ① '고아대다'는 큰 소리로 시끄럽게 떠들다는 뜻이다. "술에 취해 고아대던 여러명의 젊은이들"이라고 하면 좀 더 뚜렷이 와 닿을 듯하다. '떠들다'가 주로 쓰이는 말이지만 '고아대다'도 종종 쓰이는 말이다. '벅적'은 벅적거린다고 하는 것처럼 그러한 모양을 가리키는 부사이다. 이는 표준어이기도 하다.

6. ② 설화 속의 우릉이라는 총각이 아름다운 처녀를 만난 감정을 다독이며 무술 훈련에 전념하는 장면이다. '눅잦히다'는 설레는 마음이나 흥분 따위를 누그러뜨리는 것을 말한다.

7. ① 어느 한 농촌 지역의 '올과일맛품평회'의 한 장면이다. 이 과일들은 북한의 집단농장에서 주로 생산하는 품종의 일종으로서 그중 '추리'는 자두를 뜻하는 말이다.

8. ② '줴기'는 주먹의 방언이다. 그러니 '줴기밥'은 주먹밥이다. 주먹구구로 하는 흥정을 '주먹흥정'이라고 하는데 그 평안도 방언이 '줴기흥정'이다. "주먹밥을 먹으며"처럼 '주먹밥'도 쓰인다는 것도 기억할 필요가 있다.

문화어에는 방언에서 올라온 다양한 말들이 있다.[14] 낯선 말들이기는 하지만 그만큼 관심을 기울일 필요도 있다. 때로 그 말들에 대한 보다 섬세한 접근도 필요하다. 예를 들어 북한어는 '다듬이질' 대신 '방치질'이라고 한다. 방언에서 승격한 문화어 인데 그 뜻에 다소 차이가 있다. 즉 보통의 다 듬이질뿐만 아니라 빨래하는 방망이질까지 도 방치질이라고 하는 것이다. 그래서 김홍도 의 <빨래터> 그림에 대하여 북한어는 "맑은 시내물이 소리치며 흐르는데 두 녀인은 그에  화답하여 방치질소리높이 빨래를 다그치고 있으며"와 같이 묘사하는 것이다.

5.2. 방언의 거리

앞 절에서 보았듯이 방언에서 올라온 문화어는 꽤 낯설다. 하지만 그렇다고 해서 꼭 그들만의 말일 거라고 단절감을 느낄 필요는 없다. 강원도가 남북에 걸쳐 있듯이 방언은 얼마든지 휴전선 너머로 걸쳐 있을 수 있다. 앞서 '눅다'도 그렇고, '망, 망돌' 역시 강원도 방언이기 도 하다. "아이, 쓰거워!"라고 하면 맛이 쓰다는 것인데 이 '쓰겁다'는 함경도 방언이 문화어가 된 것이기도 하지만 강원도 지역에서 '씨겁 다'로 흔히 쓰이는 말이기도 하다.

북한의 보도 사진이나 영상을 보면 군중들이 깃발을 흔들며 감격에 겨워 소리치는 장면을 자주 볼 수 있다. 때로는 눈물까지 흘리기도 한 다. 다분히 전체주의가 오버랩되는 장면인데 이럴 때 잘 어울리는 말 이 '터치다'이다.

인민들이 심장으로 **터치는** 사회주의만세소리가 높이 울려퍼졌다.

이는 터뜨리다는 뜻으로 "대성통곡을 터치며", "감격을 터치고" 등 자주 사용하고 특히 "원수님을 우러러 폭풍같은 만세의 환호를 터쳐올렸다"처럼 선동적 표현에 약방의 감초처럼 등장하고는 한다. 그 낯선 사회 모습만큼이나 이 '터치다'는 그야말로 '북한어다운' 생소한 말로 느껴지지만, 경남, 전남 등 남한의 일부 지역의 방언이기도 하다.[15]

이 정도가 아니라 어떤 경우는 남한 지역의 방언이 채택되기도 한다.[16] 상추를 대신한 '부루'도 그렇고 달걀을 대신한 '닭알'도 남한 지역의 방언인 것이다. 더 넓게 보면 '고추, 어머니' 등도 평양말 '고초, 오마니'가 아닌 분단 전 표준어가 이어진 것이니 결과적으로 '전국'의 방언이 북한의 문화어로 자리 잡고 있는 셈이다. 이렇게 방언에서 올라온 북한어가 먼 말이 아니라는 점을 기억할 필요가 있다.

▮ 우리 글을 보기 헐하게 하려면

'헐하다'는 일단 남북한 모두 값이 싸다는 의미를 기본으로 한다. 그런데 북한어에서 일 따위가 '쉽다'는 의미로도 많이 쓰인다. 북한의 규범집은 "우리 글을 보기 헐하게 하려면 띄여쓰기를 잘 규정하여주는것이 중요합니다"라는 김일성의 말을 인용해 놓고 있는데 이 '헐하게'는 곧 쉽다는 뜻이다. 물론 일반적으로 쓰이는 말은 '쉽다'이지만 이 '헐하다'도 여전히 살아 있는 말이고 그래서 둘이 한 문장에서 어울려 쓰이기도 한다.

울음으로밖에 의사를 표현하지 못하는 아기들을 녀성도 아닌 남성인 그가 돌본다는것은 말이 **쉽지** 정말 **헐한** 일이 아니었다.

▌두리에 뭉쳐

북한어를 소개하는 글이나 언론 기사 등을 보면 대표적인 사례로 등장하는 말이 '두리'이다. 이는 '둘레'의 방언이 문화어가 된 것이다.

> 청년학생들의 야회는 위대한 당중앙의 **두리**에 천겹만겹의 성벽을 이루고…

이 말은 일상생활보다는 "장군님의 두리에 굳게 뭉쳐…"처럼 김씨 일가를 추종하는 데 빈번히 쓰이다 보니(이 경우에는 '둘레'가 아니라 꼭 '두리'라고 한다) 일종의 정치 용어처럼 인식되기도 한다.[17] 그래서 더욱 북한 특유의 말처럼 소개되고는 하지만 남한어에 없는 말도 아니다. '둘레'의 비표준어로서 잘 쓰이지 않을 뿐이다.

▌배워주고 배우고

일곱 살짜리 '바둑명수'에게 기자가 어떻게 바둑을 그리 잘 두냐고 묻자 "우리 선생님이 배워주었습니다"라고 답한다. 가르치는 것을 '배워주다'라고 하는 것이다. 아래는 한 드라마(꽃은 이미 받았어요)에서 아버지와 아들이 대화하는 장면이다.

> "야, 꽃다발. 아버지, 나 이번 학과경연에서 1등한거 아나요?"
> "알구말고! 네 엄마보다 아버지 머릴 닮았으니 1등할수밖에 없지."
> "아버지, 이 꽃다발 날 주려구 가져왔나요?"
> "너보다 널 **배워준** 선생님한테 드려야지."

이 '배워주다'는 평안도 등 일부 지역에서 쓰이는 방언이 문화어로 격상된 것인데 경남 지역에서도 쓰이는 말이다. 다만 다른 점이라면 남한에서는 '가르치다'만 규범어이고 또 거의 그 말만 쓰이는 데 반해 북한어는 '가르치다'보다는 '배워주다'가 눈에 띄게 많이 쓰인다는 점이다.

가르쳐 달라는 뜻은 어떻게 표현할까? '주다'의 상대말이 '달다'이니 당연히 "배구를 짬시간에 배워달라는 학생"처럼 '배워달다'라고 표현한다. 이 말은 경남 방언에도 없으니 또 다른 차이를 느낄 수 있다.

문화어로 승격한 방언 어휘가 남한의 일부 지역의 말이기도 하다는 사실은 그리 놀랄 일은 아니다. 각 지역의 방언은 모습만 조금씩 달리하면서 하나로 연결되어 있기 때문이다.

현재 경남 지역에 거주하는 저자는 늘 집안에서 '거둠손'이 없다고 핀잔을 듣고는 하는데 뒷마무리, 그러니까 벌여 놓은 일을 잘 거두어 마무리하는 것을 뜻하는 이 지역의 말이다. 그런데 북한어에서는 '거두매'라고 한다. 방 정리는 '방거두매', 부엌 일 정리는 '부엌거두매'이다. 함경도 방언에서 온 말이고 그래서 평양보다는 함경도에서 주로 쓰인다지만, 표준어로는 '거둠질'이고, 경남 지역의 '거둠손'과도 연결되며, 더 멀리 중앙아시아 지역에서는 설거지를 뜻하여 '거두매'라고 하니 결국은 하나의 말로 이어지는 것이다.

경남 방언 이야기가 나온 김에 한 가지만 더 보자.

내가 돌아올 때 북산마루가 보이는 곳에서부터 **목수건**을 흔들겠으니 당신도 수건을 마주 흔들어주오. (력사일화)

이 목수건은 목도리이다. 손에 사용하는 것은 '손수건', 머리에 쓰

226

는 것은 '머리수건'이니 목에 두르는 수건은 자연스럽게 '목수건'이
된다. 북한어라고 하지만 이 말은 경남 방언이기도 하다. 다만 이제는
점점 잊혀 가 젊은 경남 방언 화자들은 잘 모르는 말이 되었다. 그래도
뜻밖에 한 웹툰에서 등장인물인 경상도 할머니가 이 목수건이라는 말
을 쓰고 있는 걸 본다.

> "인자 아침저녁으로 쌀쌀한데 옷 따숩게 입고 다녀요. 목 휑허니
> 내놓고 댕기지 말고 **목수건**도 좀 두르고." (웹툰 <웰컴투 실버라이프>)

 평소 할머니의 말을 잘 관찰하여 이렇게 숨은 말을 찾아 쓰는 작가의 세
심함이 놀랍기도 하다.
 자연스럽게 이 말은 북한어에서 보다 신식화된 머플러를 가리키게
되었다. 드라마 <따뜻한 우리 집>의 한 대화이다.

> 여성1: 어, **목수건**으로 살짝 가리우면 어때요?
> 여성2: 좋아요, 오늘은 넥타이가 없으니 **수건**으로 앞을 가려 가세요.

 결과적으로 북한어에는 '마후라, 목도리,
목수건'이 공존한다. 또 그냥 '수건'이라고
도 하니 머플러를 가리키는 말이 꽤 여러 가
지인 셈이다. 이 드라마에서는 남자의 목도
리를 가리키고 있지만 김 선생에 따르면 목
수건은 대체로 여성들의 스카프를 가리키는 게 보통이라고 한다. 만
일 그렇다면 각각의 말이 미묘한 쓰임새로 나뉘어 가는 것이다.
 이렇게 우리가 잊고 있는 말들은 곳곳에서 발견할 수 있다.

지졸대며 흐르는 시내물소리.

닭을 잡아먹는것보다 알을 **내우는**것이 얼마나 재미있는가고 하시며…

(김치) 단지의 **아구리**를 잘 봉하여…

교조에 물젖은 사람들은 … 다른 나라의 기술적원조가 없이는 건설할수 없다고 **줴쳐댔다.**

녀성이라고 **숙보는**걸가 ?

매일 같은 시간에 꽃밭에 물을 주던 아들이 《아차, 내가 오늘 물주는것을 잊었네.》라고 말하며 **물초롱**을 들고 꽃밭으로 뛰여갔다.

가시까지 **만문하게** 삭은 가재미젓.

북한 사람이라면 이 예들은 모두 아는 말이다. 우리는 대부분 모르니까 저 너머 말로만 생각하기 쉽지만 실은 이 말들은 남북에 걸쳐 있다.

정지용의 시 <향수>에는 "옛이야기 지줄대는 실개천이 휘돌아나가고"[18]처럼 '지줄대다'가 등장한다. 우리 사전에 충청 방언으로 올라 있지만 위 "지졸대며 흐르는 시내물소리"처럼 북한 지역에서도 쓰이는 말이다.

또 '내우다'(내다)도 제주, '아구리'는 전남, 함경 등의 방언이다. '줴치다'는 쓸데없는 말을 함부로 자꾸 지껄이다는 뜻인데, 위 예처럼 '웨치다'와 달리 무척 부정적인 뜻으로 쓰이는 말이다. 『표준』에 '쥐어치다'가 올라 있고, 그 북한말은 '쥐여치다'이며, 그 준말이 '줴치다'이니 하나의 끈으로 연결되어 있는 말인 것이다.

"녀성이라고 숙보는걸가?"는 곧 여성이라고 하여 우습게 보는지 묻는 것이다. "숙보지 말라"라고 하면 우습게 보지 말라는 뜻이다. 이 '숙보다'(업신여기다)는 비표준어의 꼬리표가 붙어 있긴 하지만 『표준』에도 올라 있는 말이니 역시 남한어의 일부이다. '물초롱'은 '물통'

의 평안 방언이라고 하지만, '초롱'은 '석유나 물 따위의 액체를 담는 데에 쓰는, 양철로 만든 통'이라 하여 표준어로 올라 있고 그 용례로 '물 초롱'을 들고 있으니 단절된 북한 방언도 아니다.

가자미 식해는 본래 함경도 음식이지만 '만문하다'라는 말까지 그런 건 아니다. 가자미의 가시는 억세기 때문에 잘 삭아야 하는데 이런 상태를 형용하는 말이 '만만하다'이다. 보통은 "만만한 상대"처럼 부담스럽거나 무섭지 않다는 뜻으로 쓰이지만 더 근원적인 의미는 '연하고 보드랍다'는 뜻이다. '만문하다'는 그 동의어인데 이 모두 남북한이 같다. 다만 '만문하다'가 남한어에서는 거의 사라져가는 비표준어인 반면 북한어에서는 위 예처럼 문화어로서 활발히 쓰이는 것이다.

저자 개인의 언어적 경험도 그렇다. 김일성 자서전에 등장하는 예문 "올방자를 틀고앉아 대통을 연방 두드리며 위엄을 뽑던 로인"에서 '올방자'는 책상다리를 가리키는 말인데, 강원도 강릉 출신인 저자는 그 비슷한 말로 '올방개를 친다'고 흔히 말했었다. 이 올방개, 올방구 등은 남한 지역 이곳저곳에서 볼 수 있는 말이기도 하다. 북한 요리로 '섭죽, 섭조개국'이라고 하면 특별한 게 아니라 홍합으로 만든 것인데 역시 강릉 지역에서는 홍합을 '섭'이라고 한다.[19]

북한어에서는 보리쌀은 물에 충분히 "불구어" 밥을 짓고, 무는 소금물에 잘 "절구어" 총각김치를 담근다고 한다.[20] 이 '구' 형태의 말은 저자의 경험에도 '알구다(알리다), 늘구다(늘리다), 얼구다(얼리다), 불구다(불리다)' 등 흔히 쓰던 것이었다.

아래 짧은 한 예도 그렇다.

걸싼 일솜씨로 벌의 곳곳에 김이 **물물** 피여오르는 거름더미들을 **무져놓는** 농장원들…

한 줄 문장이지만 생소한 말이 세 개나 보인다. '걸싸다'는 일 솜씨가 매우 날쌔다는 뜻, '물물'은 김이나 연기 따위가 천천히 피어오르는 모양[21], '무져놓다'는 무더기로 쌓아 놓다는 뜻이다. 그런데 일단 '걸싸다, 물물'은 표준어이기도 하며, 방언에서 승격한 문화어 '무져놓다'도 강원도 방언에서 쓰이는 말이다.

'절'도 그렇다. 젓가락을 강원, 경북, 함경 지역 등에서 '절'이라고 하는데 저자 역시 "절 가져오너라"처럼 흔히 듣고 쓰던 말이다. 이 말도 남한에서는 비표준어지만 북한에서는 '저가락'과 더불어 문화어이다. '부절'도 남한어에서는 강원도 방언일 뿐이지만 북한에서는 '부저가락'과 더불어 문화어이다.

오래전 저자는 어릴 적부터 쓰던 '판대기'가 표준어로는 '판때기'라는 것을 알고 새삼 놀랐던 기억이 있다. 개인적 소감으로는 '판때기'가 좀 상스럽게 들려서 표준어 같지 않다는 느낌도 들었다. 그런데 북한어에서는 '판대기'가 문화어이다. 물론 그 발음도 [판대기]이다.

더 뒤늦게 알게 된 경우도 있다. 유년 시절 만화책이나 연속극에서 흔히 보던 인민군의 모습, 그것은 챙 있는 군모에 '따발총'을 든 모습이었다. 어머니가 짐을 일 때 머리에 얹으시던 '또바리'는 잘 알아도 그것이 '따발총'과 연결되어 있다는 것은 알지 못했다. 앞에서도 언급했지만 '똬리, 또아리, 따발, 따바리, 따배기' 등은 같은 말이다.[22] 뱀이 몸을 도사리고 있는 것처럼 둥글게 빙빙 틀어놓은 모양을 가리킨다. 그래서 짐을 머리에 일 때 머리에 받치는 고리 모양의 물건을 가리키기도 하는데 그 똬리(따발)처럼 탄창이 둥그렇게 생긴 총이 '따발총'이다.

'따발굴'은 꽤 알려진 북한의 다듬은 말이다. 산의 경사가 높으면 기차가 바로 오를 수 없기 때문에 빙빙 돌듯이 올라가도록 철로를 만들기도 한다. 이렇게 만든 터널이 루프식 터널인데 북한에서는 '라선형턴넬'이라고 한다. 이런 말이 어렵기에 쉬운 말로 남한 화자들은 '똬리굴'이라고 부르고 북한 화자들은 '따발굴'이라고 부른다. 지역에 따라서 '따바리굴, 따배기굴'이라고도 한다. '따발총'이든, '따발굴'이든 멀리 있는 말이 아니다. 빙빙 돌아 오듯이 남북한 말이 하나의 고리로 연결되어 있음을 새삼 보여주는 말들이다.

방언에서 승격된 북한의 문화어는 특히 '북한어다운' 색깔을 만들어 내면서도 뭔가 '저 너머' 세계의 말이라는 막연한 느낌도 갖게 만든다. 그러나 돌아보면 어릴 적 고향의 말과도 닿아 있고 이런저런 고리로 남한어와 연결되어 있는 말들이기도 하다.

1 리기만(2002)에 따르면『현대조선말사전』(1968)에서 약 2,000 단어를, 이후『조
선문화어사전』(1973),『현대조선말사전』(제2판, 1981),『조선말대사전』(1992)
을 편찬하면서 거의 4,000 단어를 사정하였다고 한다.

2 김정일이 1963년 10월 25일 김일성종합대학 학생들과 한 "언어생활에서 문화성
을 높이자"라는 제목의 담화. 이후 김정일은 1989년 8월 8일에도 "사투리를 없애
고 문화어를 쓰도록 할데 대하여"라는 담화를 한다. 이와 같이 사투리를 배격하고
문화어를 중시하는 언어 정책은 "말이 곧 사람이다"라는 김정일의 강령 아래 지금
까지 북한의 문화어 정책의 기조가 되어 오고 있다. 이처럼 북한은 사투리 대신 문
화어를 쓰는 운동에 있어서 항상 김정일을 내세우고는 하는데 이 점에서 김일성의
5·14 교시에서 문화어가 성립되었지만 실질적으로는 김정일이 주도했을 가능성
조차 있어 보인다. 참고로 북한의 이러한 문화어 정책은 20세기 초 표준어를 만들
때 정신과 닮아 있다. 1930년대 표준어 제정 초기에는 문명 국가는 표준어가 있어
야 하고 사투리는 없어져야 할 말이라고 여기고 한동안 그러한 방향으로 정책을
추진했던 것이다. 오늘날 우리는 표준어와 방언의 공존을 다각적으로 모색하고
있지만 북한의 문화어 정책은 그들이 평양문화어라고 부르는 평양말을 공통어로
쓰고 사투리는 쓰지 말아야 한다는 정책 기조를 고수한다는 데서 초기의 표준어
정책과 크게 다르지 않다.

3 리기만(2002) 참조.

4 김병삼(1995ㄴ) 참조.

5 이것이 꼭 표준어를 버리고 새말을 채택하는 방식은 아니다. 원래 있던 표준어를
그냥 두면서 방언을 보충하기도 한다. 예를 들어 명아주, 씀바귀, 하늘소(곤충), 말
사슴 등은 그냥 두면서 '능쟁이, 사라구, 돌드레, 누렁이'도 방언에서 문화어로 승
격시킨다. 북한어에서 '사라구김치'라고 하면 곧 씀바귀 김치이다.

6 북한어에서는 '매'와 '망'이 함께 쓰인다. 다음 예에서 '망'이 쓰이면서도 '매돌'도
쓰이는 것을 볼 수 있다. "부성례는 집에서 홀로 저녁망질을 하고있었다. 그의 탄
력있는 손아귀아래서 작은 망짝이 쉬임없이 맴돌이를 하며 망밥을 축내갔다. 제
자리에서 뱅뱅 원을 그리는 그 매돌에 느닷없이 남편의 모습이 비쳐지면서 한가닥
애잔한 생각이 갈마들었다."(그들의 운명, 강조점 저자)

7 엄밀하게는 조선말대사전에 따르면 찌개는 지지개보다 국물이 더 적고 짭짤한 것
이다. 김에 쪄낸 것까지 포함하기에 남한어의 찌개와도 꼭 같지는 않다.

8 표준어 '바장이다'에 해당하는 말이다.

9 김민수(1995ㄴ) 참조.

10 '인츰'은『우리말샘』에 '이내'의 함남 방언으로 올라 있다.『조선말대사전』(2017)
은 '인차'의 뜻을 지닌 구어투(말체)로서 올리고 있다. 즉 문화어이다.

11 각 예의 출전은 순서대로 <그들의 운명>(현희균), <징검다리>(리윤), <해빛 밝은
나라>(최학수), <그들의 운명>(현희균)이다.

12 값이 싸다고 마구 사들이다 보면 패가망신한다.

13 예를 들어 1920년대 순천의 한 소년이 쓴 시는 "지금은 벌서 밥고 단니기에도 아수하게 압뜰은 빨갓게 복송아꼿으로 한겹 깔리워 잇습니다"(동아 1923. 7. 8.)처럼 노래한다.

14 일일이 들지는 못했지만 '그는 두간하게(드물지 않게) 이곳을 찾아온다', '말 못할 애모쁜(애타고 안타까운) 심정', '내가를 뛰놀며 바지가 덞어져도(더러워져도) 언제나 웃으며 안아주던 어머니', '건설에 필요한 건재와 세멘트는 어방없이(어림없이) 모자랐다' 등도 언급할 수 있다. 이 가운데 '덞다'는 김 선생도 잘 모른다고 할 정도로 북한어에서 아주 보편화되지는 못한 것으로 보인다.

15 퍼뜨리다는 뜻의 '퍼치다'도 "우량종돼지를 보존하고 널리 퍼칠수 있는…", "온 나라에 퍼쳐야"와 같이 종종 쓰이는 말이다.

16 김민수(1995ㄴ) 참조.

17 물론 "호수두리"처럼 일반적인 둘레의 의미로도 쓰인다.

18 『조선지광』65호(1927)에 발표된 원문은 "넷니야기 지줄대는 실개천이 회돌아나가고"이다.

19 최윤(2022)는 북한 사전에서 각각 강원 방언으로 제시하는 표제어들을 추출하여 체계적으로 비교하고 있다. 이에 따르면 남한의 우리말샘과 북한의 조선말대사전(2017)에 공통으로 등재된 강원 방언이 524개, 그중 의미가 일치하는 것이 494개이다. 그런 만큼 강원도 방언은 특히 남북한의 방언이 서로 이어져 있음을 잘 보여준다.

20 과거에 결혼하지 않은 남자가 머리를 좌우로 땋아 갈라서 뿔처럼 묶은 것을 '총각(總角)'이라고 하였고 '총각무'는 그 모양을 빗대어 비롯된 말이다. '총각김치'는 당연히 이 총각무로 담근 김치로 설명되는 말이다. 그런데 북한은 그 이름에 대해 "장가들기 전의 남자를 총각이라고 부른것처럼 다 자라지 않은 어린 무우로 담근 김치를 총각김치라고 부른다"[조대일(2018) 64쪽]라고 설명한다.

21 "김이 문문 나는 뜨거운 온천"처럼 '문문'이라고도 한다.

22 북한은 '따발, 똬리, 또아리'를 모두 문화어로 삼는 반면, 남한은 '똬리'만 표준어로 삼는다.

제6장

북한 사회를 비추는 어휘

경기도 일산의 한 아파트를 방문할 일이 있었는데 단지 내 공원에 안내판이 설치되어 있었다. '문화근린공원'라는 이름을 예전의 마을 이름에서 따왔다고 하면서 "해방 후 새로이 마을을 만들어 살기 시작한 사람들은 자신들의 마을 이름을 문화촌이라고 하고 평화롭게 살았습니다"라고 지명의 유래를 소개하고 있었다.

'문화'라는 말은 새로운 문명을 지향하는 열쇠와도 같았다. 그래서 일제 강점기에 서양식 주택 구조에 따라 지은 집을 일본어식대로 '문화주택'이라고 불렀고, 6, 70년대에도 재래식 주택에서 탈피한 신식 주택을 '문화주택'이라고 하였다. 위의 '문화촌'에도 그와 같이 새 문명을 지향하는 마음이 담겼을 것이다.

남한에서는 이미 사라졌지만 북한에서 '문화주택'이라는 이 단어는 현재 진행형이다. 낙후된 농촌 등의 살림집을 위생적으로 개선하여 지은 집을 문화주택이라고 부르는 것이다. 아파트도 다층문화주택이라 부르기도 하였다.[1] '문화어'라는 이름에 담긴 뜻과도 통하는 말인데, 주택 공급이 국가의 책무인 체제에서 문화주택은 지속적인 선전 대상이 됨으로써 북한 사회의 특징적인 단어가 되었다.

[문화주택에 입주하는 북한 주민들. 금수 20. 10.]

이와 같이 언어는 사회를 반영하고, 그 사회의 변화에 따라 소멸, 생성, 변화를 겪기도 한다. '동무'는 그 대표적인 예일 것이다. 북한에서 이 말을 상호간의 부름말로 사용하면서 그 말의 함의도 달라졌고, 남한에서는 아예 말 자체가 사라져 버린 것이다.

남북한어에는 그 이질적인 사회, 문화의 모습을 보여 주는 말들이 적지 않다. 남한의 주민등록증에 해당하는 '공민증'이라든가, 소학교 2학년이 되면 모든 어린이가 가입하는 '소년단', 혁명가의 유자녀들이 입학하는 북한 최고의 엘리트 교육 기관 '혁명학원', 나아가 '배급'이라는 평범한 단어도 공산주의 북한 체제에서는 특유의 의미를 갖고 그 사회 모습을 반영한다.

6.1. 정치의 언어

아무래도 북한 사회의 가장 큰 특징은 공산주의 혹은 전체주의 정치 체제이다. '동무, 수령, 원수, 천리마운동, 만리마운동, 로농적위군, 붉은청년근위대, 협동농장, 인민반, 선군사상' 등은 이러한 북한 사회의 특징을 보여 주는 대표적인 말이다. 따로 소개할 필요가 없을 정도로 널리 알려진 말이기도 하다. 아무래도 정치사회 체제가 다른 데서 오는 이러한 말들은 특히 이질적 느낌을 주고는 한다.

'대가정'도 그 하나이다. 흔히 그들 스스로 "사회주의 대가정"이라고 부르듯이 이는 북한의 집체적인 사회 특성을 보여주는 상징적인 말이기도 하다.[2]

> 전에는 제가 한 가정의 딸이였지만 오늘은 크나큰 **대가정**의 딸이로구나 하고…

"세상에 부럼 없어라"라는 선전 문구가 일상화된 북한 사회에서 '수령복'은 특히 그 짝을 이루는 말이라고 할 만하다. 김일성, 김정일의 두 수령, 그리고 김정은을 만난 것이 대를 이어 누리는 인민의 복이라는 것이다.

이 사회에서 영위하는 삶의 모습에서도 이런 말들을 볼 수 있다. 북한 어린이들이 소년단에 가입한다고 하였는데 이후 중학교 4학년 즉 만14세가 되면 30세까지 '청년동맹'에 가입하여 활동한다. 모든 젊은 이들이 의무적으로 가입한다는 점에서 집단 생활을 중시하는 북한 사회의 특징을 잘 담고 있는 말이다. 당, 군대, 청년동맹을 묶어서 '3위1체'라고 부른다.

이런 집단 체제를 기반으로 북한은 다양한 조직을 구성하여 운영하는데 '총화' 또는 '생활총화'라고 하는 활동을 통하여 개인의 생활 태도나 성과를 점검한다. 일종의 사후 점

[드라마 <자기를 바치라>의 총화 장면]

검 회의이다.[3] 직장이라면 작업에 태만하였다든가 하는 다양한 생활상 잘못을 자아 또는 상호 비판을 통해 바로잡고 개선책을 마련한다. 학교라면 학생들이 자기 공부나 학교생활을 반성하는데 이 자리를 통해 발표력을 향상시키는 효과도 크다고 한다. 그래서 북한 내에서는 꽤 긍정적으로 인식하는 활동이라고도 한다.

한 책에서 소개하는 '금요로동'도 북한 사회를 비추어주는 말이다.[4] 북한에서는 70년대 후반부터 매주 1회씩 기관 간부, 사무직 종사사자들도 직접 현장에 가서 육체노동을 한다. 벽돌도 쌓고, 모심기도 하고, 홍수 피해 복구에도 참여하는 등 다양한 활동을 하는 것이다. 주로 금요일에 한다고 해서 금요로동이라 불리는 이 활동은 우리로 치면 봉사활동에 해당한다고 할 수 있다. 그러면서도 직장인, 학생, 군인 등 사회 전 분야에서 노동의 의무를 중시하는 북한의 정치 체제를 잘 반영하는 말이기도 하다.

'봉사'도 그런 말이다.

> 식당들에서는 민족음식을 위주로 한 음식들을 **봉사**하고있었다.
> 여러가지 청량음료들을 **봉사**받으며…

북한은 공산주의 체제 특성상 매매 행위도 국가가 '봉사'하고 인민이 '봉사' 받는다고 한다.[5] 일단 '봉사망, 봉사기지, 봉사원' 등 용어가 그러하고, 이에 따라 "평양랭면을 봉사하고", "손님들에게 청량음료 같은 것을 봉사해주라고" 하듯이 냉면이든 음료수든 파는 것은 '봉사하는' 것이요, 사 먹는 것은 '봉사받는' 것이다. 대동강에 유람선(종합봉사선) '무지개호'가 떠 있는데 "배가 봉사를 시작한지는 얼마 되지 않는다"라고 하여, 운영 또는 운항하기 시작한 것을 역시 '봉사'를 시작했다고 한다.

다만 일상의 말하기에서는 옥류관에서 냉면을 먹어도 그냥 '사먹는다'라고 할 뿐이다. 그러니까 위 예는 일종의 선전용 글에 쓰인 용례로서 이러한 쓰임 자체가 정치적이다. 이래저래 '봉사'는 정치적 색깔이 담긴 말인 것이다.

'교양'도 단순히 교양 있는 사람이라고 할 때의 그 의미만은 아니다. "선군사상교양"이나 "계급교양"이라고 하면 이미 집단적이며 정치적 의미가 담겨 있다. 조선말대사전은 "사람들이 사회생활과 활동에 능동적으로 참가할수 있도록 자질을 갖추게 하는 모든 과정"이라고 한다. 그러면서도 이 말은 북한 사회에서 상당히 일상화되어 있다. 딸아이의 학습을 돌보아 주는 것도 "교양하였다"고 하고 차표 없이

240

기차를 탔다고 "자녀교양에 어떤 영향을 줍 니까"라고 비난하듯이 자녀 교육 역시 '교 양'이라고 한다. 교육과 크게 다를 바 없는 말이라고도 할 수 있다. 실제 실물을 보여주 면서 하는 교육은 '실물교양'이라고 한다. 아래 한 '썰렁한' 유머를 보자.

> 남편:《여보! 이렇게 시퍼런 대낮에 전등을 켜놓고 있으면 어떻게
> 하오?》
> 안해:《나도 방금 들어왔는데 집에 불이 켜져있더군요.》
> 남편:《아침에 분명히 끄고나갔는데…》
> 안해:《아들녀석이 그랬겠지요 뭐.》
> 남편:《그럼 당신이라도 제꺽 꺼야지.》
> 안해:《그럴수 없어요. 당신은 내가 애를 욕할 때마다 나를 책망하
> 지 않았어요. 실물교양을 하지 않는다고!…》
> 남편:《그럼 이게 어머니의 실물교양인가?…》(금수 19. 7.)

　'비판'도 그렇다. 잘 알고 있듯이 '자아비판' 혹은 '자기비판'이라 는 말처럼 이 말은 정치적 의미가 강한 말이다. 그러면서도 일상에까 지 폭넓게 쓰이기도 한다. 드라마 <따뜻한 우리 집>에서 병원의 노총 각 의사를 장가보낼 궁리를 하자는 한 여의사의 말에 과장은 "좋은 비 판을 주었소"라면서 자신의 무심함을 탓하기도 한다. <요쯤이야>라 는 한 토막극에서는 아버지가 전기담요를 함부로 켜놓은 것을 보고 딸아이가 뭐라고 한다. 그러자 어머니는 "아버지 비판은 후에 하기로 하고…"라고 웃으면서 말한다. 정치적 개념의 말이면서 가벼운 일상어로 확대되어 쓰이는 것이다.

선전 선동을 중시하는 북한 사회의 특징을 반영하는 특이한 말로서 '벽소설'이 있다. 선동적이고 호소적인 내용을 담은 아주 짧은 소설이다. 말 그대로 벽에다 써 붙이는 소설이라는 뜻에서 생긴 말이다.[6] 체제의 차이로 일종의 새로운 문학 장르가 태어났다고 할 것이다.

다음 대화에서 '신소'는 무슨 뜻일까. 아파트 입구에서 남자가 다른 여성을 앞질러 가려다가 상대방의 유리병을 깨뜨리고는 언쟁을 벌이는 장면이다.

> 여: 동무, 직장이 어디예요?
> 남: 그건 알아서 뭘 하우?
> 여: **신소**라도 할까 해서요.
> 남: 이 아주머니가… **신소**는 내가 해야 되겠수다.
> 여: 네…? (토막극 <나들문 앞에서>)

남자의 무례한 태도에 화가 난 여성이 '신소'를 하겠다는 것이다. 이 '신소'는 부당한 일에 대하여 공기관 등에 호소하는 행위이다. 우리로 치면 신고나 소원수리 정도의 행위라고 할 수 있다. 소설(먼 길) 속 예이지만 신소장의 한 예를 보자.

지배인동지 앞

주물직장 책임기사 우준호동지에 대하여 신소합니다.

우준호기사는 주물직장의 용선로공인 리만호동무에게 말하기를 《ㅌ-13》 연구사업은 거적때기로 비단을 짜는것이나 마찬가지라고 하였습니다.

여기엔 좋지 않은 심보가 들여다보입니다. 저는 우기사동지가 인민 경제의 주체화와 현대화, 과학화에 대한 좋지 않은 사상을 가지고있 다고 보면서 지배인동지가 눈알이 나올 지경으로 혼내워주었으면 합 니다. 조직적으로도 이 문제는 취급되여야 한다고 생각합니다.

《ㅌ-13》 연구사 협조원 남현철 씀.

북한 사회의 일면을 보여주는 한 예인데, 이처럼 다양한 말을 통해 서 우리는 북한 사회를 들여다볼 수 있다.

▌주체의 사회와 경제

정치와 경제는 동전의 양면 같은 것이다. 당연히 경제 분야에서도 정치적 함의를 갖는 말들을 쉽게 볼 수 있다. 아래 글은 북한어의 거의 '상투적'인 표현이다.

오늘 과학기술을 틀어쥐고 자력갱생의 혁명정신을 높이 발휘하며 힘차게 전진하는 김책제철련합기업소의 일군들과 기술자, 로동자들 의 드높은 열의에 의해 주체적생산의 동음은 앞으로도 더욱 힘차게 울리게 될것이다.

이 가운데 '주체'는 북한의 정치적 특성을 반영하는 대표적인 용어 일 것이다. 남한어에서는 어떤 단체, 행동 등의 주가 되는 부분이라는

243

일반적인 의미로 보통 쓰이지만, 북한에서는 '주체사상'에서 비롯되는 정치적 함의를 강하게 지닌다. 그래서 연호도 '주체 108년(2019년)'처럼[7] '서기'와 더불어 사용하기도 하고, 국가도 '주체조선'으로 즐겨 부르며, 자신들 스스로 개발한 생산품도 '주체철, 주체비료'처럼 부르고는 한다. 50년대 초 월북 화학자 리승기 박사[8]에 의해 자체 기술로 개발한 합성섬유 비날론도 '주체비날론', '주체섬유'라는 별칭으로 부른다.

2장에서도 언급했듯이 '주체'는 본래 인간 중시의 철학적 함의를 지닌 말이었지만 김일성의 집권을 통해 정치적 의미로 변질되면서 외세에 의존하지 않는다는 비교적 단순한 의미로 바뀌었다. 자주 쓰이는 '우리 식'이 바로 그 쉬운 표현이라고 할 수 있다. 그래서 그 연장선상에서 '수입병'이라는 말도 이해할 수 있다.

[북한은 늘 '우리 식'을 강조하고는 한다. 금수 17. 8.]

> 동무는 나를 **수입병**에 물든 사람으로 보지 않소? 제 물건은 깔보고 남의것은 우러러본다고 말이요. (먼 길)

이 예처럼 '수입병'은 자체적으로 개발하지 못하고 수입에 의존하려는 병폐를 가리키는 말이다. 그들은 그 대척점에서 '국산화'를 내세우고 '자력갱생'을 부르짖으며 '우리 식대로 살아나가자'라고 외친다.

주체사상과 더불어 '선군사상'은 북한의 사상 체계를 이루는 두 축 가운데 하나이다. 북한 헌법[9]도 주체사상과 선군사상에 기반이 있다는 점을 밝히고 있다. 선군사상은 익히 알려졌다시피 김정일 집권기인 90년대 중반 극도의 정치경제적 어려움을 타파하고 체제 안정을 유지하기 위하여 군을 앞에 내세운 정책이다.

이는 한 발전소 건설 사고에서 연유된 것이다. 1996년 군인들이 동원된 안변청년발전소 건설장에서 갱도가 붕괴되는 사고가 일어났다. 당시 갱도에 갇힌 군인들에게 배관을 자르고 음식을 공급하려고 하자 그들은 "먹을것보다 굴진을 계속할수 있게 압축공기를 보내달라"라고 외쳤다고 한다. 이 사건에 감동한 김정일이 이를 혁명적군인정신이라고 명명하였고 나중에 다시 선군정치의 개념으로 이어졌다는 것이다.[10]

이 사례에서 군인이 경제 건설에 동원되었듯이 청년도 각종 건설 사업에 동원된다. '청년돌격대'는 그 대표적인 예로서 북한의 청년들은 마치 군대 조직처럼 댐이나 도로 등을 건설하는 현장에 투입되는 것이다. 그래서 북한에는 안변청년발전소, 금강산청년철길, 12월5일청년광산, 백두산영웅청년1호발전소언제, 평양–남포 간 고속도로인 청년영웅도로 등 '청년'이라는 이름이 붙은 기간 시설물들이 곳곳에 있다.[11] 이런 명칭들에서 사회 기간시설 건설에 청년들이 직접적으로 참여하는 북한 사회의 특징을 볼 수 있다.

당연한 것이지만 북한 역시 산업 발달에 주력한다. '천리마, 만리마'라는 말에서 보듯이 그 과정에서 특히 강조되는 것이 속도이다. 북한어에서 '와닥닥 해제끼다', '넘쳐 수행하다' 등 표현이 보편화되어 있는데, 그만큼 빠른 속도로 많은 성과를 내는 것을 독려하는 분위기를 보여 준다.

남한어에도 '속도전'이라는 말이 있지만 북한에는 이와 같이 속도를 강조하는 '○○속도'와 같은 특유의 말들이 있다. '천리마속도',

'만리마속도'가 대표적이지만 그 외에도 다양한 말들이 있어 '비날론 속도'는 60년대 첫 비날론 공장을 매우 빠른 속도로 건설하면서 이를 고무하는 뜻으로 생긴 말이고, '안주속도'는 탄광 개발로 유명한 평안도 안주에서 비롯한 말이며, '희천속도'는 2009년 희천발전소를 건설하면서 공기를 획기적으로 단축한 데 따라 생긴 이름이다.[12]

산업의 과학화도 중시되어 'CNC화'가 널리 쓰이는 것도 특징적이다. 물론 자동화를 뜻하는 CNC는 남한어에서도 널리 쓰이는 말이지만 북한어에서 정책

[북한의 무궤도전차 생산 공장의 모습. 금수 18. 5.]

적으로 유난히 강조되는 점이 특징이라고 할 수 있다. 90년대 중반 '고난의 행군' 시기에 김정일을 믿고 따르며 경제 회생의 투쟁에서 모범을 보인 강계시의 정신을 선전하는 '강계정신'도 여전히 북한 사회의 특징을 보여 주는 말이다.

'사업'은 특히 주목되는 말이다. 남한어에서 '사업'은 주로 경영을 동반하는 경제적인 활동을 가리킬 때가 많지만, 북한은 '당사업, 군중사업, 창작사업' 등처럼 조직, 기관 등에서 수행하는 과업의 의미로 쓰이는 것이 보통이다. 자본주의와 사회주의 체제 특성이 선명하게 느껴진다.

▌ 북조선 속의 고려

북한의 대표적인 항공사는 '고려항공', 북한이 내세우는 통일 정책의 이름은 '고려연방제'이며, 북한의 국호는 '조선민주주의인민공화

국'이다. 이와 같이 북한은 민족의 정체성을 나타내는 데 '고려, 조선' 을 즐겨 쓴다.

'고려, 조선, 한'은 모두 우리 민족, 나라를 가리키는 전통적인 말이 다. '고려'는 코리아의 기원이자 오늘날 옛 소련 지역의 우리 겨레를 고려인이라고 하듯 우리 나라, 민족을 대표하는 말이고, '조선'은 조 선낫, 조선무, 조선간장, '한'은 한복, 한민족, 한식 등처럼 전통적인 우리 문화를 뜻하는 말이었다.

그러던 것이 분단 이후 달라졌다. 북한은 고조선, 고구려, 고려가 민 족의 정통성이라 하여 '고려', 또 국호에 따라서 '조선'을 민족, 국가 를 가리키는 이름으로 즐겨 쓰고, 남한은 오늘날 한류, 한인, 한식당 등에서 보듯이 주로 '한'을 그와 같은 의미로 사용한다.

'한'이 삼한 등 우리 민족을 가리키는 오래된 명칭이고 국호 '대한 제국'에서도 채택된 말이지만 무엇보다도 '대한민국'과 직결된다고 생각해서인지 북한은 '한'이 들어간 말을 '조선'이나 '고려'로 바꾸어 쓴다. 그래서 한복, 한글, 한민족, 한국사, 한우, 한옥, 한국화 등을 '조 선옷, 조선글, 조선민족, 조선력사, 조선소, 조선기와집, 조선화'라고 하고, 한의학, 한약, 한의사를 '고려의학, 고려약, 고려의사'라고 한다. 모두 정치적 배경을 엿볼 수 있는 말들이라고 하겠다.

효능높은 **고려약**을 비롯하여 600여종의 제품들을 생산하여…
그럴 바에야 **조선옷점**에 가서 한벌 지어입겠다야.

'민족'도 우리의 전통 문화를 가리킬 때 자주 쓰는 말이다. 씨름은 '민족경기', 국악은 '민족음악', 국악기는 '민족악기', 전통 의상은 '민 족옷', 전통 음식은 '민족음식', 민속주는 '민족술', 한과도 '민족과자'

이다. 당연히 김치는 "조선민족 누구나가 즐기는 대표적인 민족음식"
의 하나가 된다.

또한 택견은 '민족무술'이며, 해
금, 가야금, 옥류금 등은 '민족현악
기'이고, 시조도 '민족가요'이다. 북
한에서 국보적인 가치를 지닌다고
여기는 악기의 하나로서 '어은금'
이라는 게 있다. 우리말샘에도 없는
이 악기는 "울림통은 조롱박형태이
며 머리부분의 장식은 마치도 지난

[북한 어린이의 어은금 연주.
조선(조선화보사) 19. 5.]

시기 조선녀성들이 즐겨 사용하던 비녀를 꽂은듯 한 형상"(로동 21.
8. 22.)을 하고 있는 '민족악기'이다.

북한은 교예(곡예의 발전적 형태)가 상당히 활성화되어 있는데, 널
뛰기, 그네뛰기 등 전통적인 민속놀이를 현대적으로 발전시킨 것을
'민족교예'라고 하는 것도 마찬가지다. '민속, 전통'과 더불어 '민족'
을 즐겨 쓰는 것도 북한 사회의 특징을 보여준다.

민족이라는 말이 나온 김에 한 가지 덧붙인다면, 조선 시대 등 옛날
사람들을 가리켜 남한어에서 당시 표현대로 '백성'이라고 하는 것과
달리 '인민'이라고 부르는 것도 또 다른 의미에서 북한 사회를 반영한
다. 이는 '봉건' 사회를 비판적으로 보는 정치적 견해에 따른 표현이
라고 할 것이다. 조선 시대 강원도에 사는 백성은 "강원도인민"이다.

▌한 명을 위한 말

그리고 뭐니 뭐니 해도 '교시'이다. 이 말만큼 정치 체제에 따른 의
미 변화를 보여주는 말도 드물다. '교시'는 원래 가르쳐서 보이거나

그 가르침을 뜻하는 말이다. 이 평범한 말이 북한어에서는 김일성, 김정일의 말에만 국한해 쓰이는 것으로 둔갑하였다.

『조선말대사전』(2017)의 뜻풀이가 볼 만하다.

교시[敎示] [명] ① 위대한 수령 김일성동지와 위대한 령도자 김정일동지께서 밝혀주신 혁명과 건설에서 강령적지침으로 되는 가르치심. 우리의 모든 당원들과 근로자들은 위대한 수령님들의 교시를 모든 사업과 생활의 확고한 지침으로, 철석같은 신조로 삼고 수령님들의 유훈을 끝까지 철저히 관철하여나가는것을 자기의 신성한 의무로, 더없는 영예로 여기고있다.
② (낡) 가르쳐보이는것.

일반적인 뜻으로는 '낡은말'로 버려지고 김일성, 김정일의 말로만 독점되고 찬양되고 있는 것이다. 이 뜻풀이 하나만으로도 정치에 의해 왜곡되는 북한어의 모습을 느낄 수 있다.

원래는 김일성의 말만 '교시'라고 하고 김정일의 말은 '말씀'이라고 하였다. 1992년 『조선말대사전』만 해도 '교시'는 김일성의 말로 한정되어 있다. 그래서 학교 교실에도 빨간색으로 된 '교시판'과 녹색으로 된 '말씀판'이 각각 구별되어 있었다고 한다.[13] 그러던 것이 김정일의 사후 그의 말도 '교시'로 승격한 것이다.

이 '교시'는 일상적인 말도 그렇게 부르듯이 여러 면에서 그 의미가 변질되었다. 어린 시절 김일성, 김정일의 말도 '교시'이고 단순히 묻는 말, 일상을 회상하는 말조차 '교시'하였다고 한다. 그들이 하는 모든 말이 '교시'인 것이다.

그 물에 손을 잠그시며 수령님께서는 **교시**하시였다. 《정말 시원하
군, 어디서 이런 얼음이 생겼소, 이렇게 더운 때에 얼음이 어디서 났
소?》 (녀사)

정숙동지가 혼자 미는 밀가루반죽을 셋이서도 겨우 밀었다고 감
회깊이 **교시**하시며… (녀사)

더욱이 소년인 김정일이 어머니와 대화하면서 하는 말도 '교시'라
고 하니 전체주의 사회의 전형적인 모습을 보이는 대표적인 말이기도
하다.

이런 예는 많지만 '태양절'도 그 하나이다. 생일에도 특별한 이름을
붙이는 것이다. 김일성의 사후 그의 생일(4월 15일)을 '태양절'이라고
하여 국가 최고의 명절로 기념하고는 한다. 더불어 김정일의 생일(2
월 16일)은 '광명성절'이라고 한다. 광명성은 환하게 빛나는 별이라
는 뜻이다.

북한어에서는 이렇게 '태양'조차도 의미가 변한다. 애초에 '김성
주'였던 김일성의 이름은 10대의 길림 시절인 1928년 주위 사람들로
부터 '김일성(金日成)'으로 불리기 시작하였다고 한다.[14] 가운데 이름
자 '일(日)'에서 보듯이 북한은 이를 태양에 비겨 지은 이름이라고 선
전한다. 곧 김일성은 태양이고 그가 태어난 날은 당연히 '태양절'이라
는 공식인 것이다.

이는 김정일에까지 확대된다. 김씨 부자의 시신이 안치된 곳은 '태
양궁전'이며 그들의 사진은 '태양상'이라고 부르며 그 이름은 '태양
의 존함'이다. 나아가 김일성, 김정일, 김정숙을 아울러 '3대태양'이라
고도 한다. 북한은 그들 스스로 '태양국'이라고 부르기도 하는데 그 역
시 특정인을 국가와 동일시하는 그들 정치 체제의 특징을 보여 준다.

'태양기'는 김씨 부자의 영정을 담은 깃발이다. 김 선생도 고개를 갸우뚱할 정도로 얼마나 보편화된 말인지는 확실치 않다. 한때 북한의 국기(공화국기 즉 인공기)를 가리키는 말로 알려지기도 하였으나 "김일성 동지와 김정일 동지의 태양기가 휘날릴 것이며"라든가 "위대한 수령님들의 태양기를 정중히 모신…" 등 사례에서 보듯이 국기와는 다르다. 이처럼 만인의 보편적인 단어인 '태양'이 북한어에서는 특수한 정치적 색채를 지니면서 그 빛이 굴절되고 있는 것이다.

▌또 다른 사람들의 말

북한의 선전성 잡지 『금수강산』에는 대학생이 길거리에 쓰러진 사람을 병원에 업어다 주었다든가 하는 일상의 '미담'이 정기적으로 실리곤 한다. 아래도 그런 예이다.

얼마전 혜산청년역에서였다.

렬차가 도착하자 한 청년이 렬차안내원의 부축을 받으며 승강대에서 내렸다. 한손에는 지팽이를 쥐고 가슴에는 영예군인 메달을 달고…

앞 못 보는 영예군인의 어머니는 그가 제대되기 며칠전 병환으로 세상을 떠났다. 그러나 영예군인을 기다리는《어머니》가 있었으니 그는 혜산시 혜흥동에서 살고있는 김룡숙녀성이었다.

영예군인이 렬차에서 내리자《어머니》는 그의 지팽이를 쓰다듬으며 이렇게 일렀다.

《어서 이 어미등에 업혀라!》

나라를 지키는 길에 청춘을 바친《아들》이 그리도 장하여 녀인은 뜨거운것을 삼키며 렬차원에게 말을 곱씹었다.

《내가 이 아들의 어머니요!》(금수 20. 6.)

한편의 짧은 단막극처럼 소개되는 이 일화는 북한의 언론, 문학 등을 관통하는 일종의 사상 교양의 성격을 지니고 있다. 이른바 북한의 '숨은 영웅 찾기'로서 체제 결속을 위해 각지의 미담을 발굴, 선전하는 것이다.

이렇게 미풍양속을 장려하는 것은 사회를 안정적으로 유지하는 데 도움이 된다. 이 한 아주머니의 일화에 등장하는 '영예군인'은 전쟁 등 군 복무에서 다친 군인이다. 이들을 포함하여 영화, 체육 등 각 분야에서 큰 업적을 쌓은 이는 특히 대중의 의식을 집결시키는 데 효율적이다. 과학·문학·예술·경제 등 여러 분야에서 뛰어난 공훈을 세운 사람을 월계관을 지닌 사람이라는 뜻으로 부르는 '계관인'이라는 호칭, 익히 알려진 '공훈배우, 인민배우, 로력영웅' 등이 다 그런 말들이다. 아래는 리라순의 소설 <보금자리>의 한 대목이다.

그들의 이름을 훑어가던 나는 문득 수첩 한귀에 밑줄을 그어놓은 이름 밑에서 눈길을 멈추었다.

<**모성영웅** 서혜숙!>

부모 없는 33명의 아이들을 잘 키워 얼마 전에 신문과 방송으로 소개된 녀성이였다.

'모성영웅'은 무엇일까. 이 소설의 한 구절을 통해 짐작되겠지만, 다산하거나 많은 자녀를 키워 낸 여성을 가리키는 말이다. 북한은 이런 여성들의 삶을 적극적으로 기리고 선전한다.

이러다 보니 '영웅'은 북한 특유의 색채를 띤다. '로력영웅, 공화국영웅, 모성영

[2남8녀의 자식을 낳아 키워 로력영웅 칭호를 받은 한 여성의 가정. 금수 20. 11.]

웅' 등의 칭호나 '백두산영웅청년1호발전소언제' 등 건조물 이름에서도 쓰이듯이 북한은 '영웅'이라는 말을 체제 결속의 한 키워드로 활용한다.

[백두산영웅청년발전소. 금수 16. 1.]

이런 '영웅'이 아닌 평범한 이들의 직업명에서도 북한 체제의 특징을 느낄 수 있다. 공산주의 사회이다 보니 직업도 국가의 소관 사항인데, 특히 '○○공'은 농장, 공장 등에서 다양한 노동 업무에 종사하는 직업인의 하나를 가리키는 말이다. 예를 들어 '사양공'은 사육사로서, 토끼 사양공이라고 하면 토끼를 기르는 사람이다. 농업 분야의 대표가 사양공이라면, 공업 분야의 대표 주자로는 '기대공'이 있다. 기대곧 기계를 다루는 일을 맡아 하는 사람이다.

일화에 따르면 한 저수지 앞에서 김정숙이 어린 김정일에게 자라서 인민들이 풍족하게 먹을 수 있도록 저수지에 물고기를 '욱실거리게' 하라고 말했다고 하는데, 그럴 만큼 북한에서 양어는 중요한 산업의 하나이고 그 일을 담당한 사람을 '양어공'이라고 한다. 또 옷감을 짜는 '직포공', 운전을 하는 '운전공', 도시를 관리하는 '도시관리공', 동물원에서 일하는 '맹수관리공', 고기잡이를 하는 '어로공', 그 외 '재봉공', '채탄공', '운반공' 등 다양한 '공' 직업명이 있는데, 이러한 일률적인 직업명에서 국가가 임무를 배당하는 북한 사회의 특징을 엿볼 수 있다. 이들도 오랜 기간 종사하면서 공로를 쌓으면 공훈과학자, 공훈체육인과 마찬가지로 '공훈사양공, 공훈직포공…'의 칭호를 받는다.

이런 집체적인 문화는 근래 '백두산대학'이라는 특이한 예에서도 볼 수 있다. 이것은 진짜 대학이 아니다. 북한은 이탈자가 이어지는 등 정치적으로 위기

[백두산 답사 모습. 금수 20. 3.]

에 직면해 있어 사상 강화를 위하여 백두산 지역의 혁명 전적지를 답사하는 활동을 벌이고 있는데 이것이 백두산대학이다.

2012년 한 언론(데일리 NK)에서 소개하는 바에 따르면 '강성대국'이라는 말에 이어 '백두산대국'이라는 말이 등장하였다고 한다. 해당 기사는 이에 대하여 '강성대국'을 더이상 내세우기 어려운 상황에서 신조어가 필요한 것이 아니었을까 하는 관측을 소개하는데, 이 특이한 이름들은 오늘날 북한 사회를 이해하는 또 하나의 열쇠일 것이다.

▍꽃이름에서도…

북한의 국화는 '목란'이다. 뭔가 특별한 꽃인가 싶겠지만 다름아니라 함박꽃나무이다.[15] '목란'이라는 이 새로운 이름은 김일성이 붙인 것으로 알려져 있다. 그는 이렇게 아름다운 꽃을 그저 함박꽃이라고 부르는 게 좀 아쉬운 감이 있다면서 예로부터 아름다운 꽃에 '란'자를 붙였으니 나무에 피는 아름다운 꽃이라는 뜻으로 '목란'이라고 하면

254

좋겠다고 하면서 국화로도 정
해 주었다고 한다.

[북한의 국화 '목란'. 로동 21. 9. 23.]

다만 이는 김일성의 '작명'이
라고 보기는 어렵다. '목란'은
전통적으로 목련과 나무를 이
르는 말이면서 특히 '목련'의
다른 이름이기도 하고 북한에
서도 원래 '함박꽃나무' 외에 '목련화'라고도 불러 왔다. 이런 점을 고
려하면 '목란'은 새로운 '작명'이라기보다는 '선택'이라고 보는 게 옳
을 것이다.

김일성 등 최고 지도자의 작명 일화는 사실 여부를 떠나 일종의 체
제 선전 활동이라고 할 수 있다. '향오동'도 김일성이 1963년 중앙식
물원 현지 지도에서 꽃이 좋고 향기롭다고 하여 기존의 '개오동' 대신
새로 지어 준 이름이라고 하고[16] '단나무'도 백단향의 새 이름으로 김
일성이 지어 주었다고 한다.

앞서 '주체비날론', '비날론속도'를 언급했지만, 리승기 박사가 만
든 이 획기적인 합성섬유의 이름 '비날론'도 김일성이 지어 주었다고
한다. 또 북한에 옥쌀이라는 게 있는데 옥수수 녹말, 가루, 밀가루를
한데 섞어서 흰쌀 모양으로 만든 것이다. 원래 '강냉이쌀'로 불리던
이것도 김일성이 '옥쌀'이라는 새 이름으로 고쳐 주었다고 한다.[17]

김정일도 마찬가지여서 한 예로 2010년 양강도의 한 신발공장에서
생산한 솜신발을 보고 '량강도솜장화'라는 이름을 지어 주었다고 한
다. 이런 작명 일화는 매우 많은데[18] 이처럼 꽃이름 하나, 신발 이름 하
나에서도 북한 체제의 특징이 발견된다.

▌대집단체조와 예술공연

큰 건물, 산등성마다 구호가 넘쳐나는 북한은 선전, 선동의 사회라고 할 만하다. 또 다른 예로서 곡예를 뜻하는 '교예'도 남다른 의미를 지닌다. 육체적인 기교 등으로 사상·감정을 표현하는 예술의 한 형태로 정의하는 것처럼 단순히 곡예라는 말과는 그 정치사회적 함의는 다르다. 그래서 "그 지겨운 곡마단살이"에서 "진정으로 인민을 위하는 교예무대에 다시 서게 되었다"[19]라고 하듯이 교예는 뉘앙스 면에서 곡예와 뚜렷이 구별된다. 이러한 교예를 하는 전문인을 '교예배우'라고 하는데 북한에서는 이들을 양성하는 평양교예학원이나 직업인으로서 구성된 국립교예원이 있을 정도로 국가적으로 관심을 두는 분야이다.

북한의 공연 문화를 하나 보자. 북한은 체제 선전이나 친선 외교용으로 종종 '집단체조' 즉 매스 게임을 활용한다. 지

[대집단체조와 예술공연 장면]

금은 그 규모가 더욱 커져 '대집단체조와 예술공연'이라는 명칭으로 불리고 있다. 2018년 문재인 대통령 방북 시 능라도 5월1일경기장에서 <빛나는 조국>을 공연하기도 하였다.

이는 운동장에서 펼쳐지는 집단적인 체조, 무용과 관중석에서 펼쳐지는 카드 섹션으로 구성되고 노래 등 예술공연이 어우러진다. 기술의 발전으로 드론을 띄워 '글발'이나 그림을 새기기도 한다. 이 공연을 본 한 관람객은 "하늘, 땅, 배경대에서 립체적으로 펼쳐지는 예술의 세계"라고 소감을 말하는데, 이때 '배경대'는 무엇일까.

'배경대'는 위에서 소나무 그림이나 '글발' 등 카드 섹션이 펼쳐지는 무대이다. "배경대에 앉은 고급중학교 학생만도 근 2만명이나 된다는데"라는 묘사처럼 수많은 학생들이 동원되어 '배경대미술'을 펼쳐낸다. 보통 동원되는 참가자 수가 수만 명에서 10만 명에 이를 정도로 대집단체조와 예술공연은 대규모 행사이자 북한 사회 특유의 문화이다.

무언가를 위해 대중이 집단적으로 움직이는 사회, 한 사람과 나머지로 구성되는 사회, 우리는 '교시, 주체, 태양절, 공훈배우, 영웅, 사양공, 대집단체조와 예술공연, 배경대' 등 다양한 어휘를 통해 이러한 북한 사회의 모습을 대하게 된다.

정치의 관점에서 볼 때 '안아오다, 일떠세우다, 끓어번지다, 해제끼다, 후더워지다, 터치다' 등 일부의 서술어조차도 그 느낌이 다르다. 사회 각 현장의 격동적 분위기, 대중의 집단적인 격정 등을 묘사하는 데 이 말들이 자주 쓰이는 것도 북한의 사회 체제와 무관하지 않을 것이다.

> 작업장은 말 그대로 충성의 불도가니마냥 **끓어번지였다**.
> 이렇듯 큰 관심을 돌려주시니 일군들의 가슴은 **후더워졌다**.
> 폭풍같은《만세!》의 환호성을 **터쳐올리였다**.

이 말들은 단순히 '동작'의 사전적 의미를 넘어서서 정치사상적 어감까지 더해진 느낌이다. 위 예와 같은 상황에서 이 말들이 '즐겨' 쓰인다는 사실만으로도 이미 나름의 정체성을 보여주는 것이다. 물론 대중의 일상어는 아니라는 점에서 경계선은 분명하지만 북한 사회의 일면을 엿볼 수는 있다.

6.2. 사회를 비추는 또 다른 언어들

꼭 정치가 아니더라도 다양한 분야에서 북한 사회를 반영하는 말들이 있다. 다음은 최성진의 <이웃들>이라는 단편 소설의 도입부이다.

> 1호집이 품질감독원이라면 2호집의 나는 기자이며 3호집 아바이는 탄광기계공장의 오랜 로동계급인데 주물직장 고문격으로 일하고 있다. 전쟁참가자인 아바이는 구역인민참심원이기도 하다. 그리고 4호집 세대주는 얼마 전에 구역 식료독채 지배인으로 임명되였고 5호집 젊은이는 랭동차운전사이다.

이 인용글에는 직업명 등 북한 사회 특유의 말들이 등장한다. '구역'은 시 아래의 행정구역 단위, '인민참심원'은 재판에 직접 참가하는 인민의 대표, '세대주'는 가정이나 기관의 책임자이며, '식료독채'는 식료품점을 뜻하는 말이다. '독채'는 독립채산제를 실시하는 상업 유통의 한 단위이다.

이 말들은 북한 사회 특유의 특성에 따라 생겨난 것들이다. 이 가운데 '세대주'는 교장선생님이 교사에게 "동무, 이 학교의 세대주는 나요"(나의 교단)라고 말하듯이 한 집단의 책임자를 가리키는 말이다. 다만 위 예처럼 주로 남편을 가리키는 말로 활발히 쓰인다.[20] 아래도 <나의 교단>(최상순)에 등장하는 예들이다.

> 윤애선생, 내가 그 집 **세대주**가 어떤 사람인지 알아맞춰보라요?
> 그 녀자는 자기가 그렇게 할 수 있게 힘이 되여준 사람은 고백하건대 **세대주**였노라고 썼더군요.

이는 남편이 주로 한 세대를 대표하기 때문일 것이다. 이렇게 세대주라는 평범한 단어 하나도 사회 체제에 따라 무척 다른 모습으로 바뀐다. 그만큼 두 사회는 많이 달라졌고 서로 모르는 게 많아졌다.

▍북한에도 과외가 있나요?

"북한에도 과외가 있나요?", "북한 아이들도 학원에 가나요?". 인터넷을 보면 남한의 어린이들이 무척 궁금해하는 질문이다.

'과외가 있나요'는 드라마 <스카이캐슬>에서처럼 돈을 내고 하는 소규모의 학습 활동이 있는지 궁금해서 하는 질문일 것이다. 이런 형태의 과외가 북한에도 없지는 않다. 얼마나 보편적인지는 별 문제지만 김 선생에 따르면 선생님으로 불리는 가정교사가 집을 방문하여 학교 공부도 봐 주고 음악, 미술도 가르쳐 준다고 한다.

그런데 과외는 본래 정해진 학과 과정 외 활동을 두루 가리키는 말이다. 북한에서 '과외'라고 하면 바로 이러한 의미이다. 학교에서 소조 즉 동아리 활동을 통해 무용을 배우는 것도 과외이고, 소년궁전에 가서 피아노를 배우고 태권도를 배우는 것도 과외이다. 그래서 이를 '과외교양수업'이라고 부른다. 소년궁전은 북한의 대표적인 과외 교육기관으로[21] 많은 학생들이 모여 체육, 예술, 과학 등 다양한 방과 후 교육 활동을 한다. 만경대학생소년궁전의 경우 하루 평균 5천 명의 학생이 방문한다고 할 만큼 북한의 과외는 대규모적이라는 특징도 있다.

그래서 똑같이 '과외공부'라고 해도 남북한에서 연상하는 의미는 다르다. 남한에서는 집이나 학원에서 소규모 학생이 모여 선생님으로부터 수학이나 영어를 배우는 장면을 떠올린다면, 북한에서는 학교의 소조 활동이나 소년궁전에 가서 취미에 따라 체육이나 예술 활동을 하는 것을 연상하게 된 것이다.

  '학원에 가나요'는 당연히 영어 학원, 수학 학원을 떠올리며 하는 질문일 것이다. 그러나 우리처럼 학교 외 기관에 돈을 내고 학과 공부를 배우는 사설학원은 북한에 없다. 북한의 '학원'은 일종의 특수 교육 기관으로서, 남포초등학원, 평양중등학원 등 부모 잃은 아이들을 위한 교육 기관, 만경대혁명학원처럼 혁명가 유자녀를 위한 교육 기관, 또는 평양제1음악학원, 국립무용학원처럼 예술, 스포츠 분야 등의 영재 교육 기관을 '학원'이라고 부른다. 같은 태권도학원이라고 해도 북한은 사립 기관이 아니라 영재를 양성하는 국가 기관이라는 점에서 역시 그 뜻이 같지 않다.

  어린 세대를 교육하는 제도는 남북이 크게 다를 바 없지만 들여다보면 이렇게 차이도 적지 않다. 그리고 이것이 단어 하나하나에서 나타나기도 한다.

  종당에는 전 과목에서 **5점꽃**을 피우게되였다.

  아래 사진처럼 북한의 학습장에는 '5점'이라고 적힌 도안이 많다. 공부를 못하는 한 초급중학교 학생이 친구한테서 '학습방조'를 받고 전 과목에서 '5점꽃' 피웠다고 하고, "5점 맞은 산수학습장과 국어학습장들이 어머니에게 자랑하려는듯 차곡이 놓여있었다"[22]라고 하듯이 '5점'은 학업 평가의 가장 높은 등급, 그러니까 '수우미양가'로 치면 '수'에 해당하

[북한의 학습장들. 금수 16. 10.]

260

는 점수이다. 원래는 10점제였는데 90년대에 5점제로 바뀌었다고
한다.

'빨간별'이라는 것도 있다. 옆
사진은 유치원을 나서는 어린이들
의 모습으로 "좋아라 웃으며 뛰는
어린이들의 얼굴마다에는 빨간별
탄 기쁨이 넘쳐있다"라는 설명이
붙어 있는 사진이다. 이 '빨간별'은
피아노 치기, 글짓기 등 재능을 발
휘하거나 착한 일을 한 아이에게
선생님이 주는 일종의 칭찬 스티커
이다. 교실 벽에 표를 만들어 붙이

[금수 19. 6. 표지 사진]

고는 잘한 아이 칸에 빨간색 별을 그려넣거나 하여 칭찬해 준다. 사진
속 아이들 표정을 보면 칭찬 받아서 좋아하는 마음은 남북이 다를 바
없는 것 같다.

이런저런 생활 현장에서

학교 밖에서는 어떤 삶을 살까. 우리로서는 그 일면도 제대로 보기
어렵지만 몇 가지 어휘가 그 모습을 조금은 비추어 준다.

한 예로 '경제선동'이라는 것이 있다. 출근길이나 직장에서 생산 활
동을 독려하는 응원 활동이다. "건설장에 경제선동 나온 텔레비죤련
속극 창작단 처녀배우였단 말이오, 처녀배우"(새치기군)와 같은 대사
처럼 '연예인'이 많이 동원되지만 일반인도 크게 다르지 않다. 가정주
부들이 나선 경제선동의 한 장면을 보자.

    그들의 모습은 매일 아침 출근길환영에서부터 볼수 있다. 조국땅
어디서나 그러하지만 평양시에서도 많은 가정부인들이 평양역앞을
비롯한 수십여개의 장소마다에 **경제선동**의 무대를 펼쳐놓고있다. 하
나같이 산듯한 복장을 한 그들은 시대정신이 넘치는 노래에 맞추어
북을 치고 기발을 날리며 박력있는 춤동작을 펼쳐보이는데 아무리
출근길이 바쁜 사람이라도 눈길을 뗄줄 모른다.

    이와 같이 생산 활동을 독려하는 경제선동은 기동예술선동대라고
하는 모두 조직화된 조직을 통해서 직장마다 이루어지기도 한다. 경
제 사정이 열악한 오늘날 북한 사회의 한 단면이 아닐까 싶다.

[가정주부들의 경제선동 장면. 금수 16. 10.]

    외식이나 쇼핑을 하고 싶으면 어디로? 일단 식당이나 상점들이 모
여 있는 곳이 먼저 떠오른다. 그런 구역을 상업지구라고 하고 그러한
거리를 상가라고 한다. 북한어는 어떨까. 상업지구처럼 특정 업체 등
이 집중적으로 배치되어 있는 곳을 '중심'이라고 한다. 위생 보건 기
관이 모인 곳이라면 '보건중심', 상가 밀집 지역이라면 '상업중심'이
다. 즉 남한의 상업구역을 북한에서는 상업중심이라고 한다.

    지금 공장제품들은 평양제1백화점, 광복지구**상업중심**, 평양역전백

화점을 비롯한 **상업봉사망**들에서 판매되고있는데 사람들속에서 좋은
평가를 받고있다.

위 예에 등장하는 '봉사망'은 곧 서비스망이고, '상업봉사망'은 상
업에 종사하는 업체들의 체계, 쉽게 말해 상가이다. 그러니까 북한 사
람들은 "려명거리의 봉사망" 등 과일, 비단, 음료 등을 파는 갖가지 상
점들이 모여 있는 '봉사망'에 가서 쇼핑을 하는데, 매대의 판매 직원
즉 '봉사원'에게 이것저것 물어 가며 물건을 고르는 것은 말만 다를
뿐 기본적으로 우리와 다를 바 없는 모습이다.

AI 시대를 맞이한 오늘날 우리 사회에서 디지털 지식이 더욱 중요
해졌다. 전국 곳곳에 정보화 마을이 있고 또 정보화 도서관도 있다. 북
한도 다르지 않아 보인다. 한 고장을 소개하는 아래의 한 문장에서 '미
래원'이라는 말이 보인다.

아담하게 들어앉은 살림집들과 다층건물들, **미래원**과 아동공원, 학
교와 유치원, 지방산업공장들이 도로를 따라 틀지게 들어앉아있었다.

'미래원'은 북한에서 전국
의 시·군 등 각 지역에 세운
전자도서관 시설이다. 한 미
래원 근무자의 "오늘날 과학
기술을 모르면 발전하는 시대
에 따라설수 없고 유족하고
문명한 생활을 창조할수 없

[함북 청진시에 있는 한 미래원의 모습.
금수 19. 8.]

다"는 말처럼 과학기술의 보급을 통해 경제 등 국가 발전을 꾀하겠다

는 취지에서 만들어진 것이다. 선전성 글이기는 하지만 아래에서 미래원의 모습을 엿볼 수 있는데, 이렇게 미래를 준비하는 북한 사회의 오늘을 '미래원'이라는 말에서 느낄 수 있다.

> 읍지구에 현대적인 미래원이 일떠서 군안의 청소년학생들과 인민들이 지망에 따라 중앙대학으로부터 원격강의를 받고 평양에 있는 과학기술전당으로부터 필요한 자료들도 마음껏 보며 지식의 탑을 쌓아가고있습니다.

개인의 삶도 중요하다. 혼사가 중요한 대사인 것은 남북이 마찬가지다. 북한의 한 독연[23]을 보면 손주사위로 적합한지 할아버지가 계속 시험을 하는 이야기가 나온다. 이것을 '사위취재'라고 한다.

> 몇번씩 **사위취재** 당하면서 왔다갔다 갔다왔다 하면서 야단이가.
> (사위취재)

사람 됨됨이를 시험하여 사위를 골라뽑는 이 사위취재는 북한의 한 문화를 보여준다.

당연히 북한 사람들도 지치고 늙고 병든다. '휴양소'는 철 따라 농민이나 근로자들이 가서 휴식을 취하는 곳이고 '보양소'는 지체 장애가 생겨 노동력을 잃은 사람들을 돌보는 국가 기관이다. 또 나이가 들어 더이상 일할 힘이 없을 때 누군가의 보호를 받아야 하는데 그러한 사회보장제도가 '년로보장'이다.

> 그는 **년로보장**을 받을 때까지 힘들지않게 일을 하였다고 한다.

264

이 이야기의 주인공은 나이가 들어 더이상 일을 하지 않고 집에서 생활한다. 이 주인공이 남자라면 60살, 여자라면 55살은 넘었을 것이다. 그것이 북한에서 정한 연로자의 기준이기 때문이다. 꽤 젊은 나이, 그리고 남녀에 따라 다른 점이 눈에 띄는데 그것도 북한 사회의 한 모습일 것이다.

이런 말 몇 마디를 통해 보는 사회의 모습은 코끼리 더듬는 수준일 수밖에 없다. 북한에도 천년고찰이 있고 거기서 생활하는 승려도 있다. 글로 보면 '그리스도교, 하느님, 찬송가, 목사, 신자'라는 말도 있다. 그러나 북한 사회에서 종교의 자유를 말하기는 어렵다. 한 기자가 찬송가를 들으면서 "칠골교회당의 피아노소리는 앞으로도 변함없이 우리민족의 통일념원을 담아싣고 끝없이 울려갈것이다"라고 하지만 믿기 어려운 선전성 멘트일 뿐이다. 이 장면을 벗어나면 신앙을 말하는 대중의 말 한마디 찾아보기 어렵다.

그래서 단어 몇 개로 그 사회의 모습을 말하기는 위험하다. 그러면서도 우리는 몇 개의 말들을 통해서 북한 사회를 엿보고자 하였는데 그럴수록 무언가 흐릿해지는 역설적인 느낌에 부딪히기도 한다.

1 "아들은 아빠트에서 자라났다. … 이름조차 다층문화주택으로 불리우는 이 집들에는 유리창으로 해빛이…"(최학수 <해빛 밝은 나라>).

2 '대가정'의 사전 뜻풀이는 "하나의 사상의지로 통일되고 단합된 사회적집단"(조선말대사전 2017)이다.

3 대체로 정기적으로 자주 하는 편이라고 한다. 학교의 경우 월별 2번 정도 하고 분기별로도 한다.

4 월간 민족21(2004) 189쪽.

5 '봉사'는 예전의 용법과 달리 지주, 자본가들이 아니라 인민을 받들어 섬긴다는 것이므로 그대로 써도 좋다고 해방 후 김일성이 허용했다고 한다(조선말대사전 2017 '봉사' 항). 이 점에서 특히 북한 체제의 특징을 반영하는 대표적인 말이기도 하다. 한편 '봉사하다'는 남한어에서 자동사로만 쓰이지만, 북한어에서는 "랭면을 봉사하고"처럼 타동사의 용법을 많이 보여 준다.

6 시의 경우는 '벽시'라고 한다. 다만 '벽소설'만큼 일상적으로 쓰이는 말은 아니라고 한다.

7 김일성이 태어난 해인 1912년을 '주체 1년'으로 한다.

8 리승기(李升基, 1905~1996)는 전남 담양에서 태어나 교토제국대학을 졸업한 후 1939년 다카츠키연구소에서 나일론에 이은 세계 두 번째 합성섬유인 비날론을 개발하였다. 이후 일본의 군사 정책에 협력하지 않는다는 이유로 구금되었고 광복 후 서울대 공학대학장 직을 맡다가 전쟁 초기인 1950년에 월북했다. 월북 후 북한에서 석회석과 무연탄을 이용한 자체 기술로 비날론 개발에 성공하였다. 1951년부터 생산에 들어갔고 이는 함흥의 2.8비날론공장 설립을 계기로 더욱 본격화되었다. 이후 비날론은 나일론이나 폴리에스테르 등 다른 합성 섬유에 밀려 경쟁력을 상실하였다.(네이버 지식백과 등 참조)

9 조선민주주의인민공화국 사회주의헌법. 1972년 제정, 2019. 8. 29. 14차 개정.

10 탁성일(2012) 52-53쪽 참조.

11 월간 민족21(2004) 119쪽 참조.

12 2009년 희천발전소를 건설하면서 김일성 탄생 100주년까지 완성하도록 김정일이 지시하였고 그 결과 10년 걸릴 것을 700일 만에 해내는 성과를 거두었고 이에 김정일이 '희천속도'라고 명명하였다고 한다. 탁성일(2012) 참조.

13 이것을 닦는 도구를 '정성비품'이라고 하는 것도 특징적이다.

14 같은 시기 먼저 '한별'로 불리기도 하였다고 한다. 박춘남(2019) 참조.

15 '함박꽃'은 초본 식물인 '작약'의 다른 이름이기도 하고 목본 식물인 '함박꽃나무'(=산목련)를 이르는 말이기도 하다. 북한의 목란은 후자의 함박꽃나무를 가리킨다.

16 박상훈·리근영·고신숙(1986:38) 참조. '개오동'은 능소화과로서 오동나무는 아

닌데 오동나무처럼 생겼다고 하여 전통적으로 부르는 이름이다. 북한에서는 '개'의 어감이 안 좋다고 하여 '향오동'으로 다듬었다. '쥐똥나무'를 '검정알나무'로 바꾼 것도 마찬가지 맥락이다.

17 『문화어학습』 1997년 제3호.

18 '혁명가극, 감정조직, 종자론, 인민언어, 주선, 사건선, 갈등선' 등 영화예술 분야의 용어도 김정일이 지었다고 주장한다(『문화어학습』 1997년 제3호 참조). 사실 여부를 떠나 1인 독재의 북한 체제 특징을 잘 보여 준다.

19 평양신문, 2002. 1. 9. 기사문. 전수태(2002ㄴ:46) 재인용.

20 보다 구체적인 내용은 이 책 11.1.1. 참조.

21 만경대학생소년궁전, 평양학생소년궁전, 개성학생소년궁전 등이 대표적이다. 이 학생소년궁전 외 학생소년회관, 소년단야영소, 도서관 등도 비슷한 기능을 한다.

22 리희경(2017: 133) 참조.

23 출연자 한두 명이 진행하는 만담.

제7장

말소리로 보는 북한어

남북한어는 말소리에서 다른 경우가 많다. '로인, 녀성'처럼 표기가 달라짐으로써 그 말소리가 달라진 경우도 있고 '서로'처럼 표기는 같아도 그 발음에서 차이 나는 경우도 있다. 북한어는 흔히 [소로]처럼 발음하는 것이다. 또 '무'와 '무우'처럼 말소리가 달라지고 결과적으로 형태와 표기 차이로 이어지는 경우도 있다. '로인' 등 표기와 관련된 말소리는 앞에서 다루었기에 그 외 발음의 특징에 대하여 이 장에서 살펴보기로 한다.

7.1. 우리 귀의 북한어 발음

강원도 강릉 지역 화자인 저자는 종종 북한 사람이냐는 농담을 듣고는 한다. 그런 저자는 다시 속초 지역의 화자 말을 들으면서 같은 생각을 한다. 이는 무엇보다도 그 특유의 억양 때문이다. 또 2, 3세대 전우리 영화도 배우들의 말투가 북한어 같다고도 한다.

이렇게 북한 사람이냐는 농담을 하거나 배우의 말투가 북한어 같다고 하는 것도 그만큼 우리가 북한어 특유의 말소리를 잘 알고 있다는 뜻이기도 하다. 사실 이 소리의 특징을 글로 전달하기는 어렵다. 오히려 이런저런 설명보다는 독자들이 한번 듣기를 권한다. 다만 두어 가지 특징은 간단히 말해 둘 필요가 있다. 모음의 말소리에 잠깐 주의를 돌려보자.

이 책을 쓰면서 북한의 <따뜻한 우리 집>이라는 드라마를 보았다. 주인공은 '림영준'이라는 의사인데 저자는 한동안 '용준'인 줄 알았다. 극에서 "영준 동무, 영준 동무" 하는 것이 '용준'으로 들렸기 때문이다.

　이렇듯이 북한어는 '어'를 '오'에 가깝게 발음한다. 대부분 독자들도 이미 알고 있는 특징일 것이다. '서로'를 [소로]에 가깝게 발음하듯이 이는 많은 예에서 볼 수 있다. 아래는 북한 드라마의 예들이다.

어떻게 해요?

어서 가라는데…

당신은 **어데** 가나 돋보인다니까.

아, **걱정**하지 마십시오.

잘못은 **저**한테 있습니다.

정말이야?

첫 인산데…

벌써 점심시간이네…

무슨 일로 이렇게 **서둘러요**?

지금 우리 **집에서**…

0.132%를 초과했습니다.

　몇몇 드라마 대사들인데 여기에서 '어떻게'는 [오또케], '어서'는 [오소], '어데'는 [오데]에 가깝게 들리듯이 '어'를 '오'에 가깝게 발음하는 것이다. '걱정'은 [곡쫑], '정말'은 [종말], '첫'은 [촌], '벌써'는 [볼쏘], '점심'은 [좀심], '서둘러요'는 [소둘러요], '집에서'는 [지베소]처럼 발음하고, '0.132%'도 [용쫌]에 가깝게 발음한다. <꽃은 이미 받았어요>라는 한 토막극에서 "이런 차림으로야 처녀동무가 어떻게 거리에 나서겠어요?"라고 하는 말이 '[이론] 차림으로야 [초뇨]동무가 [오또케] [고리]에 [나소]겠어요'라고 들릴 만큼 북한어는 '어'를 '오'에 가깝게 발음한다.

이 외에도 '어린이'는 [오리니]에 가깝게, '먹을게'는 [모굴께], '어머니'는 [오모니], '여러'는 [요로], '10시'는 [욜씨], '전화'는 [존화]처럼 발음하는 경향이 강하다. "어머"도 [오모]에 가깝게 발음하고는 한다. 한때 "오데로 갔나"라는 노래 구절이 유행하기도 했지만 이 역시 '어데'로 적는 말이다. 이 '어데'를 [오데]처럼 발음할 뿐이고 '오데'는 북한 사전에 없는 말이다.

'어'가 '오'에 가깝게 들리듯이 '오'는 '어'에 가깝게 들릴 때가 많다.[1] 경남 방언에서 '으'와 '어'가 구별되지 않듯이 두 모음이 거의 하나로 가까워졌기 때문이다. 다시 북한의 드라마이다.

거 정말 **좋은** 생각을 했구만.
우리의 인사고 **존경**이예요.
온천 치료가 좋다길래…
우리 **모두**가 해야 할 일이 아닐가요?
오빠, 그렇게 하자요, 네?
꽃을 이미 받았답니다.

젊은 층에서 중년에 이르는 배우들의 대사인데 '오'가 '어'에 가깝게 들리는 예들이다. '좋아요'는 [저아요], '존경'은 [전경]처럼 들리고 '온천, 모두, 고모, 오빠'도 [언천, 머두, 거머, 어빠]에 가깝게 들리며 '꽃을'도 [꺼츨]에 가깝게 발음한다.

'으'를 '우'에 가깝게 발음하는 것도 특이한 점이다.

왜 **그래요**?
그렇습니까? 야, 설계원동지.

273

오늘은 이렇게…
퇴근들을 안하고…

'그래요, 그렇습니까'는 [구…], '오늘'은 [오눌], '퇴근들을'은 [퇘
군두를]처럼 발음한다. 남북 연인의 이야기를 다룬 드라마 <사랑의
불시착>에서 북한군으로 분한 현빈은 '그럼'을 [구럼]이라고 발음하
는데 북한어의 특징을 잘 반영한 대사인 셈이다. '모든'을 [모둔], '들
어'를 [두러]에 가깝게 발음하는 것도 같은 예들이다.

그렇다고 이것이 문화어 발음은 아니다. 문화어 발음은 당연히 '어'
와 '오', '으'와 '우'를 구별하는 것이다. '로동당'을 보통 [로동당]이
라고 발음하듯이 많은 경우 이 모음들은 구별되어 들린다. '조선'이라
고 할 때 [조선]의 두 모음은 구별되는 것이다. '김정은'이라는 이름도
[은]으로 하지 [운]으로 발음하지는 않는다.

이 모음들의 발음은 젊은 세대일수록 잘 변별하지 못한다고 한다.[2]
한 토막극에서 노인과 청년이 나누는 대화를 보자.

노인: 젊은인 장기를 **어데서** 배웠나?
청년: **어데서** 배우다니요. 그거야 딱히… (흥취끝에)

이 노년 배우는 '어데서'는 [어]로 또렷이 발음하는데 청년 배우는
[오]에 가까운 발음을 한다. 이 노년 배우는 "자네의 그 도덕없는 행실
때문에…"라고 할 때도 '도덕'을 정확히 [도덕]이라고 발음한다.[3] 또
다른 드라마에서 초로의 배우는 "그렇게 큰 일을 하러 가는 사람들

이…"라고 할 때 '그렇게, 큰'의 '으'를 또렷하게 발음한다. 한두 예에 불과하지만 이런 사례는 세대에 따른 차이를 시사해 준다.

다만 이후는 교육의 영향으로 또 변하고 있다고 하는데, 어쨌든 북한어에서 '어머니'를 [오모니]처럼 발음하고 '그럼'을 [구럼]처럼 발음하는 현상은 여전히 강하게 나타난다. 탈북 수기를 보면 '줄겁게, 모둔분'과 같은 표기가 종종 나타나는데[4] 단순한 오타일 수도 있지만 '으'를 '우'로 발음하는 습관이 반영되었을 수도 있다.

이런 발음은 '로인' 등의 발음과 더불어 북한어 말소리의 대표적인 특징으로 느껴진다. 그리고 남북한어를 다르게 보이게 만드는 또 다른 특징이 되고 있다.[5]

7.2. '아' 다르고 '어' 다른 말들

남북한어는 같은 단어가 말소리에서 다른 경우가 종종 있다. 예들 들어 남한에서는 '냄비', 북한에서는 '남비'라고 한다. 말소리의 차이면서 그 자체로 형태가 다른 단어들이다. 이 말소리의 차이에 따라서 각각 규범적으로 다른 형태를 선택한 것이다.

남한어는 '애기'가 널리 쓰이는데도 표준어로 선택하지 않았지만 북한은 문화어로 인정하여 '아기'와 함께 널리 쓰이는 것도 마찬가지이고, 남한은 '무, 홍당무'가 표준어이지만 북한은 '무우, 홍당무우' 그리고 준말로는 '홍당무'만 문화어인 것도 다 규범의 선택 결과일 뿐이다. 이와 같은 말소리의 차이는 '한' 단어의 다른 모습일 뿐이다.[6]

'지팽이'와 같은 말은 가장 대표적인 유형이다. 남한어에서 '애기,

지팽이, 누데기' 등은 표준어가 아니지만 북한어에서는 문화어이다. 목발도 '쌍지팽이'라고 한다. 그런데 이 예들처럼 '이' 모음의 동화 현상은 전국적으로 나타나는 현상으로서 '지팡이'든 '지팽이'든 남북에 걸쳐 모두 쓰인다. 다만 규범의 선택에서 다를 뿐인데 대체로 이 '지팽이'류에 대하여 남한은 불인정, 북한은 인정하는 경향을 보인다.[7]

> **지팽이**가 있어야 일어선다. (북한 속담)
> **애기**들을 충분히 재우면 키를 빨리 크게 할수 있다.

이 문제와 관련하여 북한의 고심은 좀 더 깊은 듯하다. 남한은 '지팡이, 웅덩이, 누더기, 지푸라기'만 표준으로 삼았지만, 북한은 '지팽이, 웅뎅이, 누데기, 지푸래기'만 인정하다가 2006년『조선말대사전』부터는 '지팡이, 웅덩이, 누더기, 지푸라기'까지 모두 문화어로 삼았던 것이다. 김 선생의 감각으로는 '지팡이, 웅덩이'가 '지팽이, 웅뎅이'보다 더 많이 쓰인다고 하니 아마 현실적으로 널리 쓰이는 말을 외면할 수 없었기 때문일 것이다.[8]

학생들이 정서법 발표 시간에 꼭 드는 오류 예 가운데 하나가 '설레임'이라는 과자명이다. 그만큼 남한에서도 '설레이다'는 널리 쓰이면서도 표준어로는 인정받지 못하고 있다. 그런데 북한은 "환희로 설레이던"처럼 '설레이다'도 문화어로 인정한다. 이렇게 '이' 소리가 덧들어간 단어로서 '개이다, 헤매이다' 등 남북한 모두 널리 쓰는 것도 있고 '빛내이다, 기대이다, 뒤채이다…' 등 북한어 특유의 말도 있다.

> 한생에 다시 없을 청춘시절을 가장 값높이 **빛내이자**.

'빛내이다'는 남한어라면 '빛내다'가 될 것인데 북한어는 "뜻깊은 올해를 더욱 빛내이기 위한", "조국의 영예를 만방에 빛내이는" 등처럼 이 '빛내이다'를 즐겨 사용한다. "아뢰일 말씀"의 '아뢰이다' 등처럼 이런 예들은 쉽게 만날 수 있다.

이렇게 말소리에서 차이가 나는 북한어 단어들을 좀 더 보자. 일부는 남한어에서도 흔히 쓰이는 말이기도 하다.

▌구호를 웨치며

'웨치다'는 '외치다'이다. 격정적인 모습을 표현할 때 "구호를 웨치다, 웨침을 터치며" 등처럼 자주 등장하는데 북한어의 특징을 보여주는 대표적인 말 가운데 하나이다. 그런데 맞춤법 때문에 눈에 띄어서 그렇지 사실 이는 '외치다'와 다를 바 없는 말이다. 남한 화자들도 대부분 '외치다'를 [웨치다]로 발음하고 이것이 표준 발음이기도 하기 때문이다. 3, 40년대만 해도 '웨치다'가 좀 더 일반적이었다고 할 만큼 널리 쓰이던 말이기도 하다. 그 만큼 '외치다'나 '웨치다'는 여러 모로 이어져 있는 말이다.

▌남새매대에 들려

한글 맞춤법 기준이라면 다음 예에서 무엇을 고쳐야 할까.

> 남새매대에 들려 달래를 한구럭 챙겨안고⋯

'들려'에 주목했는지 모르겠다. 우리의 기준으로 이는 빨간 줄을 긋고 '들러'라고 고쳐야 한다. 그런데 북한어의 기준으로는 맞게 적은 것이다. 우리는 '들르다'가 규범이지만 북한어는 '들리다'가 규범이

기 때문이다. 그래서 우리는 '들러'라고 적고 북한은 '들려'라고 적는
다. 아래도 남한어라면 '들른'으로 적을 것을 북한어에서 '들린'으로
적은 예이다.

> 뻐스에서 내린 우리가 처음 **들린** 곳은 읍거리의 어느 한 상점이
> 였다.

다만 대부분 독자는 이 북한어 표기가 낯설지는 않을 것이다. 우리
도 흔히 '들려, 들렸다'라고도 말하고 그렇게 적기도 하기 때문이다.
단지 규범에 맞지 않을 뿐이다.

또 '건너다'는 '건느다'라고도 한다. 횡단로를 뜻하는 '건늠길'을
상기할 수 있다. '부수다'를 '부시다'라고 하는 점도 주목할 만하다.
'부시다'도 남한어에서 표준어가 아니지만 '뿌셔뿌셔'라는 과자 이름
처럼 실제로는 흔히 쓰이는 어형이기도 하다.

> 산은 오를수록 높고 물은 **건늘수록** 깊다. (북한 속담)
> 실험기구를 **부시지** 않도록 정히 들어다 놓아라.

물론 북한어에서 '건너다, 부수다'도 모두 규범어이고 우리도 '건
느다, 부시다'를 쓰기도 하므로 이 역시 실질적으로 남북 간 차이는
없다. 다만 시각적으로 이 예들과 같은 북한어 표기가 다소 생소하게
느껴질 수는 있다. 참고로 말을 건네는 것을 남북 모두 '건네다'라고
하지만 북한어에서는 '건늬다'라고도 한다. '건느다'에서 파생한 말
인 것이다.

그들에게 말을 **건늬여**보니…

▌수집게 서있는 처녀

수줍은 것을 '수집다'라고 하는 것도 특징적이다. "수집게 서있는 처녀", "처녀처럼 수집음을 탔다"처럼 표현한다. '수줍다'도 문화어 이지만 '수집다'를 더 많이 쓰는 것으로 보인다.

비슷한 예로서 머뭇거리는 것도 '머밋거리다'라고 하고 거뭇거뭇한 것은 '거밋거밋하다'라고 한다.

　　　　록두지짐은 농촌집들에서처럼 **거밋거밋하게** 지져야 더 구수하다고…

미묘한 모음의 차이가 있는 이 말들의 남북 사전의 등재 모습은 좀 복잡하다. 둘 다 규범어인 경우도 있고(○) 비규범어인 경우도 있고 (●) 사전에 없는 경우도 있는(×) 등 같은 듯하면서 다른 모습을 보인다.[9]

	수줍다	수집다	머뭇거리다	머밋거리다	거뭇거뭇하다	거밋거밋하다
남한	○	●	○	×	○	×
북한	○	○	○	○	○	○

▌한뽐, 두뽐 자라는 나무

"한뽐, 두뽐 자랄 나무들을 그려보며…"처럼 '뼘'을 '뽐'이라고 하는 것도 특징적이다. 남한어에는 '뽐'이 없고 북한어에는 '뼘'이 없다. 서로 말이 달라진 것이다.

> 산골작이로 쏘다저내리는 물은 작구 뿔어갈 뿐이엇다. 동편 하눌은 어느새 약간 훤-해젓다. 사람들은 방축에 몰려서서 아차아차한 맘으로 하회만 기다리엇다.
>
> 『한뽐 두뽐 세뽐 네……』
>
> 방축으로 슬금슬금 기어올으는 물을 내려다 보며 물에 잠기지 안흔 방축을 뽐질하는 박서방은 발을 구르며 웨첫다.『이저는 죽엇슴. 악개 여슷 뽐이 남앗든가 이저는 네 뽐도 앙이됨메.』

위 글은 함흥 출신이자 월북 작가이기도 한 한설야의 <홍수> (1928)라는 작품의 한 구절이다. 서술부에서는 '뺨질'처럼 '뺨'이라고 하면서도 작품 속 화자들의 말은 방언을 살려 '뽐'이라고 한다. 백년 전 함경도 말이 잘 나타나 있다. 이 방언이던 것이 오늘날 문화어로 승격되어 보편적으로 쓰이고 있다.

▌제일 큰 설음은?

배고픈 게 서러운 건 남북한이 똑 같아서 북한에도 "설음중에도 배고픈 설음이 크다"라는 속담이 있다. 이 예처럼 설움을 북한어에서 '설음'이라고 한다.

　　과부의 **설음**은 동무과부가 안다. (북한 속담)

'설움'은 '섧다'에 '-음'이 결합한 '설음'에서 온 말이다. 20세기 전반기까지만 해도 '설음'이 일반적인 표기이기도 했다.[10] 이 '설음'과 마찬가지로 찌푸리는 것도 "잔뜩 찌프린 날씨"처럼 '찌프리다'라고 한다.

얼굴을 **찌프리고** 돌아앉아버리는 작곡가였다.

이렇게 남한어에서 '우' 모음인 것이 북한어에서 '으' 모음인 예들은 종종 있다. 북한의 나무꾼이 선녀 아내를 찾으러 하늘로 타고 오르는 것도 두레박이 아니라 '드레박'이다.

드레박이 내려오면 그것을 타고 올라가라고…

이는 원래 '드레박>두레박'으로 변한 말이다. 앞서 '설음'처럼 북한어가 좀 더 고형의 모습을 보이는 셈이다. 『우리말샘』에 이 두레박의 방언이 80여 종이나 올라 있는데 그 대표적인 두 말이 각각 남북의 규범어로 자리 잡은 것이다.

이 짝들과 반대로 남한어의 '들러리'는 북한어에서 '둘러리'라고 한다. 경상도 방언이기도 하듯이 전국적으로 널리 쓰이던 말이지만 『큰사전』에서 표준어로 선택한 말은 '들러리'였다. 그런데 그 함경도 방언이 '둘레'이듯이 북한어는 '둘러리'를 선택한 것이다.

이 들러리는 근대에 생긴 말이다. 그래서인지 인터넷에서 소개하는 그 유래도 꽤 '현대적'이어서 신부를 약탈자나 악귀로부터 보호하는 서양 풍속에서 왔다고 한결같이 설명한다. 반면에 북한은 역시 북한답게 혼례에서 신부의 단장 등을 도와주던 '수모'라는 우리의 전통문화에서 유래하였다고 한다. 말이 변하듯 문화를 보는 눈도 달라져 가는 듯하다.

▍찬 물로 우아래가 있다

문화어에서는 위는 '우'라고 한다. 당연히 위아래가 아니라 '우아래'이다. 즉 "찬 물도 우아래가 있다"라고 한다.

그래서 '윗-, 웃-'도 남북한이 다르다. 남한어는 조금 복잡해서 위 아래의 대립이 있으면 '윗사람, 윗목, 윗옷' 등처럼 '윗-'으로, 대립이 없으면 '웃돈, 웃어른'처럼 '웃-'으로 한다. 이와 달리 북한어는 모두 '웃-' 하나로 통일되어 간단한 편이다.[11]

우선 아래사람을 **웃사람**에게 소개하여야 한다.

여기가 아니라 저 **웃쪽**이란 말이요.

이처럼 남북한어는 말소리가 미묘하게 달라진 예들이 적잖게 있다. 여기에서는 모음을 중심으로 보았는데, 정리 겸 일부 예를 더하여 보인다.

남한	북한	남한	북한
무	무우	뺨	뺨
냄비	남비	설움	설음
누더기	누데기/누더기	찌푸리다	찌프리다
웅덩이	웅뎅이/웅덩이	외치다	웨치다
지팡이	지팽이/지팡이	머뭇거리다	머밋거리다/머뭇거리다
지푸라기	지푸래기/지푸라기	거뭇거뭇	거밋거밋/거뭇거뭇
가자미	가재미	설레다	설레이다/설레다
아기	애기/아기	헤매다	헤매이다/헤매다
들르다	들리다	하마터면	하마트면
건너다	건느다/건너다	우레	우뢰
건네다	건늬다/건네다	비계	비게
부수다	부시다/부수다	어귀	어구/어귀
연거푸	련거퍼	장구	장고/장구
수줍다	수집다/수줍다	위아래	우아래

당연하게도 이 같은 듯 다른 말소리의 차이에서 오히려 남북한어가 한 언어라는 점을 실감하게 된다. 차이에 집중하면 멀게 느껴지지만 닮은 점을 생각하면 가깝기만 한 것이다. 그 차이도 규범의 차이일 뿐 실제로는 우리도 '윗목, 웃목'을 뒤섞어 쓴다는 점을 생각하면 더욱 그러하다. 이러한 말소리의 차이는 한자어에서도 볼 수 있다.

▌외곡의 오유

다음은 무슨 뜻일까?

외세의 **사촉**에 의해 발생한 비정상적사태.

외세의 '사주'에 의해 사태가 발생했다는 것이다. 북한어는 '사주(使嗾)'를 '사촉'으로 읽는다. 이처럼 남북한 한자어는 달리 읽는 말들이 종종 있다. 일부 한자음에 원음, 속음이 있다 보니 무엇을 선택했는지에 따라 달라진 것이다. 대표적으로 '오류(誤謬)'는 북한어에서 '오유'라고 하고, 왜곡(歪曲)은 '외곡'이라고 한다.

한 번의 **오유**도 없이 정확히 수행해오는…
(김성일은) 고의적으로 사실을 **외곡**하여 일본은 침략해오지 않을 것이라고 보고하였다.

과거 조선어학회는 「사정한 조선어 표준말 모음」(1936)을 내면서 한자음이 혼란스러운 예 100개 가량을 골라 표준적인 어형을 제시한 적이 있다. 한자라는 것이 외래적인 것이다 보니 그 읽는 법도 혼란스러운 면이 있었기 때문이다. '오류'의 경우 '謬'의 본음이 '류'이지만 조선어학회는 당시 속음에 따라 '오유'를 표준으로 제시하였다. 이후 『큰사전』에서 뒤바뀌어 '오류'가 표준어로 올랐지만 북한어는 여전히 '오유'를 선택한 것이다.

이렇게 선택이 뒤바뀌기도 한 것은 '오류'만이 아니다. 바퀴가 삐걱거린다는 뜻의 '알력(軋轢)'은 북한어에서 '알륵'이라고 한다. '轢'은 원음이 '력'이지만 「사정한 조선어 표준말 모음」, 그리고 『큰사전』에서 속음에 따라 '알륵'을 표준으로 삼았다가, 남한의 경우 1988년 표준어 규정에서 '알력'으로 바뀌었고 북한은 '알륵'을 계속 쓰고 있다.

지금은 잘 안 쓰는 물건이지만 저울의 한 종류인 천칭(天秤)은 그 읽는 법이 파란만장하게 바뀐 말이다. '秤'의 음은 '칭'인데, 「사정한 조선어 표준말 모음」은 속음에 따라 '천평'을 표준으로 삼았고, 이후 『큰사전』에서는 '천칭'을 표준어로 삼고 '천평'도 그 변한 말로서 인정하였다. 그러다가 지금 『표준』은 '천칭'만 표준어로 인정하고 있다.

그런데 이 말의 북한어는 좀 미묘하다. 일단 한글 표기만으로 '천칭'과 '천평' 둘 다 문화어이다. 그런데 한자 표기는 '천칭(天秤)'과 '천평(天平)'으로 다르다. 원래 이 말은 '천평칭(天平秤)'의 준말이다. 『큰사전』에서는 그 준말을 '天秤'으로 보고 다만 그것을 어떻게 읽을지를 문제삼은 것이다. 그런데 북한은 그 준말로서 '天秤', '天平' 둘 다 있다고 보아 각각 '천칭', '천평'으로 인정한 것이다.

아마 『큰사전』의 판단이 옳을 것이다. 그 준말은 '天秤'이고 대중이 '秤'을 '평'으로 오독했을 가능성이 높은 것이다. 어쨌든 여러 가지 요인이 복합적으로 얽힌 단어이다. 실생활에서 물건이 사라지면서 말의 쓰임도 점점 적어지겠지만 언젠가 남북의 학자들이 합의하는 결론은 무엇일지 궁금해진다.

북한어에서 사라진(?) 한자음도 있다. 예초기는 익숙한 말이지만 한자는 '刈草'로서 좀 어렵다. 이 '刈'는 '벨 예'로서 '예초, 예초기, 예취, 예취기' 등에서 쓰이는 글자이다. 그런데 북한은 그 음을 '애'로 보는 듯하다. 저자가 확인한 것으로는 『다듬은 말』(1986)에 제시된 다음 예들이 있다.

애초 (농학) 풀베기
애취기 (림학) 풀베기철
애취장 (림학) 풀베는곳

이것만으로는 그 북한어의 음이 '애'라고 하겠는데 이후 『조선말대사전』(1992)에서는 '풀베기'만 남겨 놓고 해당 한자어들이 사라져 버렸다. 그러다 보니 실제 그 음이 '애초'인지 정확하게 확인하기 어렵게 되었다.

▌퇴고인가, 추고인가

당나라의 시인 가도는 달 아래 승려가 문을 민다[推]고 할지, 두드린다[敲]고 할지 시구를 두고 고민에 빠졌다. 유명한 '퇴고(推敲)'의 유래이다. 그런데 이 '推'의 음은 '추, 퇴' 두 가지가 있다. 그러다 보니 우리는 '퇴고', 북한에서는 '추고'라고 한다.

개전(改悛)을 '개준', 항문(肛門)을 '홍문', 준설(浚渫)을 '준첩'이라고 하는 것도 눈에 띄는 차이점이다. 그런데 북한은 '개전, 항문, 준설'도 문화어로 삼고 있어서 남한어에 비하여 선택의 폭이 넓다. 다만 항문을 거의 어김없이 '홍문'이라고 하는 등 실제 쓰임에서는 남북 간 차이가 꽤 느껴지기도 한다.

이 한자어들은 남북 모두 있는 말들이다. 단지 규범의 선택이 다를 뿐이다. '추고, 개준, 홍문'도 남한어에서 쓰이지만 표준어로 인정받지 못했을 뿐이다. 반대로 '거출, 갹출'은 남한어에서 둘 다 표준어로 인정하지만 북한어는 '거출'만 인정한다.

　결국 이 말들은 규범의 차이일 뿐 같은 말의 다른 모습이다. 이들의 얽히고설킨 관계에서 남북의 말들이 하나의 실타래로 이어져 있음을 다시 한번 느낄 수 있다. 어쩌면 통일 한국어는 이들을 모두 규범어로 인정하게 될지도 모른다.

	퇴고	추고	개전	개준	항문	홍문	준설	준첩	갹출	거출
남한	○	×	○	×	○	×	○	×	○	○
북한	×	○	○	○	○	○	○	○	×	○

▌'식혜'라는 김치

　평양의 모란봉김치공장에서 "배추통김치를 비롯하여 씨레기, 깍두기, 식혜 등 여러가지 종류의 김치"를 생산한다고 한다. 식혜가 김치라고? 이런 의문이 들 법하다.

　북한에서 '식혜'는 김치의 일종이기도 하다. 자연히 음료를 연상하게 되는 남한어 화자로서는 이상하게 생각되지만 일단 그 정체는 생선에 약간의 소금

가재미식혜
Flatfish *Sikhye*

[『조선민족음식』의 '식혜' 사진]

과 밥을 섞어 숙성시킨 식품이다. 이쯤 되면 가자미 식해가 떠오를 텐데 북한은 이를 김치의 일종으로 분류한다. 아마 무, 양념, 소금 등을

버무려 숙성시켜 만든 음식이기 때문일 것이다.

우리는 이 버무려 삭힌 음식을 '식해(食醢)'라고 하여 음료인 '식혜(食醯)'와 구별한다. 그런데 북한은 구별하지 않고 '식혜(食醯)' 한 가지로 쓴다. 사실 醢는 '젓갈 해'이고 醯는 '초 혜'이므로 둘은 구별되어야 할 것 같은데 어떤 이유에서인지[12] 북한은 모두 '식혜(食醯)' 하나로 보는 것이다.

▌ 조약던져넣기

핸드볼의 슛 기술로 한 발로 높이 뛰어올라 실시하는 점프 슛이 있다. 이를 북한어에서는 '조약던져넣기'라고 한다. 던져넣기는 이해할 만한데 '조약'은 무엇일까. '도약(跳躍)'을 북한식으로 읽는 말이다. 다이빙할 때 발 구르는 발판도 '조약대'라고 한다. 체조 종목의 기구인 도마(跳馬)도 일반적으로 '뜀틀'이라고 하지만 한자어 이름으로는 '조마'라고 한다.

'너의 췌장을 먹고 싶어'라는 다소 섬뜩한(?) 제목의 일본 영화가 있는데 북한어라면 '너의 취장을 먹고 싶어'가 된다. 췌장(膵臟)을 북한어에서는 '취장'이라고 발음하는 것이다. 앞서 예들과 마찬가지로 이 '조약, 취장'도 남한어에 없지 않은데 어떤 한자음을 표준으로 삼았느냐에 따라 남북의 말이 달라졌다.

'끽연, 만끽'은 북한어에서 '긱연, 만긱'이라고 한다. 물론 발음도 [기견, 만긱]이다. '喫'은 남한어에서 본음을 '끽'이라고 보는 반면 북한어는 '긱'으로 보는 셈이다.

▌ 장훈이야, 멍훈이야

"《장훈이야, 멍훈이야》 하며 승벽을 부리는 장기판"이라는 표현에서 '장훈, 멍훈'은 쉽게 짐작이 간다. '장군, 멍군'의 북한식 말인 것이다. 참고로 '승벽'은 이기기를 좋아하는 마음, 즉 승부욕을 뜻하는데 남한어와 달리 북한어에서는 활발히 쓰이는 말이다.

'장훈, 멍훈'도 원래 남북에 걸쳐 쓰이던 말이다. 노산 이은상이 설악산 청봉에 올라 멀리 금강산 향로봉을 바라보며 "양봉이 서로 높이 솟아올라 '장훈' '멍훈'을 맞부르고 잇습니다"[13]라고 노래하였는데, '장군, 멍군'만큼은 아니지만 이렇듯 흔히 쓰이던 말 중 하나였다. 그것이 분단 시대의 지금은 금강산이 있는 북한 지역의 말이 된 것이다.

새해 농사에서도 기어이 **통장훈을 부를** 결의.

북한어에서 자주 쓰는 관용적 표현 가운데 하나가 '통장훈을 부르다'이다. 자신이 이룬 성과를 자랑하듯 알리는 것을 말한다. 장기에서 상대방 장을 꼼짝 못하게 만드는 수가 외통장군이고, 이를 남한어에서 외통, 외통수라고도 하듯이 북한어에서는 '통장, 통장훈'이라고 한다. 즉 '통장훈을 부른다'는 것은 큰 성취를 하였다는 뜻으로 북한어에서 심심찮게 볼 수 있는 표현이다.

앞서 남한의 국어사전에 숨어 있는 말들도 그러하지만 이처럼 말소리에서 미묘한 차이가 있는 말들은 '북한어'다운 말로 흔히 인식된다. 물론 그 생소함이나 차이점에 주목하면 뭔가 다른 '먼' 언어로 생각되기 쉽지만 이들 역시 남북의 경계를 넘나들며 서로 이어지는 것들임은 더 말할 것도 없다.

288

1 '…게 들린다'는 것은 단어의 본음 기준에서 하는 표현이다. '어머니'는 [오모니]
   에 가깝고 '오빠'는 [어빠]에 가깝다고 해서 '어'와 '오'를 바꾸어 발음하는 것으로
   오해해서는 안 된다. '어'와 '오'의 중간 정도로 발음하니까 우리 기준에서 볼 때
   '어'는 [오]처럼 들리고 '오'는 [어]처럼 들린다는 뜻이다.

2 이금화(2007) 41쪽. 이 책의 저자는 집필 당시 6, 70대보다 4, 50대가 변별력이 더
   욱 약화되었다고 한다. 그러면서 그 이후 세대는 다시 교육의 영향으로 잘 변별하
   는 추세라고 보고하고 있다.

3 <따뜻한 우리 집>(제2부)에서도 중년의 과장은 "우리 영감 양복 한벌 해줘야겠는
   데…"라고 할 때 [영감]으로 발음한다. 이 배우는 '그럼, 그, 즐거운'도 [그럼, 그, 즐
   거운]처럼 '으' 발음을 한다. 이 '으'는 젊은 층도 '받으라'[바드라]처럼 잘 발음한
   다. 그만큼 이 모음이 변별되지 않는 것은 부분적인 현상이라고 할 수 있다.

4 이준환(2019) 참조.

5 북한어 모음 발음의 또다른 특징으로는 '애'와 '에'를 구별한다는 점이다. 이는 남
   한어에서 거의 구별되지 않게 된 대표적 경우인데 북한어는 여전히 변별되고 있으
   므로(곽충구 2003, 이금화 2007 등 참조) 독자들도 북한어 영상 자료에서 한번 확
   인해 보면 좋을 것이다. 이 외 '돼지'를 [대지]로, '귀신'을 [기신]으로 발음하는 등
   이중모음이 단모음화되는 예를 흔히 볼 수 있다.

6 남한어는 '해방둥이, 귀염둥이, 흰둥이'처럼 '-둥이', 북한어는 '해방동이, 복동
   이, 행복동이'처럼 '-동이'라고 하는 것도 그러하다. 다만 '쌍둥이'는 남북한어 모
   두 같다.

7 앞서 '냄비, 남비'는 그 반대의 예인 셈이다.

8 저자가 보기로는 글 자료에서 '지팽이, 웅뎅이' 등이 더 일반적으로 나타난다. 정
   확한 것은 알 수 없지만 현실적으로 두 유형 모두 적잖이 쓰이는 건 분명해 보인다.

9 지루해서 심심한 것을 '슴슴하다'라고 하는 것도 기억해 둘 만하다. "이거야 슴슴
   해서…"(토막극 <흥취끝에>). 이처럼 모음의 변이는 곳곳에서 볼 수 있다.

10 '섧다'의 또 다른 형태로 '설다'가 있는데 표준어로는 인정되지 않지만 문화어로
   는 인정된다. 즉 '서럽게' 운다고도 하지만 '설게' 운다고도 한다. 북한어 '설음'은
   종래의 표기를 이어받은 것이지만 현대어의 관점에서 '설다'와 관련지어 '설+음'
   으로 분석한 결과일 가능성도 있어 보인다.

11 남한에서는 '윗사람'을 '위(명사)+ㅅ+사람'의 합성어로 다루지만, 북한은 '웃사
   람'을 '웃-(접두사)+사람'의 파생어로 다룬다.

12 방언에서 문화어로 승격한 말(리기만 2002:298)이다 보니 그 정확한 실체를 오해
   했을 가능성도 있어 보인다.

13 이은상「설악행각」, 동아, 1933. 12. 1.

제8장

엇갈리는 말들

북한의 5대 영양소는?

'당질, 단백질, 기름질, 비타민, 광물질'이다. 5대 영양소가 다를 수 없으니 말이 다를 뿐이다. 남한어로는 '탄수화물[1], 단백질, 지방, 비타민, 무기질'이다.

'꽝포'는 무엇일까? 꽝 소리만 요란한 대포라는 뜻으로 곧 거짓말이다. 북한 어린이가 쓴 유년동요(동시) 한 구절을 보자.[2]

> 우리 반 봉남인 꽝포쟁이지 거짓말 잘하는 꽝포쟁이지
> 글쎄글쎄 오늘은 수학시간에 선생님을 슬-쩍 속여넘겼지
> 숙제를 안하고도 시침 뻑 따고 한손을 버-쩍 높이 들었지

남북한어 모두 '거짓말쟁이'가 있지만 한편으로 북한어에는 '꽝포쟁이'가 있고 남한어에는 '뻥쟁이'가 있다. 이 예들, 그리고 다양한 파생어로서 '놀래키다'와 '놀래우다' 등처럼 남북한어는 동일한 사물이나 개념을 서로 다른 형태의 말로 나타내는 경우가 많다.

같은 말이라도 의미가 다른 경우도 적지 않다. '일없다'는 그 대표적인 예지만 '음료'도 그 한 예이다. 남한의 매장에서는 '음료' 코너와 '주류' 코너가 나뉘어 있듯이 술은 음료에 포함되지 않는다. 그러나 북한의 경우 "술은 식생활과 인연이 깊은 음료"라는 예처럼 술도 음료의 일종이다. 그래서 '청량음료'를 파는 가게라면 맥주도 판매 품목에 포함되는 것이다.

우연히 저자는 북한의 한 그림을 보게 되었는데 그 제목을 이해하기 어려웠다. '두부앗기'라니? 이 '앗다'는 남한어에서도 빼앗다는 뜻 말고도 '수수나 팥 따위의 껍질을 벗기다'는 뜻이 있다. 그런데 북한어는

이에 더하여 '두부나 묵 따위를 만들다'는 의미로까지 확대되어 그 뜻이 변화하고 있는 것이다.

두 부 앗 기

『24절기와 조선의 민속』의 조선화 '두부앗기'

이렇게 남북한의 말은 형태에서, 의미에서 서로 엇갈리고는 한다.[3] 이 경우 특히 남북한어의 이질감을 느끼게 되는데 이 장에서는 이런 북한어들을 살펴보기로 한다. 어쩌면 그 과정에서 이질감은 조금 줄어들지 모른다.

8.1. 조어법이 만든 차이

남북한이 갈라지면서 접두사, 접미사를 이용하여 각각 새로운 단어를 만드는 예를 흔히 볼 수 있다.[4] 예를 들어 북한어의 '행복동이'는 남한어에 없는 말이다. 행복한 나라에서 자라나는 어린이라는 뜻으로 체제 선전의 의미를 띠고 자주 쓰이는 말이다. '착한동이'나 '욕심동이'도 북한어에서 만들어진 말이다.

"비겁쟁이나 의지가 약한 과학자들"처럼 '비겁쟁이'도 종종 쓰이는 북한어 특유의 말이다. 비겁한 사람을 낮잡아 이르는 말이다. 이와 같이 접사를 이용해서 만드는 단어들 중 남북이 다른 말들이 꽤 있다.

▌겨울나이 준비를 하고
일단 문법적으로 특징적인 예 하나를 보자.

294

> **겨울나이**용화목을 끌어내리던 가파로운 비탈길에 들어서자… (선대 2017)

'겨울나이'는 곧 겨울나기이다. 여름을 나는 일은 '여름나이'이다. 이 말들이 특이한 것은 국어에서 접미사 '-이'는 모음으로 끝나는 말 뒤에는 결합하지 않기 때문이다. 최남선 선생이 1913년에 발행한 어린이 잡지 이름으로 '아이들보이'가 있고 우리나라 최초의 국어사전 이름인 '말모이'[5]가 있지만 일반적으로 모음 뒤에 '-이'가 결합한 단어를 볼 수 없다. 그래서 북한어의 이 '겨울나이, 여름나이'는 특이하다. 접미사를 이용한 말만들기에서 북한어는 문법적으로도 새로운 면을 보이는 것이다.

'햇내기'도 재미있다.

> 어림도 없는 **햇내기**래.

『우리말샘』에 충청도 방언으로 올라 있는 이 말은 북한어에서도 쓰이는 말이다. 흔히 문법론에서 '풋내기'는 접두사와 접미사가 결합한 말로 주목을 받는데 이 '햇내기' 역시 다를 바 없는 특성을 보여준다. 이 말은 꽤 부정적 어감이어서 대체로 상대방에게 직접 말할 때보다는 뒤에서 흉보는 상황에 어울린다고 한다.

▍관심하고 긴장하고

아래 '관심하다'는 좀 이상하게 느껴질 것이다. 남한어에는 없는 말이기 때문이다.

조선민족의 고유한 옷에 대해서도 깊이 **관심하며**…

위 예는 남한어라면 '관심을 두며' 정도로 표현할 것이다. 이처럼 무엇에 관심을 두는 것을 일러 북한어는 '관심하다'라고 한다. 북한어 특유의 말이라고 할 수 있다. 어떤 문제에 대하여 "제때에 대책해주고…"라고 할 때 '대책하다'도 비슷한 부류이다. 남한어라면 '대책을 세우다' 정도로 표현될 자리이다.

'긴장하다'는 남한어에서 동사로만 쓰는 것과 달리 북한어는 "정세는 매우 긴장하고 복잡하였다"처럼 형용사로 쓰이기도 한다.

환자들과 침식을 같이하며 70여일간의 **긴장한** 치료전투를 벌려…
궤도전차를 만들어본 경험도 없고 자재와 로력도 매우 **긴장하였기** 때문이었다.

그 뜻도 간단치 않다. 이를테면 두 번째 예문에서, 한 버스 수리 공장에 신형의 궤도전차를 만들라는 임무가 주어졌다. 그러자 그 지배인이 경험도 없고 자재나 인력이 부족하다고 걱정하는 것이다. 여기에서 '긴장하다'는 부족하다는 의미에 가깝다. 이렇게 '-하다'가 결합한 말 중에서 북한어에서만 볼 수 있는 것들이 종종 있다.

▌ 제대되여 집으로…

'제대되다'도 생소하게 여겨진다. 북한도 군 복무를 마치고 '제대한다'고 하지만 '제대된다'라고도 한다. 그렇다고 전혀 새로운 말은 아니다. 이미 분단 전부터 쓰이던 말이[6] 북한어에 이어져 오는 것이다.

296

그가 **제대되어** 집으로 돌아왔을 때…

제대되어 청류관의 조리사가 된 그는 신선로료리의 기초기술을 하나하나 익혀나갔다.

이렇게 '-되다'가 결합한 특이한 예로서 '부족되다'도 있다. 이 말은 "부족된 설비"처럼 부족하다는 뜻인데 남한어에는 없는 말이다. '부족하다'가 일반적이긴 한데 이상하게도 이 '부족되다'는 조선말대사전에 등재되어 있지 않다. 정확한 이유는 알 수 없지만 아마 단순한 누락이 아닐까 싶다.

시험에 합격하는 것도 "시험에 합격되었다"처럼 흔히 '합격되다'라고 한다. '합격하다'보다 더 많이 쓰는 편이라고 한다. 앞서 '선거하다'도 "소년단부위원장으로 선거되여"처럼 '선거되다'의 형태로 잘 쓰인다.

접미사가 만들어내는 이러한 단어에는 나름 '생소한' 말들이 적지 않다. 물론 그 뜻을 짐작하는 데는 어려움이 거의 없다. 우리가 익히 아는 말로 구성된 단어이기 때문이다. 위에서는 '-하다, -되다'가 결합한 말을 보았는데 '-차다, -롭다, -맞다, -스럽다, -겹다, -지다' 등이 결합한 다양한 말들도 있다.

▍영광찬 행복

아래 다양한 접미사가 결합한 형용사들이 있다. 처음 보는 말일지도 모르나 북한어에서는 보편적으로 쓰이는 말들이다. 그 뜻은 쉬이 짐작될 것이다.

모든 과학자, 기술자들의 **영광찬** 행복을 생각하며…

비난이 거세여지자 이에 **바빠맞은** 정계의 고위인물들이 저저마다 나서서…

현장에서 울리는 재봉기의 **고르로운** 동음이 마음을 흥그럽게 하였다.

'영광차다'는 영광스럽다는 뜻인데, 같은 유형으로서 '기세차다'라고 하면 기세등등하다,[7] '자랑차다'라고 하면 자랑스럽다는 뜻이다. 이는 남한어에도 있는 말이지만 지금은 그 쓰임이 거의 사라져 버렸다.

지난 7일전투기간에 이룩된 **자랑찬** 성과들만 보아도 그렇다.

우리 인민의 **자랑찬** 민족음악사도 빛을 잃게 되었다.

'고르롭다'도 북한어 특유의 말이다. 바로 짐작되듯이 고르다는 뜻으로 "고르로운 숨소리, 고르로운 기계 소리"처럼 북한어에서 흔히 쓰이는 말이다. 많이 쓰이는 말은 아니지만 무엇에 끌리어 흥미를 느낀다는 뜻의 '취미롭다', 몹시 불쌍하다는 뜻의 '죄롭다' 등도 같은 부류의 말이다.

'바빠맞다'는 형편이 몹시 급하거나 딱하다는 뜻으로 북한어에서 자주 쓰이는 대표적인 말이다. 특히 위 예처럼 북한의 정치 기사 등에서 궁지에 몰렸다는 뜻으로 어떤 대상을 비판할 때 자주 쓰이기도 한다. '급해맞다'도 그 비슷한 말이다.

'고독스럽다', '유쾌스럽다'도 뜻은 쉽게 짐작되나 남한 화자들에게 꽤나 생소한 말이다. 다만 이것이 북한어라고 해도 '-스럽다'가 워낙 생산성이 높다 보니 남한 사전도 '다양스럽다, 명랑스럽다, 바람직스럽다…' 등 생소한 말 투성이니 특별히 남북 간 차이로 여겨지지는 않는다. 그러면서도 고분고분하다는 뜻으로 "순한 양처럼 고분스럽다"와 같은 말, 안성맞춤이라는 뜻의 '안성맞다' 등은 눈길을 끈다. 잘 어울리는 짝을 만났다면 "안성맞게 짝을 무었다"라고 할 수 있다. 우리에게 생소하게 들릴지 몰라도 이는 북한어에서 익히 쓰는 말들이다.

북한어에는 생소한 이런저런 파생어들이 적지 않다. 그래도 실상을 들여다보면 오히려 공통성을 발견하게도 된다. 종종 어른스럽다는 뜻의 '어른싸다'[8], 사랑스럽다는 뜻의 '사랑겹다', 자랑스럽다는 뜻의 '자랑겹다', 원망스럽다는 뜻의 '원망겹다' 등도 북한어 특유의 예로 들지만 사실 이들은 북한어에서도 그리 널리 쓰이는 말이 아니다. 북한의 대중도 우리와 마찬가지로 일반적으로 '어른스럽다, 사랑스럽다, 자랑스럽다, 원망스럽다'라고 하는 것이다. 이런 데서도 남북의 언어는 결국 하나라는 사실을 느끼게 된다.

▌ 열매가 주렁지고

동사에도 북한어 특유의 말들이 많다. 예를 들어 '주렁주렁'은 알아도 '주렁지다'는 생소한데 "땅이 꺼지게 열매가 주렁졌다"라는 표현에서 실감할 수 있듯이 열매 등이 주렁주렁 열리는 모습을 '주렁지다'라고 한다. "머루와 다래, 들쭉을 비롯한 산과실들이 주렁진 황금산"이라고 하면 그 말뜻이 실감이 난다.

남한 사전에도 올라 있으니 꼭 북한어라고 할 수는 없지만 '차례지다'는 특히 자주 쓰이는 말이다. 차례에 따라 자기 몫으로 배당된다는 뜻인데 남한 화자들은 잘 모르는 말이어서 흔히 '북한어'로 소개되고는 한다. 구체적으로 어떤 의미로 쓰이는지 아래 용례로 느껴 보자.

> 큰 새알심이 **차례지면** 복을 받는다고 하였다.
> 그런데 이렇게 그 기회가 **차례질줄**이야.
> 인민들에게 더 많은 고기와 알이 **차례지게** 하여야 합니다.

동짓날 팥죽에 새알심을 넣어 주는데 자기 것에 큰 새알심이 들어 있으면 복을 받고, 어떤 기회가 자신에게 주어지고, 또 인민들에게 고기와 알이 더 많이 주어져야 한다는 것, 큰 어려움 없이 그 뜻을 이해할 수 있다. 다만 쓰임이 좀 생소할 뿐이다.[9]

'-치다'가 결합한 말로 '덤벼치다'도 잘 쓰이는 말이다. "출장 준비에 덤벼치다"라고 하면 열차 시간에 쫓겨 정신없이 짐 가방을 꾸리는 모습을 연상할 수 있다. '서두르다' 정도의 의미인데 원래 '덤비다' 자체가 그런 뜻으로 북한어에서 잘 쓰이는 말이다. 한 드라마에서 옆사람에게 "내 덤비다가 시계를 못차고 나와서 그러는데 지금 몇시입니까?"라고 묻는데 서두르다가 시계를 잊고 왔다는 말이다.[10]

낯선 말로 느낄지 모르나 여기에도 남북한어의 고리는 있다. 그 비슷한 북한어로 '헤덤벼치다'가 있는데, 남한어에 '헤덤비다'와 '돌아치다'가 있으니 '헤덤벼치다'는 그 두 말이 합성된 꼴이다. 이것이 다시 '덤벼치다'로 이어지니 이런저런 경로로 결국 남북한어는 하나로 엮이는 우리말이다.

▌ 속히워야 마음이 편해하는걸

특히 주목되는 것은 피사동 어휘가 아닌가 한다. 북한어에는 남한어에서 보기 힘든 특유의 피동사, 사동사들이 적잖이 쓰인다. 이를테면 팔이 부러졌다면 '팔이 분질리다'라고 하는 것이다.

'속히우다'도 그 한 예이다. 토정비결로 유명한 이지함에게 어느 날

박 서방이 구들 고치기 좋은 날을 알려달라고 찾아온다. 이지함은 다 좋으나 다음달은 피하라고 일러주고 박 서방은 감사의 뜻으로 보리 두어 되를 놓고 간다. 이를 지켜본 이지함의 아내가 다음달은 장마철이니 일하기 안 좋다는 이치를 알려주면 될 것이지 왜 점괘를 아는 것처럼 거짓말을 하느냐고 따진다.

> 《내가 거절하고 보내면 그 사람은 이 두되의 보리쌀보다 더 비싼 물건을 가지고 다른 사람한테 가서 **속히워야** 하지 않겠소? 그러니 그를 위해서도 내가 속이는 것이 더 낫지 않겠오?》
> 《아이구머니, 그럼 그렇게 **속히우는** 사람은 얼마나 불쌍하우.》
> 《세상에 모든 사람이 그런 걸 어찌겠소. 지금 사람들은 제마음에 들게 **속히워야** 마음이 편해하는걸.》 (금수 19. 12.)

아내는 어이가 없다는 듯 '허구프게'(어이없다는 듯이) 웃고는 보리쌀을 들고 부엌으로 들어갔다고 한다. 이 부부의 대화에 나타난 '속히우다'는 북한어 특유의 피동사이다. 그냥 '속다'라고 하면 될 것 같은데 북한어는 '속히우다'라고도 하는 것이다.

물론 북한 사람들도 흔히 '속다'라고 한다. 즉 이 일화는 '속아야, 속는, 속아야'로 바꾸어 써도 아무 문제가 없는 것이다. 따라서 '속히우다'는 이 남북 공통의 말에 더하여 마치 플러스 알파처럼 북한어에 더해진 말인 셈이다.

이 '속히우다'는 '속다'가 '속히다'가 된 것도 모자라 '-우-'까지 덧붙은 말이다. 이렇게 북한어는 결과적으로 '-히우-', '-기우-', '-이우-'가 결합한 생소한 피동사들이 많다.

예를 들어 "뭉청 허리를 잘리운 버드나무"[11]처럼 '발을 밟히우다,

301

옷을 벗기우다, 가지를 잘리우다' 등은 북한어에서 흔히 쓰는 표현이
다. 북한 사람들에게 이 말들은 '밟히다, 벗기다(피동), 잘리다' 못지
않게 익숙한 것이다.

　이런 말들은 각 방언에서 일괄로 문화어로 올리지 않았나 싶을 정도
도 많다. 『우리말샘』의 북한어를 훑어보아도 '갇히우다, 감기우다, 긁
히우다, 꺾이우다, 먹히우다, 밀리우다, 바뀌우다, 비치우다, 빨리우다,
뽑히우다, 섞이우다, 업히우다, 잘리우다, 잠기우다, 졸리우다, 쫓기우
다, 찢기우다, 팔리우다, 생각히우다' 등 실로 많은 예들이 있다.

　물론 앞의 예들처럼 모두 널리 쓰이지는 않아서 '바뀌우다, 업히우
다, 생각히우다' 등 상대적으로 거의 안 쓰이는 예들도 있다. "계절이
바뀌여", "이 어미등에 업혀라!", "리경숙할머니, 생각나십니까?" 등
처럼 '바뀌다, 업히다, 생각나다'가 보통인 것이다. 물론 남한어에도
'갈리우다, 건드리우다, 잘리우다, 치우다, 휘우다'[12] 등 일반 화자들
이 잘 모르는 일단의 말이 있지만 적어도 사전에 오른 양적인 면에서
남북 간 차이는 뚜렷하다.

　이렇게 '-우-'가 피동의 뜻을 갖는 것은 확실히 남한 화자들에게 낯
설다. 그러다 보니 오해할 만한 경우도 생긴다. 한 청년이 나무 그늘
아래 펼쳐진 장기판을 보며 아래와 같이 혼잣말을 한다.

　　시간두 있는데 한번 **끼워** 봐?

　남한어 화자로서는 얼핏 오타가 아닌가 생각하기 쉽다. 그런데 북
한어에서 '끼우다'는 "전구를 끼우다"와 같은 용법 말고도 "동무들속
에 끼우다"처럼 섞여들다는 뜻도 있다. 위 예문은 두 번째 뜻으로 쓰
인 것이다. 남한어로 치면 "끼어 봐?" 정도라고 할 수 있다.

302

▌세상을 놀래우고

사동사도 마찬가지다. '-우-'가 덧붙어 사동의 뜻을 나타내기도 하
는데, '놀래우다'는 북한어에서 즐겨 쓰는 대표적인 말이다. "세계를
놀래우는 기적"이라고 하면 세계를 놀라게 한다는 뜻이다.

> 말을 채 번지지도 못하는 3살때에 세계지도를 척척 보아 사람들을
> **놀래웠고**⋯
> 세인을 **놀래우는** 자랑찬 성과들을⋯

이는 놀라게 하다는 '놀래다'에 '-우-'가 한번 더 결합한 것이다.
'놀래다'는 표준어이기도 하지만 대부분 남한 화자들은 "깜짝 놀랬
다"처럼 놀라다는 뜻으로만 알고 사동사로서의 용법은 잘 모른다. 그
러다 보니 '놀라게 하다'라고 하거나 '놀래키다'라는 방언을 쓰는 일
이 많다. 그것을 북한어에서는 '놀래우다'라고 하는 것이다.

이런 식의 말은 우리 주위에도 있다. '태다, 채다, 재다'는 (불이) 타
게 하다, (가득) 차게 하다, (잠을) 자게 하다는 뜻의 사동인데, 여
기에 '-우-'가 결합한 '태우다, 채우다, 재우다'가 널리 쓰이는 것이
다. 북한어의 경우 함경도 방언에서 온 '놀래우다'가 여기에 새 식구
로 추가되었다.

'바래다'도 북한어에서는 흔히 '바래우다'라고 한다. 물론 '바래다'
도 있지만 '바래우다'가 특히 활발하게 쓰인다. 비료들을 가득 싣고
떠나는 차들의 모습을 '바래운다'고 하고, 아침마다 소학교 2학년생
인 아들을 학교 정문 앞에서 '바래우고' 출근길에 오른다고 한다. 배
웅하는 것이 '바래우다'인 것처럼 배웅도 "주민들의 바래움을 받으
며"처럼 '바래움'이라고 한다. 말이 말을 낳고 있다.

이 단어들과 닮은 예로 '자래우다'가 있다. 기르다는 뜻의 이 말은 함경도 등의 방언이 문화어가 된 것인데 "나무를 자래우면서"처럼 북한어에서 즐겨 쓰는 말이 되었다.

> 애어린 새싹을 무럭무럭 **자래워**…
> 그래서 어린이들 누구나 몸도 마음도 **자래우는**것 아니랴.

▌사실이 알리고

90년대 말 김정일은 한 컴퓨터 프로그램 전시장을 찾았다. 그 자리에서 비화기(통신 기기에서 나오는 전송 신호를 다른 사람이 해독하지 못하도록 암호화하는 장치) 앞에서 담당자와 나눈 대화이다.

> 《비화기에서 지연시간이 얼마나 걸립니까?》
> 《40미리초입니다.》
> 《비화기에서 지연시간이 40미리초이면 약간 알릴것입니다.》 (금수 16. 8.)

김정일이 첨단과학에도 해박하였다는 우상화 색채가 다분한 일화인데 어쨌든 이 대화는 좀 이해하기 어렵다. 전문 분야 내용이기도 하지만 '알릴'의 뜻을 짐작하기 쉽지 않은 것이다. 이는 '알다'의 피동형으로 암호가 알려질 수 있다는 뜻이다.[13]

그래도 그 정체가 딱 잡히지는 않는다. 의미적 용법도 미묘해서 '알려지다'로만 바꾸어 이해할 수 없기도 하다. "기업소는 한눈에 보기에도 몇해사이에 옛모습을 알아볼수 없게 달라진것이 확연히 알리였다"는 '알 수 있었다' 정도로, 아래 예들은 '느껴지다' 정도로 표현할

304

만한 예들이다. 한 탁구 선수가 기초 훈련을 하였더니 유연성이 막 생기는 느낌이 들었다는 것이고, 낯선 이의 세련된 모습이 바로 느껴졌다는 것이다.

> 몸의 탄력과 유연성, 민활성이 생기는것이 막 **알립니다**.
> 첫눈에 **알리는** 세련된 몸가짐…

이 '알리다'처럼 뜻하지 못한 말들을 종종 만날 수 있다. 귀중한 책 등 무언가 전해지지 못하고 사라졌다면 무어라 표현할까? 사라지다, 소실되다 등 물론 적절한 말들이 있지만 북한어에서는 '잃어지다'도 추가된다.

> 영영 **잃어질번** 했던 단청무늬들…
> 불우한 운명으로 많은 작품들이 **잃어지고**…

이런 말들이 우리말에 나쁠 게 없다. 익숙한 접미사들로 만들어진 이런 단어들은 일단 뜻을 이해하는 데 별 어려움이 없다. 그러면서도 '놀라게 하다'와 짝을 이루는 '놀래우다'처럼 표현의 빈자리를 채워 주기도 한다.

그러므로 이 말들을 멀게만 느낄 필요는 없다. 더욱이 이미 몇 차례 보았듯이 남한어와 공유되는 말들도 적지 않다. 예들 들어 김일성이 "조선 역사야 조선 사람이 더 알지. 아 누가 이딴 걸 써가지구서 조선 동무들 노엽혀 가지구 이 모양인가"라고 하는 말에서[14] '노엽히다'라는 말이 보인다. 노엽게 하다는 뜻의 이 말을 북한 사람들은 일상적으로 쓰고 남한 사람들은 거의 모르지만 사실 남한 사전에도 올라 있는

305

말이다. 또 마음에 "생각히는" 바가 있다고 하면 대번에 북한어라고
생각되겠지만 이 역시 남한어에도 없지는 않은 말이다.

'자랑차다'만 해도 남한 사전에 올라 있고, 역으로 '자랑스럽다'도
북한어에서 많이 쓰인다. 아래는『평양의 민속』이라는 책 머리글의
한 부분인데 한 문장 안에서 두 단어가 동시에 쓰이고 있다.

> 이렇게 삼국시기 평양은 고조선에 이어 고구려의 수도로서 **자랑찬**
> 력사와 전통을 계승하여왔으며 조선민족의 독자적인 생활풍습을 창
> 조하고 발전시켜온 **자랑스러운** 전통을 가지고있다.

이렇듯이 남북의 어휘 관계는 가깝다. 북한어에 '유쾌스럽다'가 있
다고 해도 '유쾌하다'가 일반적으로 쓰이며[15] '영광차다'도 '영광스럽
다'가 더 많이 쓰이는 것이다.

사실 '생소함'을 '북한어'와 연결짓는 것은 옳지 못하다. 생소한 말
은 북한어에도 있지만 우리 안에도 있다. '건조롭다, 낭패롭다, 변화
롭다, 운치롭다, 우애롭다, 의외롭다, 인자롭다, 재미롭다, 저주롭다,
초조롭다' 등 생소한 많은 말들이 북한어라고 생각될지 모르지만 이
말들 역시『표준』에 올라 있다. 우리가 잘 모를 뿐이다.

앞의 북한어 특유의 말들은 그 생소함으로 '멀게' 느끼기보다는 오
히려 우리말의 이점으로 여길 필요가 있다. 앞서 '놀래우다'도 그렇지
만 요즘 우리 주변에서 자주 쓰이는 '고급지다' 같은 말까지도 결국
한국어의 외연을 넓히는 말이라고 할 수 있다.

8.2. 형태가 다른 말

엄단웅의 소설 <세 아이>의 한 장면. 어린 학생들과 눈길을 가면서 선생님이 한 말썽꾸러기 아이에게 말한다.

경록이는 **수갑** 한짝을 어쨌어요?

선생님이 아이를 체포해 가는 것은 아닐 테니 이 '수갑'이 바로 연상되는 그것이 아니다. 이는 장갑을 가리키는 북한어이다. 물론 장갑이라고도 하지만 이 '수갑'처럼 또 다른 말을 쓰기도 한다.

필통을 '필갑'이라고 하는 것도 비슷하다. 역시 필통이라고 하면서도 남한어에서 거의 잊힌 이 말을 여전히 쓰면서 차이를 만들어내는 것이다. 텔레비전 채널을 북한에서 '통로'라고 한다는 것도 잘 알려진 예이다. 동일한 사물을 이렇게 다른 형태로 표현하는 말들은 남북한어의 전형적인 차이로 느껴진다.

이런 예는 부지기수이다. 우리의 어린이집을 북한어에서 '탁아소'라고 하고, 컴퓨터의 파일 내려받기는 '내리적재'라고 하며, 입안을 헹구는 가글제는 '함수약'이라고 한다.[16] 대중가요는 '군중가요'[17], 마술사는 '요술사', 식목일은 '식수절', 친구의 책상 위에 몰래 올려놓는 축하카드는 '축하장', 이런 미세한 말의 차이는 곳곳에 있다.

때로는 꼬리에 꼬리를 물기도 한다. 앞에서 보았듯이 북한어에서 냉장고는 '랭동기'라고 한다. 우리로서는 자칫 냉동고로 오해할 만한데 냉동고의 북한어는 '극동기'이다. 이를테면 상점에서 냉동육이나 아이스크림 등을 넣어 두고 판매하는 시설을 극동기라고 부른다. 냉장고-랭동기, 냉동고-극동기, 이렇게 남북한어는 조금씩 맞물려가면서 그 모습을 달리하기도 한다.

물론 생활 곳곳의 이런 말 차이를 크게 볼 필요는 없다. 한 양로원을 묘사한 것을 보면 "침실, 치료실, 목욕탕, 세탁소, 미용실, 운동실, 오락실, 도서실, 영화관, 식사실…"이 있다고 하는데, 대부분 같은 말 속에 다른 말들이 약간 섞여 있는 정도이다. 이들 예에서 식사하는 장소를 '식사실'이라고 하는 점이 눈에 띄는데 남한어라면 '식당'으로 대체될 수 있는 말이다.

▌만가동과 풀가동 사이에서

그래도 '식사실'처럼 북한어 특유의 말들은 적잖이 있다. 어떤 말은 그 뜻을 짐작하기도 어려워 언어 차이를 실감하게 만들기도 한다. 일례로 "오그랑수를 쓰면서"처럼 속임수를 뜻하는 '오그랑수'는 북한어에서 잘 쓰는 말 중 하나지만 곧바로 그 뜻을 알기는 어렵다. 아래 예들을 보자.

> 설비들의 **만가동**을 보장하고…
> **가두배추**는 다듬어 깨끗이 씻는다.
> 저저마다 … **승벽내기**로 헤염솜씨를 겨루기도 하였다.
> 자기의 **딱친구**인 원숭이의 덕인지도 모른다고 웃으며 말한다.

우리 언어생활에서는 만나기 어려운 말들이다. '만가동'은 공장을 쉬지 않고 가동하는 것이다. 남한어식으로 말하면 풀가동이다. 생산을 독려하고 속도를 강조하는 북한 경제 체제에서 꽤나 출현 빈도가 높은 말이기도 하다.

'가두배추'는 양배추이다. 물론 "양배추김치야요"라고도 하듯이 서로 넘나들기도 하지만 이 가두배추는 낯선 말이다. 예로 들지는 않았지만 '얼벌벌하다'도 특징적인 말인데 김치처럼 맵고 얼얼한 맛을 가리킨다. 우리 음식과 잘 어울리는 데가 있어 북한어에서 즐겨 쓰이는 말이기도 하다.

앞에서도 언급한 예지만 '승벽내기'는 굳이 대응시키자면 승부욕이다. '승벽' 자체가 이기고 싶은 성미 그러니까 승부욕인데 원래 남북에 걸쳐 널리 쓰이던 말이었다. '승벽내기'라고 하면 얼핏 승부를 걸고 하는 내기라고 생각할지도 모르나 지지 않으려고 기를 쓰는 행동을 가리킨다.

'딱친구'는 서로 속을 터놓고 지내는 친한 친구이다. 남한어로 치자면 '단짝친구'이자 '절친'이요 '베프'이다. 평창올림픽 피겨 페어 종목에 출전했던 북한의 렴대옥 선수는 "딱친구 덕에 잘할 수 있었다"고 소감을 말하고, '동물재주장'에서 일하는 한 조교사는 인기의 비결로 "딱친구인 원숭이의 덕"이라고 말하는데, 이처럼 '딱친구'는 짝을 지어 하는 종목에 잘 어울리는 말이기도 하다. '짝패동무'도 그 비슷한 말인데, 일종의 파트너를 '짝패'라고 하고 그렇게 맺어진 친한 동무가 곧 짝패동무이다.

이렇게 '다른' 말을 쓴다고 해서 걱정할 일은 아니다. 어차피 단짝친구가 있고, 절친이 있고, 베프가 있는데, 딱친구 하나 짝패동무 하나 더해진다고 해서 문제될 것도 아니다. 어쩌면 더 풍요로워진다고 할 수 있을 것이다. 당장 의사소통이 문제라고 걱정할지 모르나 렴대옥 선수의 말이 흥미로우면 흥미로웠지, 짜증이나 답답함을 유발하는 것

도 아니다. 그래서 이렇게 서로 다른 말을 걱정하기보다는 그 말들을
풀가동하고 만가동하는 지혜를 발휘해 보는 게 어떨까 싶기도 하다.

▌닭알침을 꿀떡…

무어라 남한어에 딱 대응시키기가 모호한 예들도 있다. 예를 들어
"닭알침을 꿀떡 삼켰다"라고 할 때 '닭알침'은 무언가 먹고 싶은 마
음에 단번에 넘기는 많은 양의 침을 말한다. 저자가 잘 몰라서겠지만
군침과도 좀 다른 이 말에 대응하는 남한어를 찾기 어렵지 않나 싶다.

"석쉼한 목소리"도 그렇다. 조금 울리는 데가 있게 깊고 쉰 듯한 목
소리인데 이 '석쉼하다'를 대신할 말이 잘 떠오르지 않는다. 그래도
아래 예에서 그 목소리의 느낌은 상상해 볼 수 있을 것이다.

> **석쉼한** 목소리와 무뚝뚝한 인상

또 사람들이 모여 죽 둘러서면 "어깨성을 쌓았다"고 하는 것이나,
학교 교육을 잘하여 어린이들을 '충성동이', '효자동이'로 키우자고
강조하는 것이나, 좀 시일이 지난 말이지만 아동백화점을 준말로 '아
백'이라고 부르는 것도[18] 북한어에서만 볼 수 있는 말이다. 말괄량이
를 '괄량이'라고 하는 것도 특유의 말이다. 말괄량이보다도 더 흔
히 쓴다고 한다. 다채롭고 재미있는 북한어의 세계를 보는 듯하다.

> 어물상녀인이 **괄량이**같은 소리로 되받아넘기자…(그들의 운명)

▌사업을 짜고들고

이런 말들은 다수 있을 수밖에 없다. 아래 예들은 북한어에 자주 등

장하는 말들인데 역시 남한어의 무엇에 대응하기보다는 북한 고유의 말이라고 할 만하다. 상투적인 단어인 만큼 정치적 내용의 예문이 많다.

> 생산공정간 련계를 긴밀히 하기 위한 경제조직사업도 실속있게 **짜고들고**있다.
> 씨뿌리기를 적기에 질적으로 **해제끼기** 위한 조직사업을 면밀히 하였다.
> **판가리**결사전의 시기가 닥쳐왔을 때에도…
> 실동훈련에도 **피타는** 노력을 기울이였다.
> **새라새로운** 소식들이 전해질 때면 너무도 기뻐 울고웃던 동포여러분.

'짜고들다'는 어떤 일에 미리 빈틈없는 계획을 세우고 달라붙다는 뜻이다. 그리고 그 일을 중심 과제로 '틀어쥐고' 끝까지 완수해 내는 것을 '해제끼다'라고 말한다. '판가리'는 판가름, 즉 생사존망을 결판 내는 것이다. "제국주의와의 판가리결전" 등처럼 정치적 선동 글에서 흔히 쓰이는 말이다. '피타다'는 몸과 마음을 기울여 애쓰다는 뜻인데 위 예의 "피타는 노력", "피타게 노력하여"처럼 어떤 열정적인 노력을 수식하는 표현으로 널리 쓰인다.

'새라새로운'은 생소하지만 새롭다는 의미를 강조한 것임을 금방 알 수 있다. "새라새로운 소식"은 그야말로 따끈따끈한 소식이다. 이 '새라새롭다'는 북한어에서 꽤 즐겨 쓰여 "새라새로운 제품도안을 적극 받아들이고" 등처럼 종종 볼 수 있다.

▌ 이미전에…
'이미전'처럼 문법적으로 특이한 예도 있다.

이미전에 벌써 사회적으로 체육중시기풍을 세우고…

경영소에서는 **이미전**부터 해마다 [중략] 많은 나무모를 생산하여
심고 가꾸어왔다.

'이미'는 부사인데 어떻게 명사 '전'과 어울려 한 단어가 되었을까.
'이미 작년에…'처럼 '이미 전에…'와 같은 표현에서 왔을 수도 있고,
부사와 명사가 결합한 '딱성냥'처럼 특이하게 만들어진[19] 말일 수도
있을 것이다. 또 소설 <청춘송가>에서 '이미'가 명사로 쓰이는 아래
와 같은 예들이 있어 또 다른 실마리를 제공하기도 한다.

잊을래야 잊을수 없는 **이미**의 쓰라린 실패로 하여…

난 **이미**부터 현장에 나갈걸 바랬고…

이런 명사의 용법을 생각하면 '전부터'와 '이미부터'가 혼합되어
'이미전부터'가 생겼을 가능성도 없지는 않을 것이다. 물론 이 명사로
서의 기능은 북한 사전에도 없는 것이어서 그 조어법의 진실이 무엇인
지는 불확실하다. 그래도 북한의 국어 교사였던 김 선생이 '이미'가 명
사로도 많이 쓰인다고 하니 전혀 엉뚱한 추론은 아닐 것이다.

▌운동은 힘들고 몸도 까야 하고…

손주 자랑, 부모 걱정, 자식 걱정 등 생활 현장에서도 으레 이런 특
유의 말들을 만날 수 있다. 한 할머니가 하는 손주 자랑을 보자.

그 녀석이 씨름을 잘하여 시적으로 1등을 하고 또 도에 올라가서
는 2등을 하더니 이제는 **어벌이 커져서** 전국적인 경기에서 우승해보려

312

고 훈련에 열중하고있다네.

씨름 선수인 손주가 시와 도 단위에서 성과를 거두더니 이제 배포가 커져 전국 대회를 넘본다는 것이다. 어느 정도 짐작할 수 있듯이 '어벌'은 생각하는 구상이나 배포로서, 이 예문이나 "남들은 엄두조차 내지 못하는 어벌이 큰일"에서처럼 '어벌이 크다'로 흔히 쓰인다.

또 아들이 몸이 자꾸 불어나는 아버지를 걱정하여 음식도 조절하고 운동도 하시라고 조언한다. 그러자 아버지는 이렇게 답하며 들은 체도 안 한다.

일없어. **몸까는**데 좋은 약이 있으니까.

'몸까는' 데 좋은 약은 '살 빼는' 데 좋은 약이다. '까다'는 남한 사전에도 올라 있는 말로서 몸의 살이나 재물 따위가 줄어든다는 뜻이다. "원금에서 만 원씩 까다"처럼 흔히 쓰이는 그 단어이다. 약간 속되게 들린다면 양파껍질을 까듯이 살을 '까는' 것이 연상되어서겠지만 이와는 엄연히 다른 말이다. 널리 알려졌듯이 다이어트를 북한어에서 '살까기'라고 한다.[20] 물론 북한에는 살찐 사람이 많지 않아서 그렇게 많이 쓰는 말은 아니라지만…. 그래도 다이어트와 살까기, 이 두 말의 향후 운명이 궁금하긴 하다.

어린 딸이 역도를 하겠다고 하니까 부모가 절대로 안 된다고 반대한다.

우리 부모는 펄쩍 뛰면서《력기만은 절대로 못한다.》고 딱 **잘라맸다**.

자식이 힘든 운동을 하는 걸 걱정하는 부모 심정은 남북이 다를 바 없구나 하는 생각이 드는 장면인데, 이렇게 어떤 요구나 청을 한마디 로 거절하거나 더 이상 말하지 못하게 하는 것을 '잘라매다'라고 한 다. 흔히 단호하게 말하는 걸 '잘라 말하다'라고 하는데 이처럼 말을 자른다는 데서 나온 말인지, 아니면 단단히 동여맨다는 '잘라매다'의 의미가 확장된 것인지는 잘 알 수 없다.

▌곱등어는 무엇?

북한에서 외국 손님을 초청 하면 꼭 구경시키는 몇 군데가 있다. 문수물놀이장, 미림승마 구락부, 마식령스키장, 그리고 릉라곱등어관. 릉라도(능라도) 는 여의도처럼 대동강 안에 있 는 작은 섬 지역이다. 이곳의 이

[릉라곱등어관의 공연 모습. 조선 (조선화보사) 19. 2.]

름도 생소한 '곱등어관'은 돌고래 쇼를 하는 곳이다. 북한어에서는 돌 고래보다는 주로 '곱등어'라고 하는 것이다. 아마 등이 곱다고 하여 나온 말일 것이다.

재미있는 이름 하나. 친절한 물고기 '친절어'이다. 속칭 닥터 피시[21] 를 이르는 북한어이다. 한 관람객이 인터뷰에서 "여기 물고기들이 이 름그대로 정말 친절합니다"라고 소감을 말하듯이 친절하다고 하여 붙은 이름일 것이다.

동식물명은 특히 지역의 언어가 많이 반영되기에 남북한어에 다른 말들이 종종 있다. 김정숙의 생가 주변에 '봇나무'가 많다고 하는데 이는 자작나무의 북한어이고[22] '왁새'는 억새를 연상할지 모르나 왜

가리를 가리킨다. '돈'은 특히 쉽게 짐작하기 어려운 말인데 담비의 북한어이다. '검은돈'은 곧 검은담비이다. 물론 '자작나무, 왜가리, 담비'도 북한어에 있는 말이다. 다만 봇나무니, 돈이니 하는 특유의 말을 즐겨 씀으로써 차이가 눈에 띄는 것이다.

동물의 울음소리를 달리 표현하기도 한다. 대표적으로 북한어에서 호랑이는 "따웅 소리를 지르며…"처럼 '따웅'이라고도 포효한다. '어흥'과는 무언가 꽤 다른 느낌이다. 파도소리마저 '처얼썩'와 '처절썩'으로 달라지니 세상을 받아들이는 감각도 조금씩 달라져가는 듯하다.

▌낙지와 오징어의 정체

한 외국 대학 연구소에서 해산물의 미세플라스틱의 함유량을 조사했다. 이 소식을 같은 날 남북한 신문이 보도하는데 그 용어가 다르다. 남한의 세계일보는 "꽃게와 굴, 새우, 오징어, 정어리 등 해산물을 수거해" 플라스틱 양을 조사했다고 하는데 북한 로동신문의 보도는 아래와 같았다.

> 낙지, 왕새우, 굴, 게, 정어리들에 한하여 수지잔류물수치를 평가하였다. (로동 20. 9. 13.)

남한 신문의 '오징어'가 '낙지'로 바뀌어 있다. 이 '낙지'는 곧 오징어이다. 잘 알려진 사실이지만 북한에서 오징어는 '낙지', 낙지는 '오징어'라고 부른다. 김 선생에 따르면 실제로 북한 사람들은 그렇게 쓴다.

그런데 '공식적'으로는 이와 좀 다르다. 사전에 따르면 '낙지'가 오징어를 가리키는 건 맞지만 '오징어'도 오징어를 가리킨다. 즉 '낙지'와 '오징어'는 동의어인 셈이다.[23] 낙지는 '서해낙지'라고 부르는데

'서해문어'라고도 한다. 그래서『조선민족음식』(2018)에서 '강원도 지방에서는 오징어젓을 특별히 일러주었다'라고[24] 소개하는 특산물 '오징어젓'은 말 그대로 오징어로 담근 것이다. 함께 달아 놓은 영문도 'pickled cuttlefish'이다.

그래도 대중은 이렇게 쓰지 않으니 꽤 혼란스러울 것이다. 대중에게 있어 '오징어'는 낙지를 가리킬 뿐이다. 김 선생도 '서해낙지'라는 말은 처음 들어본다고 한다. 아마 대다수 북한 사람들은 '오징어젓'이라고 하면 낙지로 담근 것이라고 생각할지 모른다.

지역마다 말이 다르다 보니 생겨난 문제인데 '오징어'와 '낙지'는 이제 남북한이 다르고 북한 내에서도 사전과 대중의 언어가 맞지 않는다. 무언가 자꾸 갈라지고 멀어져 가는 느낌이다. "봄 조개 가을 낙지"라는 속담이 있다. 북한어에서 '낙지'가 오징어를 가리키게 된 오늘날 이 오랜 속담[25]에서 남한 화자들은 낙지를 떠올리고 북한 화자들은 오징어를 연상하는 데 이르렀다.

▌2중세계레스링선수권보유자

언뜻 짐작되지 않는 이 긴 말은 세계 레슬링 선수권 대회의 2관왕이라는 뜻이다. 3관왕이라면 당연히 3중 선수권 보유자이다.

　　　3중태권도세계선수권보유자인 그는 지금까지…

지구촌이 공통의 규칙을 따르는 스포츠 분야이지만 이렇게 그 쓰이는 말은 남북한이 다를 때가 많다. 이 2중이니, 10중이니 하는 것은 스포츠 분야에서만 쓰는 것은 아니다. 어떤 이가 로력영웅 칭호를 받고 또 공화국영웅 칭호를 받았다면 그는 '2중영웅'이다.

▌돌가위보!

"꼭꼭 숨어라 머리카락 보인다…". 북한에서도 부르는 숨바꼭질 노래이다. 이 놀이를 하려면 술래를 정해야 하는데 다음은 그 요령을 소개하는 글이다.

> 놀이에 참가한 아이들이 **돌가위보**를 하여 진 아이가 《범》이 되거나 한줄로 늘어선 아이들이 차례세기를 하여 마지막에 남은 아이가 《술래》 즉 《범》이 될 수 있습니다. (금수 19. 8.)

술래를 '범'이라고 하는 것도 재밌지만 가위바위보를 '돌가위보'라고 하는 것이 눈에 띈다. 과거에 일본어에서 온 '장껜(じゃん拳)'이 널리 쓰이기도 하였는데 남한어에서는 가위바위보, 북한어에서는 주먹가위, 가위주먹, 또 이렇게 돌가위보가 된 것이다. 어쩌면 이 말은 중국어 '石头剪子布(돌가위보)'의 영향일지 모르겠다.

이와 같이 전통 놀이의 이름도 조금씩 다르다. 예를 들어 줄다리기는 '바줄당기기'라고 하고 연날리기도 일반적으로 '연띄우기'라고 한다. 물론 이 말들이 남한에서도 전혀 안 쓰였던 것은 아니지만[26] 오늘날에는 거의 북한어 특유의 말이 되었다. 방패연을 네모로 생겼다고 하여 '네모연'이라고 하는 점도 이채롭다.

"모–쑹–"

이것은 윷놀이 하는 장면이다. 남한에서는 "모야, 윷이야"하고 논다면 북한에서는 "모, 쑹" 하면서 논다. 문화어도 윷말 이름이 도, 개, 걸, 윷, 모이지만 '도, 개, 걸, 쑹, 모'라고도 한다. '쑹'은 '윷'의 함경도

317

방언인데 문화어가 된 것이다. '슝'이라고도 한다.

　놀이를 할 때는 윷이 아니라 보통 '모, 쓩'이라고 외치는데 김 선생은 "몽이야, 쓩이야" 하며 놀았단다. 물론 윷말 이름도 '또, 개, 걸, 쓩, 몽'이라고 했다고 한다. 한 탈북 청년이 쓴 고향 이야기 중에 윷놀이 장면이 있어 소개해 본다.[27]

　　　TV를 보다가 누가 먼저랄 것도 없이 윷놀이가 시작된다. 윷놀이는 보통 가족 단위로 편을 나누는데 승패로 한 해 운수를 알 수 있다는 인식이 있어 승벽이 대단하다. 윷은 줄당콩으로 만든다. 북쪽 지방의 강낭콩을 줄당콩이라고 하는데, 한국의 강낭콩보다 알이 크고 굵으며 큰 것은 어른의 엄지발가락만한 것도 있다. 잘 영근 줄당콩은 윷으로 쓰기에 그만이다. 보통의 줄당콩은 검은색이다. 줄당콩을 반으로 가르면 윷이 된다. 승부욕이 지나쳐 바닥에 쾅쾅 뿌리다 보면 때로 콩알이 박산(깨어져 산산이 부서지는 것)나기도 한다.

　'줄당콩'으로 윷을 만드는 것이 참 이채롭다. 이 청년은 어린 시절 연날리기도 소개하고 있는데, 종이가 귀해 부모님 허락을 받아 연력[28] 한 장으로 혹 망칠세라 조심해 가며 연을 만들었다는 것도 찡하지만 "중심부에 적당한 크기의 구멍을 내고 잘 말린 수숫대를 쪼개서 만든 연살을 붙이고는 네 모서리에 조·국·통·일이라고　큼직하게　써넣는다"고 하는 제작법도 눈길을 끈다. 연도 낚싯줄을 이용하여 날렸다고 한다. 그러면서 예전에

[김 선생이 만들어 저자 가족에게 선물한 고향 과자. '과줄'의 일종이다.]

318

는 창호지에다가 대나무를 깎아 만든 살을 대어 연을 만들고 연실은 명주실을 썼다는 할아버지의 말씀을 아득한 옛이야기처럼 덧붙인다. 남한의 어린이였던 저자도 이렇게 연을 만들었었다.

설달 그믐날 밤이면 눈썹이 하얗게 셀까 봐 잠을 안 자거나, 설 아침이면 차례를 지내는 등 남북한의 설 풍습은 다르지 않다. 시간이 지나면서 연 만드는 법도 달라지고, 말도 달라졌지만 결국은 하나의 풍습이요, 놀이요, 말이지 않을까.

▌ 손금보듯 꿰들고

'꿰들다'는 북한어에서 "환히 꿰들고있는 실력가들"처럼 어떤 일의 내용을 자세히 다 알고 있다는 뜻이다. 남한어로 치면 '꿰뚫다'에 해당한다.[29]

그래서 "당의 로선과 정책을 깊이 파악하고 환히 꿰들도록 하기 위한 학습열풍"을 독려하기도 하고, 한 교수의 아내는 매일 집에서 강의 준비를 하는 남편에게 수십 년 동안 강의를 해서 "그 과목을 손금보듯 꿰들고 있겠는데" 뭐하러 매일 그렇게 준비하느냐고 핀잔하기도 한다.

이 '꿰들다'는 북한어에서 종종 만날 수 있는 말이다. 물론 사전에는 올라 있지 않아도 "이런 방대한 지역에 대한 역사적인 변천 과정을 한꺼번에 꿰들고 계신 분은 있을 리 없다"[30]에서 보듯 남한어에서 전혀 용법이 없는 것 같지는 않다. 그렇다고 해도 그 보편성을 생각한다면 '손금보듯 꿰들다'와 같은 표현은 북한어 특유의 말이라고 할 만하다.

▌ 짬시간

기억해 둘 만한 북한어이다. 물론 잠깐의 겨를이라는 이 말이 새삼스러워 보이지는 않는다. '짬'과 '시간'의 결합이 너무 자연스러워 특별한 단어로 여겨지지 않기 때문이다. 그러나 이는 남한어에 없는 북한어 단어이자 꽤 쉽게 만날 수 있는 말이다.

> 교열사업으로 시간이 바쁜 그였지만 **짬시간**마다 인민경제 여러부문에 대한 학습을 놓치지 않고있다.
> 그들은 **짬시간**을 내여 열심히 배우는 한편…
> 롱구, 배구를 **짬시간**에 배워달라는 학생.

각각의 남북한어가 어떤 면에서 한국어를 풍요롭게 한다고도 할 수 있는데 특히 이런 말에서 더 그런 생각이 든다.

▌맞다든 선수

'맞다들다'는 마주치다는 의미이다. "적들과 맞다들었다"와 같은 예가 전형적인 쓰임이라고 할 수 있는데 아래 예에서도 그 쓰임을 짐작할 수 있다.

> 도인민병원 안과의사로 배치되여 처음으로 **맞다든** 대상은 근시환자들이였다고 한다.

이 말은 스포츠 분야에서 눈에 띄게 쓰이기도 한다. "맞다드는 적들"처럼 군사적 상황에 쓰이는 용법의 연장선에서일까, 운동 경기에서 상대방 선수나 팀을 만나는 것을 흔히 이 '맞다들다'로 표현하는 것이다. "여러차례의 경기들에서 맞다든 선수들을 모두 이기고", "맞다들게 될 선수", "맞다드는 모든 팀들을 타승할수 있은 요인" 등이

320

그러한데, 우리 식으로는 '만나는, 맞붙는' 정도가 될 것이다.

그 피동형은 '맞다들리다'인데, 대체로 상대를 만나는 상황이 우연히 발생한다는 점에서 둘은 잘 구별되지 않는다. 마치 표준어에서 '부딪치다', '부딪히다'를 굳이 능동, 피동으로 구별하는 것과 비슷한데, 그 경우처럼 다음 두 예도 잘 구별되지 않는다.

> 적들과 **맞다들면** 전투도 해야 합니다.
> 그제야 그는 자기가 그처럼 소문이 자자한 빨찌산녀장수와 **맞다들렸다는**것을 깨달았다.

각각 능동, 피동의 표현이지만 서로 바꾸어 써도 큰 차이가 없다. 다만 "신통한 일거리가 맞다들리지 않는 모양이였다"(그들의 운명)처럼 어떤 대상이 주어인 경우에는 피동형 '맞다들리다'가 적격해 보인다.

▌ 야회의 불꽃보라

밤에 불빛 아래 군중이 모이면 감정이 고조된다. 북한은 이와 같이 선전 선동이나 그 밖의 일정한 사업을 위하여 종종 밤 모임을 여는데 이를 '야회'라고 한다. 홰불이 등장하는 '홰불야회'도 있고, 축포를 쏘아올리는 '축포야회'도 있다.

밤하늘에서 축포가 터지면 불꽃이 사방으로 흩어지는데 이것은 '불꽃보라'이다. '불보라'라고도 하는데 이 모두 '물보라, 꽃보라'에 이어지는 말이라고 하겠다.

야회 때면 건물이나 나무를 조명으로 장식한다. 우리가 크리스마스 때 온 거리를 전등으로 밝히는 것과 같다. 이를 '장식불'이라고 하는데 샹들리에를 '장식등'이라고 하는 것을 연상하게 한다. 야회, 불꽃보라, 장식불, 이런 말들도 북한 사회의 또 다른 일면을 비추어 준다.

▌멋따기의 일본새

실속 없이 멋이나 부린다면? 북한어에서 이를 '멋따기'라고 한다. 한 핸드볼 팀 감독이 훈련 계획을 "고정격식화, 멋따기가 아니라 현실성있게 세우고" 지도함으로써 좋은 성과를 거두었다면 그 뜻이 짐작될 만하다. '일본새'는 일하는 본새나 모양새이다.

구역주민들의 깐진 **일본새**와 드높은 열의를 느낄수 있었다.

그러니 멋따기의 일본새는 좋지 않은 근무 태도라고 할 수 있다. '일본새'도 그러하지만 '멋따기'는 특히 어느 정도 정치적 함의를 갖는 말이다. 김정은도 종종 쓸 만큼 겉치레만 번지르르하지 않게 실속 있게 사업을 추진하라는 사회정치적 의미에서 동원되는 말이다. '고정격식화'도 마찬가지다. 그래서 "그 나날 인민군장병들의 전투훈련에서는 형식주의, 고정격식화, 멋따기가 철저히 배격되고"처럼 거의 상투적 표현의 일부가 되었다.

▌호상과 장성

북한어에서 '상호간'은 낡은말로 보고 '호상간'을 일반적으로 쓴다. '상호'와 '호상'은 마치 거울을 보듯 순서가 뒤집힌 모양의 짝이라

322

는 게 재미있다.

'장성하다'도 비슷하다. 사업이나 사회가 발전하고 커지는 것을 남한어에서는 '성장하다'라고 하는데 북한어는 '장성하다'라는 말도 쓴다. "흥남비료련합기업소[31]의 생산능력과 비료생산을 체계적으로 장성시키고있다", "생산을 더욱 장성시킬수 있게 하였다" 등이 그런 예인데 남한어라면 당연히 '성장'시킨다고 할 경우이다. 남한어에서 '장성하다'는 자라서 어른이 되는 경우를 가리킬 뿐 '발전하여 커지다'라는 의미로는 거의 쓰이지 않는다. 그런데 북한어는 그와 반대로 '성장하다'가 주로 신체의 성장 등 기본적 의미 위주로 쓰인다.

'대상하다'도 '상대하다'와 말 순서가 뒤바뀐 단어이다. 물론 '상대하다'도 북한에서 쓰는 말이다.

> 종전에 한대의 려객렬차만 **대상하던** 것을…

남북한이 서로 다른 형태의 한자어를 쓰기도 하지만[32] 순서가 뒤바뀐 이런 말들은 특히 남북의 현실을 상징하는 듯하여 묘한 느낌도 든다.[33]

▮ '록색'의 의미

남북한 모두 '친환경'이라는 용어를 쓰듯이 환경 보호는 공동의 관심사이다. 남북 모두 '재활용'이고 '재활용품'이라고 하듯이 언어의 공통점도 많다.

이 환경 보호와 관련하여 특히 눈에 띄는 말은 '록색'이다. 국제적으로 그리고 남한어에서도 흔히 '그린'이라고 하는 것과 통하는 말이다. '록색건재'라고 하면 친환경의 건축 자재 정도라고 할 수 있지 않을까. 남한에서도 꼭 '그린' 말고도 '녹색'이라고도 하니까 같은듯 다른듯 통하는 말이 '록색'이다.

이런 예는 많다. 인공위성을 북한어에서는 '인공지구위성'이라고 다소 길게 부르고 무형문화재는 '비물질문화유산'이라고 한다. 우체국은 '체신소', 투표용지는 '선거표', 귀빈석은 '주석단'이라고 한다. 태권도 '종주국'도 북한에서는 태권도 '모국'이라고 부른다.

그런데 앞에서도 말했지만 이 '다른' 말만 전부라고 생각해서는 안된다. 북한어에서 '군중가요, 목표판, 꿀비, 갑작부자, 중어, 최전연, 사이치기'라고 하고 또 그런 말들이 우리의 눈길을 끌지만, 한편으로는 '대중가요, 과녁, 단비, 벼락부자, 중국어, 최전선, 새치기'도 흔히 쓰는 것이다. '갑작부자'보다는 오히려 '벼락부자'가 더 일반적이기도 하다. 다름 이면의 같음을 늘 생각해야 한다.

▌하모니카집이 무엇인가요?

북한의 힘든 생활상을 보여주는 대표적인 말은?

답은 여러 가지겠지만 '꽃제비'는 그 대표적인 말이 아닐까 한다. 일정한 주거지 없이 떠도는 아이들을 가리키는 이 말은 북한 소개 방송을 통해 널리 알려진 말이다.

당연히 이는 북한 사전에 오르지 않는다. 이 책에서도 이런 북한어의 은어는 다루지 않았다. 일단 글 자료에서 은어를 대하기가 무척 어렵다. 또 은어는 그 속성상 일정 시간이 지나면 곧 사라지는 특성이 있어 이런저런 연구에서 밝혀진 말들이 여전히 유효한지도 자신이 없기 때문이다. 북한의 생활 언어를 직접 접촉할 기회가 없는 저자로서는 은어 소개는 특히 능력 밖의 문제이다.

다만 '하모니카집'처럼 꽤 알려진 은어들도 있다. 다닥다닥 붙어 있는 공동 주택의 모양이 하모니카 같다고 하여 붙은 이름이다.

> 그때 우리집은 **하모니카집**이라서 땅집인데 한채에 네집이 살았었어요. (탈북 수기)

'11호차'도 꽤 알려진 은어이다. 자동차 없이 두 발로 걸어다니는 것을 뜻하는데 재미있게도 우리 사회에서도 같은 은어가 유행하기도 했다.

또 우리도 오렌지족, 엄지족 등 '○○족'이 유행하기도 했지만 북한어도 '사과족'이라고 하여 당 간부나 특권층을 빗대기도 한다. '보따리 장사'는 우리 사회에서도 쓰이는 은어지만 북한어에서는 장교들이 군수물자를 빼돌리는 행위를 가리키는 말이다.[34] 다만 이런 말들이 얼마나 이어지는지는 잘 알 수 없다.

남북한어에 보이는 다양한 '차이'는 의사소통에 불편함을 준다고 생각할 수도 있다. 그러나 꼭 그렇지만은 않을 것이다. 연륜을 남한은 '나이테'라고 하고 북한은 '해돌이'라고 한다. 이 두 말이 있어서 우리 말은 오히려 더 넉넉해진다.

흔히 젊은 나이를 '꽃다운 나이'라고 한다. 그런데 국어사전에는 '꽃나이'라는 말도 올라 있어 그냥 버리기에 아까운 마음이 든다. 이 것이 북한어에서는 "20대 꽃나이처녀"처럼 꽤 일상적인 표현으로 살아 있다. 한쪽에서는 '꽃미남, 꽃할배'를 만들고 한쪽에서는 '꽃나이'를 지키는 것은 좋은 일 아닐까.

북한어에서 아득히 넓은 바다를 '날바다'라고 한다.

날바다를 가로지르며…

시선 끝까지 펼쳐진 바다. 망망대해니, 창해니 하는 말만으로는 좀 아쉬운 감이 있는데 '날바다'와 같은 말에서 새로운 말맛을 느껴볼 수 있을 것이다. 이런 말들이 어느 한쪽에라도 있다면 우리말의 풍요로움에 기여할 것임은 말할 나위가 없다.

8.3. 어긋나는 말의 의미들

북한 교실의 한 장면이다.

학생 동무들, 5분 남았습니다. 시험지 **바칠** 준비들 하세요.

아마 시험지를 바치라는 것이 제출하라는 뜻임은 쉽게 짐작했을 것이다. 짐작은 쉽지만 이렇게 '바치다'는 우리가 모르는 뜻으로 쓰이기도 한다. 북한어에서 '도서관에 책을 바치다'라고 하면 말 그대로 책을 '바치는' 게 아니라 빌린 책을 반납한다는 뜻이다.

[드라마 <자기를 바치라> 중 대학 진학을 위한 예비시험 장면]

간단한 예조차 때로는 잘 해석되지 않는다.

우렁찬 전당

'우렁차다'는 소리가 크다, 매우 씩씩하다는 뜻인데, 그래서는 이 간단한 예의 뜻이 잘 통하지 않는다. 여기에서 우렁차다는 으리으리하다는 뜻이다. 목소리, 태도 등에 쓰이던 의미가 건물의 규모 등으로 확장해 나간 것이다.

이렇게 언어 사회가 달라지면 의미가 나뉘고 갈라져 간다. 이런 예를 만나면 대화 상대방에게 되묻거나 눈치로 짐작해서 해결할 수밖에 없는데, 그래도 가장 좋은 방책은 미리 알아 두는 것이다.

▌어린 사슴 한마리를…

우선 간단한 예 하나. 나무꾼과 선녀 이야기이다. 아래 빈칸을 채워 보자.

어린 사슴 한마리를 □□해주었습니다.

칸이 하나라면 '구'라고 바로 채워 넣겠지만 이상하게도 두 칸이다. 그 답은 '구원'인데 듣고 나서도 고개를 갸웃거리게 된다. 우리는 '구원'을 이렇게 목숨을 구하는 상황에 잘 쓰지 않기 때문이다.

그런데 북한어에서는 '구하다'라고도 하지만 '구원하다'라고도 한다. 물에 빠진 사람도 '구원'하고, 의사가 아픈 환자도 '구원'하며, 위기에 빠진 나라도 '구원'하며, 도적질로부터 농작물도 '구원'하는 것이다. 불난 줄 모르고 잠든 주인을 구하고 죽은 개 이야기는 북한에서도 유명한데(북한은 이 개를 풍산개라고 한다) 당연히 이때도 주인을 '구'했다고도 하지만 '구원'했다고도 한다. '구원'의 의미가 넓어진 것이다.

이렇게 달라진 의미를 종종 볼 수 있다. 북한 사람이 "살기가 바쁩

327

니다"라고 한다면 꼭 바쁜 게 아니라 살기 힘들다는 뜻일 수 있다. 북한어에서 방언의 영향으로 '바쁘다'가 힘들다는 의미로도 쓰인다. 당연히 '말하기 바쁘다'라고 하면 말하기가 어렵다는 뜻도 지니는 것이다.

비슷한 경우로서 '애무'도 남한어에서 주로 이성 간의 행위를 뜻하지만 북한어에서는 그러한 성적인 의미로는 쓰이지 않는다. "귀여운 제 살붙이를 애무했다"[35]처럼 일반적으로 어린아이 등을 사랑스럽게 어루만지는 행위인 것이다.

▌ 10년을 1년으로 주름잡는 기적

아무런 정보 없이 북한어 예를 한번 읽어 보자. 좀 많긴 한데 그 의미가 잘 잡히지 않거나 의아하게 생각되는 부분들이 있을 것이다.

> 학생들은 졸업후에 조국보위초소로 **탄원해** 나갔다.
> 이곳에 방대한 **무력**을 집결해놓고…
> 전기가 잘 **보장되지** 않아…
> 10년을 1년으로 **주름잡는** 기적.
> 그는 **영악하게** 축구기술을 하나하나 익혀나갔으며…
> 날로 늘어나는 경이적인 **사변**들이 기쁨의 소식이 되여…

독자마다 다르겠지만 학생들에게 무언가 억울한 일이 있나, 무력을 어떻게 집결하지, 전기를 보장한다는 게 뭐지, 10년 동안 주름잡고 다녔나, 아이가 못된 구석이 있나, 난리가 났는데 어떻게 기쁘다고 하지 등 이런저런 의문이 들지도 모르겠다. 그런데 이런 짐작과는 다르게 우선 '탄원하다'는 무언가 도와달라고 호소하는 게 아니라 자원하다는 뜻이다. 『우리말샘』에도 없는 말이지만 "돌격대에 탄원하였다"처럼 북한어에서 잘 쓰이는 말이다.

'무력'는 말 그대로 힘이다. 그런데 북한어는 군대 자체를 가리키기도 한다. 이를테면 '무력의 건설'이라고 하면 군대를 만드는 일이고, 따라서 무력을 집결한다는 것은 곧 군대를 집결해 놓는다는 의미가 된다. '인민무력부'의 '무력'도 그와 같은 맥락이다.

'보장'이라고 하는 평범한 단어가 북한어에서 미묘하게 그 의미가 확대된다. 일단 『표준국어대사전』의 뜻풀이가 1개 항목인 데 비해 『조선말대사전』은 8개나 된다. 꼭 그렇게 되도록 보증한다는 의미를 넘어서 북한어에서는 특히 어떤 일이 문제없이 이루어지도록 조치하는 의미로 널리 쓰인다. 양어장의 물이 항상 일정 온도를 유지하도록 하여 "물온도를 보장"하고, 안정적인 에너지 공급 방식으로 건축물의 "랭난방을 보장"한다. "행사보장"은 행사가 무사히 치러지도록 하는 것이고, "형의 학비보장"이라고 하면 학비를 마련해 주었다는 것이며, "방대한 설계를 짧은 기간에 성과적으로 보장"하였다고 하면 그 설계를 완성하였다는 것이다.

아무 정보 없이 10년을 1년으로 주름잡는다는 것을 이해하려면 상상력이 꽤 필요하다. 이는 그렇게 시간을 단축하였다는 뜻이다. 펼쳐진 옷감을 끌어당기면 주름이 지면서 길이가 짧아지듯이 시공간을 '주름잡으면' 그 길이가 짧아진다는 은유일 것이다.

'영악하다'는 자칫 큰 오해를 불러일으킬 만한 말이다. 남한에서는 남의 집 아이더러 "애가 영악하네"라고 했다가는 부모 간에 큰 싸움이 날 것을 각오해야 한다. 그만큼 남한어에서 이 말은 상당히 부정적인 의미이다. 북한어도 흔히 부정적 의미로 쓰이지만 꽤 긍정적 의미를 지니기도 한다. 위 예도 축구 선수인 어린 여학생이 똑똑하게도 잘 이해하며 기술을 익혔다는 뜻이다.

'사변'도 남북한이 거의 반대되는 의미로 쓰는 예이다. 위 예는 얼핏 의아하게 느껴질 수 있을 텐데 남한어에서 '사변'은 6·25사변처럼 전쟁 등 재앙적인 일을 뜻하기 때문이다. 그러나 위 예처럼 북한어는 주로 놀랄 만하면서도 의미 있는 사건을 가리킨다. "6.15공동선언의 탄생은 조국통일의 리정표를 세운 획기적인 사변"도 그러한 의미로 이해해야 한다.

▌인민의 지향과 요구

북한 체제의 정치적 특성이 반영된 결과로 의미가 달라지기도 한다. 그 세계에 좀 더 들어가 보자.

'지향(志向)'이 북한어라고 하여 특별히 다른 뜻을 지니는 건 아니다. 어떤 목표에 쏠리는 의지라는 뜻에서 남북한어가 다르지 않다. 다만 북한어에서 다양한 맥락에서 자주 쓰이다 보니 그 나름의 의미적 색채를 지닌다고 할 수는 있다.

우리는 "서구 지향, 출세 지향"와 같은 예가 보편적 쓰임이라고 하겠는데 북한어에서는 주로 가치 있게 추구하는 목표라는 의미로 쓰인다. "조국청년들이 지닌 삶의 목표이자 지향", "인민의 절절한 념원과 지향", "통일을 앞당기려는 겨레의 지향" 등이 그런 예이다. 또 어떤 예술가가 필생의 작품 하나를 남기고자 한다면 이는 그의 '지향'이고, 과학자가 되기를 바라는 부모의 뜻과 달리 딸이 레슬링 선수가 되겠다고 결심하였다면 이 역시 그의 '지향'이다.

'요구'도 미묘한 차이를 지닌다. '필요에 의하여 달라고 하는 것'이라는 기본적인 의미는 남북한이 동일하다. 그러나 차이도 있어서 "조성된 정세와 혁명발전의 요구를 깊이 통찰하시고"라고 할 경우 무엇을 이루는 데 필요로 하는 것, 즉 필요성의 의미로 이해된다. 또 "논배

미물대기를 주체농법의 요구대로 하고 있다"에서는 어떤 행동을 하라고 하는 것, 일종의 지침과 같은 의미이다. 이는 남한어에서 동사에는 없으나 명사에는 있는 의미이기도 하다.

▌'투쟁'과 '전투'의 일상들

투쟁, 전투는 말 자체가 전쟁 용어이다. 우리도 일부 그런 면이 없지는 않지만, 북한어는 특히 이와 같은 전쟁 용어가 직장 등 일상의 활동을 가리켜 널리 쓰이기도 한다.

> 강성대국건설을 위한 보람찬 **투쟁**.
> 풀먹는집짐승을 많이 기르기 위한 **투쟁**을 줄기차게 벌려왔다.
> (토지정리사업) 긴장한 **전투**는 여러날째 계속되었다.

북한 사전에 의하면 '전투'에는 '혁명과업을 수행하기 위하여 혁명적으로 벌리는 활동'의 뜻이 있다. 그러니까 가축 수를 늘리거나 토지정리를 하는 것도 국가적으로 추진하는 혁명 과업인 셈이고, 그래서 이 범국민 운동이자 노동도 '전투'라고 표현하는 것이다. 남한어에서는 이러한 의미로 쓰이지 않는다.

비슷한 예로 '작전'도 있다. 이 말은 남한어에서도 '작전을 짜다' 등 일상적 의미로도 자주 사용된다. 특히 북한어에서는 일 또는 사업의 실현을 위해서 계획을 짜는 의미로 '작전을 펼치다'는 표현이 상용된다.

> 강성대국건설의 요구에 맞게 새로운 높이에서 사업을 설계하고 **작전을 펼쳐야** 한다.

'해살'도 마찬가지다. 이는 단순히 햇살의 의미를 넘어 수사적 용법이 굳어져 "인민들에게 비쳐주는 찬란한 희망과 행복의 빛발"을 비유적으로 이르는 말이라고 사전에서 풀이할 정도가 되었다. 이런 말이 그러한 것처럼 평이한 말들에 정치사회적 의미가 더해지고 있는 것이다.

▌종자

북한어에서 '종자'는 사상이나 개념의 핵심이라는 의미로 자주 쓰인다. 씨앗에서 확장된 의미일 텐데 조선말대사전은 문예 작품의 '사상적 알맹이'라는 의미를 별도로 올리고 있다.

이런 의미가 추가된 것은 북한 사회의 특징과 무관하지 않을 것이다. 북한의 문학 작품 등은 거의 예외 없이 공산주의 가치관을 강조한다. 주인공이 사랑, 우정, 직장 문제로 갈등하다가 결국은 '원수님의 령도'를 통해 올바른 사상적 가치관을 깨닫고 모든 문제가 해결된다는 식이다. 북한 사회의 이혼 문제를 그려낸 베스트셀러로 미국 라이브러리 저널의 '2020 올해의 책'에 선정된 소설 <벗>의 작가 백남룡의 문학 세계도 이울타리에서 벗어나기 어렵다. 그의 작품 세계를 소개하는 '상투적'인 한 기사문이다.

[4·15문학창작단의 작품 토론회 모습. 금수 20. 8.]

현시기 나라에서 중시하는 교육문제, 인재육성문제를 작품의 주제로 삼고 조국의 교육발전을 위하여 심혈을 바쳐가시는 경애하는 원수님의 헌신과 로고, 위인적풍모를 사상예술적으로 훌륭히 형상해내고있다. (금수 20. 8.)

인간의 삶을 뛰어난 문학적 수준으로 형상화한 작가의 작품 세계마저 이렇게 '천편일률'적으로 규격화될 만큼 북한은 창작에서 사상적 가치 구현을 핵심으로 삼는다. 결국 이는 사상이라는 '종자'를 틀어쥐고 있는 것이다. '종자론'이라는 용어도 있을 정도로 '종자'는 북한의 사상 교육에서 중요한 개념으로 쓰인다.

그렇다고 꼭 무거운 정치사상적 의미만 지니는 것은 아니다. 일상적이지는 않지만 때로는 아래 예처럼 어떤 일의 핵심 정도의 가벼운 의미이기도 하다.

물놀이장이라면 물과 현대미라는 **종자**를 확고하게 틀어쥐고…

▌아름다운 소행

한눈에 모순으로 느껴지는 표현이다. "괘씸한 소행"처럼 '소행'은 무언가 잘못한 일이지 결코 아름답다고 칭찬받을 행위가 아니기 때문이다. 이는 북한어도 다르지 않지만 그와 정반대로 긍정적인 의미를 지니기도 한다. 애국은 "애국적소행"이고 남을 돕는 행위도 "아름다운 소행"인 것이다.

려미의 **소행**을 그의 동무들은 퍽 후에야 알게 되였다.

그래서 이 예문에서도 려미라는 학생이 나쁜 짓을 한 게 아니라 무언가 칭찬받을 일을 했다는 뜻이다. 이 '소행'은 남북한어에서 서로 반대의 의미를 지닌 대표적 말 가운데 하나이다.

▌동무를 거들고

이렇게 동무를 '거들었다고' 하면 위 려미의 '소행'처럼 친구를 도와주었다고 생각될 것이다. 그러나 도와주기는커녕 친구의 잘못을 따지고 들었다는 의미이다.

'거들다'는 돕다 외에 '싸움을 거들다'처럼 참견하다는 의미가 있다. 여기까지는 남북이 같은데 북한어는 남의 허물 따위를 들추어낸다는 의미도 있다. 위 짧은 제목의 예는 바로 그 의미로 쓰인 것이다. 소설 <영근 이삭>에서 협동농장의 한 광경을 다시 보자.

> 홍화숙이 3분조를 **거들자** 앞쪽에 앉은 3분조장의 얼굴이 금시 수수떡빛이 되었다.

농장의 '이악쟁이'인 홍화숙이 뭐라고 했기에 3분조장은 얼굴이 '수수떡빛이 되'도록 당황했을까.[36] 적어도 3분조를 칭찬한 것은 아니고 무언가 잘못을 들추며 따진 것이다. 소설 속에서 홍화숙은 한 농장원이 일을 제대로 안 하고 쓸데없이 새끼나 꼬았다고 바른말을 해댄 것이다.

▌일러주는 것들

'일러주다'라고 하면 남한어에서는 알려주다 정도의 의미이다. 그러나 북한어에서는 유명해서 알아준다는 뜻으로 쓰인다. 즉 최고로 쳐준다는 의미이다. 아래와 같은 예를 보면 대충 짐작은 할 수 있는 말이다.

당시 북한에서는 [천지], [고양이], [선봉] 순으로 **일러주는** 담배들
이었다. (탈북 수기)
　　강원도지방에서는 오징어젓을 특별히 **일러주었다.** (음식)

　　북한 사전은 '이르다'가 말하다는 기본 의미에서 '평가하여 말하
다'는 의미로 확대되었다고 기술한다. 예를 들어 무엇을 "가장 높이
일러왔다"라고 하면 가장 높이 평가해 왔다는 뜻이다. 이렇게 보면
'일러주다'의 의미가 좀 더 쉽게 이해된다.

▌할아버지한테 욕 먹었나?
　　그 쓰임의 폭이 다른 경우도 많다. 예를 들어 '욕하다'는 "×××라고
욕한다"처럼 남한어에서는 남에게 모욕적인 말을 하는 것이지만(그
래서 '욕설하다'와 동의어이기도 하다), 북한어는 야단치다, 나무라
다 정도의 의미로 잘 쓰인다.
　　이를테면 오랫동안 소식을 전하지 못한 동생이 형님에게 "저를 욕
해 주십시오"라고 하거나, 아이가 "엄마, 할아버지한테 욕 먹었나?"
라고 하는 것이 '이놈, 저년' 하는 상스러운 욕을 말하는 것일 리 없다.
그저 꾸지람인 것이다. 남한어에도 없는 용법은 아니지만 지금은 꽤
들어 보기 어렵게 된 말이다.

▌군고구마를 팔아주고
　　문제 하나. '돌이가 꽃분이에게 군고구마를 팔아주었다'고 하면 고
구마를 산 사람은 누구일까? 예외없이 돌이라고 답하겠지만 북한 사
람에게 묻는다면 모두 꽃분이라고 답할 것이다.
　　우리는 '팔아주다'라고 하면 물건을 산다는 의미지만 북한어에서

는 판다는 뜻이다. 그러니까 북한어에서 위
문장은 돌이가 고구마를 팔고 꽃분이가 샀
다는 뜻이다. "추어탕을 만들어 팔아주면",
"녀성들의 여름채양모자를 많이 만들어 팔

아줄데 대하여" 등과 같은 예는 그런 의미
를 잘 보여 준다. 북한어에서 '팔다'는 '팔

[군고구마 매대의 모습.
금수 16. 12.]

아주다'와 거의 같은 뜻인 것이다. 한겨울 길거리 군고구마 '매대'의
풍경이다.

> 우리는 군고구마향기에 이끌려 저도 모르게 매대로 다가갔습니
> 다. 매대안을 들여다보니 마주보이는 벽쪽에 구이로가 있었고 봉사
> 원녀성이 그안에서 잘 구워진 고구마를 꺼내여 종이봉투에 정성스럽
> 게 담아 손님들에게 **팔아주고**있었습니다. (금수 16. 12.)

봉사원은 손님에게 맛있는 군고구마를 팔고 있는 것이다. 북한어에
서도 구매자의 입장에서는 당연히 '사다'라고 하지만 경우에 따라
"자기에게 팔아달라고"처럼 표현할 때가 있다. '팔아주다'와 짝을 이
루는 말이다. 남한어에서 "자기에게 팔라고"라고 하는 것과 크게 다
를 바 없기는 한데 표현 자체는 새로운 느낌이다.

▌희한한 풍경

한 교사가 미래과학자거리의 한 고층 아파트에 입주하면서 "이렇
게 희한한 살림집에서 나처럼 평범한 교원이 산다는것을 아마 다른
나라 사람들은 선뜻 믿지 못할것입니다"라고 감격을 토로한다. 희한
한 살림집? '위대한 원수님'이 내려준 집이 희한하다니?

'희한하다'는 드물고 신기하다는 기본적 의미는 비슷해도 묘한 뉘앙스 차이를 지니는 말이다. 물론 북한어도 좀 이상하다는 의미로 쓰인다. 그러나 남한어에 비하여 북한어는 훨씬 긍정적인 의미를 지니고 있다. 특히 "희한한 국보적인 건축물들", "희한한 로동자궁전", "도시사람들도 부러워할 희한한 농촌도시" 등 건축물이나 장소 등이 놀랄 정도로 훌륭한 모습으로 세워졌거나 발전된 모습을 표현하는 데 즐겨 쓰인다. 라선시가 현대적으로 변모, 발전하였다고 하여 "희한한 선경"이 펼쳐졌다고 하고, 그래서 "물보다 물고기가 더 많은 희한한 풍경"도 단순히 신기하다는 것을 넘어 대단하다는 긍정적 의미이다.

▌별로 공부를 잘한다

'별로'는 '별로 좋지 않다'처럼 부정어와 어울리는 말이다. 북한어도 다르지 않아서 "별로야"라고 하면 역시 대단치 않다는 뜻이다.

그런데 북한어는 '별로 좋다'처럼 긍정적인 표현과 잘 어울려 쓰이기도 한다. 그래서 "별로 아이들이 공부를 잘하는 것같아" 선생님은 기뻐하는 것이다. '별로'가 처음부터 부정어와 어울리던 말은 아니었으니 이것이 이상한 용법은 아니다. 한두 예를 더 보자.[37]

> 그들도 내 얼굴에서 류다른 친근감을 느꼈는지 **별로** 잘 따랐다.
> **별로** 광택이 나는 듯싶어 눈여겨보니…

▌욕망대로 잘된다면…

무언가 누리고자 탐하는 마음을 '욕망'이라고 한다. 많은 경우 그렇지만 남북한어는 이런 기본적 의미는 같아도 실제 쓰이는 영역에서 차이날 때가 적지 않다.

337

선수는 좋은 기록을 내고 싶어하고 지도자는 잘 가르쳐 훌륭한 선수로 만들고 싶어한다. 이러한 심리를 남한어에서는 '욕망'이라고는 잘 표현하지 않지만 북한어는 그렇지 않다. 고된 훈련을 감당하지 못하는 역도 선수에게 감독이 소리친다.

> 그렇게 쉽사리 맥을 놓을바엔 력기를 그만두어라. **욕망**으로는 구간 봉을 들지 못해.

잘하고 싶다는 '의욕'만으로는 안 된다는 것이다. 지도자도 마찬가지다. 어린 탁구 선수들의 실력이 늘지 않아 고민하는 한 감독을 두고 사람들은 "어린 소조원들에게 지나친 욕망을 앞세우는것이 아닌가" 하고 조언기도 하고, 훌륭한 핸드볼 팀을 만들고자 밤낮을 잊고 훈련 계획을 짜지만 "모든 일이 욕망대로 척척 잘된 것은 아니였다"고 고뇌하는 감독도 모두 '욕망'대로 일이 안 풀려 고민하는 것이다.

몸이 불편하여 입학식에 오지 못하는 학생을 부모를 설득하여 학교에 오게 한 교원의 마음도 "성심교원의 욕망으로 진권을 교실에 앉혀는 놓았지만…"처럼 '욕망'이고, "보기만 해도 한번 지쳐내려보고싶은 욕망이 끓게 하는 각이한 스키주로들"처럼 스키장을 보고 타 보고 싶어 안달 나는 마음도 '욕망'이다. 남한어라면 의욕이나 욕구 정도로 표현할 자리일 것이다. "건강한 삶에 대한 욕망"처럼 기본적으로 남북한어의 공통점이 물론 더 크지만 이렇게 세밀하게 의미 영역이 달라져 가기도 한다.

▌파악이 있는 동무들

손으로 움켜쥐듯이 어떤 대상의 본질을 확실하게 이해하는 것을

338

'파악'한다고 한다. 북한어라고 다를 것 없다. "아동들의 심리를 파악"하고, "현상의 본질을 파악"하며, 단어의 뜻, 정세, 내부 실정, 실태, 특기, 이치 따위를 모두 '파악'한다.

"탁구기술에 대한 파악이 차츰 생기게 되였으며", "미생물에 대한 파악의 부족으로", "나도 이 도시에 대해서는 별로 파악이 없었다" 등처럼 명사로도 잘 쓰이는데 김 선생도 대화 중에 곧잘 사용하는 말이다. 대략 '이해'라고 할 만하다. 파악이 없다는 것은 간단히 말하자면 잘 이해하지 못한다는 것이다.

그런데 다음 표현에 오면 알쏭달쏭해진다.

> **파악**이 있는 동무들에게는 혁명조직들을 수습할데 대한 임무를 주어…
> **파악**이 있는 몇몇 정수분자들로 조직을 꾸린 다음에는…

파악이 있다는 것은 무슨 뜻인가. 내가 잘 파악하고 있는 사람들이라는 것인가. 이 말은 일을 맡길 만한 믿음을 갖고 있다는 뜻이다. 그러니까 믿을 만한 사람들을 골라 임무도 주고 조직도 꾸렸다는 것이 위 예문들의 의미이다. 파악하는 것은 아는 것이고, 잘 아니까 믿게 된다는 식으로 의미가 확대되었다고 볼 수 있다. 이렇게 북한어에서 '파악'은 믿음의 의미로까지 영역을 넓혀 간다.

▌꽃에 비긴 마음

'비끼다'도 미묘한 차이가 있다. 우선 이 말의 남북 사전의 뜻풀이를 보자.

표준국어대사전	조선말대사전(2017)
① 비스듬히 놓이거나 늘어지다. ② 비스듬히 비치다. ③ 얼굴에 어떤 표정이 잠깐 드러나다.	① 비스듬히 비치다. ② (어떤 감정이나 표정, 모습 같은 것이) 얼굴에 나타나다.

『표준』에 ①의 뜻이 더해져 있는 차이 외에는 같다. 그런데 "꽃에 비낀 마음"은 위 사전의 뜻풀이만으로는 정확한 뜻이 이해되지 않는다. '비스듬히' 비치는 것도 아니고 '얼굴'에 나타난 기색도 아니기 때문이다.

북한어에서 '비끼다'는 어떤 기상이나 느낌이 서려 있다는 의미를 지닌다. 오히려 이것이 가장 활발한 용법으로 보이는데 북한 사전도 미처 담아내지 못한 의미이다. 어머니를 위하여 떡국을 만드는 한 처녀의 심성을 방송기자는 이렇게 칭찬한다.

　　떡국에 **비낀** 일경동무의 가정생활과 그리고 오늘의 의미가 참으로 깊습니다.

이쯤 되면 '비끼다'의 새로운 의미가 또렷해진다. 이러한 의미에서 남산의 푸른 소나무에 "래일이 비껴있다"고 하고, 아름다운 꽃에는 "순결한 마음이 비껴있다"고 하며, 수십 년 현장 경험에서 우러나오는 누군가의 말에는 "오랜 근무생활이 비껴있다"고 말한다. 이는 서려 있다거나 깃들어 있다고 표현할 만한 것으로 '비끼다'가 지닌 독특한 의미라고 할 수 있다.

이렇게 남은 남대로, 북은 북대로 시간과 환경의 변화에 따라 말의 의미가 변한다. 위에서 몇 예를 보았지만 사실 그런 예는 적지 않다. '풋절이'처럼 간단한 말도 그렇다. 소금에 절인 채소뿐만 아니라 북한어는 밭에 있는 어린 무나 풋배추도 풋절이라고 한다. 오히려 이 뜻으로 더 많이 쓴다고 한다.

"칼제비가 맛있어요"라는 간단한 말 한마디도 서로 다르게 이해한다. 우리는 '칼제비'가 어느덧 칼국수와 수제비를 합친 음식으로 이해되는 게 보통이지만, 북한어는 여전히 칼국수를 가리키는 말이다. 원래 방언이던 것이 문화어가 된 예이다.

우리는 '극장'과 '영화관'이 거의 같은 뜻이지만 북한어에서는 구별된다.

극장, **영화관**, 유보도, 맥주조끼들 그리고 친구들과의 즐거운 생활…

극장은 가극이나 연극을 공연하는 곳이고 영화관은 말 그대로 영화를 보는 곳이다. 남북한어는 이러한 의미의 교차점을 곳곳에서 보여 준다.

아쉽게도 우리는 이에 대해 북한어 화자 수준으로 섬세하게 접근하기 어렵다. 앞서 '오징어'와 '낙지'도 그런 예지만 '기름밥'이라는 말도 그렇다. 흔히 이를 볶음밥의 북한어라고 하지만 "볶음밥과 기름밥"이라는 사전 용례처럼 그 둘에는 무언가 차이가 있다. 김 선생은 오히려 볶음밥보다는 비빔밥에 가까운 말이라고 한다. 볶는 데 초점이 있으면 볶음밥, 비비는 데 있으면 비빔밥, 기름을 넣는 데 있으면 기름밥일 것 같기는 한데 그 미묘한 의미 차이를 우리로서는 정확히 알기 어렵다. 그래서 남북한 화자 간 소통의 필요성을 더욱 절감하게 된다.

341

   그래도 이러한 의미 차이에서도 서로의 고리를 느낄 때면 반가운 마음이 든다. 저자는 몇년 전 한 일간지의 '우리말 톺아보기'라는 칼럼난의 집필진으로 참여한 적이 있었다. 그 칼럼난 제목을 전해 듣는 순간 무척 반가웠다. 20대의 젊은 시절 우연히 알게 된 단어가 '톺다'였고 혼자만의 사전처럼 간직하던 그 말을 수십 년만에 다시 만났기 때문이다. 그런데 그 뜻이 영 달랐다. 저자가 아는 의미로는 가파른 곳을 오르느라 이리저리 더듬는다는 뜻이었는데 칼럼난 제목에서는 샅샅이 더듬어 찾는다는 의미였던 것이다.

   이 '새로운' 뜻에 놀란 저자는 사전을 찾아보았더니 두 가지 뜻이 모두 있는 단어였다. 그중 더듬어 찾는다는 의미로서 '톺다'가 신문 칼럼난에서 힘차게 부활한 셈인데, 그래도 가파른 길을 오르기 위해 더듬는다는 뜻으로는 사용례를 만나기 어려웠다. 그런데 북한어는 "칼벼랑길을 톺으시였다", "령을 톺아오르다가", "배움의 계단을 톺아올라갔다"처럼 흔히 그 의미로 쓰이는 것이다.[38]

   > 가파로운 령길을 **톺아오르시며**…
   > 와삭와삭 나무잎들을 밟으며 산길을 **톺아오르기** 시작했다.

   '톺다'는 이미 우리 사회에서 사라져가던 말이다. 그러던 것이 근래 작은 유행처럼 '톺아보기'라는 말을 통해 되살아나고, 그러면서도 여전히 그 용례가 드문 또 다른 뜻으로는 북한어에서 활발한 쓰임을 보이고 있다. 끊어질 듯 이어지는 남북한어의 관계를 다시 한번 느끼게 된다.

1 남한어에서 '당질'이라고도 한다.

2 『문화어학습』1997년 제4호.

3 '벼락-'이 갑자기 또는 호되게 등 비유적 의미를 지니고 결합하는 단어들은 그 한 사례이다. 『우리말샘』을 보면 이런 단어 중 남북한 모두 있는 게 '벼락부자' 등 18개, 남한어에만 있는 게 '벼락술' 등 2개, 북한어에만 있는 게 '벼락빨래' 등 33개로서 꽤 차이를 보인다.

4 단어를 만드는 방법은 일반적으로 두 가지로 나뉜다. 하나는 '손발'처럼 두 단어 (손, 발)를 합쳐서 만드는 합성법이고, 다른 하나는 '풋밤'처럼 파생접사(풋-)와 단어(밤)를 결합하여 만드는 파생법이다. 파생접사는 단어 만들기에 전용되는 요소로 '풋-'처럼 어떤 말의 앞에 결합하는 접두사와 '먹이'의 '-이'처럼 뒤에 결합하는 접미사가 있다.

5 「아이들보이」는 최남선 선생이 1913년 9월에 창간하여 1914년 9월 통권 13호로 종간된 어린이 잡지이고, 『말모이』는 1910년 무렵 조선광문회에서 편찬하다가 끝내지 못한 미완의 국어사전이다.

6 "상등병이 되어 제대되고"(동아, 1932. 6. 21.) 등. 네이버 뉴스라이브러리 참조.

7 '서슬차다, 위세차다' 등도 기세가 강하다, 위세가 강하다 정도로 이해될 만한 말들이다.

8 "민호가 제법 어른싸게 버럭 고함을 친다"의 예를 들 수 있다. 이 외에 '사내싸다(사내답다), 남자싸다(남자답다)' 등도 있다. "유호림은 남자싸게 건장한데다가"(그들의 운명) 등이 그 예이다. 이 말들은 사내답다, 남자답다라고 하는 것보다 '힘주어' 이르는 말이다. 그런데 이 '어른싸다, 사내싸다' 등은 문법적으로 좀 특이한 점이 있다. 일반적으로 우리말에서 '-스럽다'는 아이에게 '어른스럽다'라고 하듯이 실제 그 존재가 아닌 경우에 쓰고, '-답다'는 청년의 음성이 '남자답게 우렁차다'고 하듯이 실제 그 존재인 경우에 쓰는 특징이 있다. 그런데 '-싸다'는 어린아이인 민호에게도 '어른싸다'라고 하고, 진짜 남자에게도 '사내싸다'라고 하듯이 이 두 가지 기능을 모두 지닌다. 각각 '어른스럽다'와 '사내답다'를 대신하여 쓰이는 말이기 때문이다.

9 이 외에 '-지다'가 결합한 특유의 말들로서 '떨기지다(떨기를 이루어 자라다), 아담지다(매우 아담하다), 얼음지다(얼음이 얼다), 아름지다(한 아름이 될 만큼 가득하다), 앙큼지다(매우 앙큼하다)' 등을 들 수 있다. 일부 북한어 연구서에서 소개되기도 하였던 예들이다. 그러나 김경희 선생은 이 말 모두 '안 쓴다'고 답할 정도로 북한어에서 그 쓰임은 매우 적다.

10 토막극 <마음씨 고운 길손들>. 한 탈북 수기에서 시간을 다투던 탈북 당시를 회상하면서 "그 라이타를 덤비며 못 가져온 것을 지금까지도 후회하고 있다"라고 하는 예도 들 수 있다.

11 이동구 <크나큰 어버이품>(1975, 조선단편집1 수록).

12 '갈리다, 건들리다, 잘리다, 치이다, 휘다'의 비표준어이다. 국어 문법에서 '-우-'

는 사동 접미사로만 기술되는데 이러한 예까지 고려하면 피동 접미사의 기능도 있다고 할 수 있다.

13 우리말에서 '알다, 모르다, 깨닫다' 등 인지동사들은 피동형으로 만들어지지 않는 특성이 있다는 점에서 이 '알리다'는 특이하다.

14 과거 납북된 최은희, 신상옥 부부를 만난 자리에서 김일성이 한 말이다. 당시 부부는 몰래 소형 녹음기를 핸드백 속에 넣어 가 녹음하였다고 한다. 부부가 남한으로 돌아온 후 이 녹음 내용을 당시 안기부에서 공개한 것이다.(한겨레 89. 6. 15., 네이버 뉴스 라이브러리)

15 '명랑스럽다, 우연스럽다, 귀염성스럽다'만 해도 북한어 특유의 말인 듯하나 남한 사전에도 있는 말이다.

16 '함수(含漱)'는 물이나 약물로 입안을 가시거나 양치질을 하는 행위이다.

17 흔히 '대중가요'라고도 한다.

18 『문화어학습』 1995년 제2호.

19 단단한 곳이면 아무 데나 그어도 불이 일어나도록 만든 성냥. 부사 '딱'과 명사 '성냥'이 결합한 단어이다.

20 물론 엄밀히 말하자면 '다이어트'는 음식을 조절하는 행위이고 '살까기'는 살을 빼는 행위이니 정확한 대응이 아니긴 하다.

21 원명은 가라루파(Garra rufa)이다.

22 '자작나무'도 쓴다.

23 『조선말대사전』(2017)은 직접적으로 동의어라는 정보를 주지는 않고 있다. 그러나 '오징어'의 뜻풀이가 "오징어과에 속하는 연체동물의 한가지. 몸통은 닭알모양이며 좀 납작한편인데 그 너비는 길이의 2분의 1이상이다. 조가비는 길둥근형이며 길이는 너비의 약 2.5배이다. 흔히 살색을 띤다. 떠돌이성연체동물이다. 뼈는 고려약재로 쓰인다. 조선동해, 조선서해, 조선남해에 분포되여있다"는 말 그대로 오징어를 가리킨다. 북한어의 '오징어'가 구체적으로 갑오징어를 가리킨다는 의견도 있지만 적어도 이 사전상 풀이와는 맞지 않는다.

24 "함경도지방에서는 명태젓, 명란젓, 창난젓, 가재미젓이 유명하였고 황해도지방에서는 까나리젓, 백하젓이, 강원도지방에서는 오징어젓을 특별히 일러주었다."(음식, 76쪽)

25 이 속담은 북한 사전의 '낙지' 항에 그대로 올라 있다. 이와 같이 북한 사전에는 '낙지'가 원래 뜻으로 쓰이던 흔적이 그대로 남아 있기도 한다. 이를테면 '낙지호미'는 오징어와 아무 상관이 없고 "감탕속에 숨은 낙지를 긁어서 캐는 도구"라는 뜻풀이처럼 말 그대로 낙지를 가리키는 말이다.

26 "풍선터치기, 활쏘기, 밧줄당기기등 여러가지 「게임」…"(1962. 8. 18. 조선일보), "정초의 연띄우기는 회심의미소를 짓게해 준다."(1976. 1. 3. 조선일보) 등 일부 예가 있다.

27 「탈북 청년이 쓴 북녘 설날 '줄당콩 반으로 갈라 윷놀이'」(조의성, 신동아 2020. 1. 25.)

28 열두 달을 한 장에 적은 달력. 새해가 되면 국가에서 세대별로 한 장씩 공급한다고 한다.

29 물론 북한어도 '꿰뚫다'라고 한다. 한편 '꿰들다'는 남한 사전에 남의 허물이나 약 점을 들추어내는 뜻으로만 올라 있다. 동일한 단어가 다른 뜻으로 쓰이는 예라고 도 할 수 있다.

30 네이버 블로그, https://hhk2001.tistory.com/5724, 별을 보는 창문.

31 '련합기업소'는 국가 경제에서 중요한 의의를 갖는 기본 제품을 생산하는 기업을 중심으로 조직한 북한식의 공장이나 기업체 조직 형태이다. 흥남비료련합기업소, 락원기계련합기업소, 2·8비날론련합기업소 등 이른바 기간산업을 담당하는 기 업체 조직들이 있다.

32 서로 다른 한자어를 선택하는 것은 종종 볼 수 있다. 주로 '조준(照準)'이라고 하지 만 '묘준(瞄準)'이라고도 한다. 그래서 조준경을 '묘준경'이라고도 한다. '은폐(隱 蔽)'도 그 동의어로 '음폐(蔭蔽)'라고도 한다. 고구려 2대왕 유리왕은 그 이름이 유 리(琉璃), 유리(類利), 유류(儒留), 주류(朱留) 등 다양하게 전해지는데 북한에서는 "고구려 2대왕 유류는 시조 고주몽의 맏아들로서"(금수 20. 4.)처럼 '유류'라고 한 다.

33 이 외에 의식주, 운명, 출입구를 각각 '식의주, 명운, 입출구'라고도 한다. 또 고유 어에서도 가마솥, 등허리, 멱살, 미주알고주알, 주름살 등을 '솥가마, 허리등, 살 멱, 고주알미주알, 살주름'이라고도 한다.(이상 문금현 2004 참조) 다만 이 경우 의식주, 운명, 출입구, 가마솥, 등허리, 멱살, 미주알고주알, 주름살도 익히 쓰이는 말임을 유념할 필요가 있다.

34 통일부 홈페이지 '북한자료센터(unibook.unikorea.go.kr)' 참조.

35 현희균 <그들의 운명>. 같은 작품에서 "자기를 낳아 키워준 어머니조국의 젖줄기 를 빼앗겨 더는 그 부드럽고 정다운 손길의 애무를 느낄수 없게 된 이들이다"도 또 다른 예이다.

36 '수수떡이 되다'는 '홍당무가 되다'와 마찬가지로 얼굴이 빨개지다는 의미이다. '수수떡 빛이 되다'도 그와 같은 맥락의 표현이다.

37 특별한 예지만 "할머니 드세요. 막 시원해요."(산제비)의 '막'도 특이하다. 이는 "막 버리다"처럼 동사와 어울리는 부사이다. 그러나 북한어에서는 이 예처럼 형 용사와도 결합하기도 한다. 다만 사전에도 그 용법이 제시되어 있지 않듯이 일반 적이지는 않은데 방언적 용법이 아닐까 싶다. 그래도 남한어에서도 요즘 "막 좋 아"와 같은 표현이 쓰이듯이 이것이 전혀 생소해 보이지는 않는다.

38 물론 북한어에서도 '샅샅이 더듬으며 찾다'는 의미로도 쓰인다. 『조선말대사전』 은 "톺던 대상이 나타나다"와 같은 예를 제시한다. 그 외 언어 자료에서는 저자도 그 용례를 보지 못하였다.

제9장

관용적 그러나 생소한 표현들

요리 실습생에게 기자가 묻는다.

　어릴적의 소원이 무엇이였습니까?

아마 이렇게 물으면 "우주선 타 보기, 매일 놀기, 투명인간 되기…" 등과 같은 대답이 나올지 모르겠다. 그런데 질문을 받은 실습생은 '료리사'가 되는 것이였다고 답한다. 그러니까 이 질문의 '소원'은 곧 장래희망인 것이다.

이처럼 동일한 어휘라고 해도 어떤 상황에서 쓰느냐에 따라 표현적 차이가 나타난다. 이를테면 동의를 나타날 때 '옳다'라고 말하는 것은 북한어의 독특한 표현 방식이다.

　정남 동무의 말이 옳아요.

상황에 딱 맞는 경우에도 "마침이구나"처럼 표현하고 버스나 엘리베이터 탈 때도 "오르시지요"라고 말한다. 물론 흔히 '맞아요', '타시죠'라고도 하지만 이렇게 또 다른 표현들에서 북한 사람들의 관습적인 말하기 방식을 볼 수 있다.

영역을 넓혀 보면 이러한 차이는 곳곳에 있다. 누구를 찾아달라는 부탁을 할 때도 우리라면 "○○○ 좀 찾아주시겠습니까", "○○○ 좀 찾아주시면 안 됩니까" 정도로 말하지만 북한어에서는 "좀 찾아주지 못합니까"라고 말하고는 한다.

아마 화술의 감각까지도 꽤 차이가 있을 것이다. 남한어 화자라면 꽤 '썰렁하게' 느낄 아래 유머가 북한어 화자에게는 무척 '재치있는' 말하기로 느껴진다면 말이다. 드라마 <따뜻한 우리 집>에서 주로 여성들이 출입하는 산원(산부인과 병원)에 한 남자가 방문하자 여과장이 농 삼아 말한다.

우리 련희선생과 어떤 사이기에 이렇게 여성세계 복판까지 침공해 들어왔는가요?

우리의 말하기가 그렇듯이 이렇게 북한어도 특유의 표현 방식이 있다. 다만 그것을 일일이 좇아갈 필요는 없을 것이다. 개인적 차원의 표현도 많고 또 남북한 화자의 의사소통에 별 문제가 되는 것도 아니기 때문이다.

특별히 관심을 기울일 것은 '관용적'인 표현들이다. 우리말에는 손을 '짚고' 발을 '디디는' 것처럼 특정한 말과 잘 어울리는 단어의 짝이 있고, '배가 아프다'[샘나다]처럼 제3의 의미를 나타내는 표현들도 있다. 당연히 북한어에도 '앙양을 일으키다' 등 특유의 표현들이 있는데 이러한 데서 '북한어다운' 느낌을 받기도 한다. 이 장에서는 주로 이런 말들을 중심으로 북한어의 표현적 특징을 살펴본다.

9.1. 이은말의 세계

모두 닫는 것인데도 입은 '다물고' 눈은 '감는다'고 한다. 이와 같이 특정한 단어들끼리 어울려 하나의 의미 단위로 쓰이는 말을 '이은말' 또는 '연어'라고 한다. 이 이은말에서 남북한어는 가끔 다른 모습을 보인다.

가벼운 예 하나를 보자.

담배가치에 불을 **달고** 피우는 사이에… (먼 길)

'불을 달다'는 불을 붙인다는 뜻이다. 담배나 성냥에 불을 붙일 때 북한 사람들도 보통은 붙인다고 하지만 이렇게 '달다'가 쓰이기도 하는 것이다. 북한어에서도 흔한 표현은 아니지만 고유의 특성을 보여준다.

이렇게 두 말이 어울릴 적에 남한어와 미묘하게 다른 표현들이 있다. 이를테면 북한의 신혼부부는 신혼집에 "보금자리를 펴고" 살림을 시작한다. 보금자리를 마련한다고도 하지만 이렇게 그들만의 표현을 쓰기도 하는 것이다.

그들의 행복한 모습이 그림처럼 다가오는가. 그렇다면 북한어에서는 흔히 "그림처럼 안겨온다"라고 표현한다. '안겨오다'는 특히 눈앞에 잘 보이거나 떠오르는 모습이나 느낌을 가리키는 의미로 북한어에서 자주 쓰는 말인데, 그들의 신혼집이 아늑한 느낌을 준다면 "아늑한 감이 안겨온다"라고 말할 수 있다.

아래는 대표적인 예들이다.

닭사양에서 제일 중요한 **문제로 나서는** 먹이보장대책을…

(고구려는) 삼국시기 력사발전에서 선도자적이며 중심적인 **역할을 놀았다.**

새 제품개발에 **힘을 넣어**…

그는 다음날부터 모든 교원들이 콤퓨터를 배우도록 **요구성을 높여** 나갔다.

어떤 사안이 중요한 문제로 떠오르면 '문제로 나선다'라고 한다. 근로자들의 지식을 높이는 것이 과학 발전에 중요하다면 그것은 "중요한 문제로 나서고" 있는 것이다. '문제로 제기된다'라고도 하지만 '문제로 나선다'에는 북한어 특유의 느낌이 있다.

역할을 하는 것을 '역할을 놀다'라고 하는 점도 특이하다. 이 예와 마찬가지로 집현전은 "15세기 봉건문화의 발전에서 중요한 역할을 놀았"으며, 17세기의 실학은 "정치, 문화분야에서 일정한 역할을 놀았"고, 김득신은 "사실주의회화의 전성기를 마련하는데서 중요한 역할을 놀았다"고 북한은 평가한다. 또 현대의 정치에서 미국은 "일본이 더 큰 역할을 놀" 것을 요구하고, 일본은 미국과 함께 "인디아양과 태평양에서 주되는 역할을 놀려고 시도하고" 있다고 정세를 분석하기도 한다. 물론 '역할을 하다'가 훨씬 일반적인 표현이지만 종종 이렇게 '역할을 놀다'라고 한다.

'힘을 넣다'는 남한어의 '힘을 쏟다' 정도에 해당하는 표현이다. 다른 일보다 우선적으로 힘을 기울인다는 뜻으로 "이 사업에 선차적인 힘을 넣고있다"처럼 '선차적'과 함께 쓰이는 경우가 많다. '요구성을 높이다'는 더욱 강하게 요구한다는 의미로서 북한어에서 종종 사용되는 표현이다.

▌맛내기를 두고

앞서 신혼부부의 살림을 잠시 들여다보자. 결혼 후 첫 휴일 '세대주'는 콩나물을 특별히 좋아하는 새색시를 위하여 콩나물국을 끓이느라 바쁘다. 어머니가 일러준 비법대로 단 냄비에 "기름을 두고" 콩나물을 볶다가 다시 "소금을 두고" 뚜껑을 덮은 다음 비린내가 사라질 때까지 익힌다. 이처럼 음식 재료를 넣는 것을 흔히 '두다'라고 한다.[1]

그래서 요리를 할 때 '사탕가루' 즉 설탕도 두고 '맛내기'도 두어 맛있는 음식을 만들어낸다. 맛내기는 조미료를 가리키는 북한어이다.

당연히 '넣다'라고도 한다. 추어탕 조리법에서 "연한 소금물에 생강편과 파토막을 넣고 한소끔 끓이다가 미꾸라지를 둡니다"처럼 둘은 한 문장 안에서 번갈아 쓰이기도 하고 "물고기를 두고 만든 평양의 특산음식"이라고도 하고 "두부에 미꾸라지를 넣고 끓인 추어탕"이라고도 하니 이 '두다'는 '넣다'와 함께 사이좋게 쓰이는 북한어 특유의 표현이다.

남편이 서툰 솜씨에 "진땀을 뽑으며" 차린 아침상에 부부가 마주보고 앉는다.[2] 고춧가루까지 풀어 끓인 콩나물국의 시원한 맛에 "가슴이 열리는" 느낌을 받고 직장 생활의 스트레스까지 "순간에 사라지고" 만다. 가슴이 트이고 순식간에 스트레스가 사라지는 것이다.

▌은을 낸 선물

결혼 한 달도 안 돼 아내의 생일이 다가왔다. 새신랑은 무얼 선물할까 노심초사하다가 경제 사정도 좀 고려하여 봄향기 화장품 세트를 준비하였다. 이것이 새색시의 "심리를 명중하여" 아내는 무척 기뻐한다. 상대의 기호 등에 딱 맞으면 심리를 '명중하다'라고 한다. 북한에서 근래 국어 학습 프로그램인 '반짝별'을 출시한 적이 있는데 "학생들의 심리를 명중한" 이 프로그램이 나오자마자 호평을 받았다고 한다. 우리도 '취향을 저격하다'라고 하니 '심리를 명중하다'와 무언가 통하는 느낌이다.

어쨌든 며칠을 고민하여 마련한 생일 선물이 "은을 내는" 것이다. '은'은 보람 있는 결과 즉 성과를 뜻하는 북한어이다. '은이 나다, 은을 내다, 은을 나타내다' 등으로 쓰인다. 김정은이 신년사에서 전국

353

의 양어장들이 "은을 내게" 하여 인민들의 식탁을 풍성하게 하여야한다고 강조한 적이 있는데, 말하자면 성과가 나도록 하라는 것이다.

> 토지정리가 **은이 나게** 할수 있다고 말씀하시였다.
> 각지에 버섯생산기지들이 일떠서 **은을 내고**…
> 원격교육의 성과가 날로 큰 **은을 나타내고**있다.

이제 결혼했다는 것이 실감난다. 궁상스럽던 노총각 신세에 마침내 "종지부를 친" 것이다. 남한어처럼 종지부를 찍는다고도 하지만 '치다'라고 하니 정말 탁 끝낸 느낌이다. 이렇게 가정에서 즐거우니 직장일도 "성수가 나고"(신명이 나고)[3] 그래서 열심히 일하다 보면 언젠가 '로력영웅'이 될지도 모를 일이다.

▌ 딸에게 교육을 주어

두 부부에게 어느덧 소학교 3학년짜리 딸이 있다. 딸아이지만 하도 "장난이 세차"(장난이 심해) 부모로서도 골머리를 앓을 지경이다. 가만히 앉아 "피아노를 타는"(피아노를 치는) 데도 관심이 없고 그저 '총각애'처럼 뛰어다니느라 정신이 없다. 피아노는 '치다'라고도 하지만 '타다'라고도 한다. 20세기 초만 해도 썼으니 새삼스러운 말은 아니다.

한번은 축구공을 사달라고 하도 "성화를 먹여"(성화를 부려) 할 수 없이 사준 적도 있었다. 그러다가 요즘은 태권도 소조원이 되어 태권도 배우기에 푹 빠져 있다. 다행히 성격도 차분해지고 지도교원도 자상하게 "교육을 주어"(교육을 하여) 실력도 많이 늘어 벌써 "2단을 소유하게" 되었다. 태권도 등 급수를 따는 일을 흔히 (○단을) '소유하다'라고 표현하는데, 외국어를 열심히 공부하여 500 단어쯤 알게 된 경우에도 역시 "500단어를 소유하였다"고 말한다.

어쨌든 아이가 단증을 받아온 날 부부는 기분이 좋아 마주 앉아 "잔을 찧으며"(잔을 부딪치며) 웃었다. 잔을 부딪치며 건배를 한다는 것으로 남한어의 "건배!"에 대하여 "찧읍시다!"라고 한다. 하루하루 행복감에 그들 부부의 얼굴에서는 "웃음이 질"(웃음이 사라질) 줄 모른다.

▌교육사업에 몸을 잠그고

어설픈 이야기를 꾸려가며 몇 가지 이은말을 보았지만 특징적인 표현들을 좀 더 볼 수 있다. 남한어에서는 "교직에 몸담고"처럼 보통 어떤 분야에 종사하는 것을 '몸담다' 혹은 '몸을 담다'라고 하는데 이는 북한어도 마찬가지다. 그러면서도 북한어는 '몸을 잠그다' 또는 '몸을 담그다'라고도 한다.

> 처음부터 교육사업에 **몸을 잠글**것을 생각한것은 아니였다.
> 과학연구에 **몸담그어**온 순간들을 떠올리였다.

'몸을 잠그다'는 어떤 일에 전적으로 달라붙다는 의미로 『표준』에도 올라 있는 말이지만 현실적으로는 거의 쓰이지 않는다. 북한어의 이 '몸을 잠그다' 또는 '몸을 담그다'는 '몸담다'와 같은 의미라고 할수 있다.

▌여운을…?

어떤 마을을 방문한 잡지사 취재단이 한 중년 남성으로부터 그곳

메밀국수가 전국적으로 유명하여 자기는 출장 올 때마다 꼭 메밀국수를 맛본다는 이야기를 듣게 된다. 다음 빈칸에 들어갈 말은 '①남긴 ② 받은' 중 무엇일까.

그의 말에서 **여운을** □□ 우리는 먼저 메밀국수를 잘 하기로 소문난 국수집으로 향하였다.

'여운을 남긴' 것은 중년 남성이니 맞지 않고 결국 글쓴이 입장에서는 '여운을 받은'이라고 말할 자리이다. 상대방 말에서 어떤 영향, 소위 '필'을 받았다는 것이다. '여운' 자체의 뜻은 남북한이 다르지 않은데 '여운을 받다'라고 하는 것은 북한어 특유의 표현이다.

이 외에도 따로 살림을 내는 것을 '세간을 내다'라고 하거나 발걸음을 내딛는 것을 '보폭을 짚다'라고 하는 등 남북한어의 표현에서는 조금씩 다른 점들이 있다. 일부 표현을 간단한 예로써 보자.[4]

이런 생각을 거듭하던 끝에 어느 한 식물에 **주목을 돌리게** 되었다.
관람자들은 **엄지손가락을 펴보이였다.**
나라의 경제를 일떠세울 **구상을 무르익히시고**⋯
아무런 **내색도 내지** 않았다.
그이께서는 ⋯ **반색을 지으시며** 저쪽으로 올라가자고 하셨다.

'주목을 돌리다'는 주목하다는 뜻이다. 『표준』에 올라는 있지만 남한어에서 잘 쓰이지 않고 주로 주목한다거나 관심을 돌린다고 하는 반면, 북한어에서는 "화장품들에 주목을 돌리였다"처럼 이 표현이 활발히 쓰인다. 유사한 말로 '주의를 돌리다'라고도 한다. 우리가 보통

'주의를 기울이다'라고 하듯이 말의 짝이 조금씩 다른 것이다.

> 봄철은 꽃가루에 **주의를 돌려야** 할 계절이다.

'엄지손가락을 펴보이다'는 곧 '엄지척'이다. 남한어에서는 칭찬의 뜻으로 엄지손가락을 세운다거나 쳐든다고 하는데 북한어에서는 '펴보이다'라고 하는 것이다.[5] '구상이 무르익다'는 남북한 모두 있는 말이지만 '구상을 무르익히다'는 북한어만의 표현이다. '무르익히다' 자체가 북한어에서만 쓰이는 사동사이다.

이 외에도 북한어는 '내색을 내다, 반색을 짓다, 흉내를 피우다' 등 특유의 다양한 표현을 사용하기도 한다. 이 말은 이준환(2019)를 참조했는데 얼마나 쓰는지 김 선생에게 물어 보았더니 잘 아는 말이라고 한다. 물론 내색을 하다, 반색을 하다, 흉내를 내다라고도 하지만 '흉내를 피우다'와 같은 특유의 표현들이 모여서 북한어 나름의 표현적 특징을 형성한다.

지금까지는 대부분 명사+동사의 예를 보았지만 다양한 짝도 있다. 예를 들어 높이 평가하다는 뜻으로 북한어는 '값높이 내세우다'를 즐겨 쓰는데 이 역시 특유의 이은말이라고 할 수 있을 것이다. 세상에 태어나 처음 보는 광경은 북한어에서 '세상에 생겨' 처음 보는 광경이라고 하고, 무시무시한 말이지만 '단매에 쳐부시다'도 늘 짝을 이루는 말이다.

이은말이라고 할 것은 아니지만 늘 어울려 쓰이는 수식어들도 있다. 살림살이는 '깐지게' 하고, 계획은 '넘쳐' 수행하며, '아글타글' 노력하고, 당을 '견결히' 옹호하고, 충성의 맹세는 '심장깊이' 다지며,

수령님은 '몸가까이' 모신다.

　수학 경시 대회는 정해진 시간 안에 문제를 풀어야 하는데 북한어에서는 '제정된 시간' 안에 풀어야 한다. 어떤 목적 아래 일을 한다면 북한어에서는 '목적 밑에' 일한다고 말한다. "결심 밑에", "참가 밑에" 등처럼 이 '밑에'는 거의 관용적으로 쓰이는 표현이다.

　남북한어는 '소금을 넣다'와 '소금을 두다', '종지부를 찍다'와 '종지부를 치다'처럼 짝을 이루는 말에서 차이가 있다. 그러나 한편으로 북한어에서도 소금을 넣는다고 하고 남한어도 한때 종지부를 친다고 했듯이 이 경우에도 연결고리는 존재한다. 남북한어는 어떤 식이로든 항상 연결되어 있는 것이다.

9.2. 관용 표현 이해하기

　관용 표현은 말 그대로 관용적으로 쓰는 표현이다. 대표적으로 관용어와 속담을 들 수 있다. 단어 그대로의 뜻이 아니라 제3의 의미로 통용되는 것이다. '눈에 빠지게'는 정말 눈이 빠지는 게 아니며 '낫 놓고 기역자 모른다'는 정말 낫이 있어서 쓰는 말이 아니다. 간절한 마음이나 아둔함을 뜻할 때 이들은 각각 관용어와 속담의 관용 표현이 된다.

　어느 언어나 그러하지만 우리말도 관용 표현이 매우 풍부하다. 당연히 남북이 함께 쓰는 표현이 대부분이다. 남이 어디선가 흉보는 것 같으면 '귀가 가렵다'고 하고 결혼하는 것을 '국수를 먹는다'고 한다.

　하지만 시간이 지나면서 조금씩 차이도 생겼다. 즐겨 쓰는 표현이

다르고 말이 변하기도 하고 새로 만들기도 하기 때문이다. 일례로 북한어에는 김정일이 처음 만들어 썼다는 관용어도 있다. '모기장을 치다'가 그것이다.[6] 자본주의 사회의 사상, 풍조가 들어오지 못하도록 대책을 세운다는 뜻인데 "모기장을 단단히 치자"와 같은 표현에서 폐쇄적인 북한 사회의 특성이 느껴지기도 한다.

이렇게 새 관용어도 있지만 대부분 약간의 언어적 차이다. 그 한 예로 북한의 <편지>라는 영화를 보자. 졸업을 앞둔 학생들이 선생님에게 장래 계획을 말하는 장면이다.[7]

> 양실: 선생님, 전 꼭 선생님같은 선생님이 되겠습니다. 전 죽어두 사범대학에 가겠습니다.
> 호명: 선생님, 대학에 미리 련락을 해야지 괜히 저 동무 떨궜다가는 큰 **상가를 치르겠습니다.**
> 양실: 동문 무슨 상관이야? 음. 민하게두 논다야 호박같은거.
> 호명: 호박? 좋지.

'상가를 치르다'는 곧 상을 치른다는 것이다. 둘 다 큰일이 나겠다는 관용적 표현이라는 데서는 같지만 표현 형식에서는 조금 차이가 생긴 것이다. 그런데 김 선생은 북한에서도 '상을 치르다'라고 하지 '상가를 치르다'는 모르는 말이라고 한다. 그런데 북한 사전은 상가를 상갓집 외에 '죽은 사람의 장례를 치르는 일'로도 풀이한다.[8] 위 영화 대사는 이 사전적 용법에 부합하는 표현이다. 그런데 다시 김 선생은 "그 집에 상치기 났어"처럼 '상치기'가 흔히 쓰는 말이라고도 한다. 어느 정도 쓰이는지 정확한 실체를 알기는 어렵지만 어쨌든 이는 북한어 내에서 단어의 뜻이 바뀌면서 덩달아 관용 표현도 달라져 가는 한 모습이라고 할 수 있다.

　물론 상을 치르다, 상가를 치르다, 상치기를 하다 등 무엇이라고 하든 한 가지 표현이다. 남북한 관용 표현의 차이란 것은 대부분 이와 같다. 그래서 기본적으로 한국어라는 한 언어문화권 안에서 충분히 공감할 수 있는 것들이다. 관용 표현 자체가 그 무엇보다도 대표적인 언어 유전자이기도 한 것이다. 위 영화 대사에서 자기를 놀리는 친구를 민하다고(미련하다고) 호박에 빗대어 핀잔하는 데서도 우리는 그 공통성을 느낄 수 있다.

9.2.1. 관용어

　이른바 관용어에 속하는 북한어 특유의 표현을 보자. 기본적으로 남북한은 많은 관용어를 공유하고 '나래를 펼치다'처럼 모두 즐겨 쓰는 말도 많다. 그러면서도 한편으로 비슷하면서도 조금씩 다른 표현도 적지 않다. 우리가 "내로라 하고" 나선다면 북한어에서는 "제노라 하고" 나서며, 물샐틈 없이 단속하는 것도 "물샐 구멍 하나 놓치지 않고" 단속한다고 한다.

　미운 사람을 '눈에 가시'로 여기기도 하지만 '눈에 든 가시'처럼 여기기도 하며, '눈코뜰 새 없이' 바쁘기도 하지만 '눈을 붙일 사이 없이' 바쁘다고도 한다. 남북한 모두 '큰코 다친다'라고 하면서도 북한어는 따로 '큰코 상한다'라고도 한다.

　　　그 나쁜 버릇때문에 **큰코 상할** 수 있네. (새치기군)

　간섭하는 것도 "…문제에도 코를 들이밀고"(로동 19. 9. 9.)처럼 '코

360

를 들이밀다'라고 한다. 처음 듣는 말이어도 금세 짐작이 되는 말이기
도 하다. 그만큼 관용어는 우리말의 보편적인 언어문화를 잘 보여준다.
    아래는 북한어에서 흔히 볼 수 있는 예들이다.

> 대담하고 **통이 큰** 조치로 원료자재를 완전히 풀어주신분도…
> 외세에 **등을 대고**…
> 종자론의 요구를 구현할데 대한 문제를 **첫자리에 놓고** 진행했다.
> 체육을 대중화하기 위한 **된바람을 일으킬**데 대하여 말씀하시면서…

    대체로 이 표현들은 처음 본다고 해도 이해하는 데 전혀 어렵지 않
다. 우선 '통이 크다'는 남한어에서도 잘 쓰이는 표현이다. 다만 북한
어에서 최고 지도자의 통치 행위를 찬양하는 의미로서 자주 쓰이는
특징이 있다. '언제나 목표를 높이 세우고 대담하게 작전하며 기어이
끝장을 보고야 마는 강한 주견과 실천력이 있는 태도'를 뜻하는 말로
그 어감도 남한어와 다른 점이 있다.
    외세에 '등을 대다'는 외세를 등에 업는다는 뜻이다. 어떤 힘에 기
댄다는 의미에서 크게 다를 바 없고 이해하기도 어렵지 않다. 북한어
에서 '등' 자체가 뒤를 밀어주는 힘이라는 뜻으로 우리의 '빽'과 같은
말이기도 하다. "아버지의 등을 믿고…"라고 하면 아버지의 위세에
기대어 어떤 행동을 한다는 뜻이 되는 것이다.
    '첫자리에 놓다'도 쉽게 이해된다. 가장 중요한 것은 첫자리를 차지
하고 그래서 어떤 문제를 "첫자리에 놓고" 다룬다면 가장 우선적 과
제라는 뜻일 수밖에 없다.

> 평화와 안정을 수호하는것을 **첫자리에 놓고**…

'된바람을 일으키다'도 일단 짐작은 간다. '된바람'은 매섭게 부는 바람이니까 바람을 일으켜도 제대로 한번 일으키는 거라고 할 수 있다. 이 된바람은 강한 사회적 선풍이라는 비유적 의미를 지녀 "된바람이 일어났으며, 된바람을 드세차게 벌리였다" 등 다양한 표현으로 쓰인다.

▌모를 박다

중요한 일에 특별히 힘을 쏟는다는 뜻으로 '모를 박다'도 북한어에서 즐겨 쓰이는 표현이다. 한 의사가 치료를 하면서 환자의 마비를 줄이는 데 "모를 박았다"고 하면 그것을 가장 중요한 과제로

[북한의 운동신발 생산 공장 모습. 금수 18. 1.]

삼았다는 뜻이다. 운동신발(운동화) 생산 공장에서 품질을 최우선시한다면 "품질의 최량화에 모를 박고" 있다고 한다. 이는 북한어에서 즐겨 쓰이는 표현이다.

명약개발에 **모를 박고**…

농촌들에서 로력조직사업을 잘 하는데 **모를 박고** 있다.

▌눈굽을 적시고

눈물이 나면 남북한 모두 눈시울을 적신다고 한다. 그런데 북한어에서 즐겨 쓰는 또 다른 표현은 '눈굽을 적시다'이다.

그가 …를 감동깊이 불렀을때 관람자들은 **눈굽을 적시였다.**

'눈시울'이 젖느냐, '눈굽'이 젖느냐 하는 차이다. 눈시울은 눈의 아래위 휘어진 부분, 그러니까 속눈썹이 난 부분이고[9] 눈굽은 눈의 안쪽 구석이나 가장자리이다. 눈가가 젖는다는 것과 비슷한데 이 눈굽은 북한어 특유의 말이다. 눈물이 나면 눈시울이든 눈굽이든 모두 젖게 되고, 이 선택에서 북한어에서는 눈굽을 더 선호하는 것이다. 눈시울이 뜨거워진다는 것도 당연히 '눈굽'이 뜨거워진다고 말한다.

다른 사람들의 '눈'을 신경 쓰며 살아가는 속성은 남이나 북이나 다를 바 없는 듯하다.

사람들의 **눈도마에 올라**있자니… (벗)

'눈도마에 오르다'는 무언가로 남의 논란거리가 되는 것을 가리킨다. 즉 입방아에 오르내리는 것이다. 잘 쓰지는 않지만 남한어에서 '입도마에 오르다'라고도 하는데, 굳이 차이를 찾자면 눈도마에 오르는 것은 흘깃흘깃 쳐다보는 모습, 입도마에 오르는 것은 쑤군쑤군 속삭이는 모습일지 모르겠다. 이 '눈도마'는 북한 사전에도 올라 있지 않는 말이고 오히려 북한어로 유명한 말은 '말밥'이다. '말밥에 오르다'라고 하면 가십 대상이 되었다는 것이다. 사실 남한 사전에도 있는 말이지만 주로 북한어에서 즐겨 써서 특유의 말로 소개되고는 한다.

이렇게 관용어는 선호도에서 남북이 갈릴 때가 많다. 누군가를 간절히 기다리는 마음을 남한어에서는 주로 '눈이 빠지게'나 '목이 빠지게' 기다린다고 하고 북한어에서는 '눈이 까맣게' 기다린다고 한다. 남북한어에 모두 있는 말이지만[10] 서로 즐겨 쓰는 표현이 다른 것이

다. 무언가를 '눈동자와 같이' 아끼고 사랑한다는 것도 북한어 특유의
표현으로 생각하기 쉽지만 이 역시 남한 사전에도 올라 있는 말이다.
다만 '제 몸 같이' 아낀다는 표현에 밀려서인지 오늘날 선택받지 못하
고 잊혀 버린 관용어가 되고 만 것이다.

'눈뿌리가 아득하다'는 무슨 뜻일까. 다음 '철령 아래 사과바다'라
는 노래 가사를 보면 금방 짐작될 것이다.

> 고산이라 철령아래 출렁이는 과수바-다
> 아름다운 백리과원 **눈뿌리도 아득해-라**

'눈뿌리'는 '눈'을 강조한 말이고 눈이 아득하다는 것은 곧 넓은 들
처럼 바라보는 것이 멀리 아득히 펼쳐져 있다는 것이다. 또 다른 노
래에서도 "곧추 뻗은 고속도로 눈뿌리 아득해라"라고 하듯이 '눈뿌
리 아득하다'는 북한어에서 꽤 즐겨 쓰이는 표현이다. '눈뿌리가 모
자라다'라고도 하여 넓은 과수밭의 줄지은 사과나무들이 "눈뿌리가
모자라게" 뻗어 있다고 표현하기도 한다. 이것들이 수평적이라면 높
은 빌딩을 쳐다보듯이 수직적인 경우에는 '눈뿌리가 아찔하다'라고
한다.

'코'가 들어간 관용어도 남북한이 크게 다르지 않지만 북한어 특유
의 말도 있다. 북한어에서 '코를 세우다'라고 하면 제주장을 내세우는
걸 뜻한다. 턱을 쳐드는 것과 같은 모습이라고 하겠다. 한 예를 더 보
탠다면 이마를 맞대고도 하지만 '코를 맞대고' 의논한다고도 한다.

남북한어 공통으로 '턱을 대다'는 남에게 의지하는 것이다. 일도 안
하고 집에서 빈둥거리는 자식은 부모에게 '턱을 대고' 사는 것이다.
그런데 북한어에서는 '턱을 걸다'라고도 한다. 『조선말대사전』의 인

용례를 보자.

아바이가 직장장이고 뭐고 가리지 않고 년장자라는데 **턱을 걸고** 험한 소리 줴박는통에 그 괄괄하던 곽창익도 기가 꺾이고말았다.

나이가 더 많다는 사실에 '기대어' 험한 소리를 쏟아낸다는 뜻이다. 이런 예를 통하여 그 의미가 좀 더 뚜렷이 이해되는 느낌이다.

먹고 살 방도가 없어지면 남북한 모두 '밥줄'이 끊어졌다고 한다. 그런데 북한어에서는 '밥탁이 떨어지다'라고도 한다.

래일부터 당장 **밥탁이 떨어질** 판이니… (그들의 운명)

밥줄이나 밥탁이나 '먹고 살아갈 길이나 방도'로서 그 뜻은 같은데, 생소해 보이는 단어를 통해 특유의 관용어가 더해지고 있는 것이다.[11] 그런데 현재 『표준국어대사전』에 없는 이 말도 60년대까지만 해도 '밥탁을 대다'나 '밥탁이 아깝다'처럼 남한어에서도 쓰이던 것인데 오늘날에는 잊힌 말이 되고 말았다.

사실 북한어도 비슷하다. 김 선생은 '턱을 걸다'는 흔히 쓰는 말이지만 '밥탁이 떨어지다'는 모른다고 한다. '밥줄이 떨어지다'가 흔히 쓰는 말이라고 한다. 그렇듯이 '밥탁이 떨어지다'는 남북 모두에 걸쳐 희미해져 가는 관용어가 되고 만 것이다.

▌네가 속을 눌러

'속'은 어떨까. '속이 좁다, 속을 태우다' 등 남북이 같은 말이 대부분이지만 가끔 북한어 특유의 표현들도 있다.

365

무언가 조마조마하여 간이 콩알만 해진다면? 북한어에서도 '콩알'만 해진다고 하고 또 '록두알'만 해졌다라고도 하지만 '속이 한줌만 해지다'라고도 한다. "자기를 돌려보낼가봐 속이 한줌만 해졌다"에서 조마조마한 마음에 걱정하는 뜻이 잘 나타난다. 김 선생에 따르면 북한에서는 보통 한줌만 해진다고 하고, 다음으로 콩알만 해진다고 말한다고 한다. 록두알만 해진다는 잘 안 쓰는 표현이라고 하니 이 '속'과 어울리는 말에도 등급이 있는 셈이다.

북한의 토막극 <내 어머니 내 딸>의 한 장면이다. 아내가 어머니한테 잘 대해 드리지 못한다고 생각한 남편은 무척 서운해한다. 그러자 여동생이 너무 마음 쓰지 말라고 오빠를 위로한다.

오빠, 너무 **속 쓰지** 마세요.

'속'은 곧 마음이니 이 말은 '마음 쓰지 마세요'에 딱 들어맞는 말이다. '속을 쓰다'는 남한 사전에도 있는 말이지만 북한어에서 즐겨 쓰는 표현이라고 할 만하다.

또 자주 쓰이는 말로 '태를 묻다'가 있다. 태어나면서부터 살아온 곳이라는 뜻으로 거의 관용적으로 쓰이는 표현이다.

조상대대로 **태를 묻으며** 살아온 땅이여서…

이 표현은 "이 땅에 태를 묻은 조국인민들", "대대로 덕천에 태를 묻고 살아오는 로동자집안" 등 애국심, 애향심 등을 나타낼 때 거의 상투적으로 쓰인다. 생사가 다른 표현이지만 흔히 죽을 자리를 뜻하여 '뼈를 묻다'라고 하는 것과 비유 방식에서는 비슷하다.

366

▌손탁이 쎈 일군

한 직장에 새로 경영위원장이 부임한다. 엘리트에다가 깐깐하기로 소문이 돌아 모두 내심 걱정을 한다. 드라마 <자기를 바치라>의 한 예이다.

경영위원장 동지가 **손탁이 쎈** 일군이라더니 정말 헛소문이 아니었구만.

'손탁'은 손아귀의 힘이다. 그러니 '손탁이 세다'라고 하면 사람들을 휘어잡는 능력이 있다는 뜻이다. 이런 경영위원장을 새로 맞이한 '일군'들로서는 삼삼오오 모여 "앞으로 헐치 않겠어"라고 걱정할 수밖에 없는 것이다. 남한어에 없는 북한어 특유의 표현이자 흔히 쓰는 표현이다.

▌앞채를 메고

한 의사가 늘 솔선수범하는 태도로 병원 사람들로부터 존경받는다. 이렇게 솔선수범하는 태도를 북한어에서 '앞채를 메다'라고 한다.

그가 집단의 사랑을 받는것도 … 스스로가 **앞채를 메고** 대중의 모범이 되였기때문이다.

가마를 멜 수 있도록 양옆에 대는 긴 막대를 '채'라고 하는데 앞에서 메는 채가 '앞채'이다. '채를 잡다'라고 하면 주도적인 역할을 한다는 뜻인데 북한어에서는 특히 '앞채를 메다'라고 하여 자주 사용한다. 경제 발전을 위하여 공장의 일군들은 "앞채를 메고" 달려야 한다고

367

강조하는 것도 그 한 예이다. 저자가 보기에도 북한어 자료에서 자주 쓰이는 표현인데 역시 김 선생은 이 말을 콕집어 '매우 많이' 쓰는 표현이라고 한다.

이러한 관용어 외에도 거의 '관용적으로' 쓰이는 특유의 비유적 표현들도 있다.[12]

> 모든 걸 **물감장사처럼** 한 그람, 두 그람 아끼며 쓸 땝니다.
> 저런 녀자들은 **버릇을 단단히 떼줘야** 해요.
> 아니, 실농군에 농군 아주머니가 **잉크가 좀 모자라누만.**
> 괜히 **물 덤벙 술 덤벙하지** 말고 어서 가오.

지극히 일부 예이지만 북한어 표현의 한 일면을 엿볼 수는 있다. 물감장사는 적은 양의 물감을 나누어 싸서 판다. 그래서 살림을 아끼고 알뜰하게 하는 모양을 일러 북한 속담으로 '물감장사하듯'이라고 한다. 위의 '물감장사처럼'은 그에서 나온 비유적 표현인 것이다.

흔히 "버릇을 고쳐 놔야 해"라고 말하듯이 우리는 '버릇을 고치다'라는 표현을 주로 쓴다. 그런데 북한어는 '버릇을 떼놓다'라고 한다. 위 예의 "버릇을 단단히 떼줘야 해요"는 그 구체적인 사용례라고 할 수 있다.

위 세 번째 예는 '실농군' 즉 뛰어난 농사꾼이지만 과학 농법을 어려워하는 농장원을 놀리는 장면이다. '잉크가 모자란다'고 하면 금방 짐작되는데 우리 식으로 말하면 '가방끈이 짧다'는 것이다. 즉 '먹물'에 해당하는 말이 '잉크'인 셈인데, 그래서 "머리에 잉크가 없으니까…"처럼 말하기도 한다.

한 농장 일꾼이 경영위원장을 만나려고 하자 동무를 만나 주기나

할 것 같으냐면서 괜히 경솔하게 굴지 말라고 조언한다. '덤벙'은 서두르며 덤비는 모양을 나타내는 말인데 흔히 '물 덤벙 술 덤벙'이라고 표현하는 것이다.

　이러한 관용적 표현들은 북한어에서 자주 만날 수 있다. 예를 들어 떡두꺼비 같은 손자는 '떡돌' 같은 손자라고 하고, 어려운 과제를 '뼈 심들여' 연구하고, 어떤 물건이 '단꿀같이' 즉 요긴하게 쓰인다거나, 다른 생각은 '꼬물만큼도' 하지 않는다고 한다. 이 '꼬물'은 남한어에도 있는 말이지만 '눈곱'만큼도 하지 않는다는 표현에 밀려 거의 쓰이지 않아 지금은 북한어 특유의 표현이 되었다.
　물론 이런 '다름'의 이면에는 늘 '같음'이 존재한다. 한 소설에서 동생이 누나 방을 어지른다고 하여 "벌둥지처럼 만들어" 놓는다고 하는데 '벌둥지'[13] 자체가 남한어에 없는 말이라는 점에서 북한어 특유의 표현이다. 그러면서도 김 선생은 많이 쓰는 표현은 아니라면서 벌둥지보다는 역시 '돼지우리'로 비유해 말한다고 한다. 관용이라는 게 남북에 따라 다를 수 없다는 생각을 다시금 하게 된다.

9.2.2. 속담

한 장편소설의 처녀, 총각의 대화이다.[14]

《길석동무… 이제 대학을 졸업하문… 우리 농장에 오지요?》
《그야 오지 않구… 와야지…》
《정말이예요…?》
《온다는데…》

《말룬 안 돼. 살구나무집 할아버지는 말은 바람처럼 사라지고 붓은 자욱을 남긴다고 했어.》

처녀가 총각에게 꼭 돌아오겠다는 분명한 징표를 남기라고 한다. '말은 바람처럼 사라지고 붓은 자욱을 남긴다'는 북한어에서 쓰이는 속담인데, 말로만 하는 약속은 못 믿겠다면서 이 처녀는 속담을 매우 요긴하게 사용하고 있는 것이다.

『우리말샘』을 보면 속담이 10,761개 올라 있는데 그중 북한어에서만 쓰는 속담이 2,336개나 된다. 물론 그 가운데는 단순한 맞춤법 차이, 사소한 표현 차이도 꽤 있지만 그만큼 북한어에만 있는 속담이 적지 않다고 할 수 있다. 이 경우 북한어 특유의 단어에 기인하는 경우도 있다. 예를 들어 '두벌자식이 더 곱다'는 손자가 더 귀엽다는 것인데 '두벌자식'은 손자의 북한어이다.

또 '떼논 당상'보다는 일상적으로 쓰는 것은 '먹어놓은 떡'이다. 이상하게도 조선말대사전에는 올라 있지 않은데 이게 흔히 쓰는 속담이라고 한다. 앞에서도 보았던 <흥취끝에>라는 토막극에서 장기를 잘 두는 주인공 청년은 사귀는 처녀의 큰아버지와의 만남을 앞두고 있다. 그러면서 애인으로부터 큰아버지가 장기를 좋아한다는 말을 듣고는 "큰아버지와의 상봉은 먹어놓은 떡이야"라고 신이 나서 말하는데 이 장면처럼 실생활에서 흔히 쓰이는 속담이다.

당연히 남북 모두 있는 속담이지만 북한에서 더 즐겨 쓰기도 한다. 우렁이 농법을 하면 김매기도 수월코 생산량도 는다는 말에 농장원 아주머니는 신명이 나서 말한다.

그러니까 **꿩먹고 알먹고 둥지 털어 불 때는 격**이지요. (우렁이 소동)

우리는 '꿩 먹고 알 먹고'에서 그치지만 북한어는 '둥지 털어 불 때는 격'까지 붙이는 것이다. 물론 우리 국어사전에도 있는 속담이다.

북한 사람들도 속담을 즐겨 사용한다. 이 책에서 자주 인용하는 잡지 『금수강산』은 매호마다 속담을 몇 개씩 소개할 만큼 속담이 언어 문화로서 중시되는 것은 남북한이 다를 바 없다. 북한 드라마나 영화에서도 등장인물의 대사에 속담이 감초처럼 등장하고는 한다. 여기에서는 북한어 특유의 일부 속담을 소개하고자 한다.

▌손바닥에 장을 지진다고?

북한어에서는 장담할 때 손가락이 아니라 '손바닥에 장을 지지겠다'고 한다. 남한의 사전에도 손가락 대신 손바닥, 손톱이라고 하는 속담도 올라 있지만 실제로 들어보기는 어렵다. 그런데 북한어는 오히려 '손바닥'에 장을 지지겠다고 하는 게 일반적이다.

이렇게 단어 하나로 차이 나는 속담들이 적잖이 있다. '천 리 길도 한 걸음부터'는 흔히 '천리길도 한걸음으로 시작된다' 또는 '만리길도 한걸음으로 시작된다'라고 한다. '집에서 새는 바가지 들에 나가서도 샌다'는 북한어에서 '부엌에서 새는 바가지 들에 나가서도 샌다'라고 한다.

물론 '집에서 새는…'이라고도 하는데 이렇게 서로 공유하면서도 즐겨 쓰는 속담이 다른 경우가 흔하다. 예를 들어 북한어는 '젊어서 고생은 돈 주고도 못 산다'라고 하면서도 '젊어서 고생은 금 주고도 못 산다'라고도 하는데 남한어에서는 거의 안 쓰는 속담이 되었다.

'간에 붙었다 쓸개에 붙었다 한다'처럼 남한어는 보통 쓸개라고 하지만 북한어는 '간에 가 붙고 염통에 가 붙다'처럼 염통을 더 일반적으로 쓴다. 김 선생은 '간에 붙었다 염통에 붙었다'가 흔히 쓰는 말이

었다고 한다. 딱 우리가 쓰는 것과 같으면서 쓸개, 염통에서만 선호도
가 갈린 것이다.

▌ 가는 날이 장날

어떤 일을 하려고 하는데 뜻하지 않은 일을 공교롭게 당할 수 있다.
이럴 때 흔히 '가는 날이 장날'이라고 한다. 아마 장이 서서 일이 복잡
하고 번거롭게 되었다는 뜻에서일 것이다.

그런데 장이 서는 것이 신나고 좋은 일이라고 한다면 뭔가 잘 어울
리지 않는 느낌이 들기도 한다. 그래서 이 장날은 장삿날이라는 의견
도 있지만 같은 뜻으로 '가는 날이 생일'이라는 속담도 있는 것으로
보아 역시 이 장날은 장이 서는 날일 것이다.

그래서인지 북한어에서 이 속담은 일이 잘 풀린다는 의미로 쓰인
다. 즉 예견치 못한 좋은 일을 만났을 때 '가는 날이 장날'이라고 한다.
장이 서는 줄도 모르고 갔다가 물건도 사고, 뜻밖에 반가운 사람을 만
나거나, 재밌는 구경도 하게 되니 좋은 일이라는 것이다. 다만 우리처
럼 부정적인 의미로 쓰이기도 하여 북한 사람들 역시 무엇이 맞는지
몰라 혼란스러워하기도 한다. 그 정확한 뜻을 묻는 한 독자의 질문에
『문화어학습』 편집자는 아래와 같이 답한다.

《김동무를 만나러 그의 집에 들렸더니 가는 날이 장날이라고 그는
출장을 가고 집에 없었다.》라고 한다면 잘못된 표현입니다. (『문화어
학습』 1995년 제1호 '무엇이든지 물어보십시오')

우리와 정반대로 좋은 일을 만난 경우에만 써야 한다는 것이다. 이
렇게 편집자가 단호히 판정하듯이 『조선말대사전』도 딱 이 뜻으로만

풀이한다. 출발점이 하나였을 '가는 날이 장날'은 이렇게 우여곡절 끝에 서로 반대의 길을 가게 되었다.

▌개가 짖어도 행렬은 간다

과거 한 대통령은 재야 인사 시절 '닭모가지를 비틀어도 새벽은 온다'라고 하여 널리 회자되기도 하였다. 또 비슷한 의미로 '개가 짖어도 기차는 간다'라고 하였고 근래에도 이 말을 인용한 정치인도 있었다. 북한은 '개가 짖어도 행렬은 간다'라는 속담을 자주 사용한다.

속담이라고 해야 할지, 그에 가까운 관용적 표현들도 있다. 아래는 북한에서 투쟁적인 정신을 강조할 때 마치 선전 구호처럼 상투적으로 쓰는 표현들이다.

> **무엇이 불가능하다면 그것은 조선말이 아니다**라는 사상적각오를 안고…
> **인민이 바란다면 돌우에도 꽃을 피워야 한다**는 것이 조선로동당의 정치
> 이다.

이는 북한 사람이라면 누구나 아는 말로서 이른바 김일성의 '명언'이라고 하는 것이다. 그래서 북한의 관용 표현이 되어 가는 과정을 상상하기는 어렵지 않다. 어쨌든 이는 북한 관용 표현의 일면을 보여 준다.

수많은 북한어 속담을 일일이 그것을 소개하는 건 어렵다. 저자도 잘 모르는 게 대부분이다. 그래서 겨우 열 손가락으로 헤아릴 정도만 보였는데 사실 이런 예를 통하여 지나치게 차이를 떠올릴 필요는 없다. 대부분은 남북이 함께 알고 향유하는 속담이다.

인터넷에서 한 재밌는 자료를 보았다. 초등학교 학습 자료로서 남한 속담과 북한 속담을 짝지어 보라는 활동이었다.

북한 속담	남한 속담
모기다리에서 피 빼 먹겠다. 구운 게도 다리를 떼고 먹어라. 범 보고 애 보라기. 참깨가 짧으냐 기냐 한다.	도토리 키 재기. 고양이에게 생선 맡기기. 돌다리도 두드려 보고 건너라. 벼룩의 간을 내 먹는다.

답은 굳이 제시하지 않겠다. 다만 이는 좀 잘못된 문제이다. 북한 속담이라는 예들은 모두 남한어에도 있는 속담이고, 남한 속담이라는 예들도 모두 북한어에 있는 것들이다.[15] 결국 이 전부 남북 공통의 속담인 것이다.

물론 즐겨 쓰는 차이는 있다. 김 선생도 '모기다리에서 피 빼 먹겠다'나 '구운 게도 다리를 떼고 먹어라'는 북한에서 즐겨 쓰던 속담이라고 한다. 그러나 '범 보고 애 보라기'나 '참깨가 짧으냐 기냐 한다'는 자신도 모르는 속담이며, 나아가 '벼룩의 간을 내 먹는다'를 제외하고는 남한 속담이라는 것들도 익히 알던 것이라고 한다. 다시 말해 이 속담은 북한 속담, 남한 속담으로 나눌 수 있는 게 아니다.

그런데 왜 이런 문제를 냈을까. 이분법적 사고 때문이다. 우리가 잘 모르는 것이면 북한만의 속담이라고 단정하고, 또 우리가 잘 아는 그 짝은 우리만의 속담이라고 생각하는 것이다. 여기에는 북한어는 무언가 저 건너의 모를 말이라는 막연한 선입견이 자리하고 있다. 한번쯤 돌아볼 일이다.

관용 표현은 우리말에서 오래전부터 써 오던 것이 대부분이다. 그래서 분단과 상관없이 대부분 관용 표현은 공통성을 지니고 있다. 다만 관용 표현은 '개 발에 편자, 개 귀에 방울, 개 목에 방울, 개 발에 버선, 개 발에 토시짝' 등등, 많은 경우 파생을 거듭하다 보니 남북이 쓰는 말이 달라지기도 하고, 그래서 한쪽에서는 잊힌 말이 되기도 한다.

'겉볼안'도 그 하나이다. 겉을 보면 속은 안 보아도 알 수 있다는 뜻으로 "겉볼안이라고 내외부가 얼마나 잘 꾸려졌는지…"처럼 북한어에서 흔히 쓰이는 말이다. 단어지만 "겉볼안이라고…"처럼 쓰이는 방식이 속담과 같아서 관용 표현이라고 할 만한데 한편으로는 "겉을 보면 속을 알지"처럼 문장형으로 쓰이기도 한다. 어떤 것이든 남한에서는 사전에만 등재되어 있을 뿐 대중은 잘 모르는 말이다. "하나를 보면 열을 안다고…" 정도로 표현하는 게 보통인데 그래서 남한의 경우 '겉볼안'은 사전에만 있는 말이 되었다.[16]

'고패(를) 치다'도 남한어에서는 거의 쓰이지 않는 표현이다. 고패는 국기 게양대 등에서 깃발 따위를 올리고 내리는 줄을 걸치기 위해 깃대 끝에 설치한 바퀴나 고리이다. 그래서 어떤 물건이 세차게 오르내리는 것을 비유적으로 '고패를 치다'라고 하는데 북한어에서는 "가슴속에서 고패친것은…"처럼 격한 감정으로 마음이 요동친다는 의미로 자주 쓰인다.[17] 이처럼 북한어에서 은유적인 의미로 한번 더 확장되기도 하였지만 남한어는 이 관용어 자체를 잊고 있다는 점에서 북한어 특유의 표현이 되었다.

글 하나 쓰려면 아이디어는 떠오르지 않고 공연히 자판만 만지작거리게 된다. 사전에 올라 있기를 이를 '붓방아'라고 한다. 이 말도 "순식간에 문맹자가 된듯이 붓방아만 찧었다"(금수 19. 9.)처럼 북한어에 살아 있는 표현인데 역시 우리는 잊은 말이 되었다.

이 '잊힌' 말들은 달리 말하면 '모르는' 말들이다. 그럼에도 한번 들으면 대략 뜻이 짐작되고 무언가 특별한 친근감마저 느껴진다. '붓방아'만 해도 금방 착 다가온다. 끄덕끄덕 졸면 방아를 찧는다고 하고, 앞으로 넘어지면 무릎방아, 뒤로 넘어지면 엉덩방아, 이러쿵저러쿵 입을 놀리면 입방아라고 하듯이 '붓방아를 찧는다'는 것은 우리의 언어와 생활 문화에서 곧바로 이해되는 표현이다. 북한어 특유의 '연필방아'도 그래서 낯설지만은 않다.

이렇듯 북한어의 많은 관용 표현들이 이질감에 앞서 쉽게 이해되고 친근감까지 느껴지는 것은 역시 우리말이기 때문이요, 한 민족으로서 비슷한 생활 문화, 관습, 사고 방식 등을 공유하기 때문일 것이다.

1 기본적으로 이 '두다'는 '넣다'와 잘 통한다. 그래서 솜옷을 짓는 경우 "솜을 두어 지었다"와 같이 표현하기도 한다.

2 흔히 '진땀을 **빼다**'라고도 한다. 김경희 선생의 감각으로는 '진땀을 뽑다'에 비하여 '진땀을 **빼다**'가 더 긴장한 느낌이라고 한다.

3 남한어에서 '성수'는 '신명'의 비표준어로 처리되고 '성수가 나다'라는 표현도 드물게 쓰이는 정도가 되었다.

4 각각의 예 출전은 금수 16. 7., 금수 16. 12., 금수 19. 9., <나의 교단>, 금수 20. 3.이다.

5 "엄지손가락을 내흔들군 하였다"처럼 '내흔들다'라고도 한다.

6 『문화어학습』 1997년 제3호.

7 전수태(2001ㄱ:301) 재인용.

8 한자어에 대한 인식이 약해지면서 뜻이 변질된 것을 『조선말대사전』에서 받아들인 결과일 것이다. 의아하게도 '상'은 아예 사전에 올라 있지 않다.

9 입술이 '입시울'에서 온 말이라는 것을 생각하면 쉽게 짐작되는 말이다.

10 『표준국어대사전』에 오른 표현은 '눈이 가매지도록'인데 거의 같은 말이라고 할 수 있다.

11 '밥탁'은 『조선말대사전』(2017) 및 『우리말샘』에 '밥託'으로 올라 있다. 밥을 의탁한다는 의미에서일 것이다.

12 각 예의 출전은 각각 영상물 <선 보는 날>, <풍경>, <우렁이 소동>, <자기를 바치라>이다.

13 '벌집'의 동의어이다.

14 <동해천리>, 『문화어학습』 1996년 제3호 인용 참조.

15 '도토리 키 재기'와 '고양이에게 생선 맡기기'는 『조선말대사전』에 없다. 그러나 이는 분단 전부터 쓰던 속담이고 김경희 선생 역시 잘 알고 있었다고 하듯이 북한에서도 보편적인 속담이다.

16 '겉 보기가 속 보기'라는 속담도 그 점에서 다르지 않다.

17 김경희 선생은 들어본 적이 없다고 하는데 적어도 글 자료에서는 익히 보이는 표현이다. "그 나날 여러분의 가슴속에 고패친것은 온 민족이 힘을 합쳐 자주통일의 대통로를 열어나가자는 일념뿐이였습니다"(금수 16. 1.), "그때 그들의 마음속에서는 이런 생각이 고패쳤다고 한다"(금수 16. 7.) 등의 예를 볼 수 있다.

제10장

북한어 문장의 가로세로

10.1. 북한어 어미의 스펙트럼

10.1.1. 문장의 유형과 어미

어휘에 비하면 문장은 남북한어 간에 별 차이가 없다고 할 정도이다. 어휘는 하루가 다르게 새로 생기고, 사라지고, 바뀌지만 문장은 매우 느리게 변하기 때문이다. 문장에 쓰이는 어미만 해도 온라인에서 한때 유행한 '했어여'나 근래 '했어용' 정도 외에는 독자들이 말을 배운 이후로 새로 생긴 어미는 거의 없을 것이다.

우리는 문장을 통하여 무언가 진술하거나, 묻거나, 명령하거나, 권유하거나, 감탄의 감정을 나타낸다. 국어에서 이런 기능을 담당하는 것은 어미이다. 남북한어가 문장에서 별 차이가 없다면 일단 이 어미들에서 큰 차이가 없기 때문이다.

중고등학교 국어 시간에 공부한 대로 문장은 '평서문, 의문문, 명령문, 청유문, 감탄문' 등으로 나뉘는데 북한에서는 각각 '알림문, 물음문, 시킴문, 추김문, 느낌문'이라고 한다.[1] 비록 딱딱한 문법 공부 같지만 북한어에서 쓰이는 어미가 남한어와 별다를 게 없다는 것을 간단히 확인해 보자.

평서문(알림문)
우리는 2층에 있는 탁구장으로 향하였다.
넌 요즘 부쩍 더 그러는 것 같아.
참, 여보게, 우리 조카아이가 제대되여 왔네.
이 일은 경아만이 할 수 있소.
가수가 되고 싶어요.

오늘 평양의 제일 높은 기온은 29도로서 평년보다 1도 높았습니다.

의문문(물음문)

무슨 일이 있었니?

너 선물옷 보고 싶어 그러지?

색갈이 원래 붉었었는가?

정치지도원동무는 어떻게 지내오?

왜 여기 앉아계세요?

아주머닌 어떻게 했으면 좋겠습니까?

명령문(시킴문)

어서 이 만년필을 가져다 써보아라.

다 같이 내려오라.

어디 속시원히 말해봐.

담배나 한 대 주게.

좀 더 자세히 말해보시오.

어서 앉으세요.

언니도 강서약수로 이름난 우리 고장에 한번 꼭 오십시오.

청유문(추김문)

우리 다시 만나자, 응.

아버지, 빨리 달리자요.

어서 만나봅시다.

아바이, 음식이나 듭시다.

감탄문(느낌문)

정말 멋있구나!

아, 이거 판사동무가 아니시오?… 또 오셨구만.

마침 오셨군요.

아니, 실농군에 농군 아주머니가 잉크가 좀 모자라누만.

무사히 도착하셨다누만요.

이처럼 북한어의 문장은 대부분 남한어에서 익숙한 것이다. '-누만'처럼 일부 북한어 특유의 어미도 있고 억양에서도 각각의 색채를 띠기도 하지만 적어도 그 대부분 어미의 종류는 크게 다를 바 없다. 이외에 다음과 같은 다양한 어미들도 남한어와 다름없이 쓰인다. 같은 한국어니까 당연한 것이지만.

눈이 하얗게 쌓였답니다.

아빠트 3층이란다.

내 너를 잊지 않으마.

야, 굉장한걸.

조용히 해라, 형님 깨울라.

좀 먹으련?

이리 오려무나.

누가 그러던?

3등을 했다지?

그 동안 고생했겠구려.

판사동무, 제꺽 뽑아야 하우.

됐수다.

로친이 꾸려주데.

거의 대부분 남한어에서도 일상적인 어미들이다. 굳이 이렇게 확인할 것도 없이 요즘 티브이나 유튜브 등에서 흔히 접할 수 있는 북한어를 통해 익히 알고 있는 사실이다. 물론 평안도, 함경도 등 방언에서 쓰는 어미는 전혀 다르지만 적어도 표준어, 문화어라는 틀 내에서 볼 때 둘의 차이는 매우 적다.

다만 북한어 특유의 어미도 있다. 이를테면 '-더랬-', '-읍데' 등이 한 예이다.

성을 냈더랬습니다.
혼자 부리고 쌓고 나니 허리가 늘씬합데.

'합데'는 남한어라면 '하데'로 쓰는 것인데 북한어는 '하데, 합데'가 두루 쓰인다. 북한의 문법서[2]에 따르면 '합데'가 좀 더 존중하는 표현이라고 한다. 이 '합데', 또는 '먹습데'의 '-ㅂ데, -습데'는 동북, 서북 지역 방언의 특성이 반영된 것이다.[3]

당연히 그 반대 현상도 있어서 남한어에서 쓰이는 '그렇죠, 맞죠' 등의 '-죠'는 북한어에서는 찾아보기 어렵다. 이는 '-지요'의 준말인데 북한어에서는 이 본말에 따라 '그렇지요, 맞지요' 등으로 쓰이는 것이 보통이다.

이처럼 남북한어는 각각의 특성이 반영된 일부 어미들이 존재한다. 그 북한어 특유의 어미들에는 어떤 것이 있을까.

▍어디 좀 보자요

위의 대부분 어미는 남한어와 다를 바 없지만 "아버지, 빨리 달리자요"는 그렇지 않다. 남한어는 이 '-자요'를 쓰지 않는데 북한어는 널리 쓰는 것이다.

> 어서 상점에 **갔다오자요**.
>
> **그만하자요**. 난 인젠 당신과 더 못 하겠어요.
>
> 모두 그 이야기를 **들어보자요**.
>
> 오빠, 그렇게 **하자요**, 네?
>
> 아니 어디 좀 **보자요**.
>
> 아예 시방송으루 그저 냅다 불게 **하자요**.

저자가 다른 데서도 잠깐 언급했던 경험이지만 90년대 중반 방문한 중국의 한 조선족 소학교 복도에는 "뛰지 말자요"라고 써 있었다. 당시 저자가 재미있다는 투로 한 실언은 지금도 마음에 걸리는데 어쨌든 겨레말이라는 관점에서 보면 이는 그만큼 보편적인 표현이라고 할 수 있다. 물론 "어서 만나봅시다", "아바이, 음식이나 듭시다"처럼 '-읍시다'도 북한어에서 널리 쓰이는데 '-자요'보다 상대방을 좀 더 높여 말하는 표현이다.[4] 이밖에 '가세, 갑세, 가자꾸나' 등은 남한어와 다를 바 없다.

▌ 어서 가라요

북한어의 특징적인 표현 중 하나는 "내려오라"와 같은 명령형이 아닐까 싶다. 남한어라면 '내려와라' 정도일 텐데 북한어는 이른바 하라체의 명령형 '-으라'를 일상적으로 사용

[북한 교실의 '알아맞춰보자요' 게시판. 금수 18. 5.]

하는 것이다. 그리고 앞서 "가자요"와 마찬가지로 "가라요" 등 '요'
가 결합한 '-으라요'도 활발히 쓰인다.

> 탄알을 **아끼라**. 조준해서 **쏘라**. [아껴라] [쏴라]
> **그만두라!** 살자고 빌지 않는다. [그만둬라]
> 거 **보라**, 아버지 온다고 생각하문서… [봐라]
> **가라요**, 빵을 가지고. [가요]
> 공부 **잘하라요**, 알았어요? [잘해요]

　부부 싸움을 하면서 '그만두라'라고 하고, 어른이 아이에게 '거 보
라'라고 하고, 아이가 어른한테 '가라요'라고 하듯이 이 '-으라(요)'는
일상적으로 널리 쓰이는 말이다. 위는 글 자료지만 드라마에서도 아
파트의 엘리베이터 봉사원이 이웃들이 내릴 때 "잘 가라요"라고 인사
하고, 한 젊은이가 장기를 두면서 "장 받으라"라고 신이 나서 외치고는
한다. 그만큼 이 '-으라' 명령형은 일상적으로 쓰이는 말이다.

　북한 사전에 따르면 이는 문어체라고 한다. "이 만년필을 써보아
라"처럼 말하는 것은 구어체이고 "써보라"라고 말하는 것은 문어체
라는 것이다.[5] 그런데 이 '-으라'를 문어체라고 하기에는 좀 의문이
든다. 위 예처럼 일상의 대화에서 자주 쓰이기 때문이다. 남한어와 달
리 북한어에서 이렇게 일상화된 것은 이것이 평안도 방언에서 온 말
이기[6] 때문일 것이다.

　앞서 "가자요"나 이 "가라요"는 우리에게도 생소하지만 북한에서
도 고민이 있었던 것으로 보인다. 60년대 북한의 언어 예절서[7]만 해도
'-자요, -(으)라요'는 과도하게 '요'를 붙인 바람직하지 않은 말이라
했던 것이다. 그러나 말다듬기에서 방언을 적극적으로 문화어로 승격

386

하였던 흐름에서인지 근래의 예절서[8]에서는 이를 모두 수용하고 있다.

남한어에서 이 '-으라'는 제한적으로 사용된다. 즉 책이나 신문의 글쓰기처럼 불특정한 상대를 대상으로 쓰거나, 시위 구호의 "○○는 물러나라!"처럼 청자를 직접 대면하지 않는 상황에서 일종의 간접 명령으로 쓰이는 것이다.[9] 이와 달리 북한어는 직접 대면한 상황에서도 잘 쓰인다는 점에서 남한어와 특징적으로 갈린다.

▌거기 좀 앉소
하오체의 명령형으로 '-소'를 종종 쓴다.

> 어데 있단 말이요? 들어와서 **찾소**.
> 여보, 거기 좀 **앉소**.

남한어는 "가오, 앉으오"처럼 '-으오'만 쓰이는 데 반해 북한어는 "가오, 앉소"라고 한다. 즉 모음 뒤에서 '-으오', 자음 뒤에서 '-소'로 나누어 쓰는 것이다. 물론 남한도 일부 방언에서 명령의 '-소'가 쓰이기도 하지만 적어도 표준어에서는 '-소'는 "그렇소", "이게 맞소?" 등처럼 설명이나 의문을 나타낼 때만 쓰인다. 그래서 '찾소, 앉소' 등의 명령형은 북한어 특유의 용법으로 느껴진다.

▌누가 완?
"누가 왔느냐?"를 "누가 완?"으로, "가겠느냐?"는 "가겐?"으로 잘 쓰기도 한다.

누가 **완**? [왔느냐?]

그래두 안 **가겐**? [가겠느냐?]

어머니, 아버지 밥도 **핸**? [했어?]

아저씨네 엄만 **완**? [왔어?]

이 '-ㄴ'은 의문형 어미 '-느냐'의 준말이다. 즉 "그가 가느냐?"가 줄어든 말이 "그가 간?"이다. '-았/었-, -겠-' 뒤에서 '-느냐'가 줄어들면 위 예들처럼 '완(왔느냐), 가겐(가겠느냐), 핸(했느냐)'이 된다. 해라체의 '-느냐'가 준 말이지만 뒤의 두 예처럼 어린아이가 어머니, 아저씨 등 어른에게 쓰기도 한다. 이 경우는 '왔느냐'의 해라체보다는 '왔어' 정도의 해체에 해당한다고 할 수 있다.[10]

이는 본래 평안도 방언의 어미이다. 평안도 방언은 "먹간?"(먹겠느냐), "먹언?"(먹었느냐) 등처럼 '-갓-, -앗/엇-'(겠, 았/었)에 이 '-ㄴ'이 결합한 '-간, -언' 등의 특유의 어미가 있다. 위의 "완, 가겐, 핸" 등은 이 방언이 반영된 말이라고 할 수 있다.

▌같이 가기요

"같이 가자요"도 특징적이지만 이와 더불어 "같이 가기요"라고 하기도 한다. 이 청유의 표현으로서 '-기요'도 북한어의 특징적인 표현이라 할 만하다. 즉 경어법의 등급상 차이는 약간 있어도 "같이 갑시다", "같이 가자요", "같이 가기요" 등이 모두 쓰이는 것이다. 물론 가장 흔히 쓰는 표현은 '같이 갑시다'이다.

집에 가야 부인도 없어서 고적하겠는데 한 고뿌 **하기요**.

같이 **가기요**.

한 가지 **물어보기요!**

됐소, **타기요!**

남한어라면 '합시다, 갑시다, 물어봅시다, 타세요' 정도라고 할 수 있다. 『조선말대사전』에 따르면 이 '-기요'는 "승리하고 돌아오는 날 평양에서 만나기요"처럼 입말에서 무언가 정답게 약속할 때 쓰이는 표현이라고 한다. 그러나 위 예들처럼 많은 경우 약속보다는 청유의 뜻에 가깝게 쓰인다. 마지막 예 "됐소, 타기요!"는 자동차에 타라는 명령의 표현인데 차에 타기를 권한다는 청유의 형식을 빌린 명령이라고 할 수 있다. 마치 우리가 혼잡한 버스에서 내릴 때 "비킵시다"라고 말하는 것과 비슷하다고 하겠다.[11]

▌학교 가나?

저자가 20대에 막 접어들며 처음 서울살이를 할 때 서울말이 참 '낮 간지럽게' 느껴졌던 기억이 있다. "서울말은 끝을 올리면 되지~"라고 외치던 한 개그맨의 말처럼 그 억양도 낯설었지만 '그랬니, 저랬니' 하는 '-니'는 듣기에도 참 민망할 정도였다. 어릴 적부터 쓰던 익숙한 말은 '그랬나, 저랬나' 하는 '-나'였고 그래서 지금도 고향말과 서울말을 구별짓는 대표적 특징으로 여기고 있다.

표준어에서 '-나'는 "자네 언제 떠나나?"처럼 하오체이거나 "비가 오나?"처럼 혼잣말에 쓰이는 말이다. 그런데 저자의 고향말처럼 북한어도 해라체로서 상대방에게 직접 말하는 경우에 '-나'가 쓰이기도 한다. '-나요'는 그 높임말이다.

있던 것을 어떡하고 이런 것을 또 **만드나?**

애가 무슨 병으로 **입원했나?**

당신 **늦었나요?**

여보, 여기서 뭘 **하나요?**

아무렴 우리 **남편이겠나요?**

표준어라면 '만드니, 입원했니, 늦었어요, 해요, 남편이겠어요'라고
말하는 게 자연스럽다. 북한어도 마찬가지다. 다만 이렇게 '-나, -나
요'를 쓰기도 한다는 데서 차이가 있다. 어린 학생이 낯선 어른에게 말
할 때 "아저씨 아나요?"처럼 말하기도 하는 것이다.

그러나 북한어도 "학교 가나?"보다는 "학교 가니?"가 훨씬 더 일반
적이다. 김 선생도 '학교 가나'처럼 말하지는 않는다고 하고 사전도
마찬가지다. '-나', '-나요'는 올라 있지 않은 것이다.[12] 사전 편찬상
실수인지, 문화어가 아니어서인지 확실치 않지만 적어도 '-니'에 비
하여 변방의 위치에 있는 것은 분명하다. 결국 남북한 모두 '학교 가
니?', '어디 가(세)요?'가 가장 보편적인 표현인 셈이다.

▌ 나도 곧 자겠어요

졸리면 "잘게요"라고 말하는 것은 남북한 공통이다. 그런데 북한어
는 "자겠어요"라고 말하기도 한다. 즉 '-을래(요), -을게(요), -을 테
다' 등을 아래와 같이 흔히 '-겠-'을 이용하여 말한다.

어머니, 쉬세요. 나도 곧 **자겠어요.** [잘게요]

난 방안을 깨끗이 **거두겠어요.** [거둘게요]

동지, 제가 물을 **떠오겠어요.** [떠올게요]

순희동무, 이번 일요일은 어떻게 **보내겠소?** [보낼 거요?]

인사도 없이 **헤여지겠소**? [헤어질거요?]

(금년에는) 배추잎이 넓구 통이 **커져야겠는데**… [커져야할 텐데]

바쁘겠는데 또 찾아와서 안됐소. [바쁠 텐데]

먼길을 오느라 **피곤하겠는데** 먼저 자오. [피곤할 텐데]

시부모님들 모시느라 **힘들겠는데**… [힘들 텐데]

"나도 곧 자겠어요"와 같은 말은 원래 남한에서도 쓰이던 것인데 지금은 생소해지고 괄호 안의 "잘게요"처럼만 말하게 되었다. 이것이 북한어에서는 여전히 활발히 쓰이는 것이다.

물론 괄호 안의 말들도 북한어에서 잘 쓰인다. 즉 "나도 곧 자겠어요"라고도 하지만 "나도 곧 잘게요"처럼 '-을래(요), -을게(요), -을 테다' 등으로 표현하기도 하는 것이다. 남한어에 비해 옵션이 하나 더 있는 셈이다.

나두… 어머니하구… 누나와 떨어지지 **않을래**.

내 인츰 들어갔다 **나올게**.

할아버지, 전 꼭 할아버지가 바라시는 그런 큰사람이 **될테야요**.

물두 안줄테냐?

▌새잡으러 갔댔습니다

남한어에서 '-었었-'이나 '-었-'으로 표현할 자리에 북한어에서 '-었댔-'으로 쓰는 경우가 많다. 한 토막극에서 나이 많은 아래 직원이 말을 함부로 하는 과장에게 항의하는 장면을 보자.

과장동무, 보십시오. 쩍하면 부서사람들보고 아이들, 또 나보구는

《큰아이》하고 부르군 하니까 전에도 철진동무가 날 농촌동원 보내
라는 소리를 삼갈려서 나대신 우리 큰아들이 농촌동원현장에 달려나
가는 소동이 벌어지지 **않았댔습니까.** (과장이 된 후에)

아래 대화도 마찬가지다.

　　가: **전화했댔소?**
　　나: 어 **했댔소.** (우리 녀자 축구팀 1부)

충분히 짐작되겠지만 이 예들은 '않았습니까, 전화했었소'라고 말해
도 되는 자리이다. 물론 남한에서도 '-었댔-'을 전혀 안 쓰는 건 아니
며, 북한어도 일반적으로 "깊은 잠에 곯아떨어졌었다"처럼 '-었었-'
을 쓰고, 또 이 경우 '곯아떨어졌다'로 '-었-'만 써도 자연스럽다. 그
러면서도 북한어는 상대적으로 활발하게 '-었댔-'을 쓰기도 하는 것
이다.

　　딸가진 집에 몇번 선보러 **갔댔지만…**
　　총각들이 줄을 **섰댔어.**
　　날이 저무는데 어데들 **갔댔느냐?** … 새잡으러 **갔댔습니다.**
　　저 홍화숙이처럼 이삭의 알 수까지 세어가며 진심으로 돕지는 **못했**
댔다.

이는 '었더랬'이 줄어든 말이다. '-더-'가 들어 있는 만큼 화자의 직
접적인 경험을 나타낼 때만 쓸 것 같지만 꼭 그렇지는 않다. 그만큼
"선보러 갔었지만, 어데들 갔었느냐" 등처럼 '-었었-'으로 바꿔 쓸 만

392

한 표현이다. 남한어에서도 지역과 세대에 따라 쓰이기도 하지만 대체로 젊은층에서는 잘 모르는 표현이 되었을 만큼 북한어의 특징적인 어미라고 할 만하다. 북한어도 『조선말대사전』에는 올라 있지 않지만 위와 같이 소설 등의 글쓰기에서 흔히 나타나고는 한다. 아래와 같이 탈북민의 말에서도 잘 나타나는 표현이기도 하다.

> 채 구워지지도 않은걸로 초벌시장**하였댔어요.** (탈북 수기)
> 비사회주의 검열 같은 거는 대체로 그 1년에 한두 번씩 꼭꼭 했어요. 그 북한에 시장이 너무 활성화 될까봐 많이 그 **했댔어요.** (탈북인 발화)[13]

▌시험지야요

'이다, 아니다'의 활용형으로 '학생이에요, 저예요, 아니에요' 등은 그 맞춤법에서 많은 관심을 끈다. 그런데 수업 시간에 강의를 하면서 '학생이어요, 저여요'도 표준어라고 하면 놀라는 학생들이 많다. 잘 쓰지 않는 말이다 보니 생소한 것이다. 이 학생들이 북한어에는 '학생이야요, 저야요'까지 있다고 하면 어떤 반응을 보일까.

> **시험지야요.** 그럼?
> **선희야요.** 저 노래밖에 몰라요.
> **아니야요.** 제가 가겠어요.

이 '-야요'는 구어체의 어미이기는 하나 북한어에서도 상대적으로 많이 쓰이지는 않는다. 김 선생도 문화어로 인식하기보다는 '평양사투리'라고 딱 잘라 말한다. 일반적으로는 "무슨 부탁이예요?"처럼 '-(이)예요'가 쓰인다. 그래서 이 '-야요'는 더 북한어다운 느낌을 주

기도 한다. "난 서울사람이에요", "난 평양사람이야요" 하는 대화도
상상해 본다.

10.1.2. 문장을 확장하는 어미들

문장은 서로 연결되거나 내포되면서 확장된다. '산은 높고, 물은 깊
다'처럼 두 문장이 이어지기도 하고, '나는 봄이 오기를 기다린다'처
럼 한 문장이 다른 문장에 안기기도 한다. 이렇게 확장된 문장을 이어
진문장, 안은문장이라고 부른다.

문장이 접속과 내포를 통해 확장되는 것은 남북한어가 다를 리 없
다. 당연히 그 방식도 같고 사용하는 어미도 비슷하다. 그러나 역시 이
경우도 북한어는 특유의 표현 방식이 있다.

▌ 얼마나 좋겠는가 하는 생각에…

무언가 간절히 바라는 일이 이루어진다면 얼마나 '좋을까' 하고 상
상하게 된다. 그런데 다음 편지글을 보자.

> 그래 가족사진도 많이 찍었는데 아주 잘되였소. 하지만 이국에 있
> 는 동생들과 함께 찍었으면 얼마나 **좋겠는가** 하는 생각에 절로 눈굽이
> 젖어드는것을 어쩔수가 없었소.

대부분의 남한어 화자는 '좋을까', '좋겠나' 정도로 표현하지 않을
까 싶다. 물론 이렇게 '좋겠는가'라고 말하는 화자도 없지는 않겠지만
대부분 화자는 꽤 낯설게 느낄 것이다. 그래서 아무래도 북한어 특유
의 표현으로 느껴진다.

아래 예처럼 남한어에서 '주냐, 주느냐' 정도로 표현하는 경우에 '-는가'를 즐겨 쓰는 것도 북한어 특유의 표현 방식이다.

이 흙덩이들이 나르고 씻고 꽂는데 얼마나 큰 지장을 **주는가** 말이 예요.

이 '-는가'는 남한어에서 "갔는지 물었다, 누군지 몰랐다" 등 '-는지'로 표현되는 자리에도 잘 쓰인다. 이 경우 '-는가를, -는가에'처럼 조사가 잘 결합하기도 한다.

생활에서 불편한 점이 **없는가를** 구체적으로 알아보고…
그는 태일이가 별다른 기미가 **없던가를** 서둘러 물었다.
어머니의 마음이 얼마나 굳세고 **강한가를** 나는 미처 모르고 있었소.
학습은 어떻게 해야 **하는가에** 대하여…

▌ 건강하신가고 물었다

북한 문법서에서 가져온 예이다.[14] 생소하게 느껴지는 부분이 있을 것이다.

영식은 옥희동무에게 모임이 **끝났는가고** 물었다.
준호는 형에게 어머니는 **건강하신가고** 물었다.

이 "건강하신가고 (물었다)"는 북한어 특유의 인용 표현이다. 물론 '건강하신지' 또는 '건강하시냐고'라고 말하는 게 보통이지만 이렇게 '건강하신가고'라고도 잘 하는 것이다. 이 '-는가고'라는 인용 어미는 남한 화자들에게 꽤 생소하다.

북한어라고 해서 남한어와 인용하는 방식이 다를 수 없다. 아래 예들처럼 전혀 특별하지 않은 것이다.[15]

그들은 《강제는 념려하지 마십시오!》**라고** 말하였다.

할아버지는 《그래, 이번 학기에도 최우등을 했느냐?》**하고** 물으셨어요.

그는 우리 조국은 참으로 아름답**다고** 감탄하였다.

형님은 오늘 경기에서는 어느 편이 이겼**느냐고** 나에게 물었다.

기찬이는 … 어서 마중가**자고** 기호에게 재촉하였다.

그런 만큼 앞의 '-는가고'는 특히 눈에 띈다. 남한 사회로 옮겨와 사는 이탈주민들의 언어에도 그 특징이 여전히 나타나기도 한다.

▌어쩌랴고 걱정하였다

'-랴고'도 남한어에서는 보기 어려운 표현이다. 사실 북한어에서도 그리 쉽게 볼 수 있는 말은 아니다.

그리고 끼니를 건너서 **어쩌랴고** 걱정하였다.

앞에서 보았던 '-는가고'는 '-는가 하고'로 풀면 남한어의 관점에서도 훨씬 자연스럽게 느껴진다. '-랴고'도 '-랴 하고'로 표현하면 한층 자연스럽다. 그 점에서 직접 인용에 가까운 표현이라고 할 수 있다. 어쨌든 '하' 음절 하나가 줄어들면서 '-랴고'는 북한어 특유의 표현이 되었다.

▌ 만풍년을 이룩하려든

'–으려든'도 독특하다. 이를테면 '이룩하려거든'이라고 하면서도 아래 예처럼 '이룩하려든'이라고도 하는 것이다.

> 자, 올해도 만풍년을 **이룩하려든** 먼저 거름생산부터 본때있게 해봅시다.

이는 북한어 특유의 말이다. 남한 사전에도 '–으려든'이 올라 있지만 전혀 다른 말이다. "하루도 못 기다리려든 하물며 한 해를 기다리겠다고?"처럼 '못 기다리거늘' 즉 '–거늘' 정도에 해당하는 말일 뿐이다. 오늘날 거의 사라진 말이기도 하다.

북한어의 '–으려든'도 글 자료에서는 보기 어려운 듯하다. 적어도 이 책에서 참조한 『금수강산』 5년치 자료에는 단 한 번도 나타나지 않았다. 그런데 김 선생은 일반적으로 쓰는 말이라고 한다. 그게 맞다면 북한어를 글로만 이해한다는 것이 얼마나 한계가 있는지 다시 한번 실감하게 된다.

▌ 편지를 쓰자고보니

북한어에서 '–자고'는 꽤 널리 쓰인다. 아래만 해도 남한어에선 보기 어려운 예이다.

> 동생, 몇해만에 이렇게 편지를 **쓰자고**보니 큰아버지 생각이 제일 먼저 드는구만.

물론 남한어도 "겨우 이 돈 받자고 그 고생을 했나", "나 좋자고 이

러니", "다 먹고 살자고 하는 거지" 등 '-자고'가 잘 쓰이기도 한다.[16]
그러나 남한어에서 이 어미는 꽤 제한적이다. 즉 이 예들은 "겨우 이
돈 받으려고…"처럼 '-려고'로 바꿀 수 있는데 그렇다고 '-려고'를 모
두 '-자고'로 바꿀 수 있는 건 아니다.

그런데 북한어는 '-려고'라고 할 자리에서 거의 '-자고'를 쓸 수 있
다. 그만큼 '-자고'가 활발히 쓰인다. "전람회를 열자고보니", "조금
이라도 보탬을 주자고" 등은 북한어에서 아주 일상적인 표현인 것이
다.

> 아버지에게 **보이자고** 챙그려 넣었던 시험지들…
> 유리한 지형을 차지하고 적을 **막자고** 해도…
> 바늘을 만들겠다구 쇠공이를 갈고 산을 **옮기자고** 괭이질을 했다는…
> 그것을 다시 **끓여먹자고**보니 음식을 끓일 도구가 없었다.
> 그 이름만 **꼽자고** 해도 아름찬 수많은 각종 봉사망들…
> 목이 뻣뻣하여 옆으로 조금 **돌리자고** 해도 몹시 힘들뿐 아니라…
> 동무들을 계속 **공부시키자고** 한다고…
> (그런데 왜 아직 퇴근들을 안하고?) 영준선생을 좀 구경하고 **가자**
> **구요.**
> 자기 분야에 대한 연구만 **하자고** 해도 아름찬데…

좀 많이 들긴 했지만 이 예들은 모두 '아버지에게 보이려고'처럼
'-려고'로 바꾸어 쓸 수 있다. 남한어의 경우 이 '-자고'는 모두 어색
하고 '-려고'만 자연스럽다. 그럴 만큼 북한어의 '-자고'는 꽤 특징적
인 말이다.

이 '-자고'의 영역은 꽤 넓어서 '-겠다고'라고 할 상황에도 쓰인다.

아래는 토막극 <꽃은 이미 받았어요>에서 꽃을 달라는 손님과 한참 수다를 떨던 꽃가게 아주머니가 하는 말이다. 우리로서는 '꽃을 사겠다고' 정도가 자연스러운 표현이다. 물론 북한어도 그렇게 말하긴 하지만 '꽃을 사자고'라고도 하는 것이다.

오, 꽃을 **사자고** 했지? 아이고 내 정신 좀 봐, 이거.

'-자고'는 아니지만 '-자'에 다른 어미가 결합한 아래 '-자던'도 북한어 특유의 표현이다. 같은 드라마의 예이다.

선생님, 제 오늘… 사실 선생님에게 이 꽃다발을 **드리자던**게 그만…

'드리자던'은 '드리자고 하던'이 줄어든 것이고 이는 곧 '드리겠다고 하던'에 해당한다. 다만 남한어에서 이 경우 간단히 '드린다는'이 일반적이다. 즉 "드리자던게 그만…"은 "드린다는 게 그만…"에 해당한다. 이렇게 어미의 표현들은 미묘한 변화를 보이기도 한다.

▌나무랄 대신에 칭찬하다

'비가 오는 소리'에서 '비가 오는'은 체언 '소리'를 꾸미는 관형사절이다. 이런 관형사절은 '-은, -는, -을' 등 관형사형 어미를 사용하는데 남북한어는 여기에서 차이를 보이기도 한다. 예를 들어 우리는 "모르는 것이 있어서" 묻는다고 하는 게 자연스러운데 북한어는 흔히 "모를 것이 있어서" 묻는다고 한다.

한가지 **모를**것이 있어 전화를 겁니다.

또 다른 예로 남한어의 '-는 대신'을 북한어에서 '-을 대신'이라고
할 때가 있다.

진심으로 사죄하고 청산할 대신…

남한어에서 이 '-을 대신'은 쓰이지 않는다. 북한어는 '-을 대신'과
'-는 대신'이 둘 다 쓰이는데 재미있게도 의미에 따라 구별된다. 어떤
행동이나 상태와 '반대로'의 의미일 때는 '-을 대신'이 쓰이고, 어떤
현상이 이루어진 데 '상응하여'의 의미일 때는 '-는 대신' 또는 '-은
대신'(과거인 경우)이 쓰인다.[17]

나무랄 대신에 칭찬하다. (선대)
우리 물자를 **준 대신**으로 그들의 물자를 받다. (선대)

그러니까 위 예들은 북한어에서 '나무라는 대신에…'라고 하지 않
고, 마찬가지로 '줄 대신으로…'라고 하지도 않는다. 김 선생도 이 둘
은 분명히 구별된다고 한다.

남한어는 이러한 구별 없이 '-는(-은) 대신'만 쓰인다.[18] 그러다 보
니 북한어의 '청산할 대신, 나무랄 대신에'는 아예 없는 표현이고 그
런 만큼 우리 귀에 독특하게 들린다.

▌지켜갈 맹세, 키워낸 자랑

이처럼 명사를 꾸미는 방식이 특이한 경우가 종종 있다. 다음의 표
현을 주목해 보자.

400

나라를 **지킬** 맹세
5점꽃 **받은** 자랑

여기에서 '지킬, 받은'은 남한어의 관점에서는 생소하다. '맹세'의 경우 그 내용을 나타내는 절은 일반적으로 "…하겠다는 맹세"처럼 '-겠다는'으로 표현한다. 그런데 북한어는 의외로 "…할 맹세"처럼 보통 '-을'을 쓰는 것이다.

위대한 장군님의 유훈을 **지켜갈 맹세**를 안고…
나라위해 한몸 다 **바칠 맹세**로…

'자랑'도 남한어에서는 자랑할 내용이 "책을 많이 읽었다는 자랑"처럼 '-다는'의 인용 형식으로 표현되지만 북한어에서는 보통 '-은' 관형사형으로 표현된다.[19]

실력이 뛰여난 학생들을 많이 **키워낸 자랑**도 있다.

▌어제 있은 일

"어제 있었던 일이야" 하면서 이야기를 풀어간다. 그런데 만일 "어제 있은 일이야" 하면 조금 어색하게 느껴지지 않을까. 그런데 북한어는 "우리 나라에 왔을 때 있은 일이다", "첫 공연이 끝났을 때에 있은 일이였다"처럼 '있은'이 잘 쓰이는 편이다.

물론 "…시절에 있었던 이야기이다", "싸움에서 승리할수 있었던 비결" 등처럼 '있었던'도 널리 쓰인다. 반대로 남한어도 '있은'이라고 할 때가 있다. "한바탕 소동이 있은 후", "사건이 있은 뒤에", "이런 일이 있은 다음에는" 등처럼 '있은 후, 뒤, 다음' 등의 표현 구조에서는 '있은'이 쓰인다. 오히려 이 경우 '있었던'이 어색하다.

그만큼 '있은, 있었던'은 미묘한 쓰임을 보이는데 '있다'가 동사, 형용사의 특성을 모두 지녀서일 것이다.[20] 동사인 경우에는 논리적으로 '먹은'처럼 '있은'이 되어야 하고, 형용사인 경우에는 '예뻤던'처럼 '있었던'이 되어야 한다. 이것이 엄격하게 구별되지 않고 쓰이는 특징이 있는데 남북한어의 미묘한 차이도 그 연장선상에서 이해할 수 있을 것이다.

▌일이 안될세라

어떤 사람이 오리를 돌보게 되었는데 그만 일이 벌어지고 말았다. 다음 문장의 "일이 안될세라"는 무슨 뜻일까.

> 그런데 **일이 안될세라** 첫날에 여우 한놈이 나타나서 오리 한마리를 물고 달아났다.

우리가 아는 '-을세라'는 "행여나 다칠세라"처럼 염려를 뜻하는 말이다. 북한어도 마찬가지다. "제가 앓을세라 마음을 다 써주었습니다"처럼 일반적으로 염려를 나타낸다.

그런데 위 예는 이와 다른 의미로서 '일이 안 되려고'라는 뜻이다. 즉 "장사가 안 되려고 비까지 오는구먼"처럼 곧 일어날 상황의 변화를 나타내는데 북한어에서는 '-을세라'가 이러한 의미 영역까지 들어와 있는 것이다.

> 그런데 **일이 안될세라** 안방에서 그것을 펴보던 안해가 실수로 고기

국그릇을 엎지르다나니 아름다운 비단치마가 크게 어지러워지게 되였다. (력사일화)

▌ 도맡아 하다나니

바로 앞 예에 '엎지르다나니'라는 생소한 표현이 나온다. 아래도 같은 예이다.

그가 연구사업까지 도맡아 하다나니 매우 힘이 들었다.

낯설긴 해도 쉽게 짐작은 된다. 즉 '하다 보니' 정도이다. 그 동작이 끝나 어떤 결과로 이어질지 제시하는 표현이라고 할 수 있다. 북한식으로 붙여 써서 그렇지, 이 말은 '-다 나니'의 보조용언 구성이고, 그래서 '-다 보니'와도 통하고 '-고 나니'와도 통하는 면이 있다.

이는 북한어에서 흔히 쓰이는 표현이다. 즉 "관리를 잘못하다나니" 문제가 생겼고, "사람들이 공사에 동원되다나니" 농사지을 사람이 없으며, "연구사들이 다 조사사업을 나가다나니" 연구소는 거의 비고, "이국땅에서 살다나니" 가족이 그립다고 한다.

물론 "마음을 쓰다보니 그렇게 되었습니다"처럼 '-다보니'라고도 하지만 '-다나니' 역시 매우 보편적으로 쓰이기도 하는 것이다. 조금씩 달라져가는 북한어의 한 특징이다.

10.2. 눈에 띄는 조사, 귀에 선 표현들

문장은 다양한 성분들이 문법적인 관계로 맺어진다. 그리고 체언이

다른 성분과 맺는 문법적 관계는 조사를 통해 나타난다. 이럴 때 남북한어 차이가 나타나기도 하는데, 동사 등 어휘의 차이 때문이기도 하고, 조사 자체의 용법 차이에서 기인하기도 한다.

예를 들어 '제기하다'는 "의견을 제기하였다"처럼 목적어를 취하는 동사이지만 북한어에서는 "…하자고 서로마다 제기하였다", "영희동무가 제기한건데…"처럼 자동사로 쓰이기도 한다. 그 자체로 의견을 제시하다는 뜻을 지니는 것이다. 그래서 명사로서도 '제기'는 "제기는 많을수록 좋소"처럼 '제안'의 의미로 잘 쓰인다. 결국 북한어에서 '제기하다'는 '-자고 제안하다, -을 제안하다' 정도의 표현인데, 그러다 보니 "유리한 지세를 리용하여 싸울것을 제기하였다"처럼 남한어 화자로서는 다소 생소하게 느껴지는 표현으로 나타나기도 한다.[21]

이렇게 동사의 특성 차이에 따라 북한어는 특이한 문장 구조를 지니는데 이는 흔히 조사 등의 차이로 나타난다. 이밖에 복수접미사 '들', 접속부사 등에서도 북한어는 남한어와 다른 특징을 보이기도 한다.

물이 얼음으로 된다

한 공장에서 신발 한 켤레의 제작 시간을 21초 앞당겼다고 한다. 아래 대화에서 뭔가 낯설게 여겨지는 표현은 없는지?

> 반장: 글쎄 초급동무가 한켤레 신을 작업시간을 21초씩이나 앞당겼는데…
> 직장장: 21초? 21초라….
> 반장: 초급동무가 직접 말해.
> 초급: 네, 종전 생산량의 0.132% 더 초과했습니다.
> 직장장: 영점 몇이…?

초금: 예, 그러니까 다섯컬레 더 생산한걸로 됩니다. (21초)

아마 "생산한걸로"가 좀 이상했을 것이다. 남한어라면 "생산한 게" 즉 '생산한 것이'라고 할 자리인데 이 배우는 '생산한 것으로'라고 말하고 있는 것이다.[22]

'되다'는 '-이 -이 되다'라고 표현하는 동사이다. 그런데 북한어에서는 위 예처럼 '-이 -으로 되다'라고도 말한다. 아래도 그런 예이다.

(비판은) 당사업을 발전시키는데서 힘 있는 무기로 **된다**.

(룡봉탕은) 날이 갈수록 우리 식당의 자랑으로 **되고있습니다**.

(리희숙은) 지난해 공화국 경제학 박사로 **되였다**.

(나의 이번 방문이) 더 뜻깊은 계기로 **되였다**.

남한어라면 '무기가 된다, 자랑이 되고, 박사가 되었다, 계기가 되었다'라고 하지만 북한어는 이렇게 '무기로 된다, 자랑으로 되고, 박사로 되였다, 계기로 되였다'처럼 '…으로 되다'로 자주 표현한다. 즉 장은 식생활에 없어서는 안 될 '중요한것으로' 되였고, 누구나 자기가 심은 나무의 '주인으로' 되며, 다양한 교수 방법은 학생들을 잘 키우는 '밑거름으로' 되고 있고, 맏아들은 이제 손꼽히는 '연구사로' 되었다고 자랑하는 것이다.

우리는 "물이 얼음으로 된다"처럼 변성적 의미일 때를 제외하고는 '…으로 되다'라고는 하지 않는다. 그런데 북한어는 "경제학 박사로 되였다"처럼 흔히 말하는 것이다. 무언가의 계기가 되고, 근거가 되고, 토대가 된다면 '계기로 된다, 근거로 된다, 토대로 된다'고 하고, 어떤 성과를 처음 이루었다면 그 성과도 '처음으로 된다'고 한다.

당연히 북한어도 "경제학 박사가 되였다"처럼도 말한다. <과장이된 후에>라는 토막극의 제목이나 "습관이 돼서 그래"와 같은 그 대사처럼 '…이 되다'는 매우 일반적인 표현이다. 다만 이와 더불어 "…으로 되다"의 표현 구조도 널리 쓰이는 것이다.

▌이르는 곳마다에

북한어는 조사의 결합에서 독특한 모습을 보이기도 한다. 예를 들어 '이르는 곳마다'가 아니라 종종 '이르는 곳마다에', '이르는 곳마다에서'처럼 쓰는 것이다.

> 온 나라의 이르는 **곳마다에** 현대적인 생산공장들이 일떠섰으며…
> **학습장마다에** 5점꽃만을 피워…
> 사람들의 **얼굴마다에도** 환희가 넘쳐나고있었습니다.
> **유치원들마다에서** 만나게 되는 재간둥이들의 모습이…

물론 '마다에(서)'는 "집집마다 불을 지르고", "창고마다 가득" 등처럼 그냥 '마다'라고 할 수도 있다. 장소라는 의미를 분명히 해 주고싶을 때 종종 '에, 에서'를 덧붙여 "…마다에, …마다에서"라고 하는데, 결과적으로 이것이 북한어 특유의 표현이 되었다.

이와 비슷한 예로서 '마다'에 '를'이 결합하는 경우도 있다. 즉 '마다'가 결합한 말이 목적어인 경우 '를'을 더하여 그것이 목적어임을 분명히 나타내는 표현 방식이다.

> 매 **선생마다를** 한사람씩 차례로 만났다.

다만 이 "…마다를"이 많이 쓰이지는 않는다. 북한어도 이 경우 '…마다'로 표현하는 것이 보통이다.

▌ 승리에로 이끌어

"승리로 이끌다"는 북한어에서 "승리에로 이끌다"라고도 한다. 보통 '…로'라고 하는 것을 '…에로'라고 하는 것이다. 북한어에서 자주 등장하는 표현이다. 주로 글 자료에서 접하다 보니 좀 문어적 표현이 아닌가 했는데 김 선생은 입으로 말할 때도 흔히 그렇게 말한다고 한다. 그만큼 북한어에서 일상적인 표현인 것이다.

그런데 아래 예들을 잘 살펴보면 이 '에로'의 쓰임에는 일정한 조건이 있다.

> 교육의 수준을 최상의 **수준에로** 끌어올림으로써…
> 자급자족하는 **단계에로** 도약하고있다.
> 하나의 목표를 달성하면 또 다른 **목표에로**!
> 대중을 새로운 성과와 보다 큰 **승리에로** 고무추동하는것이다.

즉 '수준, 단계, 목표, 승리' 등 장소가 아닌 명사에서 주로 나타나는 것이다. 이 경우 "목표로!"라고 하지 않고 굳이 "목표에로!"라고 하는 것은 '방향'의 뜻을 분명히 나타내 주기 위해서이다.

예를 들어 '보다 큰 승리로 고무추동하는'이라고 하면 큰 승리를 이용하여 고무한다는 것인지, 큰 승리로 나아가도록 고무한다는 것인지 잘 모를 수 있다. 즉 수단인지 방향인지 모호해지는 것이다. 그래서 "승리에로 고무추동하는"이라고 하여 방향의 의미임을 분명히 나타낸다.

이런 용법은 위 예뿐만 아니라 "성공에로 떠밀어, 사업에로 이어졌다, 투쟁에로 고무하는" 등 북한어에서 흔히 볼 수 있다. 이처럼 승리, 사업 등 장소의 뜻이 없는 명사에 '에로'를 사용하여 방향의 뜻을 분명하게 나타내는 것은 북한어 특유의 표현법이다.[23]

다만 이런 문법과 달리 '에로'는 장소의 뜻을 지니는 명사에도 점차적으로 확대되어 쓰이는 걸로 보인다. 아래에서 '조국, 백두산' 등은 장소로서 원래 이런 경우에는 '로'만 쓰이는 게 보통이었다. 그런데 이 예들처럼 '에로'가 결합한 것은 그 표현법이 점점 사용 영역을 넓힌 결과일 것이다.

> **조국에로** 다시 가는길이⋯
> **백두산에로의** 답사길에⋯

▌최고 지도자 일가의 표현에서

김일성 일가는 숭배의 대상으로서 가능하면 최고의 표현을 하고자 한다. 글에서 굵고 큰 글자체로 적는 것도 그렇지만 그 앞에 붙는 수식어도 지나칠 정도일 때가 많다. 아래는 북한 라디오 방송의 한 예이다.[24]

> 조선 로동당 총비서이며 조선 민주주의 인민 공화국 국방 위원회 위원장이시며 최고 사령관이신 우리 당과 우리 인민의 위대한 령도자 김정일 동지께서⋯

조사, 어미 등 존칭 표현도 특이하다. 김일성 일가 관련 문장은 반드시 '께서', '께' 및 '-시-'의 존칭 표현을 쓴다.

최고 지도자 일가에 대한 이러한 존칭어의 엄격한 사용은 조사에 있어서 남한어와 다른 특이한 문법적 표현을 낳기도 한다. 즉 해당 인물이 주어의 일부로서 'A와 B' 구성의 A로 표현될 때 '께서와'의 표현을 사용하기도 하는 것이다.

> 김일성동지**께서와** 김정일동지께서 지니신…
>
> 위대한 김정일장군님**께서와** 경애하는 최고령도자 김정은원수님께서…
>
> 경애하는 최고령도자**께서와** 트럼프 대통령은…

위 예에서 '수령님, 최고령도자'는 'A와 B'로 이루어진 주어의 앞 성분으로 '-와/과'로 표현될 부분이다. 그러나 이들이 주어일 경우 '께서'를 꼭 붙여야 한다는 생각에 '수령님께서와, 최고령도자께서와'로 표현한 것이다.

여격의 'A와 B'에서도 마찬가지다. 이 경우에도 'A께와'처럼 표현한다.

> 김일성동지**께와** 김정일동지께 (…저명한 인사들이) 진귀한 선물을 드리였다.

우리로서는 이 '-께서와, -께와'가 상당히 이상하게 느껴지지만 이미 북한 사람들에게는 자연스러운 표현이 되었다. 물론 아래처럼 흔히 표현하기도 한다.

> 어버이수령님**과** 경애하는 장군님께서…

위대한 김일성주석**과** 위대한 김정일장군님께서는…

우리의 직관으로는 하나는 참 이상하고, 하나는 참 자연스럽지만 북한어에서 이 둘이 충돌하는 것은 아니다. 모두 자연스럽고 일반적인 표현으로 받아들인다는 것이다. 극소수 특정인의 맞춤형 표현인 '-께서와, -께와'가 우리말의 문법까지 뒤흔들고 있다.

▌누구들이 있나?

책을 여러 권 읽었다면 남한어에서는 "책을 읽었다"라고 하지만 북한어는 흔히 "책들을 읽었다"라고 말한다. 복수의 체언이면 '들'을 거의 규칙적으로 붙인다고 할 정도로 빈번하게 사용한다. 남한어라면 아래 예들에서 '들'을 쓰지 않는 게 보통이다.

> 가보시겠어요, **누구들**이 있나?
> **과일나무들**을 더 많이 심을것을 계획하고…
> 공장, 기업소, **농촌들**을 찾아…

그러다 보니 "바위들을" 넘어뛰며 내려가고, "산들마다에" 경제림이 있으며, 개개의 "돌들마다" 사연이 있으며, 다양한 형태의 "옷들을" 만들어 입고, 아파트의 모든 "집들에서"는 야유회 준비를 하느라 바쁘다.

부모를 가리킬 때도 "작고하신 부모님들", "저희 부모들도"처럼 '들'을 붙이고는 한다. 남한어라면 두 가정 이상의 부모들이라고 생각하기 쉽지만 이렇게 화자 자신의 부모만 가리키면서도 '부모들'이라고 하는 것이다. 아래 예는 복수라고 생각하면 거의 기계적으로 '들'

410

을 붙이는 북한어의 언어 습관을 특히 잘 보여준다. 아이가 아버지한테 잔뜩 자랑할 마음으로 책가방에서 주섬주섬 물건을 꺼내는 장면이다.

그러더니 … **시험지들**과 그림그린 **것들**과 제 손으로 지은 **동요들**을 내 놓았다. (나의 교단)

그래서 국민을 표현하는 법도 꼭 같지 않다. 남한어에서 "정부는 언제나 국민과 함께"라고 한다면, 북한은 "당은 언제나 인민들과 함께"처럼 '인민'이 아니라 '인민들'이라고 즐겨 표현하는 것이다.

▌한것은…
'그래서'라고 할 자리에서 "해서, 어쩌고저쩌고…"라고 말하는 경우가 종종 있다. 사람마다 취향의 차이지만 어쨌든 이 말은 '그래서'와 같은 접속부사의 기능을 하는 것이다. 북한어는 특히 이 '하다'의 다양한 형태가 접속어의 기능을 하는 특징이 있다. 아래 예들을 [ ] 속의 남한어 표현과 비교해 보자.

모란봉구역 서흥소학교에서 체육소조활동을 활발히 진행하고있다. **하기에** 학교에서는 … 여러번 우승의 영예를 쟁취하여 나어린《태권도명수》들을 수많이 배출하였다. [그래서]
때를 기다리던 아군은 조충병마사의 지휘하에 적들에게 활과 쇠뇌를 쏘았다. **하여** 적진은 삽시에 수라장이 되였다. [그래서]
그러나 그는 이 말을 누구에게도 하지 않았다. **한것은** 소문없이 남몰래 서산대사와 겨루어보자는 심산에서였다. [왜냐하면/그 까닭은]
했건만 경심은 매번 같은 대답만 외웠을 뿐이다. [그랬건만]

411

그러니까 북한어는 '하기에, 하여, 한것은, 했건만' 등 '하다'의 다양한 형태들이 접속어의 구실을 하는 것이다. 물론 남한어도 "해서…"와 같이 그러한 용법이 없지 않지만 북한어에서 한층 활발한 것이다.

'지어'도 북한어 특유의 접속어이다. '심지어'와 같은 말이다. 남한의 국어사전에도 있는 말이나 역시 북한어에서 활발하게 쓰이는 말이다.

> 티 한점없이 맑디맑아 **지어** 파랗게까지 보이던 천지폭포가… [심지어]
> … 고무해주고 있다. **지어** 적들까지도… [심지어]

▌ 부러워나서

'-어 나다'도 북한어 특유의 용법이 있다. 보통 '부러워서' 어찌어찌했다고 하는데 "부러워나서…"라고 하면 꽤 생소하게 느껴지는 것이다. 이처럼 북한어에서 '-어 나다'는 형용사와 어울려 쓰이는 특징이 있다. 다만 김 선생도 생소한 표현이라고 하니까 그리 일반적으로 쓰는 말은 아닌 것으로 보인다.

'부러워나다'라고 하면 그 형용사가 뜻하는 속성이 일정한 정도에 이르렀음을 나타낸다. 상당히 부럽다는 뜻이라고 할 수 있다. 날씨가 춥고 냄비가 뜨거운 것도 아래와 같이 표현할 수 있다.

> 날씨가 추워나다.
> 남비가 뜨거워나다.

"당황해나서"도 무척 당황했다는 뜻인데 의외로 북한 사전은 '당황하다'를 형용사라고 한다. 그래서인지 이는 북한어에서 흔히 쓰이고 김 선생도 이 말은 익숙하다고 한다.

▌알아 못 들었다

'버릇이 없어지다, 물이 떨어지다, 말을 알아듣는다'의 부정 표현은 무엇일까. '금강산에 가 보다'의 부정 표현은 또 무엇일까.

> 버릇이 **안** 없어져요.
> 물이 **안** 떨어져요.
> 말을 **못** 알아들었어요.
> 금강산에 **못** 가 보았어요.

질문이랄 것도 없지만 북한에 가면 또 다른 답도 가능해진다.[25]

> 밥이 없어 **안** 진다고요.
> 물이 마르면 떨어 **안** 져요?
> 알아 **못** 들었다.
> 북한에서 살았어도 금강산에는 가도 **못** 봤습니다.

이는 북한어의 특유한 표현이라고 할 수 있는데 중국 동포들에게서도 종종 들을 수 있는 것이기도 하다. 이런 표현이 남한어에서 전혀 안 쓰이는 건 아니다. 이를테면 "난 운동을 좋아 안 한다"라고도 하고 "뭐해, 뛰어 안 오고"처럼 말하기도 한다. 그러나 이는 매우 제한적으로 나타나고 대체로 이런 식의 표현은 불가능하다.

물론 북한어도 일반적으로 아래와 같이 말한다. 다만 앞에서처럼

'안, 못'이 끼어드는 표현 방식도 흔히 쓴다는 점에서 특징적인 것이다.

> 이 령감이 왜 아직 **안** 나타나?
> 아직 **안** 들어오셨습니다.

▌ 우리는 이곳을 떠났다

한 기자가 어떤 고장의 모습을 취재하였다고 하자. 아마 기자는 잡지사로 돌아와서 취재 기사를 작성할 것이다. 그런데 그 기자는 꼭 다음과 같이 기사문을 끝맺는다.

> 우리는 가까운 앞날에 조국의 모든 산들이 푸른 숲으로 뒤덮일 래일을 그려보며 **이곳**을 떠났다.
> 우리는 … 밝은 래일을 향해 힘차게 나아갈것이라는 생각을 굳히며 **이곳**을 떠났다.

잡지사 책상에 앉아서 글을 쓴다면 우리 감각으로는 '그곳을 떠났다'가 대체로 자연스럽다. 그런데 이 기사문은 여전히 현장에 있듯이 '이곳'이라고 표현하는 것이다.

이러한 특징은 인용문에서 특히 잘 나타난다.

> 산으로 오른 아버지는 [**이곳**이 **네**가 무술을 닦을 터라고] 하면서…
> (괄호 저자)
> 그이께서는 잠시 주위를 둘러보시다가 조정지순회점검다리로 올라가는 곳에 설치된 철사다리를 띄여보시고 반색을 지으시며 [**저쪽**으

로 올라가자고] 하시였다. (금수 20. 3. 괄호 저자)

위 예문의 괄호 부분은 원래 화자가 "이곳이 네가 무술을 닦을 터이
다", "저쪽으로 올라갑시다" 정도로 말했다고 할 수 있다. 다른 화자
가 이 말을 간접화법으로 전할 때는 '이곳, 네, 저쪽'을 상황에 맞게 바
꾸어 "그곳이 (아들이) 무술을 닦을 터라고", "다리 있는 쪽으로 올라
가자고" 정도로 바꾸는 게 보통이다. 그런데 북한어는 위 예와 같이
간접화법에서도 장소, 시간, 인칭 등의 말을 원래 발화 그대로 유지하
는 경우가 많다.[26] 남한어 화자들도 종종 그렇게 말하기도 하지만 북
한어는 눈에 띄게 그러한 특징을 보인다.

이는 말을 전하는 화자가 마치 원래 발화의 현장에 있는 것처럼 말
하는 방식이라고 할 수 있다. 위의 기사문의 '이곳을 떠났다'도 마찬
가지라고 하겠는데 시공간을 넘나들며 표현하는 방식에서도 차이가
느껴진다.

10.3. 즐겨 쓰는 표현 방식들

문장 성분들이 이루는 문법적 관계는 다양한 방식으로 나타낼 수
있다. 예를 들어 '모르는 것을 질문하다'라고도 하고 '모르는 것에 대
하여 질문하다'라고도 한다. 문장에서 이러한 문법적 관계를 표현하
는 방법 역시 남북한어에서 일부 차이를 보여 각각의 문체적 특징으
로 나타난다. 실제 북한어 텍스트를 바탕으로 그 특징적인 표현을 살
펴보자. 2016년 김정은의 신년사를 소개하는 기사문의 일부이다.

> 경애하는 원수님께서는 전체 인민이 《조선로동당 제7차대회가 열리는 올해에 강성국가건설의 최전성기를 열어나가자!》의 구호를 높이 **들고나갈데 대하여 강조하시였다.** 그러시면서 전력, 석탄, 금속공업과 철도운수부문이 총진격의 앞장에서 힘차게 내달리고 농산, 축산, 수산부문에서 혁신을 일으켜 인민생활을 **개선하는데서 전환을 가져오며** 경공업부문에서 **생산을 활기있게 내밀어** 세계적인 경쟁력을 가진 명제품, 명상품들을 더 많이 내놓고 건설부문에서 건설의 대번영기가 끊임없이 이어지게 하여 인민경제 모든 부문에서 생산정상화의 동음을 올리고 제품의 질제고와 국산화를 **정책적문제로 틀어쥐고 힘있게 내밀며** 산림복구전투를 본격적으로 벌리고 도시와 농촌, 일터와 마을을 알뜰히 꾸리며 나라의 자원을 보호하고 대기와 강하천, 바다오염을 막기 위한 대책을 세우는 등 모든 부문에서 경제강국건설에 총력을 집중하여 나라의 경제발전과 인민생활향상에서 새로운 전환을 **일으킬데 대하여 지적하시였다.**

이 글 자료에서 눈에 띄는 표현으로 다음 세 가지를 들어보자.

    1. 구호를 높이 들고나갈데 대하여 강조하시였다

    2. 개선하는데서 전환을 가져오며

    3. 생산을 활기있게 내밀어

▌들고나갈데 대하여 강조하시였다

가장 눈에 띄는 표현은 "…데 대하여 강조하시였다"일 것이다. 이 짧은 자료에서도 두 번이나 등장할 정도로 '-을데 대하여'는 가장 '북한어다운' 대표적인 표현이라고 할 수 있다. 문맥에 따라 '-는데 대하여' 등으로 나타나기도 한다.

꼭 무어라 말하긴 어렵지만 대체로 이는 목적어로 이해될 수 있는 표현이다. 이를테면 "어찌 나를 도와준 사람들에 대하여 잊을수 있겠습니까"에서 '사람들에 대하여'를 '사람들을'이라고 할 수 있듯이 '-에 대하여'는 목적어 기능을 할 때가 많다. 아래도 그런 예로서 '권고하다' 등 타동사와 어울리고 있음을 주목할 수 있다. 그래서 괄호에서처럼 목적어로 바꿀 수 있다. 로동신문의 기사에서 추려 보았다.

> 필요한 환경을 **조성할데 대하여** 권고하였다. [조성할 것을]
> 콩크리트장벽을 **구축한데 대하여** 비난하였다. [구축한 것을]
> 이러쿵저러쿵 **시비하는데 대해** 용납하지 않을것이라고… [시비하는 것을]

물론 목적어보다는 다른 표현이 자연스러울 때도 있다. 이를테면 "위험할것이라는데 대해 강조하시였다"는 대체로 '위험할 것이라고' 정도가 자연스럽다. 예시글의 마지막 문장 "새로운 전환을 일으킬데 대하여 지적하시였다"도 목적어로 바꾸어 표현하면 특히 이해하기가 어렵다. 이 '지적하다'는 북한어에서 '어떤 내용으로 말하다'를 높여 이르는 특유의 뜻이 있는데 이 예가 바로 그 경우이다. 그러니 이 문장은 '새로운 전환을 일으키라고 말씀하시였다' 정도의 뜻이다.

어쨌든 이러한 '-을데 대하여'는 북한어의 매우 특징적인 표현인데 이는 '-을데 대한'의 형식으로 나타나기도 한다.

> 장백일대의 압록강연안으로 **진출할데 대한** 명령을 하달하시였다.
> 600벌의 겨울군복을 **제작할데 대한** 새로운 임무를 받으시였다.

이는 이어지는 명사 '명령, 임무' 등의 내용을 나타내는데 남한어

식으로 표현한다면 각각 '진출하라는 명령', '제작하는 임무' 정도가
될 것이다.

　한편 오히려 남한어에서는 '대하여'를 쓰는데 북한어에서는 그렇
지 않은 경우가 있다. "…사실에 언급하고"와 같은 표현이 그것이다.
아래는 모두 남한어에서 "…사실에 대하여 언급하고"처럼 '대하여'를
넣어 말하는 것인데 북한어는 그렇지 않다.

> 깊은 인상을 **받은데 언급하고**…
> 미군기지가 더 늘어 나게 되는 **사실에 언급하고**…

　기본적으로 남한어에서 '언급하다'는 '-을 언급하다'처럼 목적어
를 취한다. 그런데 북한어는 '-에 언급하다'처럼 부사어를 취할 수 있
는 것이다. '받은데'는 문법적으로 '받은데에'에서 조사 '에'가 생략
된 것이라고 볼 수 있다.

　이 '-ㄴ데'는 곧 '-ㄴ 것'에 해당한다. 예를 들어 "가정과 급양봉사
기관들에서는 기온과 대기습도가 높아지는데 맞게 음식과 식료품 보
관관리를 잘해야합니다"라는 방송 보도에서 '높아지는데'는 '높아지
는 것에'로 이해하면 자연스럽다. 마찬가지로 "미국정부가 공식 밝힌
데 의하더라도"라는 신문 기사에서도 '밝힌데'는 '밝힌 것에'로 이해
할 수 있다. 따라서 앞서 "받은데 언급하고"는 '받은 것에 대하여 언급
하고' 정도가 되고, "구축한데 대하여 비난하였다"는 '구축한 것에 대
하여' 비난한 것으로 이해할 수 있다.

▌개선하는데서 전환을 가져오며

　이 말도 특이한 표현이다. 이 '-은데서'는 뒤의 특정한 서술어와 어

418

울려 북한어 특유의 표현을 만들어낸다.

- 지난해 6월 싱가포르에서 력사상 처음으로 진행된 조미수뇌상봉과 회담은 조선반도와 지역의 평화와 안정을 도모하고 화해와 협력의 력사적흐름을 **추동하는데서 중대한 의의를 가지는** 사변적인 계기였다.
- 룡궁리공룡발자리화석은 우리 나라 중생대시기의 동물상과 그 진화과정을 **연구하는데서 귀중한 자료로 되고**있습니다.

이 자체로는 꽤 생소하게 느껴지지만 '–은데서'가 '–은 데 있어서'라고 생각하면 쉽게 이해될 수 있다.[27] 다음과 같은 경우 이 점이 잘 드러난다.

자식들을 훌륭한 인물로 **키우는데서** 너그러우면서도 엄정하였다.

보답에는 높은 목표가 있어도 **받는데서는** 자그마한 요구도 있어서는 안 된다.

▮ 생산을 활기있게 내밀어

이 말처럼 어떤 사업 등을 추진하는 것을 가리켜 '내밀다'라고 한다. 위 글 자료의 "생산을 활기있게 내밀어"나 "사업을 힘있게 내밀고 있다"처럼 북한은 경제 활동 선동을 위하여 이 표현을 자주 쓰고는 한다. 주로 '힘있게'와 자주 어울려 쓰이는 것이 특징이다.

중요설비들을 100% 국산화할 목표를 내세우고 이 **사업을 힘있게 내밀고있다.**

일군들과 인민들은 **공사를 중단함이 없이 내밀었다.**

▌질이 좋은것으로 하여

이상 세 가지 외에도 다양한 표현적 특징이 있다. 그 하나로서 '어떠어떠한 것을 근거로' 또는 '어떠어떠해서' 정도의 의미, 즉 판단의 근거를 나타내는 표현으로 "–은 것으로 하여"라는 표현을 자주 사용한다.

> (이 자동봉합기는) 생산성 또한 **높은것으로 하여** 전기절약형, 로력절약형설비로 인정되고있습니다.
> 여러 신발공장에서 전시한 남자구두모양의 운동신발, 녀자목장화, 남자여름구두 등은 맵시있고 편안하면서도 가볍고 질이 **좋은것으로 하여** 호평을 받았다.

또 하나의 대표적 표현은 "…은 문제로 나서다"이다. 북한어에서 자주 쓰이는 말인데 남한어라면 '문제로 떠오르다' 정도로 표현할 수 있을 것이다.

> 근로자들을 지식형의 인간으로 준비시키는 것이 **중요한 문제로 나서고있다.**

▌2학년적으로 1등

주목할 만한 특징 중 하나는 '–적'을 매우 즐겨 쓴다는 점이다.

> **책임적으로** 일을 수행하고, **성과적으로** 추진시킨것…, (교통규정을)

420

자각적으로 지킵시다… 등

기본적으로 이는 남한어와 다를 바 없으나 활발히 쓰이는 만큼 "승리적으로 결속되고", "광란적으로 벌리고" 등 새로운 표현들도 많고 "동포애적 인사", "육친적인 사랑", "선봉적역할", "창작적흥분" 등 그야말로 다양한 표현들이 있다.

무엇보다도 공간을 나타내는 말에 잘 어울려 쓰인다. 당, 군, 학교 등 집단 전체의 영역을 가리킬 때 '당적으로, 군적으로, 학교적으로' 등과 같이 '-적'을 결합하여 표현하는 것이 그 대표적 예이다.

군적으로 제일 마지막 자리입니다.

공장적으로 소문난 혁신자 한명을 사위감으로…

저는 이번 경연에서 전과목 5점을 받아 **2학년적으로** 1등을 하였습니다.

군에서 성과가 가장 낮으면 '군적으로' 제일 마지막 자리가 되고 공장에서 칭찬이 자자하면 '공장적'으로 소문난 사람이 된다. 공장 전체가 참가하는 경기는 당연히 "공장적으로" 하는 경기이다. 이와 마찬가지로 전교 1등은 "학교적으로 1등", 도에서 1등은 "도적으로 1등"이고, 대학의 대표급 선수라면 "대학적인 선수", 그 대학의 유명 강좌는 "대학적으로" 손꼽히는 강좌이며, 전 과목 5점을 받은 2학년 학생은 "2학년적으로" 1등을 한 것이다. 한 도시에서 유명하다면 그 이름을 넣어 "라선시적으로 이름이 자자하다"고 표현할 정도로 이 [공간]적'은 매우 생산적으로 쓰인다. 남한어도 '국가적, 전국적, 세계적' 등으로 표현하기는 하지만 이렇게 각 단위마다 거의 규칙적으로 쓰이는

421

것은 북한어의 특징이라고 할 수 있다.

▌ 살림살이를 깐지게 하여

앞서 9장 1절에서 간단히 그 예를 들기도 하였지만, 일부 전형적인 꾸밈말로 쓰이는 어휘들이 있어 북한어의 표현적 특성을 보이기도 한다. 아래의 예들은 북한어에서 쉽게 접할 수 있는 것들이다.

> 살림살이를 **깐지게** 하여 훌륭한 생활조건을 마련한데 대하여…
> 모내기 계획을 매일 **넘쳐** 수행해 나가고 있다.
> **아글타글** 노력한 끝에…
> 충성의 맹세를 다시금 **심장깊이** 다지였다.
> 준엄한 혁명의 길을 얼마나 **억세게** 헤쳐 왔던가.
> 병사들에게 훌륭한 생활조건을 마련해 주기 위하여 **이악하게** 투쟁하고 있는데 대하여…
> 계급교양을 다양한 형식과 방법으로 **실속있게** 하고 있으며…
> 사업을 **힘있게** 벌려…
> 인민 경제 여러 부문들에 보내줄 전선제품생산으로 **세차게** 들끓고 있다.
> 미곡땅에 뿌리를 내려 **본때있게** 농사를 짓겠다는것이였다.

덧붙여, 같은 상황적 맥락에서 '태풍13호가 들이닥쳤습니다, 태풍 피해를 가시기 위한, 안일한 인식에 포로되여' 등처럼 남한어의 '상륙했습니다, 복구하기, 사로잡혀' 등과 다른 단어를 사용하는 경우도 마찬가지다. 이러한 예는 일일이 들 수 없을 정도지만 이런 어휘들도 북한어 특유의 문체를 만들어낸다고 할 수 있다.

▌현실적요구에 맞게

"–의 요구에 맞게"도 특유의 표현이다. '요구'는 북한어에서 '무엇을 수행하는데 필요로 하는 것' 등의 뜻으로 자주 쓰이는 단어이다. 이는 '–의 요구에 맞게'라는 표현 형식으로 흔히 쓰인다.

> 교육방법과 교수방법을 **현실발전의 요구에 맞게** 부단히 개선해나가고있습니다.
> 도덕교양을 발전하는 **현실적요구에 맞게** 진행할뿐아니라…

북한어는 이 '현실적요구에 맞게'처럼 쉽게 표현할 수 있을 것을 어려운 투로 표현하는 특징이 있다. 이를테면 '제기하다, 제기되다'는 '과업을 제기하다, 과업이 제기되다'와 같이 어떤 일이 놓여 있는 상황에 대하여 자주 쓰이는데 좀 더 간단히 표현할 수도 있을 것이다.

> 우리 인민앞에는 사회의 주체사상화를 실현하여야 할 중요한 **과업이 제기되고**있다.
> 특별히 바쁜 **원고작업이 제기되지** 않는 한 음악을 듣는 것이…
> 학교운영에서 **제기되는** 여러 **문제**를 자기들의 의사대로 좌지우지하려고…

같은 단어라도 어떻게 조합하는가에 따라 문장의 색깔은 달라진다. 편의상 문체라고 하였지만 무엇을 어떤 식으로 표현하는가는 남북한어의 빛깔을 달리 만드는 요인이 된다. 사람마다 특유의 화법이 있듯이 이는 남북한어의 개성이라고 할 수도 있다.

1 문장의 유형은 남한의 경우 일반적으로 그 어미의 형태에 따라 나눈다. '-습니다'
   로 끝난 문장은 평서문, '-습니까'로 끝난 문장은 의문문으로 분류하는 식이다. 그
   래서 창문을 열라는 명령의 뜻으로 "아, 덥다."라고 말해도 이는 평서문이 된다. 그
   러나 북한의 경우 기본적으로 문장의 내용(기능)에 따라 분류한다. 즉 말하는 사람
   이 어떤 목적으로 말했는지에 따라 분류하는데, 그래서 평서형 어미 '-다'로 끝난
   문장도 명령의 뜻을 지니면 시킴문(명령문)이 될 수 있다[김영황『문화어문장론
   (재판)』(1983) 157-8쪽]. 특히 느낌문(감탄문)은 어떤 문장이든 느낌의 억양이 동
   반되면 다 될 수 있다. 그래서 '백두산이 보인다!', '조국이여, 번영하라!', '그래?!'
   등 느낌의 억양이 동반된 문장은 모두 느낌문으로 분류된다(『문화어문법규범(초
   고)』(1972) 310쪽, 『문화어문장론(재판)』(1983) 170쪽 등]. 여기에서는 남한의
   분류 기준도 고려하여 기본적으로 어미의 형태를 중시하여 북한어 문장 유형의 예
   를 제시하였다. 그래서 느낌문(김탄문)이라고 해도 '-군, -구나, -구려, -구만' 등
   전형적인 감탄형 어미가 결합한 문장의 예들만 보였다.

2 김일성종합대학출판사, 『문화어문법규범』(1972).

3 황대화(1999:334-5) 참조.

4 "'ㅂ시다'는 높임의 말차림이고, '자요'는 같음의 말차림이다."(문화어문법규범,
   210쪽)

5 『조선말대사전』(2017) '-아라', '-라' 표제항.

6 김영배『평안방언연구』(1979) 97쪽 참조.

7 사회과학원 언어학연구소『우리 생활과 언어』(제2판, 2010).

8 사회과학원 언어학연구소『우리 말 례절법』(제2판, 2011).

9 유현경 외9인『한국어 표준 문법』(2018) 496쪽 등 참조.

10 『조선말대사전』은 이 '-ㄴ'을 '-느냐'의 준말로 기술한다. 이것만으로는 이 경어
   법의 등급이 잘 설명되지 않는다. 그렇다면 이후 '-ㄴ'이 자체적으로 경어법의 영
   역을 '해체' 등으로 확대했을 가능성을 생각해 볼 수 있다. 또는 '했나, 왔나', '했
   니, 왔니' 등 다양한 어미에서 '-ㄴ'으로 줄어들었을 가능성도 생각해 볼 수 있을
   것이다.

11 『조선말대사전』은 거의 '반말' 계열이라고 하고 있으나 다양한 예로 볼 때 하오체
   에 가까워 보인다.

12 "이제 오나? 어서 들어가게"처럼 하게체로는 올라 있지만 해라체의 어미로는 없
   다.

13 한재현(2017) 중 탈북자 '구술 녹취록' 참조.

14 각각 김일성종합대학출판사『조선문화어문법규범』(1976) 499쪽, 김영황『문화
   어문장론』(1983) 243쪽.

15 각 예문은『조선문화어문법규범』(1976) 494~9쪽, 『문화어문장론』243쪽, 251쪽
   등 인용.

16 어떤 목적을 강조하는 의미라고 하겠는데 이상하게도 사전에는 올라 있지 않다. 하나의 연결 어미가 아니라 '－자 하고'의 준말로 보았을 가능성은 있다. 그러나 실제로 '－자 하고'로 말하는 예를 보기 어렵다는 점에서 '－자고'를 하나의 어미로 보는 것이 타당할 것이다.

17 『조선말대사전』(2017)의 '대신'의 이 두 가지 뜻풀이는 다음과 같다.
　　②(용언의《－ㄹ》형 다음에 쓰이여)《용언이 나타내는 행동이나 상태와 다르게 또는 그와 반대로》의 뜻. 례구: 울 ~에 웃다. 나무랄 ~에 칭찬하다.
　　③(용언의《－ㄴ〈는〉》형 다음에 쓰이여)《어떤 현상이 이루어진데 맞게》,《어떤 현상이 이루어진데 대한 값으로》의 뜻. 례구: 본래사람들이 간 ~에 새 사람 셋이 오다. 우리 물자를 준 ~으로 그들의 물자를 받다.

18 국어에서 '[내가 가는 대신] 영수가 갔다', '[내가 안 가는 대신] 영수가 갔다'처럼 긍정문, 부정문이 같은 뜻일 때가 있다.(배주채 2020:242) 전자는 일어나지 않은 일, 후자는 일어나거나 일어날 일이라는 점에서 북한어의 '－을 대신', '－는(－은) 대신'에 대응하는 것으로 보인다.

19 '전망'도 유사한 차이점을 보인다. 남한어에서는 명사 '전망'을 수식하는 관형절은 "…(으)리라는 전망"처럼 추측의 의미를 더하여 '－리라+－는'의 인용의 형식을 취한다. 즉 어떤 일이 성공할 거라고 생각한다면 "성공할 수 있으리라는 전망"처럼 표현하는 것이다. "…있겠다는 전망"도 비슷한 방식이다. 그런데 북한어에서는 보통 "성공할수 있는 전망"과 같이 표현한다. "기술인재들을 더 많이 키워낼수 있는 전망이 펼쳐졌다"의 예 참조.

20 '있다'는 형용사, 동사의 성질을 모두 지닌 말이다. '존재하다'의 의미로서 '돈이 있다'와 같은 경우에는 형용사, '머물다', '어떤 상태를 유지하다'의 의미로서 "난 집에 있는다", "넌 집에 있어라"의 경우에는 동사이다. 한편 관형형에서 동사의 현재형은 '읽는'처럼 '－는', 형용사의 현재형은 '넓은'처럼 '－은'이 결합한다. 동사의 과거형은 '읽은'처럼 '－은'이 결합하고, 형용사의 과거형은 '넓던, 넓었던'처럼 '－던, －었던'이 결합한다. 그런데 '있다'는 동사, 형용사 구별 없이 현재형은 '있는'으로만, 과거형은 '있던, 있었던'으로 주로 나타난다. 동사, 형용사를 일일이 구별하여 표현하는 대신 하나의 활용형으로 통일한 결과라고 할 것이다.

21 남한어라면 '제안하였다'나 '…싸우자고 방안을 제기하였다' 정도로 표현하게 될 것이다.

22 남한어에서도 이런 식으로 말하는 경우가 전혀 없지는 않으나 북한어처럼 보편적이지는 않다.

23 북한어에서 '에로'를 선택하게 하는 요소는 선행 명사구이다. 『조선문화어문법』(1979:256)은 "《에로》는 토《에》와《로》가 합쳐져서 된것이므로 방향을 더욱 뚜렷이 나타내준다"고 하였고, 더 이른 시기의 문법서 『문화어문법규범』(1972:191)에서는 "《에로》는《로》가 수단이나 방도를 나타낼수 있다는 사정에 비추어 그것이 방향이라는것을 뚜렷이 강조해줄 때 쓰인다. 그러므로《에로》는 장소의 뜻을 가지지 않는 체언에 많이 쓰인다. 장소의 뜻을 가지는 명사, 대명사에 대하여서는

《로》만으로 충분하므로 《에로》가 쓰이는 일이 거의 없다"고 기술하고 있다.

24 조선중앙방송 2001. 8. 15. 방송. 전수태(2002ㄱ:25)에서 재인용.

25 이 예시 자료는 『언어 생활』(하나원)을 소개한 우인혜(2018)에서 재인용한 것이다.

26 "그이께서는 키낮은 소나무들의 설경을 유정한 눈길로 바라보시다가 [이런 곳을 다박솔중대라고 한다고] 정겹게 말씀하시었다"(탁성일 2012) 등에서 '이런'이 그대로 인용되고 있다. 졸고(2020)에 따르면 전형적인 간접인용문에 비하여 오히려 이처럼 전이가 완전히 이루어지지 않는 경우가 약 4배에 이를 정도로 북한어에서 보편적인 화법이다.

27 "남을 위해 뛰여다니며 헌신하는데서 기쁨을 찾는…"(최성진 <이웃들>)과 같은 경우는 장소의 의미가 강하고 남한어도 마찬가지이다. 북한어의 경우 이러한 표현에서 '-는데서 (의의를 가지다)'와 같은 표현으로 그 의미 기능이 확대되었다고 할 수 있다.

제11장

북한어의 예절

북한 사람들은 존댓말을 잘 안 쓴다, 말을 거칠게 한다, 호전적이다 등 북한의 말하기에 대한 편견이 없지 않다. 지금은 일상적으로 쓰는 건 아니지만 "원쑤의 각을 뜨자!"와 같은 구호를 떠올린다면 이런 막연한 생각도 이해가 간다.

그러나 다소의 정도 차이는 있을지 모르나 말하기 예절을 중시하는 것은 북한어라고 다를 리 없다. 높임법이 발달한 우리말은 기본적으로 언어 예절을 중시하는 전통이 있기 때문이다.

남북한 모두 언어 예절의 가이드북까지 만들어 두고 있다. 남한에는 『표준 화법』, 『표준 언어 예절』이 있고, 북한도 『조선말례절법』, 『우리 말 례절법』을 만들어 보급할 정도로 남북한은 언어 예절에 공을 들인다.

그 내용은 남북이 크게 다르지 않다. 나이 많은 사람에게는 존댓말을 하고, 상대방을 부르는 다양한 호칭어가 있고, 때와 장소에 맞는 알맞은 인사말이 있다. 그리고 그 말도 대부분 같다.

그러면서도 분단의 역사가 쌓인 만큼 차이점도 없지 않다. 아마 평양에 간 남한 아저씨가 아래처럼 길을 묻는다면 돌아오는 대답은 곱지 않을 것이다.

> "아가씨, 여기 버스 정류장이 어디죠?"
> "동무가 잘 찾아보시라요."

'아가씨'는 북한 사회에서 금기시되는 단어이다.[1] 이는 봉건 잔재의 말로서 어떤 경우든 미혼 여성을 일러 '아가씨'라고 하지 않는다. "처녀들이, 처녀 위원장, 화학실험공 처녀"처럼 '처녀'를 주로 사용한다. 위 남한 아저씨도 '처녀동무'라고 불렀다면 길 안내를 잘 받았을 것이다.

　'아가씨'와 반대로 '동무'는 북한에서 일상적인 부름말이다. 그러면서도 남한에서는 기피 대상이 된 걸 생각하면 무언가 부르는 말도 조금씩 달라져간다는 걸 느끼게 된다.

　남북한 사람 간의 대화는 언젠가는 훨씬 활발히 이루어질 것이다. 그런 대화의 자리에서 서로의 언어 예절을 아는 것은 중요하다. 조금이나마 그 시간을 대비하는 의미에서 북한 사람들의 말하기 예절은 어떠한지 미리 한번 들여다보자.[2]

11.1. 부르고 가리키는 말

　호칭어는 "선생님!"처럼 상대방을 직접 부르는 말이고, 지칭어는 "선생님이 학교에 가셨다"처럼 그 사람을 가리키는 말이다. 이 부르고 가리키는 말은 남북한어 사이에 공통점도 많고 또 눈에 띄는 차이점도 있다. 사회 제도가 많이 달라지다 보니 대체로 가정보다는 사회에서 쓰는 말에 차이가 많은 편이다.

　북한 소설 <쇠찌르레기>(림종상) 속에 나타난 한 편지 구절을 보자. 띄어쓰기 등 표기는 남한의 2차 자료를 그대로 따랐다.

삼촌!

열 살 때 헤어져 쉰을 넘긴 이 조카를 상상이나 하실런지? 아니 저보다도 할아버님, 할머님의 얼굴조차도 기억에서 퍼그나 희미해졌을 것입니다. 허나 혈육의 유대만은 세상만물이 다 변해도 끊어질 수 없는 것이기에 아마 삼촌도 작고하신 부모님들과 이곳 조카들을 늘 잊지 않고 계시리라 믿습니다.

40여 년이 지난 오늘에야 비로소 삼촌에게 편지를 쓰게 된 저는 안부를 묻기 급하게 할아버님, 삼촌과 고모, 그리고 저에 이르는 우리 집안 3대가 혈육뿐만이 아닌 조류학이라는 또 하나의 강한 유대로 이어져 있다는 것을 먼저 상기해 보았습니다.

위 예에서 보듯이 북한어라고 해도 '삼촌, 조카, 할아버님, 할머님, 고모' 등 호칭어, 지칭어는 남한과 크게 다르지 않다. 두 언어는 기본적으로 같은 말을 쓴다. 그러나 한편으로 각자의 사회에서 의미적 쓰임이 달라진 말, 사라진 말, 새로 생긴 말 등이 있어 그 차이도 적지 않다.

첫째, 북한어 역시 '아버지, 어머니, 할아버지, 할머니, 삼촌, 고모, 이모, 형, 누나, 오빠, 언니, 아저씨, 아주머니, 사돈' 등 전통적이며 보편적인 호칭어, 지칭어를 사용한다. 이 말들은 대체로 고유어가 많다. 북한어의 호칭어, 지칭어라고 해도 대체로 남한어의 그것과 크게 다르지 않다.

둘째, 북한어는 이른바 '낡은 사회'의 말이라 하여 안 쓰는 호칭어, 지칭어들이 있다. '춘부장(남의 아버지), 자당(남의 어머니), 조부, 조모, 빙장, 빙모, 숙부, 숙모, 자씨, 매씨' 등(대부분 한자어이다)이 그런 예로서, 주로 그 쓰임이 적으며 '할아버지, 할머니, 장인, 장모' 등 더 쉬운 호칭[3]으로 대체할 수 있는 말들이다. 이 가운데 많은 말들은 사실 남한어에서도 잘 쓰이지 않는다. 물론 한자어 호칭이라고 하여 무조건 배제하는 것은 아니다. '조부, 조모'는 '할아버지, 할머니'로 쉽게 바꿔 쓸 수 있지만 '조부모'는 한 단어로 대체하기가 어렵다. 그래서 "나란히 누워 계시는 조부모님들"처럼 그대로 쓴다. '숙부, 숙모'도 '작은아버지, 작은어머니' 등 대체어가 있어 쓰지 않을 말로 분류하지만 '외숙부, 외숙모'는 그렇지 않아 그대로 인정한다. 이 외에 '매형, 매부, 형수, 제수' 등도 널리 쓰이는 한자어 호칭들이다.

셋째, 특히 '나으리, 마님, 아가씨, 소생, 첩, 쇤네, 계집, 할아범, 어멈' 등 이른바 '봉건적' 신분 사회의 잔재로 여겨지는 말들은 적극적으로 배제한다. 우리 사회에서도 시대적으로 지나간 말들이어서 거의 쓰지 않는다. 단 '아가씨'는 예외로 남한어에서 여전히 널리 쓰인다. 그러나 북한어에서 '아가씨'는 매우 부정적인 말로서 사용이 금기시되는 호칭이다. "김 서방, 박 서방"처럼 사위, 동서, 제부 등을 두루 일컫는 말 '서방' 역시 같은 이유로 북한어에서 쓰지 않는다. 그래서 사위들끼리도 '형님, ○서방'이 아니라 '형님, 동생'으로 부른다.

넷째, 북한어는 정치적 목적 등으로 '동무, 동지'와 같은 새로운 호칭이 널리 쓰이고 남한어도 '자기, 와이프, 남친, 여친'과 같은 말들이 새로 생겨나 쓰이는 경향이 있다. 사회 체제의 차이로 호칭어, 지칭어에 특징적인 변화가 생겨나는 것이다.

다섯째, 북한어도 시누이를 '고모'라고 하듯이 아이에게 기댄 호칭어, 지칭어가 많다. 처형, 처제도 아이에 기대어 '광명이 큰어머니, 광명이 이모, 동수 엄마' 등과 같이 간접 호칭으로 많이 부른다.[4] 시부모를 '할아버지, 할머니'로 부르는 경우도 있다. 다음은 시어머니를 '할머니'로 부르는 소설의 한 장면이다.

김숙화가 손바닥으로 볼을 적신 눈물을 닦는데 며느리가 유리사발에 과일물을 담아 가지고 들어왔다.

"**할머니** 드세요. 막 시원해요."

"거기 아무데나 놓아라." 그는 쌀쌀하게 일렀다.

며느리는 무슨 뜻인지 방긋 웃어 보이고는 유리사발을 원탁 우에 놓고 나갔다. (산제비)

작품 속에서 며느리는 "할머니, 할머니 왜 속상하게 굴어요!", "돌아가자요, 할머니" 등처럼 시어머니를 지속적으로 '할머니'로 부른다. 아이에 기대어 부르는 것이다. 다만 북한의 예절서[5]는 이러한 호칭은 바람직하지 않으므로 자기 입장에서 '아버님, 어머님'처럼 부르도록 권장하고 있다.

여섯째, 북한어는 상대적으로 '-님'을 덜 쓴다고도 하지만 의외로 '-님'이 결합하여 쓰기도 하는 특징이 있다. 이를테면 '형부, 제수' 등을 '형부님, 제수님'이라고 '-님'을 붙여 부르기도 하는 것이다. 사돈도 어려운 상대라서 남한어에서는 '사돈어른, 사부인'처럼 부르는데 북한어는 '사돈님'이라고 부른다.

이제 북한의 가정, 사회에서 어떤 말을 쓰는지 구체적인 모습을 들여다보자.

11.1.1. 가정에서

먼저 가정에서 쓰는 호칭어, 지칭어는 남북한어에는 큰 차이가 없다. 대체로 전통적으로 써 오던 말이 이어지기 때문이다.

그러면서도 뭔가 다를지 모른다는 생각에 북한에서도 '엄마, 아빠'

라고 하는지, 북한의 부부도 '여보, 당신'이라고 부르는지 궁금증이
드는 것도 사실이다. 실제로 숙모를 '삼촌어머니'라고 부르는 것처럼
북한어 특유의 말들도 있다. 그 특징적인 예들을 보자.

▌ 엄마, 빨리 가자

북한 아이들도 '엄마, 아빠'라고 할까? 아버지, 어머니라고 하는 것
은 당연하다고 해도 이 엄마, 아빠만큼은 궁금증이 드는 것이다.

북한에서도 아이의 경우 '엄마'라고 하는 게 보통이다. 다만 '엄마'
에 비하여 '아빠'는 거의 쓰지 않는다. 제목은 생각나지 않는다면서도
김 선생은 "우리 엄마 뽀뽀 우리 아빠 뽀뽀가 제일 좋아~"라는 노랫
말의 동요는 있다고 한다. 그래도 엄마라고는 많이 해도 아빠라고는
거의 하지 않는다. 저자 개인적으로는 어린 시절부터 줄곧 부모님을 부
르는 말이 '엄마, 아버지'로 구별되었으니 이런 언어문화가 낯설지는
않다. 유치원생 아들과 아버지가 나누는 대화 장면을 보자.

> **"아버지…"**
> 호남이가 불렀다.
> 석춘은 걸음을 멈추었다. [중략]
> "너 왜… **엄마**를 따라가지… 유치원에 늦어지겠다."
> "안 갈래."
> "저런!… 그럼 어디 가겠니?"
> **"아버지** 공장에…" (벗)

이 대화처럼 아이가 '엄마', '아버지'로 부르는 게 가장 정형적인 모
습이다. 북한 어린이들은 보통 "엄마, 빨리 가자", "엄마, 나 물…", "아

버지, 잘 다녀오세요", "아버지! 엄마가…" 등처럼 말하는 것이다.

그래도 성인이 되면서 '어머니'로 이동해 가는 게 보통이다. 한 드라마에서 과오로 인해 지방 농촌으로 내려온 어머니가 20대 아들에게 "이 엄마 때문에…"라고 힘없이 말하고 아들은 오히려 "어머니…"라고 하면서 어머니를 위로한다. 엄마, 어머니의 부름말이 교차하는 지점이 상징적으로 엿보이는 장면이다.

오늘날 남한에서 성인이 되어서도 거의 대부분 '엄마, 아빠'라고 하듯이 가장 보편적인 부름말은 '엄마, 아빠'가 되었다. 반면에 북한어에서 가장 보편적인 부름말은 "아버지, 무슨 일이 있었나요?", "어머니, 그 새 무슨 일이 있었습니까?" 등처럼 역시 '아버지, 어머니'라고 할 수 있다. 다만 우리의 말하기가 '어머니, 아버지'에서 '엄마, 아버지'로, 다시 '엄마, 아빠'로 이동해 갔음을 생각하면 북한의 말하기도 언젠가는 '엄마, 아빠'로 이동해 갈지도 모른다.

▌아버님, 직장갔다 오겠습니다

북한에서 며느리는 시부모를 어떻게 부를까. 일단 '아버님, 어머님'이라고 하는 것은 남한과 다를 게 없다. 시아버지보다야 시어머니가 좀 더 편한 것도 마찬가지여서 "아버님이랑 오셨댔어요. 어머니랑 같이."처럼 시어머니는 특별히 '어머니'라고 친밀하게 부르는 것까지도 같다.

북한의 사위들도 남한의 사위들처럼 처부모를 '아버님, 어머님'으로 부른다. 한 토막극에서 장인을 모시고 한 집에 사는 사위의 출근 장면이다.

"**아버님**, 직장갔다 오겠습니다."
"오, 어서 그러게." (누가 아버지입니까)

435

또 "햇감자랑 좀 넣었으니 어머님께 대접하오"[6]라고 아내에게 장모를 가리키듯이 북한에서 장인, 장모를 부르는 가장 보편적인 말은 '아버님, 어머님'이다.

물론 '장인, 장모'라고도 한다. 아래는 한 젊은이가 마음에 두고 있는 여성과 대화를 나누는 장면이다. 이 젊은이는 대화 중에 여성의 어머니를 '장모'라고 하면서 슬쩍 결혼하고 싶다는 본심을 드러내고 있다.

> "그 얼굴도 좀 닦으세요." 목소리가 어덴가 귀에 익었다. 혹시나…
> 하는 생각에 나는 귀를 기울였다.
> "일없어. 운전수 진짜 얼굴은 이 뜨락또르거든. 아마 우리 **장모**도
> 이 '얼굴'을 더 좋아할 거요."
> "장모라고요? 동무한테 무슨 장모가 있어요?"
> 정말 처제의 목소리 비슷했다.
> "물론 있지, 동무 어머니 말이요."
> "어마나!" ('행운'에 대한 기대)

특이하게도 '가시아버지, 가시어머니'라고도 한다. 한 드라마에서 집안 어른이 자녀들에게 "시부모, 가시부모 되면 느끼겠지만…"이라고 하듯이 둘을 묶어서 '가시부모'라고도 한다. '갓'(아내의 옛말)의 아버지, 어머니라는 뜻이다. 사실 이 말은 남한어에서도 표준어이다. 다만 거의 쓰지 않는 반면 북한에서는 여전히 일상적으로 쓰이고 있어 그들 특유의 부름말이라고 할 만하다.

그럼 며느리, 사위는 어떻게 부를까. 일단, 사위를 'ㅇ서방'처럼 부르지는 않는다. '서방'은 '아가씨'처럼 봉건 잔재의 말로 보기 때문이

436

다. 그래서 북한에는 '김서방'이 없다.

이것을 제외하면 며느리를 '애야, 아가야, 며늘아가' 등으로, 사위를 '이 사람, 자네' 등으로 부르거나 가리키는 것은 남한어와 다를 바 없다.[7] 남한어에서 가장 일반적으로 쓰이는 'ㅇ서방'이 북한어에는 없는 게 차이라면 차이일 뿐이다. 다만, '서방'을 금기시하면서도 새신랑, 새신부에 해당하는 말로 '새서방, 새각시'라고 한다. 이 경우는 '서방'에 봉건적 의미가 담겨있지 않다고 보아서일 것이다.

▌ 여보, 당신

북한의 부부도 '여보', '당신'이라고 한다. '여보'라고 부르고 '당신'으로 가리키는 것은 여느 남한 가정과 다를 바 없는 것이다. 역시 한 드라마의 장면이다.

남편: **여보**, 준비 다 됐지?
아내: **당신** 늦었나요? (호각소리)

그런데 신혼 때는 좀 쑥스럽고, 노년에는 좀 낯간지러운 것도 남북한 부부의 공통 심리이다. 그래서 남한에서도 신혼 때 "저기요", "오빠", "자기야" 등 갖가지 호칭이 동원되는 것처럼 북한도 "김동무", "순희동무"처럼 '동무'를 붙여 부르기도 한다.

명훈동무! 이제 가면 할아버지, 할머니가 날 보구 좋아하실까요?

그렇다고 이렇게 딱딱한 호칭만 쓰는 게 아니다. "철남오빠!"처럼 '오빠'라고도 많이 부른다. 이 모두 연애할 때 흔히 부르던 호칭이 신혼에도 이어진 것인데 역시 신혼부부의 심리는 남북이 다르지 않다.

아이가 있으면 "옥이 엄마", "철이 아버지"처럼 흔히 아이 이름을 넣어 말하기도 한다. 남한어와 크게 다르지 않은데 김 선생은 이게 더 일반적이라고 한다.

때로는 그냥 '아버지'라고도 부르기도 한다.

(친정아버지, 남편이 함께 있는 공간에서) **아버지!**

이 예는 앞서의 드라마 <누가 아버지입니까>의 한 장면이다. 이렇게 "아버지!"라고 부르자 아버지와 남편이 동시에 대답하듯이 남편을 '아버지'라고 부르기도 하는 것이다.

다만 북한 예절서에 따르면 이는 바람직한 호칭은 아니라고 한다. 남한에서도 '자기, 오빠, 아빠' 등을 바람직한 말로 권장하지 않는 것과 비슷하다. 위 드라마에서도 아버지는 이 점을 지적한다.

거 요즘 일부 녀성들이 제 남편보구 아무개 동지, 아무개 동무, 지어 너처럼 아버지라고 부르는데, 이건 정말 듣기에두 거북하고 례의도덕에도 심히 어긋나는 일이라고 생각한다. 남편과 아내 사이에 여보, 이보세요, 애 아버지, 아, 이렇게 부르면 얼마나 좋으냐.

노년에 이르면 보통 아내는 남편을 '령감', 남편은 아내를 '할멈' 또는 '로친'이라고 부른다. 특히 아내를 부르거나 가리키는 말로 '로친' 또는 '로친네'가 쓰이는 것은 주목된다.[8] 남한어에서도 "우리집 노친

네가…"라고도 하지만 북한에서 '로친(네)'은 그보다 더 일상적으로 쓰인다. "로친네가 끓인 생선국이나…"[9]처럼 가리키기도 하고 "령감!", "로친!"처럼 부르기도 한다.

령감, 한쪽 드시오
여보, **로친네**.

이 책 6장에서 소개한 '세대주'는 북한어에서 남편을 가리키는 특이한 지칭어 중 하나인데 일종의 별책부록처럼 더해진 말이라고 할 수 있다. 이 '세대주'와 '남편'은 큰 구별 없이 넘나들며 쓰인다. 앞의 드라마 <호각소리>에서 두 여성이 나누는 대화이다.

여성1: 그런데 우리 **세대주**는?, 아무렴 우리 **남편**이겠나요?
여성2: 오, **세대주** 전화번호?, 이거 니 **남편** 거이가?

남편 자랑을 하는 아래 글에서도 '세대주'와 '남편'은 넘나든다.

군의 김일성화김정일화온실에서 일하는 **세대주**도 … 작업반의 보배로 불리우고있습니다. 사람들로부터 그런 평가를 들을 때면 **남편**의 뒤바라지를 더 잘하며 아이도 나라의 역군으로 훌륭히 키워야 하겠다는 마음을 가다듬게 됩니다. (금수 19. 6.)

▌이야, 우리 형님이 제일이야

동기나 그 배우자를 부르는 말은 남북한이 대체로 같다. 그러면서도 꽤 특이한 점도 있는데 여자들끼리 쓰는 '형님'이 그 대표적인 예이다.

우리는 한 가정에 시집온 여자가 남편의 누나를 '형님'이라고 부른다. 그런데 북한에서는 형님이라고는 거의 하지 않고[10] 남편의 누나든, 여동생이든 모두 '누이'라고 부른다.

북한어에서 '형님'은 오빠의 아내를 부르는 말이다. 즉 남한에서는 남편의 누나를, 북한에서는 주로 오빠의 아내를 '형님'이라고 부른다는 점에서 둘은 크게 다른 것이다. 시누이와 올케 간 대화를 보자.[11]

> 시누이: 이야, 우리 **형님**이 제일이야.
> 올케: **누이**두….

여기에서 '형님'은 오빠의 아내이고 '누이'는 남편의 여동생이다. 그래서 남한어로 옮긴다면 다음과 같이 될 것이다.

> 시누이: 이야, 우리 **새언니**가 제일이야.
> 올케: **아가씨**두….

손아래 시누이를 부르는 말도 '아가씨'와 '누이'로 다르지만[12] 무엇보다도 북한어에서 오빠의 아내를 '형님'이라고 부르는 게 특징적이다. 북한어에는 '새언니'라는 말이 없다.

놀라운 것은 남동생의 아내도 '형님'이라고 부른다는 점이다. 김 선생의 제보인데 확인차 몇 번이나 물어보았지만 그렇다고 분명히 답한다. 구체적으로 큰형님과 작은형님으로 구분한다고도 한다. 이 남동생의 아내를 부르는 말은 좀 다양하다. 북한 특유의 말로 '오레미'도 있고[13] '올케'도 있다. 그런데 '오레미'는 쓰이긴 해도 아주 일반적이지는 않다고 한다. '올케'도 언어 예절서에는 있지만 일상에서 거의 쓰이지 않고 실제 조선말대사전(2017)에도 없는 말이다. 이렇게 보면 '형님'은 북한에서 남동생의 아내를 부르는 꽤 대표적인 말이라고 할 수 있다.

같은 며느리들 사이에서 손아랫동서가 손윗동서를 '형님'으로 부르는 건 남북 모두 같다. 그런데 남한은 거의 예외 없이 '형님'으로 부르는 데 반해 북한은 특이하게도 "철이 어머니"처럼 아이에 기대어 부르기도 한다.[14] 남한에서 이렇게 불렀다가는 큰 싸움이 벌어질지도 모를 일이다. 손아랫동서는 이런 식으로 불러도 손윗동서는 절대로 이렇게 부르지 않는 것이다.

▌ 동무네 언니랑 아저씨가 가만히 있을가

형부를 '아저씨'라고 하는 점도 이채롭다. 아까 은근슬쩍 마음을 고백한 남자가 "우리 일을 알면 동무네 언니랑 아저씨가 가만히 있을가?" 하고 새삼 걱정하는데, 여기서 아저씨는 연인인 여자의 형부를 가리킨다.

직접 부를 때도 마찬가지다. 우리는 처제가 "형부!"라고 부르는 게 보통이지만 북한에서는 "아저씨!"라고 부른다. '형부'는 가리킬 때는 쓰지만 우리처럼 직접 부르는 말로는 잘 쓰지 않는다. 그만큼 '아저씨'는 북한어에서 형부를 부르는 대표적인 말이다. 친족 간 호칭에서 '아저씨'라고 하면 삼촌뻘보다도 형부를 먼저 떠올릴 정도이다.

이는 남한어에서 형수를 '아주머니'라고 해도 형부는 '아저씨'라고 하지 않는다는 점에서 보면 꽤 독특해 보이기도 한다. 하지만 아저씨는 아주머니와 짝을 이루는 말이기도 하고, 형수를 '아주머니'라고도 하듯이 형부를 '아저씨'라고 하는 것이 논리적으로 이상하지는 않다. 우리도 사회에서 만나 언니, 동생 하는 사이에서 "언니 아저씨는…" 처럼 '아저씨'라고 하기도 하는데 북한어에서 형부를 아저씨라고 하는 것과 어느 정도 닮아 보인다.

▌ 큰아버지는 누구?

결혼을 하면 배우자의 형제자매들이 있고 또 그 배우자도 있다. 이럴 때 서열의 위아래와 성별의 관계가 겹치면서 복잡한 부름말을 형성한다.

그래도 남북한어는 아주버니, 형님, 동서 등 대부분 비슷하다. 시누이를 '고모'라고 하듯이 아이에 기대어 잘 부르는 것도 닮아 있다. 오랜 기간 이어져 온 가족 간의 부름말이라는 게 쉽게 바뀔 수는 없는 것이다.

하지만 북한어에는 꽤 특징적인 점도 있다. 예를 들어 남편의 형을 '아주버니'뿐만 아니라 아이에 기대어 '큰아버지'라고도 부르는 것이다. 아이에 기댄 호칭은 우리말에서 흔하므로 그럴 수 있겠다 싶으면서도 특이하게 느껴지는 건 사실이다. 우리도 남편을 '아빠'라고 부르기도 하지만 그렇다고 남편의 형까지 '큰아빠'라고 부르지는 않는 것이다.

다만 앞서 토막극에서 남편을 '아버지'라고 부르다가 혼나는 것처럼 북한어에서도 이 '큰아버지'가 바람직한 호칭어는 아니다. 정형적인 부름말은 '아주버니' 또는 '시형'이다. 아이에게 기댄 호칭어가 문제시되는 건 남북이 다르지 않다.

▌ 적은이, 이걸 좀 봐줘요

남편의 남동생은 어떻게 부를까. 아직 총각인 시동생을 부르는 경우로서, 일단 '도련님'이라고는 하지 않는다. 전통적인 호칭어이고 사전에도 올라 있지만 실제로는 거의 쓰지 않는다. 결혼한 시동생을 부르는 말 '서방님'은 아예 봉건적 잔재로서 금기어이다.

아이가 있을 때이지만 역시 남북한의 공통어는 '삼촌'이 아닌가 한다. 뭔가 어려운 사이에서 아이에 기댄 말은 마음 편한 것이다.

삼촌, 어서 식사해요.

또 '작은아주버님'이라고도 부른다. 아주버니는 남편의 형을 가리키는 말이고 북한 사전도 그렇게 기술하지만 김 선생에 따르면 이 말을 잘 쓴다고 한다.

그러면서 '적은이'도 매우 특징적이다.

적은이, 이걸 좀 봐줘요.

'적은이'는 시동생이나 나이가 아래인 사람을 허물없이 부르는 말이다. 남자들 사이에서 자기 남동생을 일러서 "우리 집 적은이가 말하는데…"[15]처럼 말하기도 한다. 방언에서 올라와 평양 등지에서 꽤 두루 쓰이는 말인데 남한어에서는 볼 수 없는 북한어 특유의 호칭이다.

우리 사회에서 처제는 '처제'라고 부르고 반말을 하는 데 반해, 시동생은 '도련님'이라고 부르고 존대를 하는 것은 불공평하다는 문제 제기가 있다. '도련님'이 불평등의 아이콘처럼 된 것이다. 이 점에서 '님'이 없는 '적은이'가 공정한 말일지도 모르겠다.

▌ 은하 어머니, 섭섭합니다
한 집안의 사위와 며느리는 아무래도 서로 조심하는 사이이다. 그

443

래서 서로 간에 부르는 말도 잘 발달하지 않았고 그러다 보니 오늘날에도 여전히 곤란해 하고는 한다. 이건 남북이 다르지 않다.

그래도 남북한 모두 각자 쓰는 말이 있다. 일단 '공식적'인 말을 보자. 처남의 댁을 부를 때 남한의 경우 손위는 '아주머니'로 부르고 손아래는 '처남(의)댁'으로 구별하여 부른다. 그런데 북한어는 구별 없이 모두 '아주머니'로 부른다.

시누이의 남편은 어떻게 부를까. 우리의 경우 손위는 '아주버님'으로 부르고 손아래는 '서방님'으로 부르도록 하고 있다. 그런데 북한은 역시 위아래 구별 없이 '아재' 또는 '아저씨'라고 부른다.[16]

다만 북한도 이러한 호칭어를 얼마나 보편적으로 쓰는지는 의문이고 남한도 표준 언어 예절이 그렇다는 것이지 실생활에서는 꼭 그렇게 부르는 것도 아니다. 저자도 "아주버니"로 불리면서도 정작 처남의 댁한테 "처남댁"이라고 부르는 일은 거의 없기도 하다.

북한의 한 드라마에서 집에 손아래 시누이와 그 남편이 찾아온다. 그들을 맞으며 주인공은 반갑게 인사한다.

누이! 어떻게들 왔어요? (내 어머니 내 딸)

나란히 서 있는 부부를 보면서 주인공은 이렇게 시누이는 '누이'라고 부르면서 시누이 남편은 따로 부르지는 않고 눈만 마주친다. 그렇게 우물우물 넘어가고 싶은 게 남북의 공통된 심리가 아닐까 싶다.

그러다 보니 이 어정쩡한 사이에서 역시 가장 쉬운 말하기는 남북한 모두 아이에 기대어 부르는 것이다. 우리 주변의 가정에서 처남댁과 시누이 남편이 서로 "고모부", "○○ 엄마"처럼 아이에 기대어 부르는 일은 흔하다. 그렇듯이 북한도 "광명이 고모부", "영희 어머니"

처럼 아이에 기대어 부르는 게 보통이다. 앞의 드라마에서도 눈인사
만 받은 시누이 남편은 대화 중 처남댁을 아이에 기대어 부른다.

> **은하 어머니**, 섭섭합니다.

가정 내 언어 예절에서 엿보는 삶의 모습은 남북이 크게 다르지 않
은 듯하다.

▌삼촌어머니, 그동안 안녕하십니까?

삼촌이 결혼을 하면 그 부부를 '작은아버지, 작은어머니', '작은아
빠, 작은엄마', '삼촌, 숙모' 등 다양하게 부른다. 그런데 북한에서 부
르는 가장 보편적인 호칭어는 '삼촌, 삼촌어머니'이다.

'삼촌아버지, 삼촌어머니'가 짝이 맞는 말인데 보통은 그냥 '삼촌'
이라고 한다. 무엇보다 '삼촌어머니'는 특히 보편적으로 쓰인다는 점
에서 더 특이하게 느껴지는 말인데, 아이들은 '삼촌엄마'라고도 한다.

> **삼촌**, 다음번 조국에 오시면 려명거리에 있는 미향이네 집에 꼭 오
> 십시오.
> **삼촌어머니**, 그동안 안녕하십니까.
> **삼촌엄마** 왜 이렇게 늦었어요?

이 '삼촌, 삼촌어머니'는 북한에서 널리 쓰는 말이다. 그러나 같은
방식으로 된 '고모어머니, 고모아버지, 이모어머니, 이모아버지' 등
일련의 말들이 있기는 하지만 이들은 거의 쓰이지 않는다.[17] 그냥 '고
모, 고모부, 이모, 이모부'라고 부른다.

고모, 손님이 오셨어요.
아, **이모**예요? 저 인섭입니다.

외삼촌도 그 부부를 '외삼촌, 외삼촌어머니'라고 부른다. 김 선생은 이게 가장 보편적인 부름말이라고 한다.

외삼촌과 **외삼촌어머니**, 그동안 건강하셨습니까.

이 말은 일단 북한 사전에 올라 있고, 위와 같은 사용례가 있으며, 북한어 화자인 김 선생도 널리 쓰인다고 하니까 적어도 꽤 현실적인 말임은 틀림없을 것이다.

물론 '외숙부, 외숙모'로 부르기도 한다.[18] '아저씨, 아주머니'라고도 한다지만 그리 일반적이라고 하기는 어렵고 특히 '아저씨'는 북한어에서 대체로 형부를 가리키는 말로 쓰이는 게 보통이다.

이와 같이 북한에서 삼촌뻘 친족을 부르는 말은 다양한데, 언어 예절서마다 내용이 같지 않고 그중 사전에 없는 말도 있으니 혼란스럽다고도 할 정도이다. 그런 속에서 '삼촌어머니, 외삼촌어머니'와 같은 말은 남북한 호칭어의 갈림길을 뚜렷이 보여주기도 한다.

▌아이고, 사돈님들!

사돈은 남한어에서 '사돈어른, 사부인'으로 부르는 것이 일반적이며 같은 성별끼리는 흔히 '사돈'으로 부른다. 그런데 북한어에서는 남녀 통틀어서 '사돈님'으로 부른다.[19]

446

사돈님, 애들이 오늘을 영원히 추억할 수 있게 만경 생가를 찾아보게 할까 합니다.

아이고, **사돈님들!**

물론 경우에 따라 '바깥사돈(님)', '안사돈(님)'으로 구별하기도 한다.[20]

지역마다 집안마다 친족 간 부름말이 다르다. 그래서 지금까지 보았듯이 남북한 모두 각자의 생활상이 반영된 다양한 호칭어, 지칭어들이 발달하였다. 이 어지러울 정도로 복잡한 말들에서 오히려 우리말의 문화가 느껴지기도 한다.

11.1.2. 사회에서

사회적 관계에서 쓰는 말은 어떨까. 가정에서의 말과 마찬가지로 대체로 비슷하면서도 북한어 특유의 말들이 있다. 예를 들어 친구의 누나를 "누나!"라고 부르기도 하지만 '친구'의 이름을 넣어 부르기도 한다.

가겠습니다, **치규 누나.** (먼 길)

우리라면 "보은이 누나"처럼 그 누나의 이름으로 부르지 이렇게 친구의 이름으로 부르지는 않는다. 사회적 관계에서 쓰는 남북의 부름말 역시 기본적으로 같으면서도 이렇게 차이도 있다. 여기에서 그 특징적인 말들을 보자.

▌동무, 길 좀 물읍시다

북한어의 호칭어, 지칭어 중 가장 특징적인 말은 단연 '동무'일 것이다. 북한에서 '동무', 나아가 '동지'는 사회의 거의 대부분 관계에서 사용되는 말이다.

> **동무**, 길 좀 물읍시다.
> **영숙동무**, 녀동무들이 다 왔소?
> **국장동지**, 어디 가십니까?

잘 알려져 있듯이 '동무'는 나이, 사회적 지위 등이 비슷하거나 아래인 사람에게 쓰는 말이고, '동지'는 높은 사람에게 쓰는 말이다. 선생님은 교실에서 "동무들, 수업을 시작합시다"라고 말하고, 직원은 상사에게 "국장동지, 어디 가십니까?"라고 말하는 것이다.

북한은 사회 구성원들이 공산주의 사회로 나아가는 공동체의 일원, 이를테면 혁명 동지라는 의식을 심어주기 위하여 서로 간에 '동무, 동지'라는 말을 쓰도록 유도하고 교육한다. 실제 북한 사회에서 이 말은 매우 보편화되어 있어 남한어의 '씨', '양', '군' 등이나 '부장님', '소장님' 등 직함을 쓰는 자리를 거의 대신하고 있다.

낯선 사람들끼리도 동무, 동지라고 부른다. 상대방의 직업, 직위 등은 몰라도 대략 나이 등에 따라서 동무, 동지로 적절히 대우한다. 토막극 <마음씨 고운 길손들>에서 기차역 대합실에서 장년층 남자와 젊은 아가씨가 나누는 대화이다.

> 남: 처녀**동무**, 혹시 물이 좀 없소?
> 여: 없는데요.

여: (잠시 후) **동지**, 제가 물을 떠오겠어요.

남: **동무**가?

　이름도, 직업도 모르는 관계지만 대략 짐작되는 나이에 비추어 동무, 동지라고 말하는 것이다. 그만큼 이 말은 일상적인 호칭어라고 할 수 있다.

　심지어 연인 관계에서도 쓰인다. 이를테면 남한의 두 연인이 '철수 씨', '영숙 씨'라고 부른다면, 북한의 두 연인은 '철수동무', '영숙동무'라고 부른다. 소설 속 연인 간의 애틋한 대화 장면을 보자.

　　정진우는 은옥의 손에 자기 손을 살며시 얹었다.

　　"손이 차구만…"

　　"…"

　　은옥이는 손을 내맡긴 채 마음의 문과도 같은 애정어린 눈매로 정진우를 쳐다보았다.

　　"**동무** 손도 차군요…"

　　추위에 언 두 손바닥 안에서는 점점 온기가 스며올랐다.

　　"진우**동무**… 결혼한 다음에도 이렇게 사랑해줄래요?"

　　"그렇지 않구." (벗)

　'동무, 동지'를 선택하는 데는 사회적 지위가 꽤 중요하다. 위 소설 중 판사와 선반공이 나누는 대화에서 선반공은 "판사동지… 리혼하게 되면 애는 어쩝니까?"처럼 사회적으로 상급자라고 할 판사를 '동지'로 부르고 하십시오체를 쓰는 반면, 판사는 "석춘동무, 흥분하지 마오"처럼 하급자로 인식되는 선반공을 '동무'로 부르고 하오체를 주로 쓰는 것이다.

그래서 혹시라도 상급자를 동무로 불렀
다가는 분란이 생기게 된다. 아래는 드라마
<축하합니다>에서 사적인 일로 한 직장의
상, 하급자(부지배인과 공정원)가 언쟁을
벌이는 장면이다. 말다툼 끝에 화가 난 하급자가 상급자에게 '동무!'
라고 했다가 곤경에 처하고 만다.

> 상급자(여): 공정원동무! 동무, 집에 들어와서도 그렇게 어정쩡해요?
> 하급자(남): 그건 무슨?
> 상급자(여): 동무야 직장에서도 그러잖아요. 사회에서 별 필요없
>   고 생활에서 어물쩍하고…. 뭐하나 맵짜게 하는 게
>   있어요?
> 하급자(남): **동무!**
> 상급자(여): 나보고 그래요?
> 하급자(남): **도, 동지**….

이 '동무, 동지'는 기본적으로 격식적이며 공적인 부름말이다. 그러
니까 가정에서는 거의 쓰이지 않는 것이다. 아버지를 "아버지동지"라
고 부른다거나 딸을 "경애동무"라고 부를 수는 없는 노릇이다. 사회
적 관계라고 해도 사적인 분위기에서는 잘 안 쓰이기도 한다. 예를 들
어 친구 간에 공적인 환경에서는 '동무'라고 하면서도, 보다 사적인
상황에서는 그냥 이름만으로 부르기도 하는 것이다.

아래는 김봉철의 소설 <나의 동무들>의 한 장면이다. 이 소설의 등
장 인물들은 유치원 때부터 친구 사이인 20대 초반의 청년들이다. 그

450

들은 평상시에 남녀 불문하고 "성옥아", "얘 은주야" 하고 부르면서도, 공적인 상황에서는 '동무'라고 부르고는 한다. 그래서 아래 두 친구의 대화에서처럼 '동무'라고 할 때는 상대방을 격식적으로 대하는 의미가 강하다.

> 두칠이가 맞갖잖게 허창림이를 아래우 훑어보다가 한마디 했다.
> **"동문** 오늘 경연련습이 있다는 걸 몰랐어?"
> **"동무?"**
> 허창림이가 코소리로 그의 말꼬리를 잡으며 두칠이를 힐끗 돌아보았다.
> 평상시에 그들은 학교시절 그대로 이름만 부르며 지내던 사이였다.

이어지는 장면도 마찬가지다. 아래 대화에서 창림은 성옥을 '성옥아'라고 부르다가 뭔가 정색하고 말할 장면에 이르러 '성옥동무'로 바꾸어 부른다. 그만큼 언어책략적으로 부름말을 번갈아 사용하는 것이다.

> "네 말이 옳다. **성옥아**, 난 원래 어릴 때부터… [중략]"
> "흥"
> 성옥이가 코웃음을 쳤다.
> "그런데 **성옥동무!**"
> 갑자기 창림이가 눈을 감때사납게 번뜩였다.

학교에서도 마찬가지다. 학생들끼리는 친구 사이니까 "그래 은별아, 밑질게 없잖아"처럼 당연히 이름을 부를 수 있지만, "은별동무, 우리 그러지 말구 함께 찾아보자"처럼 '동무'로 부르기도 한다.

451

이 '은별아'와 '은별동무'는 꽤 구분된다고 한다. 친구끼리 일상적인 만남에서는 그냥 이름을 부르지 'ㅇㅇ동무'라고 하지는 않는다. 그런데 생활총화처럼 '공식적'인 자리에서는 거의 필수적으로 'ㅇㅇ동무'라고 부른다는 것이다. 우리 어린이들이 학급회의 자리에서 '의장, 반장' 등 직책명으로 부르는 것과 비슷하다고 할 것이다.

▮ 아바이

동해안의 항구 도시 속초에는 '아바이 순대'가 유명하다. 지금은 꽤 알려졌다고 해도 적지 않은 사람들에게는 그 맛도, 그 이름 '아바이'도 생소한 편이다.

'아바이'는 북한어의 특징적인 호칭 중 하나이다. 이 말은 원래 할아버지를 뜻하는 함경도 방언이지만 문화어에서 '나이 지긋한 남자를 친근하게 이르는 말'로 자주 사용된다. "그, 온성에 탁배기를 잘 담그는 아바이가 있다는구만"과 같은 예나 '박아바이, 덕삼아바이, 평양아바이, 소장아바이'와 같이 다양한 방식으로 쓰인다.[21]

'동무'가 꽤 공식적이고 사무적인 느낌이 있다면 '아바이'는 보다 친근감 있는 표현이면서 상대방을 존중해 주는 의미를 지닌다. 대체로 젊은 사람이 나이 지긋한 사람에게 쓰는 말인데, 백남룡의 <벗>에서 주인공 판사가 나이 많은 기능공을 만나는 장면을 보자. 사회적 지위로는 판사가 위이지만 40대 후반의 판사로서는 60이 넘은 기능공을 '동무'라고 부르기에는 뭣하다. 이럴 때 쓰는 말이 '아바이'이다. 지위 고하를 떠나 연장자에 대한 존중감을 표하는 것이다.

> 정진우 판사는 설비관리원인 석춘의 옛 기능공 아바이를 만났다.
> 예순 살이 훨씬 넘은 설비관리원은 몸집이 든든하고 정력이 있어

보였다.

[중략]

"아바이…"

정진우는 오십고개턱에 이른 자신이 설비관리원을 아바이라고 부르기는 좀 멋적다고 생각했지만 공적으로 동무라고 부르게 되지는 않았다. 석춘의 과거 이야기 속에서 늙은 기능공을 보았고, 이 첫 상면에서 벌써 진실로 존대하게 되고 자신을 퍽 아래사람으로 낮추게 되는 것이었다.

이러한 쓰임은 쉽게 확인할 수 있다. 다음 드라마 <자기를 바치라>의 한 장면도 마찬가지다. 지위는 높지만 상대적으로 젊은 책임비서는 지위는 낮아도 나이가 위인 소장을 대우하여 말한다.

소장: 책임비서 동지….

책임비서: 소장 **아바이**. …언제 오셨습니까?

▌임자 보기엔 내가…

위 제목을 보면 얼핏 할아버지가 할머니에게 하는 말쯤으로 생각될지 모르겠다. 그런데 이는 할아버지가 장차 손주사위가 될 젊은이에게 하는 말이다. 이 경우 '임자'는 '자네' 정도에 해당하는 말이다. 이 젊은이는 결혼에 골인한 후에도 '임자'라고 불릴 것이다. 북한에서 사위를 '임자'라고 부르곤 하기 때문이다.

이렇게 남한어에서는 거의 듣기 어렵게 된 이 '임자'는 북한어에서 종종 쓰인다. 부부간에 쓰는 걸 제외하면 대체로 나이 든 남자 어른이 꽤 나이 차가 있는 젊은이를 가리키는 게 가장 전형적인 경우이다.[22] 유원지의 장기판에서 예의 없는 청년을 초로의 남자는 이렇게 꾸짖는다.

임잔 장기를 잘못 배웠어.

한 무리의 젊은 남녀들이 차 시간에 쫓기면서도 기차역의 고장난 수도를 고친다. 그러자 나이 지긋한 남자어른은 "물 한방울에 비낀 임자들의 그 뜨거운 애국심을…"이라고 칭찬한다. 또 한 젊은 남성이 산부인과 병원에 들어가지 못해 안달한다. 그러자 역시 나이 지긋한 경비원이 "가만, 그래 그 세쌍둥이 산모가 임자 색신가?"라고 묻는다. 이런 예들에서 '임자'의 일상적인 쓰임을 볼 수 있다.

▌관리원어머니

북한어의 또 다른 특징적 호칭으로 '아버지, 어머니'를 들 수 있다. 물론 당연히 부모를 가리키고 부르는 말이다. 그런데 가족 관계의 개념으로뿐만 아니라 '옆집 아버지, 옆집 어머니'처럼 부모뻘의 어른을 부르는 말로도 잘 쓰인다. 우리도 방송 등에서 진행자가 객석의 중년 여성들을 '어머니'라고 부르는 것과 통한다. 아래는 <나의 동무들>에서 20대 여성이 합숙소 관리원인 아주머니와 나누는 대화이다.

"아니, 이 밤중에 성옥이가 웬일이냐?"
문득 합숙관리원 **어머니**의 목소리가 뒤에서 들렸다.
"저 3층 8호실 허창림 동무를 만나려구 왔댔어요." [중략]
"그녀석 제집으로 철수했단다."

"네?"

성옥이 깜짝 놀라 눈을 동실하게 뜨며 관리원**어머니**를 의아해서 쳐다보았다.

"글쎄 며칠전에 그 녀석이 나한테 와서 열쇠를 턱 맡기면서 이러지 않겠니. 〈**어머니**, 이 허창림이 3층 8호실을 인계하고 갑니다. [중략]〉하구 가지 않겠니."

'아버지'도 마찬가지다. '저 하늘의 연'이라는 북한 영상물에서 한 군인이 자신에게 호의를 베풀어준 낯선 이들을 다음과 같이 부른다.[23]

"**아버지**, 어머니, 형님, 누나들!"

이 '어머니, 아버지'는 호칭어로만 쓰이는 것이 아니라 지칭어로도 쓰인다. 한 소설의 "그를 역까지 데려다준 것은 쉰나문 살쯤 되었을 어떤 어머니다"(한생의 초여름에)가 그런 예인데 남한어라면 '어머니' 자리에 '아주머니' 정도가 쓰일 것이다.

▌안교수선생이 아니시오?

북한 사람을 취재한 영상에서 "기자 선생"이라고 남측 기자를 부르는 것을 종종 볼 수 있다. 그만큼 북한어에서 '선생(님)'도 사회적 관계에서 많이 쓰이는 호칭이다. 북한에서도 의사는 '의사선생님'이고, 교원은 '학교선생님'이며, 교장은 '교장선생님'이다.

이 '선생(님)'은 교원, 학자, 의사 등의 직업을 가진 사람이나 사회적으로 존경받는 대상에게 사용한다. 그래서 교원끼리 "영숙선생, 수업시간 됐어", "김선생, 축하해요"라고 말하고, 학부형도 교원에게

"선생님이 이렇게…"처럼 '선생님'이라고 하며, 병원의 의사들끼리도 "연희선생도 바쁜 일이 있으면 나가 보오"처럼 '선생'이라고 한다. 물론 앞에서 말했듯이 "기자선생도 그렇게 알고있습니까?"처럼 기자도 '선생(님)'으로 부른다. 이처럼 특정한 직업군에 제한되고 운전수라든가 농장원 등 다른 직업군에는 쓰지 않는다.

나아가 직함 뒤에 '선생(님)'을 붙이고는 한다.

> **실장선생님**, 제가 쓴 소론문을 좀 보아 주십시오.
> 전번에 **기자선생님**들이 왔을 때 한 얘기, 그 선생님들이 재미나게 듣던데요.
> **안교수선생**이 아니시오?

아마 남한에서는 "교수선생님"이라고 부르면 의아하게 여기겠지만, 북한어는 "교수선생은 아직 아무것도 모르고 있습니다"처럼 '교수선생, 과장선생, 기자선생' 등처럼 직함 뒤에 '선생(님)'을 붙이는 것이 자연스럽다.

▐ 영준과장

저자가 지금 근무하는 사무실에서도 직원들끼리 "수현 선생님"처럼 흔히 부르듯이 남한어에서도 이름 뒤에 직책명을 붙이는 것이 꽤 보편적이다. 북한어도 마찬가지다. "영준과장", "선옥선생" 하고 일반적으로 부르는 것이다.

그런데 남북 간에 특징적인 차이도 있다. 남한어에서는 '임 선생님'처럼 성에 직책명을 붙이는 것이 보다 공식적이고 '수현 선생님'은 보다 친밀한 느낌을 주는 표현이다. 그런데 북한의 경우 '김과장'은 대체로 허물없는 사이에 쓰는 것이고 '영준과장'처럼 이름에 직책명을 붙여 부르는 것이 오히려 공식적인 느낌이 있다. 그래서 기사문 등 공식적인 글에서도 이렇게 성 없이 '이름+직책명'으로 표현하는 일이 잦다. 그만큼 북한어에서 이는 어느 정도 공식적인 호칭법이라고 할 것이다.

추어탕에 관한 취재 기사를 보자. 이 기사문에서 '리광훈선생'은 곧 '광훈선생'으로 지칭어가 바뀌고 있다.

> 그러던중 장철구평양상업종합대학 조선료리강좌 교원 리광훈선생에게서 추어탕을 소개하는것이 좋겠다는 권고를 받게 되였습니다. 우리와 만난 **광훈선생**은 《미꾸라지를 왜 추어라고 하는지 그 이름에 대해 생각해본적이 있습니까?》라고 묻는것이였습니다. (금수 16. 9.)

▎ '−님'을 덜 쓰는 북한어

"수현 선생님"과 "영준선생"의 차이처럼 남한어에 비하여 북한어는 존칭 접미사 '−님'을 덜 쓰는 편이다. 북한의 언어 예절서인 『조선말례절법』에서는 '−님'을 오늘날 문화어에 맞지 않는 낡은 사회의 표현이라고까지 한다. 물론 여전히 '아버님, 할아버님, 선생님, 판사님'이라고도 하니 이 예절서의 주장은 꽤 과한 면이 있지만 "영준선생"과 같은 호칭어에서는 확실히 그런 경향을 엿볼 수 있다. 학생, 학부형이 학교 교사를 부를 때는 꼭 '선생님'으로 부르도록 하지만 다른 경우에는 '선생'으로만 부르는 경우가 많은 것이다.

그래서 동료 교사들끼리는 '선생'이 자연스럽다. 아래는 교원이 동료 교원에게 하는 말인데 남한어에서는 '선생님'이 일반적일 것이다. 그렇다고 북한어의 이 '선생'이 하대하는 뜻은 아니다. '선생' 자체에

457

이미 존대의 뜻이 있기 때문이다.

선옥선생, 혼자 갔다오세요. (나의 교단)

물론 앞에서도 말했지만 북한어에서 '-님'을 쓰지 않는 것은 아니다. 북한어에서 상대방을 높여 부르는 법은 여러 가지다. 위 '선생'과 같이 직함을 붙이거나, '동지, 동무'를 사용하거나, '-님'을 붙이거나 하는 것이다. 즉 '판사동무, 위원장동무'라고 하면서도 '판사님, 위원장님' 등 '-님'을 붙여 부르기도 한다. '동무, 동지'를 많이 써서 그렇지 이렇게 '-님'으로 부르는 것은 남한어와 별로 다르지 않다.

북한어에서 '-님'은 김일성 일가에만 쓴다는 과장된 이야기도 종종 있는데 이는 오해일 뿐이다. 아마 김씨 일가에는 반드시 써야 한다는 데서 비롯된 통념일 것이다. 당연히 "아버님, 잘 다녀오세요"처럼 일반 사람 사이에서도 '-님'은 자유롭게 사용된다.[24] 할아버지, 할머니처럼 항렬, 나이에서 대접해야 할 사람은 '할아버님, 할머님'로 높여 말하는 경우가 많고, 타인을 '아버지, 어머니'라고 부르는 경우에도 나이가 많은 노인이면 '-님'을 붙여 부른다. 친족 간에도 '큰아버님, 고모님' 등 높여 말하기도 하고, 형도 '형님'으로 부르기도 한다.

저보다도 **할아버님, 할머님**의 얼굴조차도 기억에서 퍼그나 희미해졌을 것입니다.
고마워요 **아버님**.
아버지, 어머니, **형님**, 누나들의 투쟁을 힘있게 고무하고…

노인을 가리킬 때도 "그동안 로인님께 입은 신세 하두 커서"처럼

'로인님'이라고 하는 게 일반적이다. 한 드라마에서 젊은이가 유원지에서 만난 노인에게 하는 말도 그렇고, 소설 작품에서 김일성, 김정일조차도 '로인님'으로 부르는 것으로 묘사한다.[25]

아이고, 이거 **로인님**. 이거 미처 알아보지 못했습니다.
[김일성이] **로인님**, 무슨 말씀이십니까?
[김정일이] **로인님**, 감사합니다. 이렇게 뚫고 나아갑시다.

그러나 앞의 '선생'에서 보듯이 북한어에서 '-님'을 덜 쓰는 것도 사실이다. 그래서 자기 부모도 그냥 '부모'라고 한다. 남의 부모는 '부모님'이라고도 하지만 경우에 따라 '부모'라고도 한다. 다만 아래 예처럼 이 둘이 넘나들듯이 남한어의 관점만큼 낮추는 뜻은 적다. 아래는 드라마 <자기를 바치라>에서 한 군의 책임비서가 농장 일을 자원한 청년들과 나누는 대화이다.

"**부모님들**은 무슨 일을 하시오?"
"저희 **부모들**도 농장원입니다."
"동무네 **부모들**은?"
"농장원입니다."

▌총각애와 처녀애

북한어에서 어린아이는 흔히 '총각애', '처녀애'라고 한다. 꽤나 생소하게 느껴질지 모르겠으나 예전에는 익히 쓰던 말이다. 지금은 남한어에서 남자아이, 여자아이가 일반적이므로 한때의 공통어가 어느덧 차이로 변한 셈이다. 북한어에서는 처녀애와 함께 '소녀애'라는 말

도 잘 쓰인다.[26]

"나두… 어머니하구… 누나와 떨어지지 않을래." **총각애**가 황겁히 대답했다.
일곱살쯤 나보이는 **처녀애**가 마당에서 망차기를 하며 놀고 있었다.
안경쟁이는 **소녀애**한테 은근히 물었다.

▌직장에서는
북한의 직장에서는 무엇보다도 '동무, 동지'가 폭넓게 사용된다.

국장동지, 회의실에 모두 모였습니다.

상사는 위 "국장동지"처럼 보편적으로 직책명에 '동지'를 붙여 부른다. 물론 '김기철 국장동지', '기철 국장동지', '김 국장동지' 등처럼 상황에 따라 자유롭게 부르기도 한다.
동료나 아랫사람은 기본적으로 '동무'라고 한다.

영희동무, 래일 저녁 분단모임에 늦지 말어.
직장장동무! 생산총화가 끝났소.

다른 직장의 사람들에 대해서도 적절히 관계이면 그렇게 부른다. 아래는 소설 <벗>에서 '동무, 동지'를 사용하는 예들이다.

판사동무… 방에 계시겠습니까?
위원장동무, 전화로 자기 행위를 흥정하겠습니까?

부단장동무, 어떻습니까, 너무 차겁다고 생각되지 않습니까?

이는 각각 시 인민재판소 판사, 도 공업기술위원회 위원장, 도 예술단 부단장이 서로를 부르는 말이다. 이들은 각각 다른 직장의 직원으로서 서로를 '동무'라 부르며 존대하여 말하는 것이다.

이렇게 북한의 직장에서 '동무, 동지'는 상, 하급자를 가르는 대표적인 호칭어이다. 그런데 나이가 끼어들면 어떻게 될까. 나이가 뒤바뀐 상, 하급자는 흔히 있는 것이다. 그러나 적어도 공식적인 자리에서는 직급이 우선시되고 그에 따른 동무, 동지가 꽤 엄격히 유지된다고 한다.

그래도 나이는 꽤 중요한 변수여서 동무, 동지가 종종 넘나들기도 한다. <세대의 임무>라는 영화에서 한 공업시험소에 젊은 소장이 부임하는데, 나이 차가 크지 않은 다른 실장, 기사들이 소장을 '동지'라고 부르기도 하고, "소장동무!", "양동무"처럼 서로 '동무'로 부르기도 한다.

그래서 직장이라고 해도 친구처럼 친밀한 사이라면 "선애, 그건 옹졸한 게 아니야"(벗)처럼 이름을 부르는 것도 얼마든지 가능하다. 이는 남한어와 크게 다를 바 없다.

▌ 누군가의 배우자는…

직장 사람, 지인 등 누군가의 배우자를 어떻게 부를지는 참 곤란한 문제이다. 그만큼 조심스러운 데가 있기 때문이다. 예전에 저자의 이웃집 남자는 저자의 처를 아이 이름에 기대어 "○○모"라고 부르고는 했는데 이렇게 개인적인 호칭을 고안할 정도로 다른 이의 배우자를 어떻게 부를지는 어려운 문제이다.

표준 언어 예절은 다양한 호칭어를 제시하고 있지만 현실적으로 난감한 것은 여전하다. 남북 가릴 것 없이 우리 언어문화의 한 특성이라고 할 것이다. 그러다 보니 남북한도 기본적으로 같으면서도 눈에 띄게 다른 점이 생겨난다.

첫째, '아주머니'가 북한어에서 훨씬 더 활발하게 쓰인다. 직장 상사, 동료, 친구, 아랫사람 등 거의 대부분에서 그 아내를 가리키는 말로 '아주머니'는 매우 유용한 말이다.[27]

> 안녕들 하십니까? **아주머니**, 안녕하시나요?
> **아주머니**, 며칠만 참으십시오.

우리의 표준 언어 예절도 '아주머니'를 권장하고 있지만 점점 더 그 쓰임은 줄어들고 있다. 이를테면 요즘 직장 사람들은 상사나 친구의 부인을 '아주머니'라고는 잘 부르지 않는다. 대체로 윗사람의 아내는 '사모님'이라고 부르고 친구처럼 가까운 지인인 경우 '형수님, 제수씨' 등 가족간 호칭을 가져다 쓰기도 한다. 지칭할 때는 '와이프'라고도 한다.

이 모든 것에 있어서 북한어는 여전히 '아주머니'가 가장 일반적인 호칭이다. '와이프'가 없는 것은 말할 것도 없고 '사모님'도 스승의 아내를 가리키는 말일 뿐 다른 이를 사모님으로 부르는 것은 적절치 않다고 말한다. 그러나 남한어에서는 그 쓰임이 확대되어 오늘날 남 또는 윗사람의 부인을 높여 부르는 말로서 국어사전에 오르게 되었다.

둘째, '세대주, 동무' 등 북한 특유의 어휘가 쓰인다. 남한어의 '와이프'가 남한 사회의 특징을 반영한다면 이 말들은 북한 사회의 특징을 반영하는 셈이다.

세대주가 간부가 됐다지요?

순화동무가 퍽 적적하겠소.

그래, **우진동문** 건강하오?

'세대주'는 말할 것도 없고 '순화동무', '우진동무'도 남한어라면 '순화 씨', '우진 씨'라고 부를 자리라는 점에서 남북한 차이가 잘 느껴진다. 그러면서도 "남편이 하라는 대로 공장을 그만두겠어?"처럼 '남편'이라고도 하여 서로의 공통점을 느낄 수도 있다.

기본적으로 남북한에서 누군가의 배우자를 부르는 방식은 크게 다를 수 없다. 무엇보다도 남북 모두 아이 이름을 넣어 부르는 게 보편적인 방식이라는 데서 그 점을 느낄 수 있다. 즉 북한어도 많은 경우 '연희 아버지, 연희 어머니, 연희 엄마'처럼 부르고 가리킨다. 아래는 각각 친구의 아내, 친구의 남편, 남편의 친구를 가리키거나 부르는 예인데, 우리도 흔히 이렇게 말한다.

현옥이 어머니가 돌아오면 인차 애들의 혼례를 치르세.

우리 련화 아버진 한공장에서 일하는 **호남이 아버지**를 얼마나 좋게 평가하는 줄 아니?

순남이 아버지, 그새 편안하셨어요?

▎그 밖의 사회적 관계에서

남남인 관계에서 부르는 말은 그 관계에 따라 다양할 수밖에 없다. 이 경우에도 북한어 특유의 부름말들이 있다.

우선 아버지의 지인을 '큰아버지', 그 아내를 '큰어머니, 큰엄마'라고 부르는 것이 주목된다. 물론 그 지인이 아버지보다 나이가 많을 때이다. 아래 북한 영상물의 예는 아버지의 상급자를 '큰아버지'라고 부르는 장면이다.

> **"큰아버지."**
> "아니, 너 경순이 아니냐."

또 우리 사회에서 아이들이 부모뻘의 여자 어른을 '아줌마', '이모' 등으로 부르는 것처럼 북한어도 '아지미', '이모'라고 부른다. 앞서 아버지 지인의 아내도 그렇게 부를 수 있고, 아래 예들처럼 엄마의 친구도 그렇게 부른다.

> **아지미**, 안녕하십니까?
> "아, **반장이모!**" 기다렸던듯 문이 벌컥 열리며 은경이 반색을 했다.

성인끼리 어느 정도 나이 든 여성을 '아주머니'라고 부르는 것도 남한어와 다르지 않다. 의사가 산모에게 "아주머니, 일없습니다"라고 안심시키듯이 낯선 이에게 흔히 쓰는 호칭어이다. 다만 '아줌마'라고 하지는 않는다. '아줌마'는 어떤 관계에서든 북한어에서 쓰지 않는 말이다.

한편 사회적 관계에서 '아저씨'는 남한과 크게 다르지 않다. 젊은 남자를 아이들이 '아저씨'라고 부르고 "아저씨, 그게 무슨 말이에요?"처럼 친구 아버지도 '아저씨'라고 부른다. 그런데 여자가 일정하게 나이든 남자를 대접하여 '아주버니'라고 부르는 것은 특이하다. 이를테면 중년 여자가 중년 남자에게 "아주버니, 이거 받으십시오"라고 말하고, 아래 장면처럼 친구 사이인 자녀를 둔 남자와 여자가 서로 아주머니, 아주버니로 부른다.

> "아, **아주머니**구만. 어서 올라오시우. 그러지 않아두 한번 만나보구 싶었는데…"
> "그래서 저두 **아주버니**와 좀 할 얘기가 있어 왔어요." (나의 동무들)

이는 '아주바니'라고도 하는데 "반장아주바니가 나오셨소"[28]처럼 사회적 관계에서 흔히 쓰는 말이다. 이 밖에 다른 이의 아내를 '마누라'로 지칭하는 것도 특이하다. 남한어에서는 '마누라'가 속된 어감을 지니지만 북한어는 별로 그렇지 않은 것이다.

> 4호집에 알아보러 올라갔던 랭동차운전사가 그 집의 **마누라**와 아이들을 앞세우고 나타났다.

소설 <이웃들>의 한 장면인데 여기서 '마누라'는 얕잡아 부르는 뜻은 없다. 조선말대사전에서 '중년 이상의 남의 아내를 이르는 말'로 풀이하듯이 일반적인 지칭어에 해당할 뿐이다.[29] 다만 실생활에서 그리 많이 쓰이지는 않고 자신의 아내를 가리켜서도 "우리 마누라가…"와 같이 말하는 경우는 드물다고 한다. "애 엄마가…", "집사람이…"라고 하는 게 보통이라고 하는데 이 점에서 남북이 다르지 않다.

▌직원과 손님이 만났을 때

식당, 상점, 관공서 등의 직원을 부를 때 가장 일반적인 말은 역시 '동무'다. "관리원동무, 리발사동무, 판매원동무, 접대원동무, 간호원

동무, 도서관동무" 등 거의 규칙적으로 쓰인다.[30]

> **판매원동무**, 저 넥타이를 좀 보여줄수 없습니까?
> **접대원동무**, 여 국이 짜구만.

위 예처럼 공원, 이발소, 상점, 식당, 병원, 도서관 등 다양한 환경에서 직원을 부르거나 가리킬 때 한결같이 '동무'라는 호칭을 사용한다. 남한어에서는 종업원의 나이 등에 따라 아저씨, 아주머니, 젊은이, 총각, 아가씨, 언니, 이모 등 다양한 말이 쓰이는 편이지만 북한어는 이와 같이 '직종+동무'의 부름말이 상당히 고정적으로 쓰이는 것이다.[31]

당연히 식당 종업원도 '접대원동무'라고 부른다. 남한에서는 식당에서 여종업을 아가씨, 아주머니, 아줌마라고 부르는 것이 일반적인데, 북한에서는 '아가씨'라는 말 자체를 금기시하고 있고, '아주머니'도 사적인 상황이 아닌 식당, 상점, 극장 등 공공 기관에서 이와 같이 직원을 부른다면 '어처구니없고 수준 없는' 사람으로 여긴다고 할 정도로 무례한 말로 인식한다(이대성 외 3인 2013).

그래도 국영업체가 아닌 개인 식당에서는 "아주머니, 김치 좀 더 주세요"처럼 아주머니라고 흔히 부르기도 한다. 공공 기관 등에서 꼬박꼬박 "접대원동무"라고 하는 것과 비교하면 이 '아주머니'는 좀 더 자유로운 느낌의 말이라고도 할 수 있다.

병원에서는 환자를 '손님'이라고 부른다. 물론 상황에 따라 '영남이 할아버지', '김철동무'처럼 부르기도 하지만 이렇게 '손님'이라고 부르는 건 꽤 특이하게 느껴진다.[32]

466

손님은 지금 암에 걸렸습니다.

직원, 손님 관계는 아니지만, 이를테면 기차 승객처럼 손님끼리 서로 '손님'으로 부르기도 한다. 다음은 토막극 <마음씨 고운 길손들>에서 기차역에서 만난 낯선 승객들끼리 나누는 대화이다.

> 남: 저, **손님**! 내 텀비다가 시계를 못차고 나와서 그러는데 지금 몇 시입니까?
> 여: 예, 4시 반입니다.

▌학생에 대하여

유치원이나 학교의 수업 시간에 선생님은 학생들을 어떻게 부를까. 이때에도 '동무'가 가장 일반적인 말이다.

> **동무들**, 수업을 시작합시다.

이렇게 선생님은 "동무들!" 또는 "학생동무들!" 하면서 수업을 시작한다. 동무가 친근감을 담은 말이라는 게 새삼 느껴지기도 한다.

그렇다고 개별적으로 부를 때도 '동무'를 붙이는 건 아니다. "일남이!"처럼 그냥 이름을 부르거나 "일남학생, 잘 썼어요"처럼 '학생'을 붙여 부른다. "일남동무, 잘 썼어요"처럼 말하지는 않는 것이다. 교사와 어린 학생 간의 대화 장면을 보자.

> "**태일학생**, 어째 밥을 먹지 않았어요?"
> "……."

"콩밭땜에 그랬겠지."

"......"

[중략]

"**태일이**, 난 네가 협동농장 콩밭을 짓뭉개버릴줄은 몰랐댔구나."

(나의 교단)

▌로인님, 무슨 말씀이십니까?

앞에서 이미 언급했듯이 노인에 대하여 '로인님'으로 부르거나 지칭하는 점은 북한어의 특징이다. 오늘날 남한어에서는 '노인'이라는 말을 피하여 '노인 인구'처럼 객관적인 표현조차도 '어르신 인구'처럼 바뀌어 가는데 북한어의 '로인'에는 그러한 부정적 의미가 없는 편이다. 그래서 '로인님'이 호칭어, 지칭어로 잘 쓰이는 것이다.

로인님은 소를 잘 거두었구려.

'로인'에 부정적 어감이 적기에 "강두순로인, 태섭로인내외"처럼 대우의 표현으로도 굳어져 쓰인다. "머리에 흰서리를 얹은 로인들"과 같은 기사문에도 부정적 뜻은 없다.

'늙은이'도 마찬가지로서 이는 '나이 든 사람'이라는 보다 객관적 의미로 쓰인다. 다음은 릉라물놀이장의 모습을 묘사한 잡지 기사문인데, 여기에서 '늙은이'는 '처녀, 청년'에 대응하듯이 낮춤의 의미는 없다. '젊은이'와 거의 같은 어감인 것이다.

눈을 뜨지 못하고 탄성을 지르며 경사급한 물미끄럼대를 타고내리는 처녀들, 원통식으로 된 물미끄럼대를 벗어나서는 《와하하-》웃음을 터치는 **늙은이들**, 한번 더 탈 용기가 있다며 계단을 한달음에 뛰여오르는 청년들의 모습은 참으로 이채로운 광경이였다. (금수 17. 9.)

▌3인칭 대명사

3인칭의 사람을 가리킬 때 '그', '그분' 등이라고 한다. 앞에서 보았듯이 김씨 일가는 '그이'로 표현하는 것이 특징적이다. '그녀'는 북한어에서 쓰지 않는다. 이 경우 일단 "그 녀자는 자기가…"처럼 '그 녀자'라고 표현할 수 있다. 남한어도 '그녀'는 문어체에서만 쓰이고 구어체에서는 흔히 '그 여자'라고 한다는 점에서 크게 다르지 않다.

무엇보다도 '그'라고 한다는 점을 기억할 필요가 있다. 즉 북한어에서 '그'는 남자뿐만 아니라 여자도 가리키는 것이다. 입으로 말할 때는 잘 쓰지 않지만 문어체에서는 매우 일반화된 지칭어이다.

가정의 주부로서 해야 할 일도 많았지만 **그**는 이른 새벽에도, 때로는 깊은 밤에도 맡은 도로구간을 청소하느라 늘 길거리에 나가있었다.

<북한어 호칭의 현장>

북한어 호칭의 현장을 들여다보자. '뻐스에서'(조근 작)는 빈 좌석을 두고 버스에서 일어난 에피소드를 그린 북한의 단편소설이다. 등장하는 주요 인물은 노인 남성, 중년 부인, 30대 중반 남자, 젊은 애기어머니이다.

버스에는 꽃방석이 놓인 빈자리가 있는데, 이는 영예군인을 위한 자리이다. 한 노인이 애기를 업은 젊은 여인에게 앉으라고 권한다. 그러나 애기어머니는 부모뻘 이상의 낯선 노인을 '아버님'이라

고 부르며 사양한다.

　"고마워요 **아버님**. 하지만…"

　그러다가 다음 정류소에서 탄 중년 여인이 눈치를 보다가 노인에게 '아바이'라 부르며 동의를 구한다. 애기어머니보다 나이 차가 적은 편이어서 일반적으로 나이 많은 남자를 친근하게 부르는 '아바이'라는 호칭을 사용하는 것이다.

　"**아바이** 여기 좀… 앉아도 될가요?"

　결국 여인이 앉은 후 그가 든 짐에 짓눌려진 꽃방석에 신경이 쓰인 애기어머니가 중년 여인을 '어머니'라고 부르며 방석을 자기가 들겠다고 한다.

　"**어머니**, 방석은 제가 들겠어요. 주세요."

　그 장면을 지켜보던 앞자리의 30대 남성이 자리에서 일어난다. 그는 중년 여인에 대한 불만의 표시로 애기어머니를 '동무'라고 부르며 자기 자리에 앉을 것을 권한다.

　"**동무**! 내 자리에 가서 앉소."

　애기어머니는 사양하면서 대신 중년 여인에게 앞자리에 앉도록 권하고, 30대 남성도 이 제안에 동의하면서 '아주머니'에게 청한다.

　"**아주머니**, 그렇게 합시다."

　그의 태도에 화가 난 중년 여인은 그를 '아저씨'라고 부르며 항의한다.

　"**아저씨**, 중요한 건 서로 리해하는 거예요. 그게 미덕이 아닐가요."

　여인의 태도에 당황한 남성은 노인 남자에게 지원을 청하고, "안경 쓴 동무. 그만하라구." 하면서 굳이 따질 필요가 없다는 노인 남자에게 실망한 그는 항의조로 말한다.

　"**아바이**, 섭섭합니다."

　이 소설의 후반부에서는 건강 검진을 위해 노인을 찾아나선 의사가 등장하는데, 그를 통해 노인이 영예군인임이 밝혀진다. 의사 역시 그를 '아바이'라고 부르고, 노인은 그를 '선생'이라고 부른다.

이와 같이 '아바이'는 북한어에서 나이 든 남자를 부르는 보편적인 호칭어이다. 모든 사실을 알게 된 승객들도 이구동성으로 "아바이, 앉으십시오"라며 그에게 앉을 것을 권한다.

이 소설의 등장 인물들의 대화를 통해 북한의 사회적 관계에서 '아버님, 어머니, 아저씨, 아주머니, 동무, 아바이, 선생' 등 호칭어 쓰임의 일면을 이해할 수 있다.

11.2. 높임의 말하기

11.2.1. 북한어의 세 가지 높임법

우리말의 큰 특징 중 하나는 높임법이 발달해 있다는 것이다. 말을 듣는 상대방, 행위의 주체, 객체 등을 어미나 조사 등을 통해 적절히 높이는데 북한어라고 해서 다를 수 없다. 그러면서도 그 나름의 특징적인 점도 있다.

[상대 높임법] 상대 높임법은 말을 듣는 상대방 즉 청자를 높이는 것이다. 북한어도 우리와 마찬가지로 '하십시오', '해요', '하오', '하게', '해', '해라'의 여섯 가지 등급이 있다. 다만 하오체를 상대적으로 즐겨 쓴다든가 하는 특징이 있기도 하다.

▌**할아버님, 밖에 나가십시다**

하십시오체는 남한어와 크게 다를 바 없다. 이는 가장 높은 등급의 말로서 김일성 일가에는 반드시 '하십시오'체를 써야 한다.

471

특징적인 것은 청유법이다. 어른께 "같이 가시지요"라고도 하지만 "같이 가십시다"라고 말하기도 한다. 둘 다 예의에 맞는 표현이다. 남한어에서는 '가십시다'라고 하면 기능상 하오체로 분류될 정도로 윗사람에게 쓰기 어려운 말인데 반해 북한어는 그렇지 않은 것이다. 이를테면『조선말례절법』은 젊은이가 할아버지에게 "령감! 밖에 나가자"라고 말하는 것은 상대방 인격을 무시하는 것이라고 하면서 다음과 같이 말해야 한다고 안내한다.

할아버님, 밖에 **나가십시다.**

즉 '나가십시다'는 할아버지께 쓸 정도로 예의바른 말이라는 것이다. 북한어에서는 어린아이들이 "선생님, 우리와 함께 갑시다!"와 같이 말하기도 하는데[33] 이처럼 북한어의 '-읍시다'는 남한어에 비하여 높임의 뜻이 강하다. 남한어 화자로서는 무척 버릇없게 느껴지겠지만 북한어의 관점에서는 그렇지 않은 것이다.

▌ 가수가 되고 싶어요

해요체도 남한어와 크게 다르지 않다. 이는 하십시오체보다 친근한 느낌을 주는 높임법이다. 북한의 경우 이를 하십시오체보다 조금 낮은 등급이라고 하고 남한도 그렇게 기술한다. 문법 기술이 그러하듯이 기본적으로 남북한어의 해요체는 크게 다르지 않다.

다만 북한어의 경우 여성이나 어린이가 주로 사용한다는 특징이 있다. 남한어에서도 과거 그러한 경향이 없지 않았지만 지금은 성인 남성도 보편적으로 사용하는 등 특별히 사용층이 구별되지는 않는다. 그러나 북한에서는 성인 남성이 해요체로 말하는 경우는 드문 편이다.

다음은 북한의 부부간 대화인데, 남편은 하오체, 아내는 해요체로
말하고 있다.

> 남편: 여보, 이리 **나오**.
> 아내: 왜 **그러세요**?
> 남편: 나오라니까.
> 아내: (웃으며) 자, **나왔어요**.
> 남편: 내 몇 번 **말했소**? 아무리 집안이래도 남자를 앞지르면 안 된
> 다고. (나들문 앞에서)

여자가 남자 앞을 지나가면 안 된다는 구태의연한 사고방식에 사로
잡힌 '꼰대' 남편이라서 그런 것은 아니다. 이 하오체, 해요체의 사례
는 북한어에서 매우 일반적인 말하기이다. 비슷한 나이에서는 우리처
럼 서로 반말을 하기도 하지만 그래도 여전히 하오, 해요로 말하는 게
보통인 것이다. 아래 부부간 대화도 마찬가지다.

> "솔직히 **말하오**."
> "난… 선반을… 그만두었으면 **해요**."
> "**힘드오**?"
> "그런 것도 있지만… 가수가 되고 **싶어요**." (벗)

앞에서도 언급했지만 북한어 해요체의 특징 중 하나는 '-으라요, -자
요'처럼 명령형 '-으라', 청유형 '-자'에 '요'를 결합한 형태가 쓰인다
는 점이다. 북한의 예절서에 따라 이는 바로잡을 말투라고도 하지만
소설, 영화 등에서 흔히 쓰듯이 일반적인 말하기이다. 즉 선생님이 학

473

생에게 "태일이, 이거 보라요", "다시 해보자요"라면서 애써 가르치
고, 사람들로 붐비는 길에 자전거를 타고 가면서 "좀 갑시다, 좀 가자
요"라고 소리치는 것이다.

▌이 밤중에 무슨 일이오

하오체도 그 높임의 기능은 남북한어에 큰 차이가 없다. 다만 남한
사회에서는 거의 듣기 어렵게 되었다. 요즘은 "보고 싶소", "나도 그
렇소" 등처럼 젊은이들이 SNS에서 즐겨 사용하기도 하지만 실생활
에서는 거의 쓰지 않는다. 말의 재미를 위하여 특정한 매체에서 쓰이
는 자체가 하오체의 퇴조를 반증하는 것일 텐데, 이와 달리 북한어에
서는 여전히 활발하게 쓰여 남북한어 간의 거리를 보여준다.

하오체는 상대방을 보통으로, 즉 조금 높여 말하는 경어법이다. 그
래서 직급이나 나이 등이 비슷한 상대방을 대우하여 말할 때, 또는 상
급자가 하급자를 대우하여 말할 때 하오체를 쓴다. 이 하오체는 북한
어에서 남편이 아내에게 말할 때처럼 성인 남성들이 주로 쓰는 특징
이 있다. 한 농장의 남성 분조장끼리 하는 대화를 보자.

> "이 밤중에 무슨 **일이오**? 날씨두 찬데…."
> 그는 아랫목에 자리를 잡고 앉아 입을 열었다.
> "내 지금 리당위원회에 들렀다 오는 **길이오**." (영근 이삭)

이렇듯이 이 하오체는 남성의 말이다. 그러면서 직장의 상, 하급자
처럼 윗사람이 아랫사람에게 흔히 쓰는 화법이기도 하다. 아래 예를
보자.

하급자: 비서장동지, 야단났습니다. 판매할 신발이 모자라니 어떻게 하면 좋습니까?
상급자: 좀 차근차근 **말하오**. (21초)

그만큼 이 하오체는 직장, 학교, 사업소 등 북한 사회에서 일상적으로 쓰이는 높임법이다. 이 점에서 남북한어는 큰 차이를 보인다.

▌준비 잘 하게
하게체는 남한어에서도 점점 사라져가고 있듯이 북한어에서도 잘 쓰이지 않는다.

래일 총화를 준비를 잘 **하게**.

이와 같은 하게체는 북한어 자료에서 찾아보기가 쉽지 않다. 현실적으로 별로 쓰이지 않는 높임법이라고 할 수 있다.

▌둘 다 좋아
해체, 즉 반말체도 남북한에서 큰 차이가 없다. 북한어에서도 친한 사이끼리 허물없이 말할 때 자주 쓰인다. 어린 아이들끼리뿐만 아니라, 20대의 친구 사이에도 해체로 대화를 나누고, 당연히 어른이 아이들에게 말할 때도 해체가 쓰인다.
유치원생 정도의 어린아이가 부모 등 어른에게 해체로 말하는 경우도 흔하다. 이 점 역시 남한과 크게 다르지 않다. 아래는 아이가 각각 엄마, 낯선 아저씨에게 하는 말이다.

싫어, 아버지 온 다음에 **잘래**.

둘 다 **좋아**.

▌ 이야기를 좀 해 보아라

해라체도 남북한어에서 큰 차이가 없다. 북한어에서 해라체는 친구 사이에서나 어른이 아이에게 말할 때 등 다양한 상황에서 쓰인다. 이를테면 아래에서 "해 봐"라고 하는 게 보통이지만 "해 보아라"처럼 말하기도 하는 것이다.

영숙아, 〈세 아동단원에 한 이야기〉를 좀 해 **보아라**.

애, 마루를 깨끗이 **닦으려무나**.

애, 넌 어머니가 **좋으냐**… 아버지가 더 **좋으냐**?

무엇보다도 북한어에서 "그만두라!"처럼 하라체 명령형이 잘 쓰이는 것도 특징적이다. 이미 10장에서 소개한 것이어서 여기에서는 생략한다. 이것이 "걱정 말라요"처럼 '-요'가 결합하여 존대 표현으로 잘 쓰이는 점도 앞에서 소개하였다.

[주체 높임법] 주체 높임법은 문장에서 서술하는 행동, 상태 등의 주체를 높이는 것이다. "선생님께서 가신다"처럼 문장의 주체를 '께서', '-시-' 등으로 높여 말한다. 당연히 남북한어에 차이는 없다. 다만 우리도 "선생님이 가신다"처럼 '께서'는 잘 안 쓰기도 하는데 북한어는 특히 그러하다.

아래의 경우 '-시-'도 쓰고 '-님'까지 붙이면서도 '께서'는 안 쓰고 있다. 뒤에서 또 보겠지만 "큰아버님한테서…"처럼 북한어는 '께, 께서' 등 존칭의 조사를 잘 안 쓰는 경향이 있다.

> **어머니가** 어디 가셨다구요?
> **아버님이** 우리 집에 오셨는데…
> **시부모님들이** 내일 오신다더니…

　물론 앞에서도 말했지만 김씨 일가에는 철저히 '께서', '-시-'를 사용한다. 즉 김일성 일가의 인물을 주체로 하여 말할 때는 반드시 '께서'를 붙이고 '-시-'를 사용하여야 한다. 이는 김일성, 김정일, 김정은 3대는 물론이고 그 직계 존속에까지 적용된다.

> **김형직선생님께서** 서거하시였을 때…
> **리보익녀사께서는** … 이렇게 말씀하시였다.
> **강반석어머님께서는** 바로 이런분이시였다.

　위에서 보듯이 김일성의 아버지(김형직), 할머니(리보익), 어머니(강반석)에 대한 지칭어에 모두 '-님'을 붙이며 '께서', '-시-'를 사용한다. 이는 외국 원수라고 해도 "중국의 강택민주석이 … 문학예술을 더욱 발전시킬데 대하여 강조하였다"처럼 '께서, -시-'를 안 쓰는 것과 확실히 대비된다.

　최고 지도자에 대한 이러한 '-시-'의 집중적인 사용은 과도한 표현으로 이어지기도 한다. 즉 "어리신 원수님, 정겨우신 눈길, 더욱 깊어지시는 가슴 아프심"과 같은 표현뿐만 아니라, 아래 예처럼 등장하는 거의 모든 서술어에 '-시-'를 넣기도 한다.[34]

(어리신 원수님께서는) 어딜 지난다는 전보도 **치시군 하시면서 오셨다**고 대답하셨답니다.

(장군님께서는) 머리를 **돌리시고 마시였다.**

위대한 장군님께서 평양제1중학교(당시) 학생들을 **이끄시고** 산에 **오르시여**…

(경애하는 원수님께서는) 소년단넥타이를 **매시고** 조선소년단제7차대회에도 **참석하시였고** 아이들과 한치의 간격도 없이 나란히 **앉으시여** 음악회도 **관심하시였으며**…

물론 이는 화자에 따른 과도한 표현일 가능성이 높다. 이런 구문의 경우 "만사를 제치고 달려가군 하시였고", "온도까지 가늠해보시였으며", "철령만은 더는 넘지 마시기를" 등처럼 '-시-'를 한 번만 쓰는 것이 보통이다. 그래서 김정숙에 대하여 기술할 때도 "고향을 잊은적이 없으시였다"라고 하지 '잊으신'이라고까지 하지는 않는다. 그러나 한 번이든 두 번이든 김일성 일가는 반드시 '-시-'로 존대해야 한다는 건 흔들릴 수 없는 불문률이다.

나아가 어미 '-시-'를 쓰는 경우에도 '-시-'의 형태가 잘 드러나도록 '하셨다'와 같은 준말이 아니라 '하시였다'처럼 본말 위주로 표현한다.[35]

경애하는 수령 김일성동지께서는 전원회의 마지막날에 중요한 결론의 말씀을 **하시였다.**

경애하는 최고령도자 김정은동지께서는 경성군에 자리잡은 비행장을 **찾으시였다.**

[객체 높임법] 객체 높임법은 어떤 행위의 대상이 되는 객체를 높이는 것이다. "할머니께 드린다"처럼 조사 '께'나 특정한 어휘를 통하여 표현된다. 다만 앞에서도 말했지만 북한어의 경우 '께'를 잘 안 쓰는 특징이 있다. 하십시오체로 말하고 자신을 '저'라고 하면서도 '어머니에게'라고 하는 게 북한어에서는 특이하지 않다.

> **어머니에게** 씁니다. 어머니의 편지를 받는 날은 저의 명절입니다.
> (먼 길)

당연히 김씨 일가에 대하여는 "김정은 원수님께 기쁨을 드리게되였다"처럼 엄격하게 지켜 쓴다. 다만 이 경우도 김일성 등 3대는 그 무엇보다도 앞서는 최고의 존대 대상이다. 부모, 할머니라고 해도 아래와 같이 상대적으로 낮은 대우를 받는다.

> 위대한 수령님께서는 **할머니에게** 나 때문에 할머니가 고생을 많이 했지요라고 말씀드리시였다.

리보익이 할머니라고 해도 '할머니에게'처럼 상대적으로 낮추어 표현하고, 김일성 자신을 가리켜서는 '저'가 아닌 '나'라고 하는 등 그 대우의 차이는 분명한 것이다.

11.2.2. 높임과 낮춤의 말

북한어에도 당연히 높임, 낮춤의 말들이 있다. 그 어휘의 예나 기능도 남한어와 별반 다르지 않지만, 때로는 독특한 용법이나 표현도 있

479

고, 그 말의 사용에 있어서 인식의 차이를 보여주기도 한다.

[높임의 어휘] '말씀, 잡수시다, 진지, 병환, 분부, 계시다, 드리다, 모시다, 여쭙다, 잡수시다, 주무시다, 돌아가시다, 뵙다, 댁, 연세(년세)' 등은 주체 또는 객체를 높이는 표현이다. 이러한 높임의 어휘들이 쓰이는 것은 남북한에서 별 차이가 없다. 다음은 북한어의 표현이다.

> 여기 **계시는**줄을 모르고 여러곳을 찾았습니다.
> 오, 수면제를 **잡수셨구만**.

앞에서 일반적으로 '께, 께서' 등을 잘 안 쓰면서도 김씨 일가에 대해서는 반드시 쓴다고 하였다. 다른 사람에게 못 쓰는 건 아니지만 김씨 일가에는 반드시 써야 한다는 점에서 그만큼 특정인에게 특화된 높임법처럼 느껴지기도 하는 것이다.

▌장군님의 가르치심

어휘도 그런 예들이 있다. 앞에서 '교시'는 김일성, 김정일에 국한하여 쓰는 말이라고 했는데 그 정도는 아니라고 해도 '심려', '성함', '안색', '몸소', '친히', '손수' 등도 김씨 일가에 거의 특화되었다고 할 정도가 되었다.[36] 김 선생 의견도 그렇듯이 꼭 그렇게 정한 건 아니지만 김일성 등에 자주 어울려 쓰이다 보니 그와 같이 인식하게 된 것이다.

> 어버이 수령님의 **심려**를 덜어드립시다.
> 위대하신 수령님의 존귀하신 **성함**과 잇닿아 있습니다.
> 언제 한 번 **안색**을 달리하시지 않으시고…

480

몸소 이곳에 찾아오시여···

자신께서 **친히** 키우신 우수한 대원들을 파견하시여···

외람된 소원마저도 기꺼이 받아들이시고 **손수** 풀어주시였습니다.

또 '가르침, 보살핌, 깨우침' 등의 어휘도 최고 지도자 일가와 관련해서 쓰일 때 '–시–'가 들어간다.[37]

그이의 따뜻한 **보살피심**을 받으며···

(경애하는 장군님께서는) 귀중한 **가르치심**을 주시였다.

(그 가르치심속에) 귀중한 **깨우치심**이 깃들어 있었기 때문이다.

❚ 자신께서는···

앞의 예 가운데 "자신께서 친히 키우신···"이 있는데 이 이른바 재귀대명사 '자신'의 용법 또한 특이하다. 우리말 재귀대명사에는 '자기, 자신, 당신' 등이 있는데, 이 가운데 높임의 말은 '당신'이다. "할머니는 당신께서 아끼시던 옷을 꺼내셨다"와 같은 예를 들 수 있다.

그런데 북한어에서 '당신'은 잘 안 쓰이고[38] 대신 '자신'이 높임말로 쓰이는 경향이 있다. 누군가를 높여 말할 때 '자기'와 '자신' 중 '자신'을 선택하는 것이다.

그래서 김일성 일가의 인물이라면 반드시 '자신'이라고 한다. 아래는 각각 김일성, 김정일, 김정은에 대한 기술이다.[39]

그 언제나 **자신**에 대해서는 전혀 돌보시지 않으시고···

자신께서는 비내리는 궂은 길, 험한 령길도 마다하지 않으시고···

자신께서 타보아야 마음을 놓겠다고 하시며···

'자기'에는 그런 높임의 뜻이 없다. 예를 들어 북한을 방문한 남한 공연단의 행사를 소개하면서 "(남조선의) 인기 배우들이 자기들의 애창곡을 불렀습니다"처럼 말한다. 아래와 같이 어린이나 외국인에 대해서도 '자기'라고 한다.[40]

> 학생들이 **자기**가 만든 로보트부분품들의 개수에 대한 속산을 하는 동시에…
> 웬일인지 요즈음에는 새어머니가 **자기**를 잘 돌봐준다고 이야기했습니다.
> 외국의 어느 한 대학교수는 조선을 방문하면서 받은 **자기**의 감상을 이렇게 피력하였다.

물론 '자신'은 소설 주인공에 대하여 "정진우는 오십고개턱에 이른 자신이…"라든가, 한 외과의사에 대하여 "그는 자신뿐아니라"처럼 높임의 뜻 없이 쓰이기도 한다. 이 점에서 '자신'은 '자기'와 별 차이가 없다. 그러면서도 김씨 일가처럼 높임의 대상에게는 반드시 이 말이 선택된다는 점에서 '자기'와 차별되는 것이다.

그 일가의 인물을 가리키는 대명사도 거의 고정적으로 '그이'로 표현된다. 북한 사전에서 '그이'는 '특별히 존경하는 분을 흠모하여 가리키는데' 쓰이는 말이라고 명시하고 있다. 그리고 실질적으로 거의 최고 지도자에 국한하여 사용된다.

> **그이**의 따뜻한 보살피심을 받으며…
> **그이**께서 건강하시기를 바라는 마음에서…

[낮춤의 어휘] 낮춤의 말은 '대가리, 눈깔, 미쳐날뛰다' 등 적극적으로 어떤 대상이나 행위를 낮추어 이르는 말이다. 남한어에서도 이러한 말은 비속어라 하여 예의에 어긋난다고 하듯이 북한어도 마찬가지다.[41]

다만 북한어는 착취 계급 등에 대하여 이러한 말을 잘 찾아 쓰는 것이 필요하다고 할 정도로 그 적극적인 사용을 권하기도 한다. 북한에서는 공적인 매체에서조차 "력사의 교수대에 매달아야", "미제의 개질", "전쟁미치광이", "피눈이 되여 날뛰고 있다"와 같은 표현이 여과 없이 쓰이고 있다. 특유의 사회 체제에 따른 전략적 말하기라고 해도 이런 점에서 북한어는 매우 호전적으로 느껴지기도 한다.

11.2.3. 압존법

압존법은 높여 말해야 할 대상을 청자를 고려하여 낮추어 말하는 어법이다. "할아버지, 아버지 들어오셨어요" 대신 "할아버지, 아버지 들어왔어요"라고 할아버지 앞에서 아버지를 낮추어 말하는 것이다.

이 압존법은 전통적인 화법이지만 요즘은 꽤 약화되었다. 그래서 표준 언어 예절에서는 "아버지 들어오셨어요"처럼 높여 말하는 것도 허용하였다. 요즘 사람들의 감각으로는 아버지를 "들어왔어요"처럼 낮추어 말하는 것을 거북하게 느끼기 때문이다(물론 아버지에게 존댓말을 하는 화자의 경우이다).[42] 따라서 남한어에서는 두 가지 모두 예의에 맞는 말하기이다.

그러나 이처럼 아버지와 자녀 정도의 차이가 나지 않는 관계에서, 예를 들어 아내가 남편에 대하여 남편의 친구에게 말하는 경우라면 "애 아빠 아직 안 들어왔어요"처럼 낮추어 말하는 것이 더 예의에 맞다.

북한어도 압존법을 지킨다. 즉 다소 정도의 차이는 있어도 예의바른 말로 인식하는 것은 남북한이 같다. 아래는 북한의 언어 예절서 『조선말례절법』의 내용이다.

> 애 아버지는 어제 급행차로 원산에 출장갔는데요. (○)
> 애 아버지는 어제 급행차로 원산에 출장가셨는데요. (×)
> 교장선생님, 우리 담임선생님이 어데 있는지 모르십니까? (○)
> 교장선생님, 우리 담임선생님이 어데 계십니까? (×)

다만 예절서 한 권으로 실제 말하기를 알 수는 없다. 예절서에서 '출장가셨는데요, 계십니까'를 굳이 제시하는 자체가 그것이 현실적으로 쓰이기 때문일 것이다. 즉 실제 언어생활에서 어느 정도 뒤섞여 쓰이는 상황이라 할 텐데 그래도 압존법을 꽤 엄격하게 지키는 것으로 보인다. 김 선생은 압존법의 상황에서 "직장장동지가 가셨습니다"가 아니라 "직장장동지가 갔습니다"가 더 보편적이라고 분명히 말하는 것이다.

이른바 가존법, 즉 낮추어 말할 대상을 상대방을 고려하여 높이는 어법도 남북이 같다. 예를 들어 친구의 자녀에게 "아버지 어디 갔니?"라고 하지 않고 일반적으로 아이의 아버지라는 점을 고려하여 "아버지 어디 가셨니?"라고 말한다. 이는 교육적 효과 등을 위해서도 장려되는 말하기인데 북한어도 다르지 않다.

> 학생이 막내인가? 아버지에게 **말씀드려다우**. (조례)

11.3. 다양한 빛깔의 인사말

북한 사람들은 어떻게 인사할까. 실제 만남이 드물다 보니 생기는 궁금증인데 같은 언어 문화권이니 크게 다를 것도 없다. 안녕하십니까, 고맙습니다, 미안합니다 등 그 인사말은 대부분 우리에게 친숙한 말이다. 그러면서도 북한어 특유의 인사말도 없지 않다.

▎안녕하십니까

남북한 막론하고 우리말에서 가장 대표적인 인사말이다. 이것이 상징하는 것처럼 일상생활에서 나누는 인사말에 남북한의 차이는 많지 않다. 아래는 북한의 언어 예절서에서 가정의 아침 인사로 드는 예들이다.

> 안녕히 주무셨습니까?
> 아버지, 밤새 편히 주무셨습니까?
> 어머니, 밤새 편히 쉬셨어요?
> 방이 너무 덥지 않았나요?
> 일찍 일어나셨습니다.
> 잘 잤니?

남한의 표준 언어 예절에서는 '안녕히 주무셨습니까? 안녕히 주무셨어요? 잘 잤어요?, 잘 잤니?' 정도만 제시하지만 이와 상관없이 실생활에서 위 예와 같은 다양한 인사말이 통용된다. 남북의 인사말은 기본적으로 같은 것이다.

▌ 삼촌, 그동안 잘있었습니까

만나고 헤어질 때 '안녕하십니까, 별일 없습니까, 식사하셨습니까, 다녀오겠습니다, 안녕히 다녀오세요, 안녕히 계십시오, 안녕히 가십시오, 다녀왔어요, 저 학교 가요' 등처럼 인사하는 것도 다를 바 없다. '잘 가기요'처럼 북한어 특유의 어미에 따라 인사하기도 한다. 상점 등 장소에 따라서 '수고하십시오, 수고했습니다, 고맙습니다'와 같이 흔히 인사하고 '또 오십시오'라고 인사하기도 한다.

이렇게 남북한이 다를 게 없지만 아이가 등교할 때 부모가 "잘 가요"처럼 인사하는 것은 좀 특징적이다. 학교 갔다가 몇 시간 뒤면 집으로 돌아올 상황에 어울리지 않는 느낌인 것이다. 우리는 "갔다 와", "다녀와요"처럼 '오다'를 넣어서 말하지 이렇게 '잘 가요'처럼 말하지는 않는다.

또 "그동안 안녕하십니까?"처럼 현재형을 쓰기도 하는 것 역시 특이하다. 남의 가정집을 방문하는 경우 손님이 "주인(님) 계십니까?"처럼 집주인을 일러 '주인, 주인님'이라고 부르며 인사하는 것도 특유의 인사말이다.[43]

북한 사람들은 윗사람에게도 '잘있었습니까'라고 인사한다. 이렇게 인사하는 것이 남한어에서는 어렵지만 북한에서는 예의에 어긋난 말이 아니다.

보고싶은 삼촌, 그동안 잘있었습니까.

남한어에서는 학생이 선생님에게 다음과 같이 말하기는 어렵다.

선생님, 오래간만입니다. 어디 가셨댔습니까? (언생)

486

'오래간만에 뵙습니다'는 가능해도 이렇게 '오래간만입니다'이라고 하면 예의에 어긋나는 것이다. 그런데 북한어에서는 언어 예절서에서도 권장하듯이 이 인사말은 자연스럽게 쓰인다.

남북한 모두 건강을 묻는 인사말을 잘 쓴다. 특히 우리의 경우 '건강하십시오'는 형용사의 명령형이라서 문법에 어긋난다는 주장도 있지만 기원의 뜻으로 오늘날 폭넓게 쓰이는 표현이기도 하다. 북한어도 이렇게 '건강하십시오'라고 인사하기도 하는데 같은 의미로서 '앓지 않다, 앓지 말다'라는 표현을 잘 쓰기도 한다.

그새 앓진 않았니?
아버지, 안녕히 가세요. 앓지 말아요. 어머니를 부탁해요.

이는 "어디 아픈 데는 없었니?", "아프지 말고"처럼 인사하는 것과 같은데, 적어도 표현상으로 다소 차이점이 느껴지는 인사말이다. 이와 같이 약간 차이는 있다고 해도 만남과 헤어짐의 남북한 인사말은 역시 한 언어라는 점을 되새겨 줄 정도로 공통점이 많다.

▌바쁘겠는데 안됐소

감사의 뜻이나 미안함을 표할 때 인사말도 비슷하다. 감사의 뜻을 표할 때는 '감사합니다, 고맙습니다'라고 하고, 미안함을 표할 때는 '미안합니다'라고 한다.

그런데 다음 토막극(누가 아버지입니까)의 한 대화를 보자. 엄마 친구는 어린아이를 '용하다'고 칭찬한다.

"아지매, 이거 좀 잡수라요."

487

"용쿠나."

이 '용하다'는 기특하다는 뜻이다. 칭찬의 뜻이기도 하지만 '고맙구나'와 다를 바 없는 감사의 인사말로 이해할 수 있는 장면이기도 하다.

사과의 뜻으로 북한어는 '안됐습니다'를 자주 쓴다. '미안합니다' 못지않게 많이 쓰는 말이다. 남한어의 '안되다'에는 '미안하다'의 뜻이 없다.

바쁘겠는데 또 찾아와서 안됐소.

'안됐습니다, 미안합니다'가 상대적으로 가벼운 잘못에 대한 사과라면, '죄송합니다'는 더 큰 잘못에 대한 사과라고 할 수 있다. 김 선생은 법정에서 "죄를 저질러서 죄송합니다"처럼 말할 때 잘 어울린다고 한다. 이러한 어감의 차이는 우리의 말하기에서도 크게 다르지 않다.

▌ 전화 받습니다

아래는 <내 어머니 내 딸>에서 젊은 며느리가 시어머니와 통화하는 장면이다.

여보세요, 전화 바꿨습니다. 어머니, 불편한 점은 없으십니까? 예, 예. 그럼 어머니, 치료 잘 받고 오세요. 예, 전화 놓습니다.

이렇게 북한의 전화 대화는 우리와 비슷하면서도 '전화 놓습니다'처럼 다른 점도 있다. 그 가상의 전화 대화를 한번 구성해 보았다. '가'는 여성, '나'는 남성 화자이다.

> 가: 여보세요, 전화 받습니다.
> 나: 여보시오. 제 박성철입니다.
> 가: 아, 안녕하십니까. 우리 세대주 찾습니까.
> 나: 예, 영수동무 좀 바꿔줄수 없습니까?
> 가: 잠간 기다리세요.
>   [잠시 후]
> 가: 안됐습니다. 담배 사러 상점에 나갔다고 자식애가 그럽니다.
> 나: 그렇구만요. 알겠습니다.
> 가: 인차 들어올테니 이따가 다시 전화하세요.
> 나: 예, 고맙습니다. 그럼 전화 놓겠습니다. 안녕히 계십시오.

이런저런 전화 대화를 섞어 가상으로 구성해 본 것이다. 기본적으로 우리의 전화 예절과 다를 건 없지만 몇 가지 주목할 만한 특징도 있다. 남한에서는 남녀 불문하고 '여보세요'라고 하지만 북한에서는 일반적으로 남성의 경우 '여보시오', 여성의 경우 '여보세요'라고 한다.

특이한 것은 전화를 받으면서 '전화 받습니다'라고 한다는 점이다. 기본적으로 '네, 전화 받습니다'라고 하는데 직장이라면 자신을 밝혀 '김명재 전화 받습니다'와 같이 말하기도 한다.[44] 아래는 한 잡지에 실린 대화 예이다.[45]

> 《안녕하십니까, 국어사정위원회입니까?》
> 《예, 그렇습니다. 지도원이 전화받습니다.》
> 《통일거리에 살고있는 장미입니다. 신문을 보다가 띄여쓰기와 관
>   련해서…》

앞서 가상의 대화에서 "영수동무 좀 바꿔줄수 없습니까?"도 다소 색다르게 느껴진다. 통화하고 싶은 사람을 바꿔 달라고 할 때 우리는

대체로 "○○○ 좀 바꾸어 주시겠습니까?"처럼 긍정형으로 말하는데 북한어는 "바꿔줄 수 없(겠)습니까?"처럼 부정형으로 말하는 것이다.

상대방이 찾는 사람이 없어서 나중에 다시 걸라고 덧붙일 경우 남한어라면 "다시 한번 전화해 주시겠습니까?"처럼 질문 형식으로 말하는 게 일반적이다. 그런데 북한어는 흔히 "다시 한번 전화하십시오"라고 직설적으로 말한다. 이러한 명령투는 우리로서는 거북하게 들린다. 그러나 북한어에서는 특유의 화법이지 예의에 벗어난 말이 아니다. 흔히 남한어는 돌려서 말하고 북한어는 직설적으로 말한다고도 하는데 이 역시 그런 예라고 할 수 있다.

전화를 끊을 때 인사말로 '안녕히 계십시오'는 특별할 게 없지만 '전화 놓(겠)습니다'는 꽤 특이하다. '이만하겠습니다'라고도 한다. 우리의 '이만 끊겠습니다'와 비슷한 인사라고 할 수 있다.

> 그럼 전화를 놓겠습니다. 안녕히 계십시오.
> 그럼 이만하겠습니다. 안녕히 계십시오.

▌초면입니다

낯선 사람에게 자신을 어떻게 소개할까. 대체로 "처음 뵙겠습니다. ○○○입니다" 또는 "처음 뵙겠습니다. ○○○라고 합니다"가 보통일 것이다. 북한어도 비슷하면서도 다소 특징적인 점도 있다.

> 초면입니다. 이렇게 만나서 반갑습니다.
> 저는 김영식이라고 부릅니다. (이상 우례)

남한어는 보통 '처음 뵙겠습니다'라고 하듯이 '초면입니다'는 좀

생소하다. 그래도 전혀 안 쓰이는 정도는 아닌데 '…라고 부릅니다'
는 확실히 생경한 느낌이다. 물론 "김영식입니다", "김영식이라고 합
니다"처럼 말하기도 하지만 그와 별개로 이 "김영식이라고 부릅니
다"는 북한어 특유의 표현인 것이다. 상대방이 누군지 물을 때도 이
런 식으로 말하곤 한다. 취재 프로그램인 <류다른 하루>의 인터뷰 장
면이다.

> "이름은 어떻게 부릅니까?"
> "신일경입니다."

중간에서 두 사람을 서로 소개할 때는 어떨까. 남한과 마찬가지로
북한도 윗사람에게 아랫사람을 먼저 소개하는 게 예의이다.

> 기사장동지, 피복 공장에서 수리공으로 일하는 저의 동무입니다.
> 토론할 일이 있어 찾아왔습니다. 철수동무, 우리 공장 기사장동지요.
> 인사하오. (우례)

▌새해를 축하합니다

새해가 되면 우리는 보통 '새해 복 많이 받으세요'라고 인사한다.
그런데 북한은 '새해를 축하합니다'가 가장 정형적인 인사말이다.

> 아버지, 어머니, 새해를 축하합니다.

새해를 축하합니다

새해 주체105(2016)년의 아침이 밝아왔습니다.   진정 여러분의 그 모습에서 우리는 조국의 부
동로여러분, 언제나 여러분과 함께 기쁘고 인상   강변영과 통일을 위한 애국의 마음을 읽었고 그것

[북한 잡지의 새해 인사 기사. 금수 16. 1.]

"새해 건강하십시오", "새해에는 더 젊어지십시오"처럼 다양하게 인사하기도 하지만 '새해를 축하합니다'가 가장 대표적인 인사말인 것이다.

새해 인사처럼 명절이나 기념일도 "명절을 축하해요", "태양절을 축하합니다" 등처럼 '축하하다'라는 인사말을 기본적으로 사용한다. 4부작 드라마 <따뜻한 우리집>의 종영 장면에서도 주인공이 먼저 설 인사를 하고 모든 배우들이 따라서 인사한다.

"여러분! 설명절을 축하합니다."
"설명절을 축하합니다!"

좋은 일은 축하하고 안 좋은 일은 위로하는 마음이 남북이 다를 리 없다. 당연히 "결혼을 축하해", "몸조리를 잘 하세요"라고 축하하고 위로하는 인사말도 다를 수 없다.

▌오래 앉아 계십시오

생일은 남북한 모두 "생일을 축하합니다"라고 인사한다. 다만 북한 어에서는 어른 생일도 보통 '생신'이 아니라 '생일'이라고 한다.

492

아버님, **생일**을 축하합니다.

로인은 먼저 우리에게 100돐**생일**날에 **생일**상을 받고 찍은 사진들을
보여주면서…

'생신'은 최고 지도자 일가에 대해서 제한적으로 쓰는 것으로 보인
다. 사실 사전에 실린 "할아버님의 생신"이라는 예문처럼 꼭 그렇게
규정된 건 아니다. 그러나 김씨 일가에 대해서 높임의 표현이 엄격하
게 쓰이다 보니 적지 않은 단어들이 현실적으로 특정인에게 제한적으
로 쓰이는 방향으로 가고 있는 게 아닌가 싶다.

북한어에서는 생일을 맞은 어른에게 "오래 앉아 계십시오"라고 인
사하기도 한다. 앓아 눕지 말라는 뜻에서 하는 인사일 것이다. "부모
들이 더 늙지 말고 젊은 시절의 마음으로 오래오래 앉아 행복하기를
바라는 마음으로…"[46]와 같은 예에서도 그 의미를 짐작할 수 있다.

생일을 축하합니다. 앓지 마시고 오래오래 앉아 계셔야 합니다.
(우례)

표준 언어 예절은 "백세까지 사십시오"처럼 장수를 비는 인사말은
오히려 듣는 이의 기분을 언짢게 할 수 있어 삼가는 게 좋다고 하지만,
북한어는 장수를 비는 인사말을 적극적으로 사용한다. 현실적으로 남
한에서도 흔히 장수를 기원하는 인사말을 한다는 점에서 크게 다르지
는 않다.

▌참 안됐습니다

표준 언어 예절은 문상의 인사말로서 상주의 슬픔에 공감하여 아무

말도 하지 않는 것을 기본으로 한다. 그러면서 "삼가 조의를 표합니다" 등 적절히 인사할 수도 있다.

　북한어는 가급적 유가족을 위로하는 인사말을 적극적으로 권장한다는 점에서 차이가 있다. 그래서 문상을 할 때는 좋은 인사말을 잘 준비하는 것이 예절바른 태도이다.

　　　조의를 표합니다.
　　　뜻밖입니다. 정말 애석하게 되었습니다.
　　　얼마나 슬프시겠습니까.
　　　마음을 굳게 가지십시오.

　다만 아무 말도 하지 않는 게 예의라거나, 가급적 인사말을 하는 게 좋다는 것은 남북의 규범적 판단 차이일 뿐, 대중들의 생각은 별로 다를 바 없다. 문상의 자리에서 굳이 말로 인사하기 어려운 심정은 남북이 다르지 않은 것이다. 김 선생의 경험으로도 여러 명이 함께 조문을 할 경우 대표인 사람 정도만 어쩔 수 없이 인사말을 준비하고 나머지 사람은 조용히 목례만 하고 물러난다고 한다. 이 모든 게 우리의 장례식장에서도 흔히 볼 수 있는 풍경이다.

　새터민의 언어생활을 조사한 국립국어원의 한 자료[47]에 따르면, 인터뷰에 응한 새터민들은 말로 표현할 때보다 안 할 때가 더 많다고 하고, 굳이 인사를 하는 경우에는 "상심이 크겠습니다", "아 섭섭한 일 당했습니다", "수고하시겠습니다" 등처럼 다양하게 인사한다고 한다. 예절서는 한 기준일 뿐, 위로의 마음과 표현은 남북이 크게 다르지 않다.

　이 외에 '안됐습니다'와 같이 인사하기도 한다. 남한어에서 보면 오해할 여지가 있을 수도 있는 말이지만 북한어에서 이는 진심을 담은 위로의 인사말이다.

　　참 안됐습니다.

　유가족이 문상객에게 "이렇게 찾아와 주어서 고맙습니다"와 같이
인사하는 것도 남북으로 이어지는 공통된 마음일 것이다.

▌쭈욱 냅시다

　건배할 때 인사말은 특정하기 어렵다. 남한어에서는 어느덧 "위하
여"가 가장 보편적인 인사말이 되어 버렸지만 그 외 "건배!" 등 인사
말이 상황에 따라 다양하게 쓰이기도 한다. 북한어도 특정한 인사말
을 들기 어려우나 "듭시다" 유형을 많이 쓰는 것으로 보인다. 다음은
그 한 예이다.

　　자, 들자요.
　　예, 건강을 위해서.

　북한어에서도 "건배"라고 하고 위 예에서 "위해서"가 남한의 "위
하여"와 진배없듯이 건배할 때 인사말이 특별히 구별된다고 할 것은
없다. 그러면서도 조금은 생경한 표현도 있다. 우리는 잔을 부딪친다
고 하는데 북한어에서는 '잔을 찧다'라고 한다. 그래서 술잔을 들며
"찧읍시다!"라고도 한다. 또 건배는 말 그대로 잔을 비워내는 것이다
보니 다음과 같이 말하기도 한다.

　　쭈욱 냅시다.

11.4. 공감의 언어 예절

의사소통에서 언어 예절은 특히 중요하다. 자신이 존중받지 못한다는 생각이 드는 순간 누구나 대화를 중단하고 싶어진다. 이른바 '체면'이 손상되기 때문이다. 특히 우리말은 높임법이 발달해 있어서 언어 예절에 민감한 편이다. 호칭 하나에도 얼굴을 붉히고 반말 한마디에 시비가 생긴다.

남북한 화자가 만났을 때 이는 더 민감한 문제이다. 그래서 무엇보다 상대방 입장을 먼저 헤아려 볼 필요가 있다. 북한 사람들은 대체로 직설적으로 말하는 특징이 있다. 상대방에게 무언가 요청할 경우 남한에서는 보통 "…하시겠어요?", "…하면 어떨까요?"처럼 물음의 형식을 빌려 표현하지만, 같은 상황에서 북한 사람들은 "…하시라요", "…하시오" 등처럼 흔히 직접적으로 말하는 것이다. 언뜻 강요받는다는 느낌에 거부감을 느낄 수도 있지만 북한식 화법의 특징으로 이해할 필요가 있다. 이것이 공감의 말하기이다.

직설적으로 말하다 보니 상대방에 대한 비판이나 지적도 내놓고 하는 경향이 있다. 한 텔레비전 프로그램에서 북한 출신 여성이 하는 말을 살펴보자.[48]

> 왜 이래 느림뱅이예요! 북한 남잔 고기 잘 잡는데, 고기 한 마리도 못 잡아가지고.

이와 같이 직설적으로 말하는 화법은 당연히 상대방에게 거부감을 준다. 우리는 상대방의 기분을 고려하여 사실과 다르게, 이른바 '하얀 거짓말'을 하는 게 바람직한 언어 예절로 통한다. 예를 들어 "어때, 이

옷 예뻐?"라고 물으면 "응, 세련돼 보여"처럼 상대가 듣기 좋은 말을 하는 게 예절에 맞다.

"촌스러워", "너한테 별로 안 어울려"처럼 제 생각대로 직설적으로 말하는 것은 대체로 좋지 않다. 북한도 당연히 이러한 언어 예절을 권장하지만 현실적으로 남한보다는 직설적 표현이 많다.

흔히 남한어 화자가 인사치레로 "다음에 밥 한번 먹죠"라고 말했더니 북한어 화자는 그 말을 액면 그대로 받아들여 연락 오기를 내내 기다렸다는 경험담이 회자되고는 한다.[49] 북한 사회에서 그런 말은 단순히 인사에 그치는 것이 아니라 실제로 밥을 먹자는 약속을 뜻한다. 언어문화의 차이에서 비롯된 이 사례처럼 여러모로 서로의 말하기를 이해할 필요가 있다.

선동적, 전투적 언어를 자주 사용하는 사회적 영향으로 북한 화자가 사용하는 말에는 거칠게 느껴지는 표현이 많다. 특히 어릴 적부터 미국 등 적대 국가를 대상으로 전투적이며 거친 표현을 교육받기도 하는 만큼 그러한 표현이 평소의 말하기에도 일상적으로 나타날 수밖에 없다.[50]

> 남조선에는 양코배기가 많고…
> 공격적으로 반죽합시다.
> [윷놀이 하면서] 밑궁둥이를 찢어야지, 머리에 총 맞았네.
> 닭 새끼가 저녁에도 운다.

이 역시 그들의 일상적 언어생활의 반영이지 꼭 개인적 감정의 표현인 것은 아니다. 그러한 시각에서 이러한 표현을 이해할 필요가 있다. 이를테면 생선 손질하는 것을 '생선 배를 따다'라고 하는데[51] 이는 북한어의 일상적 표현이므로 감정적인 면과 결부짓는 것은 바람직하지 못하다.

'깡그리, 배짱, 본때' 같은 말도 남한어에서는 거부감이 강하게 들지만 북한어에서는 일종의 정형적인 말이기도 하다. 김정일에 대해 "생의 마지막숨결마저도 깡그리 바치시며"라고 한다거나, 강인한 정신력을 "담력과 배짱", 창조적 정신을 "창조본때"라고 하는 등 오히려 긍정적 어감으로 쓰는 경향이 있다. 날것 그대로의 말이라도 남북의 어감 차이를 이해할 필요가 있다.

사실 북한은 정치적 목적 아래 공공적 말하기에서 선동적, 호전적 표현을 의도적으로 사용한다. 아예 언어 이론상으로 이러한 화법을 내세운다. 『조선말화술』[52]은 선동 연설 등에서 통속적인 쉬운 어휘를 써야 한다고 하면서 "미제놈들의 아가리에 자갈을 물리고, 쪽발이왜놈들이 미제를 등에 업고" 등 대상을 낮잡아보는 속된 말도 대상과 경우에 따라 효과적인 표현이라고 말한다. 이러한 화행 이론을 배경으로 신문, 방송 등 공공 매체는 "발광적으로", "피눈이 되여 날뛰고" 등 거칠고, 호전적이며, 비속한 표현들을 여과없이 사용하는 것이다.[53]

그래서 북한어의 이러한 말하기는 현실이기도 하면서 아니기도 하다. 집 바깥과 집안이 구별되는 이중적 화법 구조라고 할 수도 있다. 물론 위 새터민들의 말하기처럼 대중의 일상적 언어생활에서도 직설적이고 거친 표현이 많이 사용되는 건 맞지만 그 말이 지니는 어감, 심리 차이, 나아가 그 언어문화의 배경을 이해할 필요도 있는 것이다.

반복되는 이야기지만 북한어는 공대어나 겸양어를 상대적으로 적

498

게 쓰는 편이다. 하십시오체를 쓰면서도 자신을 가리켜서는 '나'라고 할 때도 많다. '-님'도 상대적으로 덜 쓰는 편이고, '-시-'도 종종 생략한다. 윗사람에게 청할 때도 "…합시다"처럼 말하기도 한다. 이런 말하기는 우리 관점에서 자칫 무례하게 느껴질 수도 있겠지만 그들의 화법일 뿐 상대방을 무시하는 마음이 들어 있다고 여길 필요는 없다. 그 어감이 다르고 습관이 다른 것이다.

이는 말하기 곳곳에서 만날 수 있는 문제이다. '노인, '늙은이'는 남한어에서 피해야 할 말이지만 북한어에서는 남한어처럼 부정적인 어감이 적다. 문상의 자리에서 "안됐습니다"라고 인사한다면 화를 낼 수도 있지만 북한어에서는 아픔을 같이하는 마음이 담긴 인사말임을 이해할 필요도 있다. 서로 간 오해를 불러일으킬 말들은 곳곳에 숨어 있다. 그래서 더욱 남북한 화자들 간의 의사소통에서 공감의 말하기가 중요하다.

1 『우리 말 례절법』(2011) 등 참조.

2 구체적인 내용, 특히 가정, 사회에서의 다양한 호칭어, 지칭어 등에 관한 상세한 내용은 남북한의 언어 예절을 정리 소개한『남북 언어예절 비교 연구』(이대성 외 3인, 2013)가 많은 도움이 된다.

3 '호칭'은 '호칭어'와 비슷한 말이다. 다만, 호칭어, 지칭어를 아우르는 명칭이 없고, 일일이 '호칭어, 지칭어'로 표현하기도 거북하여 호칭어, 지칭어를 아우르는 자리에서도 편의상 대표적으로 '호칭' 또는 '부름말' 등으로 표현한다.

4 아이 이름 없이 '큰어머니, 이모' 등으로 부르기도 하는데, 이모를 큰어머니라고 하는 것은 북한 사전에도 없는 용법이어서 무척 특이하다.

5 『우리 말 례절법』(2011) 52쪽 참조.

6 예는 이대성 외 3인(2013)의『남북 언어예절 비교 연구』재인용. 이 장의 예시는 이 책을 많이 참조하였다. 기본적으로 그 출처를 밝히되 경우에 따라 생략하기도 한다.

7 다소 차이는 있다. 일단 북한의 예절서는 며느리에 대한 호칭어로 '새애기'는 바람직하지 않다고 한다. 다만 '아가야'와 같은 호칭은 북한 사전도 그렇고 생활 속에서도 통용되는 것으로 보인다.

8 "나와 로친은 늘 곁에 있는 자식들보다 멀리에 있는 네 걱정을 더한다."(금수 16. 2.), "우리 로친한테 가서 회를 칠 준비를 하라고 이르게."(최성진 <이웃들>) 등 예를 참조할 수 있다.

9 정창윤 <먼 길>, 260쪽.

10 언어 예절서에 따라서는 '형님'이라고도 하지만 김경희 선생의 제보에 따르면 현실적으로 거의 쓰이지 않는다고 한다.

11 예문은 이대성 외 3인(2013) 재인용.

12 북한어에서 '누이' 외에 '동생'으로 부르기도 한다.

13 평안도 방언 등에서 문화어로 올라온 말이다. 사전에서는 오빠나 남동생의 아내에게 두루 쓰는 말이라고 하는데 주로 남동생의 아내에게 쓰인다.

14 반대로 손아랫동서는 '동서'라고 부르고 그 외 '동생'이나 '아우'라고도 부른다. 남한어에서도 여자 동서 간에 간혹 '동생'이라고는 부르지만 '아우'는 꽤 생소한 느낌이다.

15 『조선말대사전』(2017) '적은이' 표제항 용례.

16 『우리 말 례절법』등. 다만『조선말대사전』(2017)에는 없는 용법이어서 얼마나 공식화된 말인지는 알기 어렵다.

17 고모부, 이모부는 '고모아저씨, 이모아저씨'라고도 한다. 조선말대사전(2017)에는 '이모아버지'만 올라 있고 '고모아버지, 고모아저씨, 이모아저씨'는 없다. 그만큼 보편적이지 않아서일 것이다.

18 '숙부'와 달리 '외숙부'는 규범적인 말로 인정한다.

19 이대성 외 3인(2013)의 자료를 재인용.

20 동기 배우자의 동기 및 그 배우자에 대한 호칭어, 지칭어는 생략.

21 이대성 외 3인(2017) 참조.

22 김경희 선생에 따르면 여자 어른은 '임자'라고는 잘 하지 않고 '젊은이' 정도로 부른다.

23 이대성 외 3인(2013) 참조.

24 다만 남한어에 비해 일상에서 높임말을 덜 사용하고 특히 '께, 께서'는 일반 사람에게는 거의 사용하지 않는다고 하니 김씨 일가에 전용한다는 게 아주 과장된 이야기만은 아니라고 할 수도 있다.

25 예의 출처는 순서대로 토막극 <몰라서가 아니다>, 소설 <거룩한 자욱>(박유학), <눈보라 만리>(권정웅)이다.

26 남북한 모두 '계집애'도 쓰이지만 격식이 낮은 말이라는 점에서 공통적이다.

27 예는 이대성 외 3인(2013) 참조.

28 『조선말대사전』(2017) '아주바니' 표제항 용례이다.

29 『조선말대사전』(2017)에서 드는 예문 "지난날 돈이 없어 김로인의 마누라는 약 한첩 써보지 못하고 죽었지만 김로인은 나라의 인민적인 보건시책으로 90살을 넘겨 장수하고있다"도 그 점을 잘 보여준다.

30 예시는 이대성 외 3인(2013) 참조.

31 다만 교육, 보건, 연구 기관 등에서는 '동무' 대신 '선생(님)'으로 부른다고 하였는데, 이에 따라 '간호원동무, 도서관동무' 등은 '선생(님)'으로 부르기도 한다.

32 이대성 외 3인(2013)에서 "안 됩니다. 지금…. 환자동지가 막 잠들었습니다"(한생의 초여름에)와 같이 '환자동무, 환자동지'라는 부름말도 소개한다. 다만 김경희 선생에 따르면 군인병원에서는 가능할지 몰라도 일반병원에서는 쓰지 않는 말이라고 한다.

33 이대성 외 3인(2013).

34 앞의 두 예는 이대성 외 3인(2013) 참조, 뒤의 두 예는 『금수강산』 16. 9. 및 18. 1.에서 인용.

35 김경희 선생은 북한에서 실제 이러한 말하기를 교육한다고 한다.

36 예는 이대성 외 3인(2013) 등 참조.

37 각 예는 『로동신문』 2002. 4. 7., 5. 28., 4. 4. 기사이다.

38 『조선말대사전』(2017)은 높임의 재귀대명사 '당신'이 '전날에' 쓰던 낡은 용법이라고 기술한다.

39 각 예는 『조선말례절법』, 『금수강산』 20. 3. 및 1.에서 인용.

40 각 예는 『금수강산』 20. 3. 및 4.에서 인용.

41 북한 학계에서 낮춤의 말은 이러한 비속어뿐만 아니라 '고집쟁이, 자살, 잠꾸러기, 거만하다, 분별없다, 얄밉다, 경망스레' 등 그 자체로 부정적인 의미를 지니는 말까지 포괄적으로 가리킨다. 이는 단어를 어떻게 규정하느냐 하는 문제이지 기본적으로 남북한어의 차이라고 보기는 어렵다.

42 사회적 관계에서는 다르다. 이를테면 평사원이 사장에게 말할 때 "김 과장 은행 갔습니다"는 허용되지 않고 "김 과장님 은행 가셨습니다"처럼 상급자인 과장을 존대하여 말하는 것이 표준 예절이다. 즉 이러한 사회적 관계에서는 압존법이 적용되지 않고 자신이 존대하는 인물에 대하여 말할 때는 항상 높여 말하는 것을 원칙으로 삼는다.

43 이대성 외 3인(2013) 참조.

44 물론 직장에서 남한과 마찬가지로 "인민위원회 교육과 부원입니다"처럼 소속 등으로 받기도 한다.

45 『문화어학습』 1995년 제3호.

46 유투브 https://www.youtube.com/watch?v=8e49hxUacv0. <우리 민족의 전통적인 옷차림풍습>(조선중앙TV).

47 문금현(2006) 『새터민 언어실태 조사 연구』 117~8쪽 참조.

48 우인혜(2018) 참조.

49 이는 흔히 알려진 이야기이며 문금현(2006)에서도 인터뷰에 응한 다수의 새터민들이 그와 같은 경험을 말하고 있다.

50 우인혜(2018) 참조.

51 우인혜(2018) 참조.

52 리상벽 『조선말화술』(1975) 229-230쪽 참조.

53 신문기사 제목도 자체로 선동성을 강하게 표출한다. "반통일역적을 매장해 버리기 위한 투쟁의 불길을 세차게 지펴 올리자"(로동 2002. 5. 30.), "역적의 무리들을 하루빨리 쓸어 버리자"(로동 2002. 4. 3.) 등. 또 이러한 선동적 표현 외에 비유법, 과장법 등 수사법을 많이 사용하는 것도 같은 맥락에서 이해할 수 있다. "산악같이 일떠선"(로동 2002. 4. 4.), "불이 번쩍 나게 다그쳤다"(로동 2002. 4. 3.), "천배백배로 답새기는…"(로동 2002. 4. 1.) 등. 이처럼 "방송화술은 기교가 아니라 사상의 반영"이라고 할 정도로 북한에서 언론은 정치적 사상교양이 가장 핵심적인 기능이고 '한곡의 음악을 소개하거나 한건의 소식을 전함에 있어서도' 이 목적에서 벗어날 수 없다. 리상벽 『조선말화술』(1975) 333쪽, 328쪽 참조.

제12장

통일 시대의 한국어

우리는 참 기이한 상황에 놓여 있다. 지구상에서 언어가 통하는 유일한 나라가 오히려 가장 모르는 곳이 되었다. 그러다 보니 우리말임에도 불구하고 북한어를 제대로 알기가 쉽지 않다. 그저 교차로에 서서 멀어져 가는 언어의 기차를 먼빛으로 바라보기만 할 뿐이다. 이 책도 그래서 북한 화자들의 일상 대화는 엄두도 못 내고, 잡지, 소설, 신문, 영화 등 매우 제한된 자료를 갖고 겨우 그 일단을 일별하는 수준에 그쳤다.

그 자료조차 온전한 북한어인가 하는 의구심을 떨칠 수 없다. 정치적 이유로 지극히 통제된 언어 양상을 보이기 때문이다. 그 예로 북한 사회도 '11호차, 하모니카' 등 다양한 은어, 속어가 쓰이지만 제약된 언어 자료에서는 거의 볼 수가 없다. 그래서 어쩔 수 없이 그러한 어휘들은 다루지 못했다. 이처럼 문어 자료라는 한계, 그리고 그조차도 편향적 자료라는 한계는 북한어를 들여다보는 우리의 시야를 매우 좁게 만든다.

그러나 제한된 자료 역시 북한어이고 그것을 통해서 어느 정도 북한어의 모습을 엿볼 수는 있다. 그렇게 살펴본 북한어, 예상대로 그것은 당장이라도 자유로운 대화가 가능한 '우리말'이었다. 사실 너무나 당연한 사실인데도 괜히 새삼스러운 것은 북한어는 무언가 모를 말이라는 막연한 인식이 없지 않았기 때문이다.

이렇게 북한어는 우리말의 하나이다. 하지만 그것만으로 끝은 아니다. 분단의 시간이 이미 반세기를 훌쩍 넘겼고, 그 사이 삶의 모습도, 생각도, 그리고 언어도 계속하여 변해 왔기 때문이다. 그래서 북한어에 대해서 살펴보고, 생각해 볼 점은 여전히 적지 않다.

▌이질화인가 다양화인가

1장 3절의 제목을 다시 가져와 묻는다. 이질화인가 다양화인가? 달라진 남북한 언어, 흔히 이를 '이질화'라고 한다. 어쩌면 이는 오늘날 남북의 언어 상황을 요약하는 가장 대표적인 말일 것이다. 달라지기는 했으니 꼭 틀린 말은 아닌데, 문제는 이 언어의 이질화를 지나치게 과장하거나 부정적으로만 본다는 점이다.

정치, 문화, 스포츠 등 각종 만남의 자리에서 남북 간 의사소통에 특별히 심각한 문제랄 게 많지 않다는 점에서 이질화라는 용어는 딱 맞는 느낌이 안 든다. 남북한 아이스하키 선수들이 자유롭게 대화를 주고받고, 남북 정상이 만나 이야기를 나누며, 우리 자신도 북한 드라마를 보고 소설을 읽어내는 데 별다른 어려움이 없는 것이다.

물론 생소한 말도 있고, 오해할 만한 말도 없지 않다. 그러나 생각해보면 우리 사회 안에서도 '생파, 현질, 포텐 터지다, 가스라이팅' 등 세대, 집단에 따라 이해할 수 없는 말들이 넘쳐나고 매일같이 새로 등장하고는 한다. 언어는 시간, 사회, 집단, 계층에 따라 끊임없이 갈라지고 또 모이기도 하는 존재이다. 그러므로 북한어에서 어느 정도 변화는 당연하고 그것이 소통을 가로막을 정도가 아니라면 지나치게 심각하게 볼 필요는 없을 것이다.

오히려 우리는 이 '작은' 이질화에 주목하느라 정작 남북한 언어의 '큰' 동질성을 놓치지는 않았을까. 막힘 없이 대화하는 상황을 너무나 자연스럽게 받아들이면서도, 의식 한켠에서는 '일없다'처럼 어긋나는 말만 주시하고 그래서 달라진 말, 특이한 말로만 북한어를 인식해 온 것은 아닐까. 앞에서도 말했듯이 이 책에서 우리는 남북한어가 하나의 말이라는 사실을 확인할 수 있었다. 때로는 '신심, 드팀없이, 와닥닥' 등 낯설고 생소한 북한어조차도 남한어에도 있는, 단지 우리가 잊어버린 말이었던 것이다.

어쩌면 사라질지도 모를 이런 말들이 북한어에, 중국 조선어에, 멀리 고려말에 살아 있다면 좋은 일이다. 현재 편찬 진행 중인『겨레말큰사전』의 이름처럼 이 말들은 '겨레말'이자 '우리말'로 불리는 하나의 언어라고 한다면, '남새, 가루젖, 배워주다, 쩡하다, 손기척, 목수건' 등 이런저런 말들은 오히려 우리말을 더 풍부하게 만들어 주는 존재인 것이다. 그래서 남북한 언어의 현 상황은 '이질화'보다는 '다양화'라고 부르는 것이 타당할 것이다. 달라짐으로써 오히려 우리말은 더 풍요로워진다.

우화 '개미와 베짱이'를 북한에서는 '개미와 매미'라고 한다. 원래는 개미와 귀뚜라미라고도 하고[1] 20세기 전반기까지만 해도 흔히 개미와 매미라고 하던 것인데 어쨌든 오늘날에는 달라졌다. 이 달라진 말도 단순히 다르다고만 할 수도 있겠지만 각각의 색깔로 볼 수도 있을 것이다. 남한의 표현은 음수율이 좋고, 북한의 그것은 운이 맞는 장점이 있다. 이렇게 서로의 장점을 보는 눈이 필요하고 그러한 태도는 곧 다양화의 시각으로 이어질 수 있는 것이다.

물론 이렇게 낙관적으로만 볼 수 없는 문제도 있다. '일없다'가 모자 상봉에서 일으킨 작은 '사건'처럼 의사소통에서 오해와 장애를 불러일으키는 말도 적지 않을 것이기 때문이다. 향후 통일 시대에 들어서면 무언가 조정되고 다듬어져야 할 요소들은 분명히 있다. 그렇다고 해도 시간이 지날수록 '이질화'의 요소는 점차 동질화되고, 그러고 나면 마치 체로 걸러낸듯이 '다양화'라고 할 요소는 남아 우리말을 더 건강하고 아름답게 만들지 않을까 싶다.

▎동질성 회복이라는 명제

'이질화'가 현 상황의 요약어로 통용되듯이 흔히 통일 시대를 대비한 '언어 이질화의 극복'이라는 명제를 제시하고는 한다. 여기에는 단일민족, 단일어라는 관념적 당위성과 더불어 이대로는 향후 통일 시대에 의사소통이 매우 혼란스러울 것이라는 현실적 우려가 깔려 있다.

어찌 보면 선견지명이라고 할 당연한 듯한 이 명제는 사실 가능하지 않은 허구적 상상이다. 통일의 전 단계에서 정치, 사회, 경제 제도는 미리 조정되고 준비될 수 있을지 몰라도 현실적으로 언어의 '통일'은 속성상 거의 불가능하다. 수많은 화자들이 쓰는 말이 어떻게 하루아침에 인위적으로 바뀔 수 있을까, 상상하기 어려운 일이다. 아마 남북 화자들은 통일 이후에도 상당 기간 동안 지금의 말을 거의 그대로 쓸 것이다.

맞춤법은 어느 정도 가능할지 몰라도 이 또한 현실적으로 얼마나 가능할지 물음표를 달 수밖에 없다. 실제로 『겨레말 큰사전』 편찬이라는 지대한 과업에서 남북 간에 맞춤법 단일안 마련을 위한 노력을 해 오고 있지만 '로인, 녀성'과 '노인, 여성'과 같은 핵심적인 문제에서 서로의 양보를 기대하기가 쉽지 않다. 당장 우리부터 '로인, 녀성'으로 쓰자고 하면 쉽게 동의하지 않을 것이다.

한때 기계화를 위한 로마자 표기법 국제 표준안을 마련하기 위하여 남북이 회의 석상에 마주 앉은 적이 있다. 이 만남은 결국 성과 없이 끝났는데 'ㄱ'을 'g'로 표기하자는 남측의 안을 북측에서 반대한 것이 결정적인 원인이었다. 김일성의 성을 'Kim'으로 표기하기 때문에 해당 안을 절대로 받아들일 수 없다는 것이었다. 북한의 전체주의적 속성을 보여주는 사례이기도 하지만 현재의 분단 상황에서 합리적 안을 마련하는 것이 얼마나 어려운 과제인지 잘 보여주기도 한다.

이처럼 정책적으로 간단히 결정할 수 있을 듯한 표기법조차도 '동질화'를 이루는 것은 거의 바라기 어렵다. 어쩌면 이는 바람직하지도 않을 것이다. 협상을 하듯이 서로 양보를 주고받는 결과는 이도 저도 아닌 어정쩡한 안이 될 가능성이 높기 때문이다. 그래서 그 모든 문제는 어쩌면 통일 이후로 미루는 게 현명할지도 모른다.

▍무엇을 할 것인가

그렇다면 아무 준비를 하지 않으면 통일 시대의 어문 생활은 매우 혼란스러울까. 물론 화자마다 말이 다르고 출판, 방송, 인터넷 등도 각각 이질적인 언어 자료를 생산해 낼 것이다. 일종의 다언어 시대에 접어드는 것이다. 그러나 이 다른 말, 표기가 혼재되는 상황이 '혼란'이라고 할 정도로 심각한 수준일까 싶다. 앞서 모자 상봉의 대화가 화젯거리가 된 것은 대부분의 경우는 장애가 별로 없다는 반증일 것이다. 맞춤법도 마찬가지여서 '노인, 여성'과 '로인, 녀성'의 혼재도 좀 불편할 뿐이지 의사소통에 결정적 장애가 되는 건 아니다.

물론 통일 국가 시대에 규범의 통일은 필요하다. 교육, 언론, 출판 등에서 그 필요성이 크고 남북 모두 그러한 경험에 익숙해 있기도 하기 때문이다. 그 과정은 좀 혼란스럽고, 불편하고, 시간도 좀 걸리겠지만 불가능한 일도 아니고 마냥 시간이 소요되는 일도 아니다. 분단 후 북한에서 전격적으로 '노인, 여성'을 '로인, 녀성'으로 바꾸고 또 성공한 것 자체가 그 점을 잘 보여주기도 한다. 더 멀리는 조선어학회 통일안(1933)도 사실 급격한 변화에 가까운 것이었다. 당시 '로인, 력사, 녀성'으로 적는 것이 꽤 보편적이기도 한 상황에서 '노인, 역사, 여성'의 표기법을 결정한 것은 상당한 문화적 충격이기도 했을 것이다. 그러나 이런 정책들이 특별히 사회적 혼란을 야기했던 것은 아니다.

그렇다면 우리의 목표는 보다 명확해진다. 통일 전 동질성 회복이 아니라 통일 이후 언어생활을 어떻게 할 것인가가 중요하다. 현재의 남북한 언어는 통일 시대에도 어쩔 수 없이 혼재할 수밖에 없다. 그리고 그 상황은 현재와는 전혀 다르다. 지금은 북한어가 일상과 무관한 현실 너머의 존재에 불과하지만 통일 시대에서는 '현실'이 된다. 싫든 좋든 북한어 화자를 만날 수밖에 없고 북한어를 피해갈 수도 없다. 결국 북한어가 의사소통의 한 축이 되는 상황을 가정한다면 북한어를 이해하는 것은 매우 중요한 일이 된다. 그것은 '지식'의 문제이기도 하겠지만 무엇보다도 '가슴'의 문제이기도 하다.

1 예를 들어 「가뎡잡지(家庭雜誌)」 제1년 제5호의 '백과강화' 코너는 '개미, 굿두람이'로 이 이야기를 소개하고 있다.

참고 문헌

〈자료1: 도서류〉

강복례(1992), 「직장장의 하루」, 『뻐국새가 노래하는 곳』(살림터, 1994) 재록.

계승무(2016), 『24절기와 조선의 민속』, 평양: 조선민주주의인민공화국 외국
　　문출판사.

과학백과사전출판사 편집부(2004), 『조선말사전』, 평양: 과학백과사전출
　　판사.

과학백과사전출판사 편집부(2010), 『조선말사전』(증보판), 평양: 과학백과
　　사전출판사.

국어사정위원회(1986), 『다듬은 말』.

궁영숙·박금순(2017), 『김정숙녀사에 대한 추억』, 평양: 조선민주주의인민
　　공화국 외국문출판사.

권정웅(2001), 「눈보라 만리」, 『천리마』 2001. 1월호.

김광남(1979), 「맑은 하늘」, 『시대의 기수』, 평양: 문예출판사.

김봉철(1982), 「나의 동무들」, 『나의 교단』(물결, 1993) 재록.

김익철(1968), 「나루가에서」, 『조선단편집 (1)』, 1978, 평양: 문예출판사.

김주한(2015), 「첫 군공메달」, 『로병들의 추억』, 2015, 평양: 조선민주주의인
　　민공화국 외국문출판사.

김준혁·김광수 편(2015), 『로병들의 추억』, 평양: 조선민주주의인민공화국
　　외국문출판사.

남대현(1987), 『청춘송가』, 평양: 문예출판사.

동북조선민족교육출판사 편(1993), 『바다가의 여름밤』, 의무교육초급중학
　　교 조선어문 자습교과서 제1권, 동북조선민족교육출판사.

로동신문사, 『로동신문』, 2002. 4. 1.~2022. 5. 31.

로동신문사, 『로동신문』, 2002. 5. 27.~6. 2.

로동신문사, 『로동신문』, 2018. 1. 1.~2021. 9. 30.

로영길(1979), 「발파소리」, 『시대의 기수』, 1979, 평양: 문예출판사.

류도희(1969), 「사랑의 품」, 『조선단편집 (1)』, 1978, 평양: 문예출판사.

리남(2019), 『일화집 인민들과 함께 계시며』, 평양: 조선민주주의인민공화국
　　외국문출판사.

리동구(1975), 「크나큰 어버이품」, 『조선단편집 (1)』, 1978, 평양: 문예출판사.

리라순(2006), 「보금자리」, 『통일문학』 2006년 제1호(루계 제68호), 평양출
　　판사.

리윤(1994), 「징검다리」, 『문화어학습』 제1호(루계 제176호), 평양: 과학백과
　　사전종합출판사.

리재남(1979), 「잊을수 없는 시절」, 『시대의 기수』, 1979, 평양: 문예출판사.

리종렬(1990), 「산제비」, 『통일문학』 창간호.

리태윤(1990), 「뻐국새가 노래하는 곳」, 『뻐국새가 노래하는 곳』(살림터,
　　1994) 재록.

리태윤(1992), 「사랑」, 『뻐국새가 노래하는 곳』(살림터, 1994) 재록.

리희경(2017), 『한 녀성의 수기』, 평양: 근로단체출판사.

림종상(1990), 「쇠찌르레기」, 『조선문학』 1990년 3월호.

문교부(1948), 『우리말 도로찾기』, 조선 교학 도서 주식 회사.

박미월(2018), 『조선민족음악사에 깃든 유래와 일화』, 평양: 조선민주주의인
　　민공화국 외국문출판사.

박유학(1978), 「거룩한 자욱」, 『조선단편집 (1)』, 1978, 평양: 문예출판사.

박춘남(2019), 『길림시절의 김일성주석』, 평양: 조선민주주의인민공화국 외
　　국문출판사.

방정강(1990), 「어머니의 마음」, 『뻐국새가 노래하는 곳』(살림터, 1994) 재록.

백남룡(1985), 「생명」, 『벗』(살림터, 1992) 재록.

백남룡(1988), 『벗』, 1992, 서울: 살림터.

변창률(2004), 「영근 이삭」, 『북한소설선』(유임하 편, 2013) 재록.

변희근(1954), 「빛나는 전망」, 『조선단편집 (2)』, 1978, 평양: 문예출판사.

사회과학원 언어학연구소(1981), 『현대조선말사전』(1-2), 평양: 과학, 백과
　　　사전출판사, 1988, 서울: 도서출판 백의.

사회과학원 언어학연구소(1992), 『조선말대사전』(1-2), 평양: 사회과학출
　　　판사.

사회과학원 언어학연구소(2006), 『조선말대사전(증보판)』(1-3), 평양: 사회
　　　과학출판사.

사회과학원 언어학연구소(2017), 『조선말대사전(증보판)』(1-4), 평양: 사회
　　　과학출판사.

서영일(2008), 『조선의 특산-김치』, 평양: 외국문출판사.

송재환(1979), 「보통날」, 『시대의 기수』, 평양: 문예출판사.

엄단웅(1972), 「세 아이」, 『조선단편집 (1)』, 1978, 평양: 문예출판사.

외국문출판사(2018), 『삶의 좌우명』, 조선민주주의인민공화국 외국문출
　　　판사.

정순녀(2019), 『과학기술로 발전하는 조선』, 평양: 조선민주주의인민공화국
　　　외국문출판사.

정창윤(1983/2020), 『먼 길』, 평양: 문학예술출판사.

정현철(1990), 「희열」, 『뻐국새가 노래하는 곳』(살림터, 1994) 재록.

정현철(1991), 「삶의 향기」, 『뻐국새가 노래하는 곳』(살림터, 1994) 재록.

조광(2016ㄱ), 『평양의 민속』, 평양: 조선민주주의인민공화국 외국문출판사.

조광(2016ㄴ), 『평양의 일화와 전설』, 평양: 조선민주주의인민공화국 외국문
　　　출판사.

조광(2016ㄷ), 『오늘의 평양』, 평양: 조선민주주의인민공화국 외국문출판사.

조광(2017), 『조선의 전통음료』, 평양: 조선민주주의인민공화국 외국문출
　　　판사.

조근(1993), 「뻐스에서」, 『뻐국새가 노래하는 곳』(살림터, 1994) 재록.

조대일(2018), 『조선민족음식』, 평양: 조선민주주의인민공화국 외국문출
　　　판사.

조선 민주주의 인민 공화국 과학원 언어 문학 연구소(1960), 『조선말 사전』
　　　(1-6), 평양: 과학원 출판사.

조선과학백과사전출판사(2003),『조선향토대백과』1(평양시), 평양: 조선과
　　학백과사전출판사, 2005, 평화문제연구소.
조선민주주의인민공화국 국어사정위원회(1988),『조선말규범집』, 동경: 학
　　우서방.
조선민주주의인민공화국 국어사정위원회(2000),『조선말 띄여쓰기규범』,
　　동경: 학우서방.
조선민주주의인민공화국 국어사정위원회(2001),『외국말적기법』.
조선민주주의인민공화국 국어사정위원회(2003),「띄여쓰기규정」, [최호철
　　(2004) 부록 재록].
조선민주주의인민공화국 국어사정위원회(2010),『조선말규범집』, 평양: 사
　　회과학원 출판사.
조선민주주의인민공화국 내각직속 국어사정위원회(1966),『조선말규범집』,
　　사회과학원 출판사.
조선민주주의인민공화국 오늘의 조국사,『금수강산』, 2016. 1월호~2017. 3
　　월호.
조선민주주의인민공화국 오늘의 조국사,『금수강산』, 2017. 8월호~2020. 12
　　월호.
조선민주주의인민공화국 외국문출판사(2020),『조선의 국화 목란』, 평양: 조
　　선민주주의인민공화국 외국문출판사.
조선어학회(1936/1945),『사정한 조선어 표준말 모음』, 조선어학회.
조선화보사,『조선』, 2019. 2월호.
조정순 외(1990),『조선지리전서: 평양시』, 평양: 교육도서출판사.
중국조선어사정위원회 동북3성조선어문사업협의소조판공실(1996),『조선
　　말규범집(수정보충판)』, 연변인민출판사.
진재환(1976),「보통날 아침」,『조선단편집 (1)』, 1978, 평양: 문예출판사.
천세봉(1982),『은하수』, 평양: 문예출판사.
최경희·리남(2018),『위인전설집』, 평양: 조선민주주의인민공화국 외국문출
　　판사.
최상순(1976),「바라시는 마음」,『조선단편집 (1)』, 1978, 평양: 문예출판사.
최상순(1989),「나의 교단」,『나의 교단』(물결, 1993) 재록.
최성진(1991),「이웃들」,『뻐국새가 노래하는 곳』(살림터, 1994) 재록.
최찬현·박춘월(2018),『민속전통의 갈피마다에1』, 평양: 조선민주주의인민

공화국 외국문출판사.

최학수(1978), 「해빛 밝은 나라」, 『조선단편집 (1)』, 1978, 평양: 문예출판사.

탁성일(2012), 『선군-김정일정치』, 조선민주주의인민공화국 외국문출판사.

한글학회(1957), 『큰사전』(제3판, 1-6), 을유문화사.

한기석(1995), 「해님의 미소」, 『따뜻한 요람』(리도현 편, 2002) 재록.

한설야(1928), 「홍수」, 『과도기』(한설야단편선집 I, 김외곤 편, 1989, 태학사)
　　　　재록.

한웅빈(1993), 「행운에 대한 기대」, 『뻐국새가 노래하는 곳』(살림터, 1994)
　　　　재록.

현희균(1984), 『그들의 운명』, 평양: 문예출판사.

홍석중(2002), 『황진이』, 평양: 문학예술출판사.

황건(1980), 『새로운 항로』, 평양: 문예출판사.

〈자료2: 영상물〉

독연 「명당자리」. 조선중앙TV.
　　　　https://www.youtube.com/watch?v=PidNo6tqDfE

독연 「사위취재」, 조선중앙TV.
　　　　https://www.youtube.com/watch?v=h_FojQ2N-F4

「돌려보내신 장화」(위대한 령도자 김정일원수님의 어린시절 이야기), 조선중
　　　　앙TV.

만화영화 「령리한 너구리」, 조선과학교육영화촬영소 아동영화창작단, 조선
　　　　중앙TV. https://www.youtube.com/watch?v=co8IEo--Oxk

만화영화 「며느리와 좀다래나무」, 조선중앙TV.
　　　　https://www.youtube.com/watch?v=Mg8hFQUKQ5U

만화영화 「선비와 세 아들」, 조선중앙TV.
　　　　https://www.youtube.com/watch?v=LXm37yKu6Bg

만화영화 「소년장수」 제1부 외, 조선중앙TV.
　　　　https://www.youtube.com/watch?v=CQ8_lVmyCvA&list=PLT48
　　　　a2QKSDKRpGFT5PdkTWN_xZNWquMtA

「우리 민족의 전통적인 옷차림풍습」, 조선중앙TV.
　　　　https://www.youtube.com/watch?v=8e49hxUacv0

조선영화「몰라서가 아니다」, 목란비데오.
    https://www.youtube.com/watch?v=n7NHpg8-fLk
조선영화「우렝이소동」, 평양연극영화대학 청소년영화창작단, 조선중앙TV.
    https://www.youtube.com/watch?v=QSALgdQQPqg
조선영화「우리 선생님」, 조선중앙TV.
    https://www.youtube.com/watch?v=82Vtx6qcNGM
조선영화「풍경」, 조선중앙TV.
    https://www.youtube.com/watch?v=Bs8XXWLn9WA
조선영화「홍길동」.
    https://www.youtube.com/watch?v=4VPTB0WgAnc
「총쏘는 련습을 하시며」(위대한 령도자 김정일원수님의 어린시절이야기), 조
    선중앙TV. https://www.youtube.com/watch?v=qIT136gWGCs
텔레비죤극「따뜻한 우리 집」, 조선중앙TV.
    https://www.youtube.com/watch?v=v-aliqDmc3E
텔레비죤련속극「자기를 바치라」, 조선중앙TV.
    https://www.youtube.com/watch?v=BvX6WAXmnVs
텔레비죤련속극「우리 녀자축구팀」, 조선중앙TV.
    https://www.youtube.com/watch?v=Jc0DwiXzCKE
텔레비죤련속토막극「다리우에서」, 목란비데오.
    https://www.youtube.com/watch?v=jow2v5p678A
텔레비죤련속토막극「명심합시다」, 목란비데오.
    https://www.youtube.com/watch?v=jow2v5p678A
텔레비죤련속토막극「생활의 거울」(나쁜 습관), 목란비데오.
    https://www.youtube.com/watch?v=jow2v5p678A
텔레비죤련속토막극「생활의 거울」(뻐스안에서), 목란비데오.
    https://www.youtube.com/watch?v=jow2v5p678A
텔레비죤련속토막극「생활의 거울」(잔디밭에서), 목란비데오.
    https://www.youtube.com/watch?v=jow2v5p678A
텔레비죤토막극「21초」, 조선중앙TV.
    https://www.youtube.com/watch?v=KQrq1R-nO5M
텔레비죤토막극「과자봉지」.
    https://www.youtube.com/watch?v=6kpBb8KXzJw&list=PLJ2IK

HozgNuMwJLODTVuy3KXK58q_BG5Q

텔레비죤토막극「과장이 된 후에」, 목란비데오.

　　　https://www.youtube.com/watch?v=zN3oiUJhnaA

텔레비죤토막극「꽃은 이미 받았어요」, 목란비데오.

　　　https://www.youtube.com/watch?v=5xD1GZBa0lw

텔레비죤토막극「나들문 앞에서」.

　　　https://www.youtube.com/watch?v=LdU-zeDnbus

텔레비죤토막극「내 어머니 내 딸」, 목란비데오.

　　　https://www.youtube.com/watch?v=PrtK685FoD0

텔레비죤토막극「누가 아버지입니까」, 목란비데오.

　　　https://www.youtube.com/watch?v=5tMBCQ9sUIo

텔레비죤토막극「단골손님」.

　　　https://www.youtube.com/watch?v=4Nn5leRBkHc

텔레비죤토막극「마음씨 고운 길손들」, 목란비데오.

　　　https://www.youtube.com/watch?v=FaAntHwUhPY

텔레비죤토막극「새치기군」.

　　　https://www.youtube.com/watch?v=vu2Nxs2ATI4

텔레비죤토막극「요쯤이야」, 목란비데오.

　　　https://www.youtube.com/watch?v=jow2v5p678A

텔레비죤토막극「축하합니다」, 목란비데오.

　　　https://www.youtube.com/watch?v=jow2v5p678A

텔레비죤토막극「호각소리」, 조선중앙TV.

　　　https://www.youtube.com/watch?v=Fup8scuGNAU&list=PLJ2IK
HozgNuMwJLODTVuy3KXK58q_BG5Q&index=12

텔레비죤토막극「흥취끝에」, 목란비데오.

　　　https://www.youtube.com/watch?v=02uWS1X3DUc

「하나에다 하나를 더해도」, 조선중앙TV.

　　　https://www.youtube.com/watch?v=KQrq1R-nO5M

화면취재「류다른 하루」, 조선의 오늘.

　　　https://www.youtube.com/watch?v=2gVVIGNpzIw

* 영상물은 제작자 및 시기 등이 불명확하여 화면상 조선중앙TV, 목란비데오 로고 등이 표시되는 경우에만 이를 출처로 밝히고 직접적으로 참조한 유투브 주소를 명기함. 해당 프로그램이 사이트에서 삭제되어 주소를 확인하지 못한 경우는 밝히지 않음.

〈논저〉

강상호(1989), 『조선어 입말체 연구』, 평양: 사회과학출판사.

강상호(1989), 『조선어입말체연구』, 평양: 사회과학출판사.

강영국(2000), 「과학적이며 인민적인 철자규범을 마련하여주신 위대한 수령님의 현명한 령도」, 『조선어문』 제2호(루계 제118호), 평양: 과학백과사전종합출판사.

강진웅(2017), 「남북한의 언어통합-북한이탈주민의 언어사용 실태를 중심으로」, 『교육문화연구』 23-2, 인하대 교육연구소.

강현심(1994), 「왜 소동을 피웠는가?」, 『문화어학습』 제2호(루계 제177호), 평양: 과학백과사전종합출판사.

겨레말큰사전 남북공동편찬사업회(2017), 『한눈에 들어오는 남북 생활용어』, 서울: 한국문화사.

겨레말큰사전 남북공동편찬사업회(2019), 『한눈에 들어오는 남북 사전의 올림말 표기 차이』, 서울: 맵씨터.

겨레말큰사전 남북공동편찬사업회(2019), 『한눈에 들어오는 남북 생활용어 2』, 서울: 맵씨터.

겨레말큰사전 남북공동편찬사업회(2019), 『한눈에 들어오는 남북 어휘 의미·용법』, 서울: 맵씨터.

고영근 편(2000), 『북한 및 재외교민의 철자법 집성』, 역락.

고영근(1989), 『북한의 말과 글』, 을유문화사.

고영근(1993ㄱ), 「통일 대비한 어문정책」, 『북한연구』 가을호, 대륙연구소.

고영근(1993ㄴ), 「북한의 문자개혁에 관한 연구」, 『주시경학보』 12.

고영근(1999), 『북한의 언어문화』, 서울대학교출판부.

고윤석·김영주(2013), 「북한이탈 청년의 화용능력 연구: 거절, 요청, 사과 화행을 중심으로」, 『한국어의미학』 40, 한국어의미학회.

고태우(1991), 「은어를 통해 본 북한사회의 구조적 특징」, 『북한』 10월호.

공업출판사(1979), 『우리 말 어휘 및 표현』, 평양: 공업출판사.

과학, 백과사전출판사(1979), 『조선문화어문법』, 평양: 과학, 백과사전출판사.

과학원 언어 문학 연구소(1960), 『조선어 문법 1(어음론·형태론)』, 평양: 과학원 출판사, 1961, 동경: 학우서방.

과학원 언어 문학 연구소(1963), 『조선어 문법 2(문장론)』, 평양: 과학원 출판사, 1964, 동경: 학우서방.

곽충구(2001), 「남북한 언어 이질화와 그에 관련된 몇 문제」, 『새국어생활』 제11권 제1호, 국립국어연구원.

곽충구(2003), 「현대국어의 모음체계와 그 변화의 방향」, 『국어학』 41호, 국어학회.

구본관(2002), 『남북한어의 공동 순화 방안 연구』, 문화관광부.

구현정(2017), 「남북한 감사 화행 비교 연구」, 『한말연구』 43, 한말연구학회.

국립국어연구원(1994), 『북한의 국어 사전 분석(Ⅲ)』, 국립국어연구원.

국립국어연구원(1997), 『서울 토박이말 자료집(Ⅰ)』, 국립국어연구원.

국립국어연구원(1998), 『북한 문학 작품의 어휘-남북한 어휘 차이를 중심으로-』, 국립국어연구원.

국립국어원(1999), 『남북한 한자어 어떻게 다른가』, 국립국어원.

국립국어원(2011), 『표준 언어 예절』, 국립국어원.

국립국어원(2018), 『남에서는 이런 말, 북에서는 저런 뜻』, 국립국어원.

궁영숙·박금순(2017), 『김정숙녀사에 대한 추억』, 평양: 조선민주주의인민공화국 외국문출판사.

권인한(1993), 「'표준발음법'과 '문화어발음법' 규정」, 『새국어생활』 제3권 제1호, 국립국어연구원.

권인한(1994), 「북한 사전의 음운 정보」, 『새국어생활』 제3권 제4호, 국립국어연구원.

김기종(2002), 「중국조선어어휘규범화작업에 대한 회고와 당면한 문제점 및 그 발전전망」, 『남북 언어 동질성 회복을 위한 제1차 국제학술회의 논문집』, 국립국어연구원.

김기종(2006), 「조선어로마자표기법의 변천과 당면한 문제점(1)」, 『중국조선어문』 제2호.

김동수(1983),『조선말례절법』, 평양: 과학, 백과사전출판사.

김민수 편(1997),『김정일 시대의 북한언어』, 태학사.

김민수(1989/1997),『북한의 국어연구(증보판)』, 일조각.

김민수(1995ㄱ),「남북한 언어의 차이(1)」,『새국어생활』제5권 제2호, 국립국어연구원.

김민수(1995ㄴ),「남북한 언어의 차이(2)」,『새국어생활』제5권 제3호, 국립국어연구원.

김민수(1999),「북한의 한자 교육」,『새국어생활』제9권 제2호, 국립국어연구원.

김병삼(1995ㄱ),「사투리를 쓰지 않도록 이끌어주신 뜨거운 손길」,『문화어학습』제3호(루계 제182호), 평양: 과학백과사전종합출판사.

김병삼(1995ㄴ),「방언을 통하여 본 민족어발전의 합법칙성에 대한 연구」,『조선어문』제3호(루계 제99호), 평양: 과학백과사전종합출판사.

김선철(2008),「외래어 표기법의 한계와 극복 방안」,『언어학』16-2, 대한언어학회.

김성근(2000),「당의 령도밑에 말과 글이 걸어 온 영광의 55년」,『조선어문』제4호(루계 제120호), 평양: 과학백과사전종합출판사.

김영배(1984),『평안방언연구』, 동국대학교 출판부.

김영배(1997),『평안방언연구(자료편)』, 태학사.

김영배(2007),「서북 방언」,『방언 이야기』(국립국어원 국어자료총서 1), 태학사.

김영수(2014),「중국 조선족 언어와 언어문화의 전망과 과제」,『2014 남북 언어 소통을 위한 국제학술회의』자료집, 국립국어원.

김영자(1998),「북한의 문체」,『남북한 언어 연구(수정증보판)』, 박이정.

김영황(1983),『문화어문장론』(재판), 평양: 김일성종합대학출판사.

김영황(2007),「력사적으로 본 한자음초성《ㄴ, ㄹ》의 표기문제」,『조선어문』주체96(2007)년 제2호(루계 제146호).

김영황·권승모 편(1996),『주체의 조선어연구 50년사』, 평양: 김일성종합대학 조선어문학부, 2001, 서울: 박이정.

김용구(1986),『조선어리론문법(문장론)』, 평양:과학,백과사전출판사.

김인호(2001),『조선어어원편람(상)』, 박이정.

김일성종합대학출판사(1972),『문화어문법규범』(초고), 평양: 김일성종합대학출판사.

김일성종합대학출판사(1976), 『조선문화어문법규범』, 평양: 김일성종합대
　　학출판사.

김점곤(1983), 『한국전쟁과 노동당전략』, 박영사.

김종선(1998), 「우리 당의 언어정책관철에 이바지하는 혁명적출판물」, 『조선
　　어문』(1998년) 제1호.

김종훈(1986), 「북한사회 은어의 언어적 특성」, 『북한』 9월호.

남기심(2002), 「남북 언어의 이질화와 그 극복 방안」, 『남북 언어 동질성 회복
　　을 위한 제1차 국제학술회의 논문집』, 국립국어원.

다나카 가쓰히코(2020), 『말과 국가』, 김수희 옮김, 에이케이커뮤니케이션즈.

리근영(1985), 『조선어리론문법(형태론)』, 평양: 과학,백과사전출판사.

리기만(2002), 「평양문화어어휘구성의 주체적발전」, 『남북 언어 동질성 회복
　　을 위한 제1차 국제학술회의 논문집』, 국립국어연구원.

리상벽(1964), 『화술 통론』, 평양: 조선 문학 예술 총동맹 출판사.

리상벽(1975), 『조선말화술』, 평양: 사회과학출판사.

리운규·심희섭·안운(1992), 『조선어방언사전』, 연변: 연변인민출판사.

리정용(2005), 『언어생활론』, 평양: 사회과학출판사.

리창선(1968), 「새로 고친 사과이름을 놓고」, 『문화어학습』 창간호.

문금현(2004), 「남북한 어휘의 동질성과 이질성」, 『어문연구』 제32권 제1호.

문금현(2006), 『새터민 언어실태 조사 연구』, 국립국어원.

문금현(2007), 「새터민 어휘 및 화용 표현 교육 방안」, 『새국어교육』 76, 한국
　　국어교육학회.

문금현(2008), 『새터민을 위한 국어 교육 과정』, 국립국어원.

문영호 외(1993), 『조선어빈도수사전』, 평양: 과학백과사전종합출판사,
　　1994, 한국문화사.

문영호(1968), 「다듬은 말이 더잘 안겨오게 하려면」, 『문화어학습』 3호.

문영호(2002), 「언어의 민족성을 구현하는 것은 우리 말의 통일적발전을 이룩
　　하기 위한 기본방도」, 『남북 언어 동질성 회복을 위한 제1차 국제학술
　　회의 논문집』, 국립국어원.

민현식(2002), 「국어 순화 정책의 회고와 전망」, 『남북 언어 동질성 회복을 위
　　한 제1차 국제학술회의 논문집』, 국립국어연구원.

민현식(2014), 「통일시대 남북 언어통합의 전망과 과제」, 『2014 남북 언어 소통을 위한 국제학술회의』 자료집, 국립국어원.

박상훈·리근영·고신숙(1986), 『우리 나라에서의 어휘정리』, 평양: 사회과학출판사.

박수영(1985), 『민족어를 발전시킨 경험』, 평양: 사회과학출판사.

박용순(1978), 『조선어문체론연구』, 평양: 과학,백과사전출판사.

박춘남(2019), 『길림시절의 김일성주석』, 평양: 조선민주주의인민공화국 외국문출판사.

배주채(2020), 『한국어문법』, (학)신구학원신구문화사.

본사기자(1998), 「몸소 잡지의 이름을 달아주시여」, 『조선어문』(1998년) 제1호.

사회과학원 언어학연구소 어휘연구실(1974), 『단어만들기연구』, 평양: 사회과학출판사.

사회과학원 언어학연구소(2010), 『우리 생활과 언어』(제2판), 평양: 사회과학출판사.

사회과학원 언어학연구소(2011), 『우리 말 례절법』(제2판), 평양: 사회과학출판사.

사회과학출판사(1975), 『조선말화술』, 평양: 사회과학출판사.

선덕오 외(1991), 『조선어방언조사보고』, 연변: 연변인민출판사.

선우현(2000), 『우리 시대의 북한철학』, 책세상.

소창진평(1944), 『朝鮮語方言の研究』, 이진호 역(2009), 『한국어 방언 연구』, 전남대학교 출판부.

신중진(2015), 『남북 기초 전문용어 분석』, 국립국어원.

안미애·홍미주·백두현(2018), 「북한 문화어의 어두 ㄹ, ㄴ 규정을 통해서 본 언어 정체성 구축과 차별화 방식 연구」, 『어문론총』 76, 한국문학언어학회.

양명희(2002), 『북한의 <조선말사전(학생용)> 분석』, 국립국어연구원.

양수경(2017), 「남북한 거절 화행 비교 연구」, 『한말연구』 43, 한말연구학회.

양수경(2018), 「남북한 화행 연구의 현황과 과제」, 신용권 외(2018), 『한국어 연구의 새로운 흐름』, 박이정.

엄병섭(1998), 「창간호를 내놓던 때를 돌이켜보며」, 『조선어문』(1998년) 제

1호.

엄영일(1996), 「장편소설 《동해천리》의 언어형상」, 『문화어학습』(1996년) 제3호.

연규동(2014), 「표기 규범과 문자」, 『한글』 804, 한글학회.

와다 하루키(1999), 『한국전쟁』, 창작과비평사.

우인혜(2018), 「북한이탈주민 교재 보완을 위한 남북한 언어 비교 연구」, 『외국어로서의 한국어교육』 49권, 연세대학교 언어연구교육원 한국어학당.

월간 민족21 엮음(2004), 『북녘 사람들은 어떻게 살고 있을까?』, 도서출판 선인.

유정임·강동완·임수진(2017), 『통일, 에라 모르겠다』, 너나드리.

유현경 외 9인(2018), 『한국어 표준 문법』, 집문당.

이관규(2021), 『남북한 어문 규범의 변천과 과제』, 고려대학교출판문화원.

이광호(1993/2001), 「북한 언어의 통사적 특성 연구」, 『국어문법의 이해 2』, 태학사.

이금화(2007), 『평양 지역어의 음운론』, 역락.

이길재(2014), 「분단 이후 남북 언어문화의 유형과 변동 양상」, 『2014 남북 언어 소통을 위한 국제학술회의』 자료집, 국립국어원.

이대성 외 3인(2013), 『남북 언어예절 비교 연구』, 국립국어원.

이주행(1991), 『남북한 신문문체 비교연구』, 한국언론연구원.

이준환(2019), 『경찰 공무원 대상 국어문화 프로그램』, 국립국어원.

이진호·飯田綾織 공편 및 역주(2009), 『소창진평과 국어음운론』, 제이앤씨.

이한섭(2012), 『일본어 투 어휘 자료 구축』, 국립국어원.

이현복(2000), 「남북한 언어의 발음 차이에 관하여」, 『교육한글』 13, 한글학회.

이호영(2009), 「새터민 언어 적응 훈련 프로그램 개발 연구」, 국립국어원.

임경화(2016), 「'붉은 한글운동'의 기원 -소련시대 연해주 고려인 사회의 언어운동-」, 『한국문화』 73, 서울대학교 규장각한국학연구원.

임현열·최유숙(2015), 「남북 언어 통합 정책에 대한 전문가 조사 결과 분석」, 『어문연구』 제43권 제3호.

장문석(2011), 『민족주의』, 책세상.

전수태(2001ㄱ),『북한 영화 어휘 조사 연구』, 국립국어연구원.
전수태(2001ㄴ),『북한 시나리오 어휘 조사 연구』, 국립국어연구원.
전수태(2002ㄱ),『북한 방송 용어 조사 연구』, 국립국어연구원.
전수태(2002ㄴ),『북한 신문 용어 조사 연구』, 국립국어연구원.
전수태(2004),『남북한 어문 규범 비교 연구』. 국립국어원.
전수태(2005),『남북한 어문 규범 연구사』, 국립국어원.
전정미(2010ㄱ),「북한이탈주민의 사과 화행 사용 양상 조사」,『겨레어문학』
    45, 겨레어문학회.
전정미(2010ㄴ),「북한이탈주민의 화행 사용 양상 연구-칭찬 화행을 중심으
    로」,『한말연구』27, 한말연구학회.
전정미(2010ㄷ),「남북한 사과 화행 양상 연구」,『한말연구』43, 한말연구
    학회.
전혜정(1987),『문맹퇴치경험』, 평양: 사회과학출판사.
정경일(2001),『남한정착 북한출신 주민의 언어적응 실태 조사연구』, 문화관
    광부.
정성희(2015),「북한 뉴스 발화의 음운적 특징 연구」, 경북대학교 석사학위
    논문.
정성희·신하영(2017),「북한 뉴스의 어두 /ㄹ/과 /ㄴ/의 발음 실현 양상과 언
    어 정책과의 상관성 연구」,『사회언어학』제25권 4호, 한국사회언어
    학회.
정유남(2021),「북한어의 개념과 분류 기준 연구」,『배달말』69집.
조선 민주주의 인민 공화국 과학원 언어 문학 연구소 언어학 연구실(1961),
    『조선어문법 1』, 학우서방, 동경.
조오현·김용경·박동근(2002),『남북한 언어의 이해』, 도서출판 역락.
최명식(1985),『조선말 입말체 문장 연구』, 김일성종합대학출판사
최명옥(2007),「방언」,『방언 이야기』(국립국어원 국어자료총서 1), 태학사.
최명희(1998),「『혼불』과 국어사전」(특별 강연),『새국어생활』제8권 제4호,
    국립국어연구원.
최봉대·오유석(1998),「은어풍자어를 통해 본 북한체제의 탈정당화 문제」,
    『한국사회학』32, 한국사회학회.
최유숙 외 3인(2015),「남북 언어 통합 연구에 대한 비판적 검토」,『다문화콘텐

츠연구』제18집.

최윤(2022), 「남북 사전의 강원 방언 비교 연구 -<우리말샘>과 『조선말대사전』 (2017) 의 표제어를 대상으로-」, 『어문논총』 제40호.

최정후(1983), 『조선어학개론』, 평양: 과학, 백과사전출판사.

최정후(1990), 『친애하는 지도자 김정일 동지의 언어리론 연구』, 평양: 사회과 학출판사.

최정후·박재수(1999), 『주체적언어리론연구』, 평양: 사회과학원, 2000, 박 이정.

최혜원(2001), 『외래어 발음 실태 조사』, 국립국어연구원.

최호철(2004), 「남북 띄어쓰기 규범의 통일에 대하여」, 『한국어학』 25, 한국어 학회.

최호철(2012), 「북한 「조선말규범집」의 2010년 개정과 그 의미」, 『어문논집』 65, 민족어문학회.

최희수(2002), 「규범화에서 제기되는 문제」, 『남북 언어 동질성 회복을 위한 제1차 국제학술회의 논문집』, 국립국어원.

최희수(2014), 「중국조선족과 한국, 조선의 언어문화 비교 연구」, 『2014 남북 언어 소통을 위한 국제학술회의』 자료집, 국립국어원.

탁성일(2012), 『선군-김정일정치』, 조선민주주의인민공화국 외국문출판사.

특전사령부(1972), 『북한방언 및 북괴군사술어』, 특전사령부.

하등룡(1996), 「처절한 삶의 표현, 북한의 은어」, 『북한』 1월호.

한국교열기자회 편저(1982), 『국어순화의 이론과 실제』, 일지사.

한국텍스트언어학회(2007), 『텍스트언어학의 이해』, 박이정.

한성우(2006), 『평안북도 의주 방언의 음운론』, 월인.

한성우·설송아(2019), 『문화어 수업』, 어크로스.

한영순(1967), 『조선어 방언학』, 평양: 김일성대학출판사.

한재현(2017), 「김정은시대 사회통제전략의 변화와 지속성 -풍기단속을 통한 통제방식의 특징을 중심으로-」, 통일부 신진연구자 정책연구 과제.

허철구(1993), 「북한 외래어 다듬기의 실태에 대한 고찰」, 한국어연구논문 제 36집, KBS아나운서실 한국어연구회.

허철구(2002), 「로동신문의 어휘와 문체에 대한 연구」, 『2002년도 북한 및 통 일문제 신진연구자 논문집』, 통일부.

허철구(2015/2019), 『우리말 규범의 이해』(개정3판), 역락.

허철구(2020), 「북한어 인용문의 화시소 전이 양상」, 『배달말』 66집, 배달말 학회.

홍연숙(1973), 「남북대화와 언어격차」, 영대 『통일문제연구』 제3집.

홍연숙(1988), 「언어를 통해본 남북한의 변화」, 『북한』 10월호, 북한연구소.

홍연숙(1990), 「북한의 문화어와 언어정책」, 『세계지역연구논총』 Vol. 2, 한 국세계지역학회.

홍연숙(1990), 「은어를 통해 본 북한의 사회상」, 『한국논단』 12권.

홍연숙(1995), 「입말투에 기초한 서울말과 평양말의 사회언어학적 비교연구」, 『사회언어학』 제3권 제2호, 한국사회언어학회.

황대화(1999), 『조선어방언연구』, 심양: 료녕민족출판사.

찾아보기

534